IMPRIMATUR

Lovanii, die 27ª aprilis 1960

H. Van Waeyenbergh

Episc. Gilben., Rect. Univ., deleg.

Imprimé en Belgique   (70)
par l'Imprimerie Nauwelaerts, Louvain

ADDENDA ET CORRIGENDA

Page xlii, intervertir la deuxième et la troisième ligne.

Page xlv, lignes 8-11:

Les chanoines réguliers de Tongerlo ont pu soustraire à la confiscation une partie de leur bibliothèque et notamment les manuscrits. Les derniers survivants de l'abbaye vendirent, en 1827, au gouvernement des Pays-Bas, ce qui leur restait de livres. Les imprimés furent envoyés à La Haye, les manuscrits passèrent à la bibliothèque de Bourgogne où ils sont enregistrés sous les numéros 7448-9000. Il est donc certain que notre manuscrit qui porte la cote 7500, se trouvait parmi les manuscrits acquis en 1827. La bibliothèque de Bourgogne fut réunie à la bibliothèque royale en 1838. — Voir à ce sujet: P. NAMUR, *Histoire des bibliothèques publiques de la Belgique,* t. I: *Bibliothèques de Bruxelles,* Bruxelles, 1840, p. 152-153 et 266.

Page liii, note 43, lignes 3-4:

D'autres reproductions de grandeur naturelle à peu près, se rencontrent dans E. DE SEYN, *Dictionnaire biographique des Sciences, des Lettres et des Arts en Belgique,* t. I (1935), p. 34 et dans *Flandria nostra,* t. III (1959), p. 111. Voir aussi planche II.

Page lviii, ligne 29, lire: *y* n'a pas de signe diacritique.

Page 231, ligne 13, lire: —— *II 2558:* ci, 98, 116, 121.

Page 248, colonne a, ligne 19, lire: 204-209.

Page 250, colonne a, ligne 31, lire: 81.

Page 251, colonne a, supprimer la ligne 22.

Page 251, colonne b, ligne 7, lire: 56.

Page 252, colonne a, lignes 15 et 17, lire: 76.

Page 254, colonne b, ligne 15, lire: (71), (73), 153.

Que le lecteur veuille insérer dans la table des sources les trois premières identifications de la page 50.

HENRICUS BATE

SPECULUM DIVINORUM
ET QUORUNDAM NATURALIUM

CENTRE DE WULF-MANSION

PHILOSOPHES MÉDIÉVAUX

COLLECTION DE TEXTES ET D'ÉTUDES
PUBLIÉE PAR L'INSTITUT SUPÉRIEUR DE PHILOSOPHIE
DE L'UNIVERSITÉ DE LOUVAIN
SOUS LA DIRECTION DE FERNAND VAN STEENBERGHEN
PROFESSEUR À L'UNIVERSITÉ

PHILOSOPHES MÉDIÉVAUX

TOME IV

DOM E. VAN DE VYVER O.S.B.

DOCTEUR EN PHILOSOPHIE

HENRICUS BATE

SPECULUM DIVINORUM ET QUORUNDAM NATURALIUM

ÉDITION CRITIQUE

TOME I

INTRODUCTION

LITTERA DEDICATORIA - TABULA CAPITULORUM -
PROŒMIUM - PARS I

OUVRAGE PUBLIÉ AVEC LE CONCOURS

DE LA FONDATION UNIVERSITAIRE DE BELGIQUE

PUBLICATIONS UNIVERSITAIRES
2, Place Cardinal Mercier
LOUVAIN

BÉATRICE - NAUWELAERTS
10, Rue de l'Abbaye
PARIS (VIᵉ)

1960

MATRI CARISSIMAE
IN MEMORIAM PATRIS

DOMNO MAURO PELEMAN O.S.B.,
ABBATI TENERAEMUNDANO

AVANT-PROPOS

Après la publication partielle du *Speculum divinorum et quo-rundam naturalium* d'Henri Bate par feu le chanoine G. Walle-rand, en 1931, plusieurs parmi les plus éminents historiens de la philosophie médiévale ont demandé la publication intégrale de l'ouvrage. M. De Wulf, dans la dernière édition de son *His-toire de la philosophie médiévale* (t. II, 1936, p. 308), insiste sur l'importance de cette compilation, qui «projettera bien des lu-mières sur la vie intellectuelle du XIII° siècle». Plus récemment le vœu de voir poursuivre l'édition de Wallerand a été exprimé par M. É. Gilson: «Nous le (Bate) connaissons aujourd'hui sur-tout par son *Miroir des choses divines et de quelques choses na-turelles,* dont les deux premières parties, seules encore éditées, font vivement désirer la publication des vingt et une autres» (*La philosophie au moyen âge,* 1947, p. 434). M. B. Nardi manifeste le même désir en écrivant: «Queste prime due parti e la *tabula* di tutta la trattazione son tali per altro da far nascere in noi un desiderio acuto di conoscere il rimanente dell' opera, insieme all' augurio che, rasserenato l'orizzonte, altri possa addossarsi il non lieve peso di recare a compimento la fatica intrapresa dal Wallerand» (*Sigieri di Brabante nel pensiero del Rinasci-mento Italiano,* 1945, p. 173).

Nous avons achevé en 1953 la préparation d'une édition cri-tique de la VI° Partie du *Speculum*; ce texte dactylographié fai-sait partie d'une dissertation de doctorat présentée à l'Institut Supérieur de Philosophie de Louvain. Le choix de cette partie fut imposé par les circonstances: nous avons commencé l'étude des manuscrits pendant la dernière guerre et, faute de communi-cations avec l'étranger, il nous fallait nous contenter du matériel photographique limité que possédait alors le chanoine Walle-rand et qu'il nous céda généreusement. En outre, la réédition des deux premières Parties du *Speculum* avait déjà été confiée à un autre étudiant, qui, dans la suite, dut abandonner ses travaux. Nous avons alors assumé l'édition intégrale du *Speculum*. Le travail de Wallerand était à refaire, car il ne répondait nullement aux exigences d'une édition critique; Wallerand avait renoncé à établir la filiation des manuscrits et il avait négligé d'identifier les citations; il ne faut donc pas s'étonner de lire souvent la bonne leçon dans l'apparat critique et la mauvaise dans le texte.

* *
*

En publiant cette première Partie du *Speculum*, nous sommes heureux de pouvoir exprimer notre reconnaissance à nos maîtres de l'Institut Supérieur de Philosophie de l'Université de Louvain, et en particulier à M. le chanoine F. Van Steenberghen, qui nous a initié aux études médiévales et qui a bien voulu accueillir notre édition dans la collection «Philosophes médiévaux».

Nous remercions également la Direction et le personnel des bibliothèques et dépôts de manuscrits; en particulier le R^{me} P.A. Albareda et feu Mgr A. Pelzer de la Bibliothèque Vaticane, Mgr É. Van Cauwenbergh et Dom M. Cappuyns O.S.B. de la Bibliothèque de l'Université de Louvain, M. F. Schauwers et M.L.M.J. Delaissé de la Bibliothèque Royale de Bruxelles, M. le chanoine G. Coolen de la Bibliothèque de Saint-Omer, Mlle M.-Th. d'Alverny, conservateur au Département des manuscrits de la Bibliothèque Nationale de Paris, M. G. I. Lieftinck de la Bibliothèque de l'Université de Leyde et le R. P. M. Dykmans de la Bibliothèque des Pères Jésuites à Louvain.

Notre gratitude va aussi à tous ceux qui ont secondé nos efforts et qui nous ont facilité le travail en nous procurant des reproductions photographiques ou en nous fournissant des renseignements: Dom H. Bascour O.S.B., M.A. Birkenmajer, Mlle P. Kibre, M. R. Klibansky, M. F. Lyna, M. le chanoine Pl. Lefèvre O. Praem., Mgr A. Mansion, le R. P. H. Martin C. P., M. L.Minio-Paluello, M. J. Mogenet, M. B. Nardi, le R. P. A. Smet C. P., M. L. Thorndike, M^r et Me Vandersloten-D'Hollander, les RR. PP. O. et A. Van de Vyver S. J., M. le chanoine G. Verbeke, Mlle J. Vielliard, directrice de l'Institut de recherche et d'histoire des textes à Paris, la Ruusbroec-Genootschap d'Anvers et la Direction de la Bibliothèque Communale de Bruges.

Grâce à un crédit qui nous a été accordé par le *Fonds national de la recherche scientifique,* nous avons pu mener à bon terme nos recherches; une subvention de la *Fondation universitaire* nous a permis la publication du présent volume.

Nous tenons à remercier particulièrement notre confrère, Dom M. Meganck O.S.B., qui a fait tout le travail dactylographique et qui s'est dévoué sans relâche dans la collation des manuscrits et la correction des épreuves. Son aide nous a été un réconfort précieux dans un travail austère et souvent ingrat.

Termonde (Dendermonde), Abbaye des Saints-Pierre-et-Paul, en la fête de Saint Benoît, le 21 mars 1960.

INTRODUCTION

CHAPITRE I

LE *SPECULUM*

La place d'Henri Bate dans les courants doctrinaux de la fin du XIII° siècle nous est connue par le seul traité de philosophie que nous possédons de lui, le *Speculum divinorum et quorundam naturalium*. Il s'agit d'une vaste compilation en vingt-trois sections, constituée en majeure partie de citations littérales, et que l'auteur, d'une modestie toute théorique, appelle son «opusculum» [1].

Le *Speculum* nous renseigne lui-même sur la date approximative de sa composition. Quant au *terminus ante quem,* l'ouvrage était achevé bien avant 1305, comme il ressort de l'*additio* qui se lit à la fin des manuscrits de Saint-Omer et de la Bibliothèque Vaticane: «Elapso post expletam compilationis huius consummationem aliquot annorum curriculo contigit apud nos prope Machliniam, ait compilator, quod latro quidam Henricus nomine gartionem quendam iuvenculum spolians in nemore quodam occidit Anno 1305° domini nostri Iesu Christi, die sabbati post festum beati Martini hyemalis» (13 novembre). D'autre part, la dédicace à Guy d'Avesnes, son ancien élève qui lui a commandé cet ouvrage, a été composée après l'élévation de ce-

---

[1] *Epistola,* p. 3, 13. — A propos du nom «Bate» et de sa forme correcte, la discussion de M. De Wulf dans *Henri Bate de Malines* (1909), p. 471, reprise par G. Wallerand dans *Henri Bate de Malines. Speculum ...* (1931), p. (7), n. 1, est un quiproquo. Dans les manuscrits du *Speculum* on rencontre deux formes correctes: le nominatif *Henricus Bate* et le génitif *Henrici Baten*. Quant à l'explication que Bate lui-même nous donne de son nom: «Henricus de Malinis, in vulgari cognominatus Bate, quod est profectus in Latino» (*Epistola,* p. 3, 5-6), il est évident qu'elle n'est qu'un jeu de mots. «Profectus» au sens de profit se traduit en moyen néerlandais par «bate», mais le nom de famille «Bate» est un métronymique, Bate étant la forme familière de Beatrijs. Cfr J. LINDEMANS, *Oude geslachten ...* (1950), p. 201.

lui-ci au siège épiscopal d'Utrecht vers la fin de 1301. Le *Speculum* fut donc terminé entre 1301 et 1305. Mais il est possible de préciser davantage. Au chapitre 16 de la XVIII° Partie, Bate nous dit qu'il écrit à la fin de l'année 1301 ou au début de 1302 (n.s.): «Nam et hoc anno domini nostri Iesu Christi 1301 non accidit aput nos ventus huiusmodi notabilis, cum tamen apparuerit cometes in autumno...». Puisqu'il a fallu encore quelque temps pour rédiger les Parties XIX à XXIII, le *Speculum* n'a peut-être pas été achevé avant la fin de 1302 ou le début de 1303.

Le *terminus post quem* peut également être déterminé grâce à la dédicace citée plus haut, car il apparaît clairement que Bate a conçu sa compilation comme un complément de son enseignement privé et comme un manuel qui pourrait guider son ancien pupille dans une étude plus poussée. De l'avis de A. Birkenmajer, l'éducation de Guy était terminée en 1281 au moment où il devint costre du chapitre de Saint-Lambert à Liège et archidiacre de Hainaut [2]. Cette date constitue donc le *terminus post quem*. Elle est confirmée par le fait que le chapitre 12 de la XI° Partie a été rédigé après la mort de Guillaume de Moerbeke, survenue à la fin de 1285 ou au début de 1286: «Verum in Parmenide Platonis qui liber nondum apud nos communiter habetur, plura forsan de his (c.-à-d. de la participation) continentur, prout ab interprete illius libri seu translatore dudum intellexi, qui michi promiserat eum transmittere, sed morte preventus non transmisit» [3].

Il y a lieu d'être fort sceptique au sujet des études ultérieures de Guy d'Avesnes. En effet, appelé en 1300 à remplacer au gouvernement de la Hollande son frère Jean, le comte de Hainaut, il joua un rôle actif dans les querelles politiques entre les d'Avesnes et les Dampierre. Et il ne faut pas croire qu'il s'agissait de joutes philosophiques! Le frère mineur de Gand, auteur

---

[2] A. BIRKENMAJER, *Henri Bate de Malines, astronome et philosophe du XIII° siècle* (1924), p. 3.

[3] Selon R. Klibansky il s'agit plutôt du commentaire de Proclus sur le *Parménide* (*Plato's Parmenides in the Middle Ages and the Renaissance*, 1943, p. 288-289 et [*Plato*] *Parmenides ... nec non Procli commentarium ...*, 1953, p. xv-xvi et xxiv-xxv).

des *Annales Gandenses,* qualifie Guy de «strenuus clericus et astutus episcopus Traiectensis, qui predecessorem suum Wilhelmum Bertholdum (de Malines !) episcopum ... in bello occiderat» (4 juillet 1301) [4]. «Guido clericus», toujours selon la même source, aurait été fait prisonnier au cours d'une bataille contre les partisans de Wolfert de Borselen, assassiné peu avant; Guy eut cependant la chance d'être libéré par son frère Jean [5]. A la fin de mars 1304, il envahit l'île de Duiveland, territoire de Guy de Namur. Son armée y fut surprise par les Flamands et lui-même fut emmené au château de Wijnendale [6], où il demeura prisonnier jusqu'au début du mois d'août 1305 [7]. Le *Speculum* lui a-t-il servi de lecture pendant cette période d'inactivité forcée ? Quoi qu'il en soit, ces quelques faits ne permettent en aucune façon de considérer Guy comme un savant de cabinet, qui aurait eu tout le loisir d'assimiler à son aise les vingt-trois Parties de la compilation d'Henri Bate.

Le précepteur, au contraire, se révèle tout différent de l'élève. A l'exception de la théologie, il se passionnait pour toutes les connaissances scientifiques de son temps, avec une prédilection marquée pour l'astrologie. Pour autant que nous sachions, il s'est acquitté — sans succès d'ailleurs — d'une seule mission politique, qui cadrait parfaitement avec son état ecclésiastique. Chanoine et chantre du chapitre de Saint-Lambert à Liège dès avant 1289, il accompagne Guy d'Avesnes à Rome, où celui-ci voulait plaider en faveur de son élection au siège épiscopal de Liège, élection dont la validité était contestée par une fraction du chapitre. Le procès était à peine introduit lorsque survint la mort du pape Nicolas IV, le 4 avril 1292. Guy se hâta de rentrer à Liège pour y exercer les fonctions épiscopales. Bate resta en Italie, chargé de défendre les intérêts de l'élu. De juin à octo-

---

[4] *Annales Gandenses,* ed. H. Johnstone, p. 52.

[5] «Filii igitur et cognati et amici Wulfardi ... Guidonem clericum, fratrem Johannis, in quodam bello, in quo erant victores, captivarunt. Postea tamen cautelis ipsius Johannis preventi, fratrem suum ab eis captum sibi reddiderunt» (*Annales Gandenses,* p. 47).

[6] *Annales Gandenses,* p. 52 et J. F. NIERMEYER, *Het Sticht Utrecht en het graafschap Holland in de dertiende eeuw* (1950), p. 305.

[7] J. W. BERKELBACH VAN DER SPRENKEL, *Regesten van oorkonden betreffende de bisschoppen van Utrecht uit de jaren 1301-1340* (1937), p. 20, n°ˢ 53-54.

bre 1292 il séjourna à Orvieto, où se tenait la cour papale, et il employa ses loisirs à traduire quelques ouvrages astrologiques d'Abraham ibn Ezra. Enfin, le terme de la sedisvacance n'étant pas en vue, Bate regagna le pays de Liège vers la fin de la même année, sans avoir mené sa mission à bonne fin[8].

Le *Speculum* est le fruit de la science encyclopédique du philosophe de Malines. Il y traite non seulement des problèmes strictement philosophiques, mais aussi des questions scientifiques: bien qu'elles soient présentées comme des digressions, elles occupent à peu près la moitié de l'ouvrage[9].

Dans la péroraison de son ouvrage, Bate rapproche le mot *speculum* des termes *speculari* et *speculatio*, suivant ainsi la tradition dans laquelle la métaphore du miroir était devenue un cliché[10]; il ne faut pourtant pas oublier qu'au moyen âge on mettait souvent le titre *Speculum* en tête d'une *Summa*[11]. Mais il est clair que l'auteur du *Speculum divinorum* ne s'est pas plié aux exigences de concision, de synthèse et d'adaptation pédagogique qui caractérisent les sommes proprement dites[12]. Quoi qu'il en soit, le *Speculum* offre un aperçu très

---

[8] A. BIRKENMAJER, *Henri Bate de Malines* ..., p. 3-4 et G. WALLERAND, *Henri Bate de Malines. Speculum* ..., p. (11)-(12).

[9] L. Thorndike a donné un aperçu de quelques «experimenta» ou observations relatées par le *Speculum*. Ces faits «observés» appartiennent tous au domaine du merveilleux et de l'occulte: les corps animés spirituels ou subtils, les divinations, les songes prophétiques, l'apparition de comètes et de revenants (*Henri Bate on the occult and spiritualism*, 1954). A notre avis l'étude de l'érudit américain est trop superficielle et incomplète pour que soit justifiée sa conclusion: «Such are a few glimpses of the mentality of HENRI BATE and the character of his *Speculum*. It mirrors a credulous and secondrate mind, and it may doubted whether it deserves much further study».

[10] Vincent de Beauvais se rallie à la même tradition dans son *Speculum maius, Prologus,* ch. 3: «Speculum quidem eo quod quidquid fere *speculatione* id est admiratione vel imitatione dignum est: ex his quae in mundo visibili et invisibili ab initio usque ad finem facta vel dicta sunt: sive etiam adhuc futura sunt: ex innumerabilibus fere libris colligere potui: in uno hoc breviter continentur». Voir aussi E. R. CURTIUS, *Europäische Literatur und Lateinisches Mittelalter* (1948), p. 339 et n. 1.

[11] P. LEHMANN, *Mittelalterliche Büchertitel.* Heft II (1953), p. 39. Voir aussi R. BRADLEY, *Background of the Title Speculum in Mediaeval Literature* (1954).

[12] M.-D. CHENU, *Introduction à l'étude de saint Thomas d'Aquin* (1950),

intéressant sur les préoccupations scientifiques de la Faculté des arts de Paris à la fin du XIII° siècle.

Les sujets traités sont appelés *divina et quaedam naturalia*. On retrouve cette expression à la lettre dans le manuel des candidats aux grades académiques, qu'un maître ès arts de Paris à rédigé entre 1230 et 1240 et qui est conservé dans le *codex Barcelone, Ripoll* 109. La philosophie y est définie «contemplatio rerum divinarum et naturalium cum studio et amore» [13].

Quel sens faut-il attribuer à la distinction des *divina* et des *naturalia ?* C'est saint Thomas qui nous donne la réponse: «naturale dicitur secundum quod dividitur contra ens divinum, quod abstrahitur a materia et motu, et sic naturale dicitur illud solum quod movetur et est ordinatum ad generationem et corruptionem in rebus» [14]. Les *entia divina* sont donc les êtres spirituels et intellectuels qui, selon la tradition néoplatonicienne, forment une hiérarchie dans laquelle l'âme occupe le rang le plus bas [15]. Bate, dans la première partie du *Prooemium*, compte l'âme et l'intellect parmi les êtres divins, invoquant l'autorité du Pseudo-Caton et des néoplatoniciens quant à l'âme, celle d'Aristote quant à l'intellect [16]. L'objet propre du *Speculum* est donc bien déterminé, ce sont les *entia divina;* tout ce qui se trouve en dessous de l'âme, les *naturalia,* est traité dans les digressions. C'est le cas, par exemple, de la ma-

---

p. 256. — Le style du *Speculum* n'est pas un exemple de clarté et de concision. D'ordinaire Bate construit de longues périodes caractérisées par la symétrie des membres. La lettre dédicatoire et la première partie du *Prooemium* sont rédigées en prose rythmique. C'est le *cursus velox* qui l'emporte de loin sur le *cursus tardus* et *dispondaicus.*

[13] M. GRABMANN, *Eine für Examinazwecke abgefasste Quaestionensammlung der Pariser Artistenfakultät aus der ersten Hälfte des XIII. Jahrhunderts* (1934), p. 213. Voir aussi F. VAN STEENBERGHEN, *Siger de Brabant d'après ses œuvres inédites,* II (1942), p. 415-420.

[14] *II Sent.,* dist. 2, qu. 2, art. 2, ad 4.

[15] Cfr PLOTIN, *Ennéades,* V, 1, 7, ed. Henry-Schwyzer, t. II (1959), p. 279, 48-49.

[16] Ci-dessous, p. 55, 87-90. Cfr BOETIUS DACUS, *De summo bono,* ed. Grabmann, p. 298, 16-18: «Divinum autem in homine vocat (Philosophus) intellectum, quia si in homine aliquid divinum est, dignum est quod hoc sit intellectus».

tière, à laquelle l'auteur réserve une des Parties les plus déve-
loppées, mais non sans spécifier dans le titre: *Quarta Pars
quae totaliter est digressio* [17].

A. Birkenmajer a proposé un plan général «dominé par
l'idée de l'ordre hiérarchique des êtres intellectuels; c'est donc
suivant les trois échelles de cet ordre: l'homme, les créatures
intellectuelles et Dieu, que l'auteur dispose son œuvre» [18]. Personne ne contestera le bien-fondé de ce schéma, mais il ne
nous fait pas connaître le principe de l'enchaînement des problèmes à l'intérieur de cette division tripartite. Or, il faut remarquer que la première section, qui traite de l'homme et
qui constitue la majeure partie du *Speculum* (I-XVII, c. 1-5,
selon A. Birkenmajer) n'est qu'une longue série de *quaestiones
de anima*. Bien que la structure typique de la *quaestio dispu-
tata* ait été abandonnée, celle-ci a visiblement influencé la
composition de certaines Parties. La Sixième Partie en est un
exemple caractéristique. Ajoutons que les problèmes psycholo-
giques sont traités dans l'ordre même du *De anima* d'Aristote.

Il faut avouer cependant que ces indications sur la structure
du *Speculum* ne jettent pas beaucoup de lumière sur l'imbro-
glio de la table des chapitres. M. De Wulf a pu écrire que
«l'auteur aborde, *un peu au fil de sa fantaisie,* un groupe com-
pact de questions susceptibles d'intéresser son élève» [19]. Ce jugement nous paraît excessif, car il ne s'accorde pas entièrement
avec les faits. Il y a certainement un ordre cohérent dans l'ouvrage, mais on ne peut le découvrir par un simple coup d'œil
sur la *Tabula capitulorum*. En voici un exemple: la conclusion
finale du thème «de unitate intellectus humani», au lieu de se
trouver à la fin de la Partie VI, comme on s'y attendrait vu les
titres des chapitres, se trouve au dernier chapitre de la Partie
XII. Et là encore Bate promet, avec quelque réserve, de préciser

[17] *Tabula capitulorum*, p. 13.
[18] A. BIRKENMAJER, *Henri Bate de Malines ...*, p. 8-9.
[19] M. DE WULF, *Histoire de la philosophie médiévale*, 6ᵉ éd., II (1936), p.
306. L. Thorndike remarque: «there is little apparent logic in the division of
topics and material between the twenty-three component parts» (*Henri Bate
on the occult and spiritualism*, p. 134).

ultérieurement certains points: «et posterius fortassis conabimur de hiis diligentius perscrutari».

En outre, l'actualité des disputes dont Bate avait été témoin à Paris pendant la période de sa formation à la Faculté des arts (vers 1266-70), n'est pas étrangère au choix des problèmes et à l'importance qu'il leur attribuait. Empruntons encore un exemple à la VIᵉ Partie. Le chapitre 8 expose les raisons de la différence numérique qui existe entre les intellects humains. Parmi ces raisons le degré de perfection substantielle dans les individus d'une même espèce n'est pas des moindres. Les intellects humains diffèrent numériquement «per gradus quosdam occultos» ou par des propriétés substantielles qui, «modo occulto», sont inhérentes aux formes particulières. C'est dire que ces formes, comparées les unes aux autres, sont susceptibles de plus et de moins [20]. Mais notre philosophe s'exprime à ce sujet d'une façon extrêmement prudente [21]; en effet, nous nous trouvons en plein débat autour du problème des formes, débat qui compte parmi les luttes doctrinales les plus tumultueuses de la fin du XIIIᵉ siècle. Le fait que Bate a exposé tout au long sa position est dû certainement à l'actualité de la controverse. De là aussi la disproportion dans la VIᵉ Partie, où neuf chapitres sur vingt-cinq y sont consacrés.

Plus d'une fois le philosophe de Malines donne l'impression d'être entraîné par son propre exposé, un problème en suscitant plusieurs autres. Ou bien il traite ceux-ci d'emblée *in extenso,* ou bien il s'en occupe d'une manière incomplète, ajoutant de vagues références à des passages antérieurs et des promesses d'explications ultérieures. Dans le premier cas l'ordre est si bouleversé que la suite des idées disparaît entièrement; dans l'autre cas on se trouve devant un casse-tête qui ressemble à un jeu de patience. Ajoutez à cela les digressions sporadiques, qui contiennent à leur tour des promesses de dévelop-

---

[20] Une doctrine analogue est adoptée par Richard de Middleton et Roger Marston. Voir à ce sujet: E. Hocedez, *Richard de Middleton* ... (1925), p. 204 et 283; A. Dondaine, *Un catalogue de dissensions doctrinales* ... (1938), p. 392, n. 84; R. Zavalloni, *Richard de Mediavilla* ... (1951), p. 308-309.

[21] *Speculum,* Pars VI, c. 8: «intollerabile forsan inconveniens non esset» et «non irrationabile fortassis est».

pements ultérieurs ou qui sont tellement longues que le compilateur se sent obligé de s'excuser par des formules comme celle-ci: «ad propositum unde iam longe discessimus, revertentes», et ...on soupire après le fil d'Ariane.

Il résulte de tout cela que la structure réelle du *Speculum* se révélera seulement par l'examen minutieux du texte.

N'oublions pas que, sans être un simple recueil de sentences, le *Speculum* est une compilation conçue en dehors des centres scolaires. L'auteur n'était donc pas tenu de respecter les normes traditionelles concernant le choix et l'ordre des matières [22]. Même au point de vue doctrinal, le compilateur pouvait se permettre des libertés inconcevables à Paris après la condamnation de 1277. Nous avons déjà dit que le *Speculum* est une mosaïque de citations littérales. Bate lui-même présente ainsi son traité: «Sane ... maior pars operis huius, immo fere totum opus ipsum ex dictis philosophorum et sapientum aliorum compilandum erat» et cela «prout secundum litteram iacent in originalibus» [23]. Et en effet, l'ouvrage fourmille de citations d'Averroès et d'autres commentateurs suspects. Les condamnations de l'évêque de Paris n'inquiètent pas Bate, qui travaille sereinement à Malines ou à Liège. Il ne les juge pas dignes de mention. Selon B. Nardi, c'est à Siger de Brabant que Bate emprunte le pivot de son système psychologique, la théorie de l'union de l'âme intellective et du corps humain, telle qu'elle est présentée dans le *De Intellectu,* traité perdu mais suffisamment connu par les extraits qu'en donne le philosophe italien Niphus [24]. D'autre part, l'astrologie n'a pas été discréditée, aux yeux du savant Malinois, par le décret de 1277. Bien au contraire, quand il estime que la philosophie s'est engagée dans une impasse, c'est à l'astrologie qu'il demande une solution [25].

---

[22] Le *Speculum* est divisé et subdivisé en parties et chapitres. Cette division, qui se retrouve dans les écrits de Gilles de Lessines, était, au dire du P. Mandonnet, peu commune de son temps (*Gilles de Lessines et son «Tractatus de Crepusculis»*, 1920, p. 193).

[23] *Epistola,* p. 3, 16-18 et 4, 38.

[24] B. NARDI, *Sigieri di Brabante nel pensiero del Rinascimento Italiano* (1945), p. 175-177.

[25] *Speculum,* Pars V, c. 10 et Pars VI, c. 10. Sur l'astrologie et la condam-

Comme compilation de citations littérales le *Speculum* possède une valeur réelle: on y trouve des renseignements sur la
presque totalité des sources dont pouvaient disposer les maîtres ès arts de la fin du XIIIᵉ siècle et sur la date de la traduction latine de quelques sources grecques et arabes. Qu'il
nous suffise de mentionner à ce sujet la relation qui existe
entre le *Speculum* et le fragment du commentaire de Proclus
sur le *Timée*, conservé dans le manuscrit de Leyde (*Bibl. Univ.
B.P.L.* 64, f. 137ᵛ-138ʳ) ²⁶, de même que les services rendus par
le *Speculum* aux savants éditeurs du *Corpus Platonicum Medii
Aevi* pour déterminer la date de la traduction latine du commentaire de Proclus sur le *Parménide* ²⁷. Le *Speculum* peut
aussi fournir de précieux indices pour la constitution du texte
de certaines sources. Notons en passant que la compilation de
Bate ne figure pas parmi les *testimonia* cités par A.D. Nock dans
l'introduction à son édition du traité Hermétique *Asclepius* ²⁸;
pourtant Bate en donne de longs extraits en XII, c. 19 et XIX,
c. 27 et 35. Il n'est même pas exclu que le *Speculum* nous réserve
encore quelques surprises; en tout cas il ne sera jamais inutile
de le consulter, d'autant plus que souvent le compilateur met en
regard deux ou trois traductions d'une même citation.

Il serait injuste de considérer le *Speculum* comme un ossuaire
rempli de textes desséchés ou comme un gisement riche en cita-

nation de 1277, voir M.-Th. D'ALVERNY, *Un témoin muet des luttes doctrinales du XIIIᵉ siècle* (1949), p. 227-230 et L. THORNDIKE, *A History of Magic and
Experimental Science*, II (1923), p. 709-712.

²⁶ A. BIRKENMAJER, *Neues zu dem Briefe der Pariser Artistenfakultät über
den Tod des Hl. Thomas von Aquin* (1925), p. 65-71; R. KLIBANSKY, *Ein Proklos-Fund und seine Bedeutung* (1929), p. 20, n. 1 et p. 31-32 et *Plato's Parmenides in the Middle Ages and the Renaissance* (1943), p. 289; cfr aussi
BIRKENMAJER, recension de KLIBANSKY, *Ein Proklos-Fund* dans *Philos. Jahrb.* 43
(1930), p. 241-243 et G. VERBEKE, *Guillaume de Moerbeke traducteur de Proclus* (1953). Toutefois, il est à remarquer que le fragment du commentaire de
Proclus sur le *Timée*, conservé dans le ms. de Leyde, n'est pas la source des
citations dans le *Speculum*, puisque le texte du ms. de Leyde présente une
omission notable par rapport au *Speculum* et au ms. Tolède, *Bibl. Cat.* 47-12:
pueros a parentibus abstractos orare convenit. Voir G. VERBEKE, *art. cité*, p.
358, 25-26.

²⁷ Cfr ci-dessus, p. xiv et n. 3.

²⁸ *Corpus Hermeticum*, II (1945), p. 264-275.

tions fossilisées. Bien sûr, Bate amasse autour des problèmes traités une quantité de sentences avec leur chapelet d'arguments, afin que le lecteur «praeeligere valeat quos ratio veracior et firmior magis fulcit» [29]; mais ceci ne cache nullement le vrai dessein de Bate: «dissonantes quoque superficialiter sermones inter se Platonis et Aristotelis in unam realem seu concordem quodammodo sententiam redactos, inserere similiter intendimus» [30]. Ce concordisme caractérise bien la mentalité de Bate en matière de philosophie. Il serait exagéré d'y voir un premier symptôme de lassitude qui annoncerait déjà le déclin de la scolastique, lorsque fatigués des querelles, les maîtres se contenteront d'un éclectisme facile, tandis que la curiosité se tournera vers le domaine des sciences naturelles. Nous devons voir plutôt en Bate un philosophe peu profond, qui s'intéresse avant tout aux sciences naturelles et peut-être à la médecine. Avec Guillaume de Moerbeke, Witelo et Thierry de Vriberg, il est un représentant typique du courant néoplatonicien; il n'est donc pas étonnant que la prétendue conciliation de Platon et Aristote ait été obtenue par l'intermédiaire de Proclus et aux frais du Stagirite.

En rapport avec le néoplatonisme, il nous semble que l'invocation de la Lumière divine, par laquelle Bate termine le *Prooemium,* mérite quelque attention [31]. C'est un topique que l'on retrouve chez Adam Pulchrae Mulieris et Berthold de Moosburg; le premier l'utilise en terminant l'introduction à son *Liber de Intelligentiis,* le second en terminant l'avant-propos de son *Expositio in Elementationem Theologicam Procli* [32]. Bien que l'invocation de Bate soit plus verbeuse, elle présente néanmoins une analogie frappante avec celle du *De Intelligentiis:*

---

[29] *Epistola,* p. 4, 36.
[30] *Prooemium,* p. 47, 14-16.
[31] Ci-dessous, p. 69, 34-43.
[32] Nous empruntons le texte du *De Intelligentiis* à C. Baeumker (*Witelo, ein Philosoph und Naturforscher des XIII. Jahrhunderts,* 1908, p. 1, 13-19); le texte de Berthold de Moosburg a été publié par R. Klibansky (*Ein Proklos-Fund und seine Bedeutung,* 1929, p. 33).

Speculum

De Intelligentiis

Licet igitur, respectu excellentiae luminum illorum intellectualium, sit modicum id quod de ipsis attingere potest humanus intellectus, tamen quia maximum est humanae perfectioni et amabilissimum optimum et delectabilissimum, de illo tractandum est, prae opere opem illius interpellando, apud quem nec tenebrae obscurantur, cum sit lux quae lucet in tenebris, quatenus, ablato nocturnali intellectus nostri velamine ac nubilo serenato, animae nostrae nox sicut dies illuminetur, ut sicut tenebrae eius ita et lumen eius, fiatque nox illuminatio in deliciis nostris.

Cuius desiderium sequentes, substantiarum separatarum proprietates et naturas proposuimus inquirere, primo de ea aliquid dicentes de qua non est sibi fas dicere. Sed quia ad hoc se habet intellectus noster sicut oculus noctuae ad lucem diei, fontem lucis invocamus ut lucis suae radio mentis nostrae dissolvat tenebras et ad aliquam praedictorum notitiam sine erroris nebula nos perducat.

Concordisme et humeur pacifique ne vont pas toujours ensemble, le philosophe Malinois en fournit la preuve. «La tentative de Henri Bate, écrit G. Wallerand, ne manque pas d'audace. Elle se heurte à des positions solidement établies et bien défendues. Mais, s'appuyant sur d'impressionantes autorités, avec un luxe inusité de citations, il ira droit son chemin, traitant sans ménagement les commentateurs qui ne font point place à la conciliation, discutant leurs opinions jusque dans le détail. Aussi sommes-nous informés des moindres nuances de pensée qu'il relève chez ses contemporains» [33]. Parmi ces derniers, c'est le frère Thomas, le «famosus expositor», qui est surtout l'objet de ses attaques réitérées. Le *Speculum* reflète la mentalité querelleuse et méfiante de la littérature des correctoires, et cela dès la lettre dédicatoire: «circa mentem et dicta Philosophi praesertim et Platonis intellectus erroneos et perversas expositiones detegere manifestius... conati sumus» [34]. Afin de préserver l'autonomie radicale de l'intellect humain, Bate ouvre les hostilités

---

[33] G. WALLERAND, *Henri Bate de Malines et saint Thomas d'Aquin* (1934), p. 394.
[34] *Epistola*, p. 4, 47-49 et 52.

dès le début de la seconde partie du *Prooemium*[35]. La thèse
thomiste selon laquelle la connaissance humaine ne peut se
passer des phantasmes, l'irrite: c'en est donc fait de notre connaissance du supra-sensible ! L'âme intellective, en tant que
substance immatérielle, n'a pas besoin de faire appel aux sens
pour connaître les êtres séparés de la matière[36]. La réaction
contre S. Thomas devient donc un point du programme bien
mis en vedette.

Nous terminons ces quelques traits du caractère du *Speculum*
par une comparaison de textes[37]. Le cas est assez déroutant —
comme plagiat il est peut-être unique — et met bien en lumière
la virtuosité du compilateur. De quoi s'agit-il ?

Au chapitre 15 de la IIIe partie, Bate entame une *Inquisitio
disputativa* sur la manière dont l'âme intellective est la perfection du corps humain. On nous sert d'abord quatre opinions,
entre autres de Jean Philopon, d'Albert le Grand et d'Avicenne,
favorables à la thèse de l'intellect forme du corps, mais non
sans placer sur l'autre plateau de la balance une série de douze
raisons qui doivent démontrer le contraire. Il n'est donc pas difficile de voir de quel côté vont les sympathies de Bate: pour lui
l'intellect ne peut pas être forme du corps. Parmi ses partisans
il y a pourtant des gens dont la compagnie est gênante: ce sont
ceux qui admettent que l'intellect est uni au corps comme moteur seulement. Leur aberration est réfutée *ex professo* aux chap.
16-17. Jusqu'ici S. Thomas n'est pas mentionné explicitement;
mais ne croyez pas que le compilateur ait la mémoire courte.
Il réserve deux chapitres pour régler son compte au «famosus
Expositor»: c. 21, *Dissolutio rationis cuiusdam super quam sustentatus est Thomas expositor,* et c. 22, *Quaedam veritatis re-
cognitio* (par S. Thomas) *et propter insufficientiam eiusdem
reprobatio.* Bate s'y attaque, avec une pointe d'ironie, à des textes

---

[35] Cfr ci-dessous, p. 59.

[36] On trouve un aperçu, non pas complet mais très instructif, sur les dissensions entre Bate et saint Thomas dans l'article cité ci-dessus de G. Wallerand: *Henri Bate de Malines et saint Thomas d'Aquin.*

[37] A cette confrontation des textes nous avons déjà consacré une notice:
Une utilisation peu commune de textes de S. Thomas dans *Recherches de
théologie ancienne et médiévale,* 23 (1956), p. 122-126.

du *Tractatus de unitate intellectus contra Averroistas,* respectivement c. I, § 27-28 et c. 3, § 83-84 [38].

En apparence il n'y a rien d'anormal à ce bon désaccord entre
scolastiques. Mais retournons au chapitre 16, chapitre d'une belle
tenue doctrinale et qui par là même nous invite à y regarder de
près, chapitre aussi qui produit tout de suite l'impression du
déjà vu. Pour réfuter la thèse que l'intellect est le moteur du
corps humain, Bate nous arrange quelques textes du... *De unitate intellectus,* et précisément des textes par lesquels S. Thomas
démontre que l'intellect est la forme du corps ! Pour arriver à
son but il a apporté quelques modifications presque impercep-
tibles; entre autres: le nom *Socrates* est changé en *Henricus*
(la marque d'origine, «Made in Belgium»); l'expression *forma
corporis,* qui est pour Bate une absurdité, est travestie en *forma
in nobis.* Et le tour est joué !

Voici les pièces à conviction. Le texte du *Speculum* forme un
tout continu et représente au moins les deux tiers du chapitre
16 [39].

HENRI BATE, *Speculum* III, 16.

S. THOMAS, *De unitate intellectus.*

§ 73, 23-31
Tertio, quia in his quorum actiones in alterum transeunt, opposito
modo attribuuntur actiones moventibus et motis. Secundum aedifi-
cationem enim aedificator dicitur
aedificare, aedificium vero aedifi-
cari.

Item, quorum actus in alterum
seu in motum transeunt, horum rationes opposito modo moventibus
et motis attribuuntur, ut aedificator
aedificare dicitur et domus aedifi-
cari.

Si ergo intelligere esset actio transiens in aliud sicut movere, non
posset vere dici quod Henricus intelligeret aut Guido, ex hoc quod
intellectus uniretur ei ut motor; sed
magis dici posset quod intellectus
intelligeret, et Henricus intelligeretur. Aut forsan dici posset verius

Si ergo intelligere esset actio in
alterum transiens sicut movere, adhuc non esset dicendum quod Socrates intelligeret, ad hoc quod intellectus uniretur ei ut motor; sed
magis quod intellectus intelligeret,
et Socrates intelligeretur; aut forte
quod intellectus intelligendo mo-

---

[38] Nous citons l'édition de L. W. KEELER (*Textus et documenta, Series
philosophica, 12*), Rome, 1946.
[39] Nous avons collationné les manuscrits *Bruxelles, Bibl. Royale 271, Saint-
Omer 587* et *588,* et *Vat. lat. 2191.*

quod intellectus intelligendo move-
ret Henricum, et Henricus movere-
tur. Haec enim est universalis ratio
in omnibus moventibus et motis, in
quibus movens non est forma moti.

Atvero dixerit forsan aliquis quod
motum ab intellectu, qui intelligendo movet, ex hoc ipso quod movetur, intelligit.

Interdum enim moventis actio
traducitur in rem motam, ut cum
ipsum motum moveat ex eo quod
movetur, sicut a calido aliquid calefactum calefacit, et quando movent
mota.

Sed tunc procedendum est secundum doctrinam Aristotelis in 2° *De
anima*, ut dicamus quod, qualitercumque actus intelligendi in nobis
traducatur, aut a quocumque intellectu movente moveatur, dum tamen intelligamus, necesse est altero
duorum motorum intellectum nobis inesse, scil. ut formam vel
ut substantiam, quemadmodum et
scientiam aut sanitatem.

Et sic ait Themistius:
«Licet ab aliis aliquando scientia
et sanitas insit, puta a docente et
medico, tamen, ut declarat Philosophus, in patiente et disposito activorum inexistit actus».

Et Commentator super eodem:
«Actio, inquit, agentis est illud quod
existit in recipiente, et est forma».

Igitur, si motum movet et actionem moventis habet in se, necesse
est quod insit ei actus aliquis a ino-
vente, qui huiusmodi habeat actionem; et hoc quidem est illud quo
primum agit ipsum quod movetur,
et est actus ipsius moti et forma

veret Socratem, et Socrates movere-
tur.

§ 74, 34-36
Posset ergo aliquis sic dicere,
quod motum ab intellectu, qui intelligendo movet, ex hoc ipso quod
movetur, intelligit.

§ 74, 32-34
Contingit tamen quandoque, quod
actio moventis traducitur in rem
motam, puta cum ipsum motum
movet ex eo quod movetur, ut calefactum calefacit.

§ 74, 36-44
Huic autem dicto Aristoteles re-
sistit in *II De anima*, unde principium huius rationis assumpsimus.
Cum enim dixisset quod id quo primo scimus et sanamur est forma,
scil. scientia et sanitas, subiungit:
«Videtur enim in patiente et disposito, activorum inesse actus».

Quod exponens Themistius dicit:
«Nam etsi ab aliis aliquando
scientia et sanitas est, puta a docente et medico; tamen in patiente et
disposito facientium inexistere actus
ostendimus prius, in his quae de
natura».

§ 74, 44-49
Est ergo intentio Aristotelis, et
evidenter est verum, quod quando
motum movet et habet actionem
moventis, oportet quod insit ei actus
aliquis a movente, qui huiusmodi
actionem habeat; et hoc est primum
quo agit, et est actus et forma eius,

eius, ut verbi gratia si ab igne cale-
fiat aliquid, illud sic calefactum
calefacit per calorem qui est quidam actus eius et forma.

Igitur, si intellectus animam hominis moveat, ita quod per hoc ipse
homo intelligat, illud quod ex impressione intellectus in homine relinquitur, est id quo primum intelligit homo. Id autem quo quilibet
homo intelligit, immateriale et separatum esse probat PHILOSOPHUS.

Quocumque igitur intellectus aliquis sit motor hominis, tamen oportet utique intellectum aliquem hominis esse formam.

Demonstratione quidem igitur
universali ex doctrina PHILOSOPHI
hoc declaratur. Nam, cum ex actibus principia actuum cognoscamus,
ex ipso actu, qui est intelligere,
quem et in nobis experimur, de necessitate concludimus intellectum
esse formam in nobis.

Primum enim quo vivimus et
intelligimus, animam vocamus;

et numquam de intellectu quaereremus, nisi nos intelligeremus, nec
cum de hoc intellectum quaerimus,
de alio principio quaerimus, quam
de eo quo nos intelligimus. Unde et
PHILOSOPHUS: «Dico autem, inquit,
intellectum quo intelligit anima».

sicut si aliquid est calefactum, calefacit per calorem qui inest ei a cale-
faciente.

§ 75, 49-56

Detur ergo quod intellectus moveat animam Socratis, vel illustran-
do vel quocumque modo: hoc quod
est relictum ab impressione intellectus in Socrate, est primum quo
Socrates intelligit. Id autem quo primo Socrates intelligit, sicut sensu
sentit, ARISTOTELES probavit esse in
potentia omnia, et per hoc non habere naturam determinatam, nisi
hanc quod sit possibilis; et per consequens, quod non misceatur corpori, sed sit separatus.

Dato ergo, quod sit aliquis intellectus separatus movens Socratem,
tamen adhuc oportet quod iste intellectus possibilis, de quo ARISTOTELES
loquitur, sit in anima Socratis, sicut
et sensus, qui est in potentia ad omnia sensibilia, quo Socrates sentit.

§ 60, 6-9

Et quia, secundum doctrinam
ARISTOTELIS, oportet ex actibus principia actuum considerare, ex ipso
actu proprio intellectus qui est intelligere primo hoc considerandum
videtur.

§ 61, 10-12

In quo nullam firmiorem rationem habere possumus ea quam
ARISTOTELES ponit, et sic argumenta-
tur:

«Anima est primum quo vivimus
et intelligimus...»

§ 62, 22-26

numquam enim de intellectu
quaereremus, nisi intelligeremus;
nec cum quaerimus de intellectu, de
alio principio quaerimus, quam de
eo quo nos intelligimus. Unde et
ARISTOTELES dicit: «Dico autem intellectum quo intelligit anima».

Quoniam igitur id quo aliquid primo operatur, est forma et ratio sive species — unumquodque enim agit in quantum est actu; per formam autem unumquodque est actu; quamobrem id quo primum agit aliquid, oportet esse formam —

tunc concludit PHILOSOPHUS,

cum omnibus suis commentatoribus et expositoribus unanimiter,

quod, si aliquid est primum principium quo vivimus et sentimus et movemur et intelligimus, id oportet esse *formam in nobis.*

§ 62, 28-32
Quia ipse prius manifestavit quod id quo primo aliquid operatur, est forma. Et patet hoc per rationem, quia unumquodque agit in quantum est actu; est autem unumquodque actu per formam; unde oportet illud, quo primo aliquid agit, esse formam.

§ 62, 26
Concludit autem sic ARISTOTELES:
§ 60, 1-2
Ostenso igitur ex verbis ARISTOTELIS et aliorum sequentium ipsum...
§ 62, 26-28
quod si aliquid est primum principium quo intelligimus, oportet id esse *formam corporis...*

Naïveté ou cynisme ? Quoi qu'il en soit, Bate ne mérite-t-il pas une place parmi ceux qui, selon le mot de Valescus de Taranta, «metunt et non seminaverunt et ponunt falcem in messe aliena» ?

CHAPITRE II

LES MANUSCRITS

A. LES MANUSCRITS PERDUS

Le manuscrit du chapitre de Saint-Lambert à Liège

Avant la dernière guerre, les Archives de l'État à Liège possédaient deux obituaires du chapitre de Saint-Lambert:

1. *Liber commemorationum defunctorum ecclesie Leodiensis.* Obituaire. Manuscrit in-quarto sur vélin, du XIII° siècle, avec ajoutes, 126 feuillets.
2. *Isti sunt redditus anniversariorum.* Manuscrit in-folio sur vélin, du XIII°-XIV° siècle; incomplet, va de septembre à janvier, feuillets LXIII-LXXIIII [1].

Pendant la guerre, ces deux obituaires se sont perdus par suite d'un bombardement. Heureusement, parmi d'autres, une commémoraison figurant au mois de juillet, et par conséquent extraite du *Liber commemorationum,* nous est conservée par J. de Theux de Montjardin:

Commeratio magistri Leonis de Baest, archidiaconi: habemus pannum aureum de Cypro pro cappa in thesauraria datum; item librum intitulatum «Speculum divinorum», et alium editum per Henricum de Malinis, cantorem ecclesiae leodiensis, in libraria repositum [2].

Ce que nous savons de la vie du donateur se réduit à quelques détails:
— 1407: selon Pierre Impens, le chroniqueur du prieuré de Bethléem à Herent, «Magister Leonus (ou Leoninus) vander Baest», doyen de Saint-Paul à Liège, séjournait à Louvain en

---

[1] [U. Berlière], *Inventaire des obituaires belges (Collégiales et maisons religieuses),* Bruxelles, 1899, p. 39-40.
[2] *Le chapitre de Saint-Lambert à Liége,* II (1871), p. 205.

1407. Il s'y était exilé plutôt que de prêter serment à l'évêque Thierry de Perwez, qui, après un simulacre d'élection, avait obtenu sa confirmation de l'antipape Benoît XIII. Impens compte vander Baest parmi les «cooperantes fundationis nostrae», parce que, pendant cette période d'exil, il a appuyé les projets du fondateur de Bethléem, Godefroid de Curia ou de Oesterhem [3]. — 1427: «Léon de Baest, costre de la cathédrale de Liège, résidait en 1427. Il fut aussi archidiacre de Brabant et, en cette qualité, député par le pape pour approuver un accord passé entre le chapitre de Ste Croix et le commandeur du baillage des Joncs» [4]. — 1428: «Magister Leonius vander Baest, doctor ac sigillifer Leodiensis», sollicite Olivier de Campo, sous-prieur de Bethléem, près de Louvain, en vue de réformer le couvent des Bons-Enfants à Liège [5]. — 1433: «Il se rend à Louvain et signe au nom de l'évêque de Liège, un acte relatif au payement de vingt-cinq mille nobles d'Angleterre au duc Philippe de Bourgogne» [6]. — 1434: «Il conclut à Bruxelles un traité de paix avec le même duc» [6]. — 1437: «Il eut à soutenir un procès contre le clergé secondaire de Liège parce qu'il avait cité devant lui trois choraux de l'église S. Pierre de Louvain, coupables d'excès, et avait refusé de confier la connaissance de cet affaire au doyen et au chapitre de cette collégiale, chose que le clergé prétendait attentatoire à ses privilèges. Le chapitre de S. Lambert ayant rendu une sentence en faveur de l'archidiacre, les églises secondaires résolurent de s'abstenir dans les processions et autres solemnités de la cathédrale» [6].

La date de la mort du donateur doit se placer entre 1437 et

---

[3] Petrus IMPENS, *Chronicon Bethleemiticum,* lib. II, art. 1, § 3 et art. 9, § 1 (Ms. *Averbode, Abbaye,* 15/F-1, fol. 40ᵛ et 53ʳ). — J. Lejeune, à l'encontre de la chronique de Bethléem, affirme que «en 1406, le doyen de Saint-Paul, cinq chanoines résidants de Saint-Martin et bien d'autres refusent de quitter Liège pour rejoindre Jean de Bavière» (*La principauté de Liège,* p. 89).

[4] J. DE THEUX DE MONTJARDIN, *Le chapitre de Saint-Lambert à Liége,* II, p. 204.

[5] Petrus IMPENS, *Chronicon Bethleemiticum,* lib. II, art. 13, § 3 (Ms. *Averbode,* fol. 75ʳ).

[6] J. DE THEUX DE MONTJARDIN, *Le chapitre de Saint-Lambert à Liége,* II, p. 204.

1445, puisque son successeur, Nicolas de Cuse, a été admis à l'archidiaconat de Brabant le 13 septembre 1445[7].

Il est regrettable que le scribe du *Liber commemorationum* ait négligé de noter le titre de l'autre ouvrage d'Henri Bate.

Les manuscrits du prieuré de Mariënhage

Un catalogue collectif, groupant les manuscrits d'une centaine de bibliothèques des Anciens Pays-Bas, et connu sous le nom de *Catalogue |de Rouge-Cloître,* est conservé dans le manuscrit *Vienne, Nationalbibliothek,* Ser. nov. 12694 (ancienne cote: *Fidei-Kommissbibliothek,* 9373). Un chanoine régulier de Rouge-Cloître qui, selon le P. Van Mierlo, pourrait être Antonius Geems (Geens ou Gentius), commença cette compilation en 1532 et ne l'acheva pas avant 1538-1540[8]. Le catalogue contient plusieurs sections, dont la plus étendue est une liste alphabétique d'auteurs, intitulée *index illustrium scriptorum* (fol. 41-382). De chaque auteur on donne une notice biographique suivie de ses écrits, dont la présence dans une bibliothèque est attestée par un sigle. C'est dans cet *index,* au fol. 159[r], que nous trouvons un paragraphe consacré à Henri Bate[9]:

Henricus de malinis. alias baten doctor famosus sacre theologie et medicine et prepollens in astronomia Cancellarius parisiensis et cantor ecclesie leodiensis extitit.

[7] E. DE MARNEFFE, *Tableau chronologique des dignitaires du chapitre de Saint-Lambert à Liége* (1896), p. 334.

[8] Au sujet du catalogue de Rouge-Cloître voir: J. VAN MIERLO, *Een katalogus van handschriften in Nederlandsche bibliotheken uit 1487,* 1928 (l'auteur a publié dans cet article, p. 281-283, l'édition diplomatique du prologue); J. G. J. TIECKE, *De werken van Geert Groote,* 1941, p. 34-38 (avec reproductions photographiques du feuillet 144 recto et verso); P. VAN HERREWEGHEN, *De Leuvense bijbelvertaler Nicolaus van Winghe. Zijn leven en zijn werk,* 1949, p. 154-155. — J. Van Mierlo a édité une partie du catalogue, à savoir la liste des sigles des bibliothèques (f. 20[r]-21[v]) et la liste des ouvrages anonymes, intitulée *Tractatus ignoto auctore* (f. 410[r]-429[v]) dans *De anonymi uit den kataloog van handschriften van Rooklooster,* 1930.

[9] Je tiens à exprimer ma reconnaissance à la Ruusbroec-Genootschap d'Anvers qui m'a permis de consulter ses photocopies du manuscrit de Vienne.

Speculum divinorum sive naturalium continet 23 partes.   e.z.
Principium: Honorabilium bonorum preclariorum partem opinantes divinorum entium. *Finis*: censuimus appellandum speculum divinorum
Excerptum ex eodem   e.

z = Vallis sancti martini in Lovanio, monasterium regularium [10].
e = endovie, regulares, prope endoviam [11]. Il s'agit du prieuré
de S. Augustin dit Mariënhage ou Op de Haege à Woensel
près d'Eindhoven [12].

Le compilateur de Rouge-Cloître a puisé dans un catalogue
collectif du même genre, rédigé vers 1487 par Gerardus Roelants, chanoine régulier de Val-Saint-Martin à Louvain. Vers
1768, ce catalogue-source se trouvait encore à la bibliothèque
du prieuré, puisque J.N. Paquot, dans les *Mémoires pour servir
à l'histoire littéraire des Pays-Bas,* le mentionne sous le titre
*Catalogus librorum manuscriptorum in diversis Belgii Biblio-
thecis exstantium* [13]. Depuis lors, nous en avons perdu la trace.
La notice du catalogue de Rouge-Cloître est empruntée telle
quelle au catalogue de Val-Saint-Martin, et celui-ci reproduit à
son tour le catalogue de la bibliothèque de Mariënhage. En effet, A. Sanderus signale à Val-Saint-Martin un catalogue de la
bibliothèque de Mariënhage [14]. D'autre part, l'exemplaire du *Speculum* de Val-Saint-Martin subsiste toujours; c'est le manuscrit
incomplet *Bruxelles, Bibl. Royale, 271,* dont le texte commence
au folio 4[r]: *Incipit speculum divinorum venerabilis henrici de
malinis in Sacra theologia magistri parisius necnon Cantoris et
Canonici in ecclesia Leodiensi.* Si l'on compare cet *incipit* à la
«notice biographique» du catalogue de Rouge-Cloître, on con-

[10] Fol. 21[v]; J. VAN MIERLO, *De anonymi...,* p. 92.

[11] Fol. 21[r]; J. VAN MIERLO, *De anonymi...,* p. 90.

[12] B. Maria in Dumo à Woensel, fondé en 1419, a été incorporé à la con-
grégation de Windesheim en 1423. En 1638, la communauté s'établit à
Weert, où elle demeura jusqu'à l'expulsion en 1797. Voir à ce sujet: M.
SCHOENGEN, *Monasticon Batavum,* II (1941), p. 62-63 et 203; P. C. BOEREN,
Rond het Floralium Temporum, 1949, p. 33-38.

[13] Tome XII (1768), p. 53.

[14] *Bibliotheca Belgica Manuscripta,* II (1643), p. 227: «Index Librariae B.
Mariae in Dumo prope Endoviam: & Fontis B. Mariae prope Arnhem Ordinis Canonicorum Regularium».

state que celle-ci n'est qu'une adaptation de l'*incipit* de l'exemplaire du *Speculum* de Mariënhage. Les titres de Bate y sont
plus nombreux et contiennent deux attributions gratuites au
lieu d'une: «doctor sacrae theologiae» et «cancellarius parisiensis». Pourquoi Roelants s'est-il fié au catalogue de la bibliothèque de Mariënhage ? Probablement parce qu'il savait que
l'exemplaire du *Speculum* de Val-Saint-Martin était incomplet.
Obligé d'emprunter au catalogue de Mariënhage l'*explicit* et
l'indication du nombre des *partes,* il en a également adopté
l'*incipit* pour son propre catalogue et s'est contenté de mentionner le *codex* de Val-Saint-Martin par le sigle *z*. Bref, Gérard
Roelants a utilisé les données du catalogue de la bibliothèque de
Mariënhage en y ajoutant les sigles des bibliothèques. Le compilateur de Rouge-Cloître a copié sans plus la notice de Roelants.

Nous pouvons conclure que, dès avant 1487, le prieuré de
Mariënhage possédait deux exemplaires du *Speculum,* l'un complet, l'autre incomplet.

Le manuscrit de Saint-Victor à Paris

Le plus ancien catalogue que nous possédions de la librairie
de Saint-Victor, a été dressé par Claude de Grandrue après
l'achèvement de la nouvelle bibliothèque en 1509. Ce catalogue
se compose de deux parties:
1. un répertoire alphabétique rédigé en 1513 et conservé actuellement à la Bibliothèque Mazarine (ms. 4184) [15].

---

[15] Ancienne cote: *Bibl. Mazarine,* H. 1358. Titre au folio 3ʳ: «Index novus
eorum que in bibliotheca / cenobii sancti victoris continentur a / fratre Claudio collectus auxiliante / deo feliciter incipit.» *Explicit* au folio 183ᵛ: «Scrip-
tor qui scripsit cum christo vivere possit / frater claudius de grandi vico Est /
huius libri / Completus Anno domini 1513. VI idus Iunii». L'introduction, le
mode d'emploi et un petit fragment du catalogue (Abaci liber - Albumasar)
ont été publiés par A. FRANKLIN, *Les anciennes bibliothèques de Paris,* t. I
(1867), p. 174-179. La Bibliothèque Nationale possède de ce *codex* une copie du XVIIᵉ siècle: ms. *lat.* 14.768 (successivement *Bibl. du roi,* 10.284 et
Bibl. impériale, 1123). C'est à cette copie que de Montfaucon a emprunté la
mention du *Speculum:* «Henrici de Malignis. Speculum divinorum», dans *Bibliotheca bibliothecarum manuscriptorum nova,* t. II (1739), p. 1372 A.

2. un inventaire topographique qui énumère les volumes suivant la place qu'ils occupaient sur les lutrins auxquels ils étaient enchaînés. Il fut composé en 1514 et se trouve à la Bibliothèque Nationale (ms. *lat.* 14.767) [16].

Dans le répertoire aussi bien que dans l'inventaire le *Speculum* est mentionné:

1. dans le répertoire alphabétique, au folio 67[v], sous la lettre *H*:

> m.5. Henrici de malignis speculum divinorum

et au folio 136[r], sous la lettre *S*:

> Speculum divinorum a' henrico de malignis m.5.

2. dans l'inventaire topographique, au folio 31[r]:

Speculum divinorum quod edidit henricus de
mallinis quondam cantor leodiensis Cuius libri in
quampluribus capitulis sunt XXIII partes principales
Tituli singulorum capitulorum predictarum. XXIII.
partium. 2. Prima pars XXXII[orum] capitulorum
20. decima XXII capitulorum. 140. vicesima
tercia et ultima XXV. capitulorum. 351. A
scilicet tercii. 13[m]. in quo secundum gramaticum recitantur
B. persequebantur ipsum C. 368. et usque. 391.

M .5.

Au XVIIe siècle, deux mains différentes ont ajouté dans la marge:

> $\overset{+}{h}$ 26   et   A.c. 23.

Interprétation:

M. 5.: le codex se trouve à la première rangée des lutrins, douzième lutrin, cinquième place [17].

---

[16] Ancienne cote: *Bibl. impériale,* 1122. Ce volume n'ayant originairement pas de titre, une main postérieure y a suppléé dans la marge supérieure du folio 1[r]: «Catalogus Typographicus / Bibliothecae Manuscriptae S[ti] Victoris / a Claudio de grandivico Canonico eiusdem Abbatiae ordinatus / anno 1514».

[17] Cl. DE GRANDRUE, *Index novus* ... (Ms. *Bibl. Mazarine,* 4184), folio 2[v]: «Brevis annotatiuncula quam sequentes bibliothecarios ignorare non oportebit hec est. Pulpita triplici alphabeto esse signata. Primus ordo pulpitorum, simplici alphabeto A.B.C. et reliquis simplicibus litteris, signatur. Secundus ordo, duplicato alphabeto, hoc pacto AA.BB. et reliquis. Tercius, ter resump-

Contenu [18]: la table des chapitres commence au folio 2;
la I° Partie, contenant 32 chapitres, commence au folio 20;
la X° Partie, contenant 22 chapitres, commence au folio 140;
la XXIII° Partie, contenant 25 chapitres, commence au folio
351.

A: Les premiers mots du folio 3 sont: *13*^m. *in quo...* C'est le
titre du chapitre 13 de la III° Partie dans la *Tabula capitulorum*. Claude de Grandrue indique normalement par la lettre
A l'*incipit* du second folio. Il faut donc supposer que le premier feuillet était blanc.

B: les derniers mots du folio 367, qui est l'avant-dernier feuillet
du *Speculum* ou le dernier feuillet écrit des deux côtés, sont:
persequebantur ipsum. Ces mots se retrouvent à la fin de
l'*additio* qui fait suite au texte proprement dit du *Speculum*
dans cinq manuscrits conservés.

C: les dernières lignes du *Speculum*, ici donc de l'*additio*, sont
écrites au folio 368. Les feuillets suivants, jusqu'au folio 391,
sont des feuillets blancs.

h 26 et A.c. 23 sont des concordances. Déjà avant 1623, l'année où Étienne Reynard rédigea un nouveau catalogue, les
pulpita étaient remplacés par des *armaria* [19]. Après les inon-
dations de 1651, on transféra la bibliothèque au deuxième
étage. C'est ici que le *Speculum* occupait la 23° place au 3°
rayon (c) de la première armoire (A). Cette armoire se

tis litteris, hoc modo AAA.BBB. atque ita deinceps. Et his litteris in unoquoque ordine minori apponuntur 1.2.3.4.5. et consequentes, qui ostendunt situm librorum petitorum et inveniendorum». Le mode d'emploi a été publié
par A. FRANKLIN, *Les anciennes bibliothèques de Paris*, t. I, p. 175 et par Ph.
DELHAYE, *Le Microcosmus de Godefroy de Saint-Victor. Étude théologique*
(1951), p. 263. — Comme il ressort du titre de la rubrique sous laquelle le
Speculum est inscrit, le lutrin M portait vingt et un volumes: «Ordo pulpiti
duodecimi scilicet M. Cuius volumina 21» (fol. 30^v).

[18] Au sujet des systèmes employés pour la description des manuscrits
dans les catalogues des bibliothèques médiévales, voir: T. GOTTLIEB, *Über
mittelalterliche Bibliotheken* (1890), p. 316-320. Notre interprétation est cor-
roborée par le ms. *Bibl. Nat. lat.* 14.724 (ancienne cote: *Saint-Victor*, LLL 6)
dans lequel Claude de Grandrue a composé une table des matières à la manière de son inventaire.

[19] A. FRANKLIN, *Les anciennes bibliothèques de Paris*, t. I, p. 152 et 179-180.

† trouvait à gauche de la porte d'entrée[20].

h 26 renvoie à un catalogue alphabétique dans lequel *Henricus de malignis* est mentionné à la 26° place sous la lettre *H*.

Depuis la confiscation de la bibliothèque de Saint-Victor en 1797, le *codex* a disparu. A notre connaissance, il est mentionné la dernière fois en 1766 par Dom P. Carpentier: «Henricus de Malinis, scripsit Speculum divinorum, in Bibl. Victor.[21]».

Le manuscrit de Jean Pic de la Mirandole

Jean Pic de la Mirandole possédait un *codex* contenant le *Speculum* d'Henri Bate. Après sa mort, survenue le 17 novembre 1494, sa bibliothèque, qui se trouvait au couvent des dominicains de Saint-Marc à Florence, fut vendue au Cardinal Domenico Grimani par Antonio Maria, frère et exécuteur testamentaire de Jean. Ceci se passait en 1498. A cette occasion, l'agent de Grimani, Antonio Pizzamano O.P., fit l'inventaire de la bibliothèque. En 1897, F. Calori-Cesis publia cet inventaire d'après un manuscrit du XV° siècle, conservé aux archives de la famille d'Este à Modène[22]. Cette publication étant défectueuse, Pearl Kibre édita, en 1936, un autre inventaire intitulé *Inventarius librorum Io. Pici Mirandulae,* cette fois d'après un manuscrit du XVI° siècle provenant de l'ancienne collection Orsini, actuellement le *Vaticanus lat.* 3436[23]. Selon toute vraisemblance

---

[20] Explication en tête du catalogue de Charles Le Tonnelier (1677): «Chaque volume est coté à deux lettres et un chifre. La premiere est la lettre qui regne tout le long de l'armoire; la seconde est celle de la planche, et le chifre marque le rang que tient ledit auteur sur sa tablette; comme, par exemple, le premier volume de la premiere tablette de la premiere armoire est coté A.a. 1; le grand A regne tout au long de l'armoire, le petit a ne va que le long de tablette, et le chifre augmente a mesure que les livres avancent en nombre. La seconde tablette est A.b.; la troisieme A.c., et ainsy du reste. Ce premier alphabet ... commence à gauche en entrant dans la Bibliotheque» (A. Franklin, *Les anciennes bibliothèques de Paris.* t. I, p. 183).

[21] *Glossarium novum ad scriptores medii aevi,* t. IV (1766), p. XXX.

[22] F. Calori-Cesis, *Giovanni Pico della Mirandola, detto la Fenice degli Ingegni, cenni biografici,* Mirandola, 1897.

[23] P. Kibre, *The Library of Pico della Mirandola.* New York, 1936.

cette copie a eu comme modèle un inventaire dressé déjà du vivant de Jean Pic [24].

Dans l'édition de P. Kibre, à la page 200, le *Speculum* est mentionné sous le n° 603:

P. (= papirus) Speculum Henrici Baten. Numerus 7. Capsa 1.

Le passage parallèle chez Calori-Cesis, p. 37, est conçu en ces termes:

Speculum divinorum et quorundam naturalium magistri henrici bathen et est (etiam *Cesis*) maximum volumen, manuscriptus in papiro.

Après la mort de Grimani une partie de sa bibliothèque fut transférée au couvent de San Antonio di Castello à Venise en vue de l'érection d'une bibliothèque publique. En 1687, cette bibliothèque fut dévastée par un incendie. Quel fut le sort du *Speculum* à travers les péripéties de la bibliothèque de Grimani? On ne le sait.

G. Mercati présume que l'exemplaire de Jean Pic est l'actuel manuscrit *Chigi* C. VIII. 218 de la Bibliothèque Vaticane. Cette hypothèse a son fondement dans le fait que, selon le registre des prêts, Jean Pic aurait emprunté, le 6 mars 1488, l'exemplaire du *Speculum* de l'ancienne bibliothèque de Nicolas V, exemplaire qui est actuellement le ms. *Vat.lat.* 2191 [25]; or le *Chigianus* est en effet, — la critique du texte en fait foi, — une copie directe du *Vaticanus latinus* 2191 [26]. En outre, comme l'observe A. Pelzer, le *Chigianus* a été daté «d'après la coutume bolonaise» [27]. Cela nous mène tout près de Florence, où Jean Pic passa les dernières années de sa vie. Cependant, il y a une difficulté: le colophon du *Chigianus* nous apprend que le copiste commença la transcription le 4 août 1491 et qu'il finit son travail le 14 avril 1492; est-il probable que Jean Pic n'ait fait copier le manuscrit de Nicolas V que trois ans et cinq mois après l'emprunt à la Bibliothèque du Vatican?

[24] P. KIBRE, *The Library of Pico della Mirandola*, p. 8.
[25] G. MERCATI, *Codici Latini Pico, Grimani, Pio ...* (1938), p. 53, n. 4. L'auteur cite le registre des prêts, ms. *Vat. lat.* 3966, fol. 43ʳ, mais ne donne aucun renseignement sur la date à laquelle le manuscrit est rentré.
[26] Ci-dessous, p. lxxix.
[27] Ci-dessous, p. lxxiv.

Le Speculum à Cologne au XVᵉ siècle

En terminant ces quelques notices sur les manuscrits perdus, nous voudrions signaler qu'aux environs de 1425, le *Speculum* était connu à Cologne, où nous le trouvons cité par le chef de file de l'albertisme colonais, Heymeric Van de Velde (de Campo). Par deux fois Heymeric cite le *Speculum* dans son écrit polémique de 1423-25, *Problemata inter Albertum Magnum et Sanctum Thomam, ad utriusque opinionem multum conferentia* [28]. Nous ignorons où et par qui l'auteur des *Problemata* a eu connaissance du *Speculum*. Il a conquis en 1415, sous Joannes de Nova Domo (Nieuwenhuze ?), le grade de maître ès arts à l'université de Paris. Ensuite, il a suivi pendant cinq ans les cours de théologie, peut-être aussi à Paris. Enfin, ayant rempli pendant deux ans la fonction d'écolâtre à l'école capitulaire de Diest, il a repris, en 1422, ses études de théologie à l'université de Cologne [29]. La France, les Pays-Bas et la Rhénanie entrent donc en ligne de compte.

En 1943, M. Grabmann a signalé une citation du *Speculum* dans un autre ouvrage émanant du milieu albertiste de Cologne, le commentaire de Jean de Hulsthout ou de Malines († 1489) sur le *De anima* d'Aristote [30]. Après la mort de l'auteur, ce commentaire a été édité, en 1491, par Gérard de Harderwijk sous le titre *Textus trium librorum de anima Aristotelis cum commentario secundum doctrinam venerabilis domini Alberti magni* [31]. Il n'est pas impossible que la référence au *Speculum*, —

---

[28] Heymeric cite le *Speculum* au cours du huitième problème: G. MEERSSEMAN, *Geschichte des Albertismus*, II (1935), p. 61 et 63. Au sujet du contenu du huitième problème et des positions antagonistes, voir *o.c.*, p. 38 et P. TEEUWEN, *Dionysius de Karthuizer* ... (1938), p. 80-83.

[29] G. MEERSSEMAN, *Les origines parisiennes de l'Albertisme colonais* (1952), p. 131 et *Geschichte des Albertismus*, II (1935), p. 13-14.

[30] M. GRABMANN, *Die Aristoteleskommentare des Heinrich von Brüssel* (1943), p. 65-66: «Es ist mir auch ein Zitat aus dem Speculum des Heinrich Bate von Mecheln aufgefallen: Cuius opinionis videtur fuisse Henricus de Malinis alias de Machlinia in suo speculo de universo».

[31] Cologne, Johann Koelhoff der Ältere, pridie Kal. Mart. 1491. M. Grabmann a consulté l'édition colonaise de 1497, imprimée par H. Quentell.

peu importe qu'elle soit de la main de l'auteur ou de l'éditeur,—
ait sa source dans les citations de Heymeric Van de Velde.

B. LES MANUSCRITS CONSERVÉS

Sept manuscrits nous ont conservé, en tout ou en partie, le
Speculum d'Henri Bate. Cinq de ces mss. ont déjà été utilisés
par G. Wallerand dans son édition (1931). Nous avons adopté les
sigles de Wallerand (*ABCDE*) en y ajoutant *F* et *G* pour les mss.
Chigianus C. VIII. 218 et *Ottobonianus latinus* 1602, copies directes du *Vaticanus latinus* 2191 *(E)*.

Pour autant que les manuscrits soient complets, ils accusent
une même répartition en cinq sections: 1) la table des matières,
qui comprend 556 titres; 2) le *Prooemium* en trois sections;
3) le *corpus* des vingt-trois parties; 4) la lettre dédicatoire à
Guy d'Avesnes [32] et 5) une addition qui raconte l'apparition
d'un revenant en 1305 et 1306. Le petit tableau ci-dessous donne un aperçu du contenu des manuscrits.

	CDEF	*A*	*B*	*G*
Tabula: Prooemium	+	+	+	—
Pars 1-10	+	+	+	—
Pars 11-23	+	+	—	—
Prooemium	+	+	+	—
Corpus Pars 1-10	+	+	+	—
Pars 11-12	+	+	—	—
Pars 13-23	+	+	—	+
Epistola dedicatoria	+	+	—	+
Additio	+	—	—	+

[32] La lettre dédicatoire a fait l'objet de trois éditions successives: en 1909
par M. De Wulf, d'après les mss *ACD* (*Henri Bate de Malines,* p. 479-481); en
1911 par J. A. F. Orbaan, d'après le ms *E* (*Bescheiden in Italië* ..., p. 12-13) et
enfin en 1931 par G. Wallerand, d'après les mss *ACDE* (*Henri Bate de Malines. Speculum* ..., p. 1-2).

Les manuscrits sont tous du XVe siècle, à l'exception de l'*Ottobonianus* qui date de 1517. Le *Bruxellensis* 271, du premier quart du XVe siècle, est le plus ancien et cependant il se situe un siècle après l'original. Cela ne constitue pas un cas isolé dans la tradition des textes scolastiques. Ainsi, on constate le même fait pour la tradition directe de la *Summa de Bono* d'Ulric de Strasbourg, contemporain d'Henri Bate [33].

Ms. *Bruxelles. Bibliothèque Royale,* 7500

A Ms. sur papier, de 1471 comme en témoigne la souscription au f. 365ra:

> ¶ Scriptus finitusque est iste liber
> individue trinitatis gratia cooperante ¶ Anno
> *dominice incarnacionis. 1471. 13.augusti* [34]

COMPOSITION. 19 sexternions, 2 quaternions, 10 sexternions et 1 feuillet collé au dernier cahier; au total: 365 feuillets de 380 × 275 mm., foliotés à l'encre de 1 à 365 par une main moderne. Les réclames sont conservées, mais les signatures ont été coupées par le relieur, sauf trois: sur le faux pli du f. 14: *a ij;* au bas des ff. 89^r et 331^r: respectivement *g v* et *h 3*. Ces signatures avec le numéro d'ordre des diplômes, sont écrites à l'encre noire.

Le texte a été exécuté par deux copistes: le premier a écrit les 21 premiers cahiers (f. 1-244), le second 10 cahiers et 1 feuillet (f. 245-364 + 365). Cela explique les deux séries de signatures. En effet, le folio 331, qui porte la signature *h 3,* est le troisième feuillet du huitième cahier écrit par le deuxième copiste.

Les scribes eux-mêmes ont mis les titres courants, qui indiquent la Partie traitée et, à partir du folio 9, se rencontrent en tête du recto de chaque feuillet. Le premier copiste écrit en

---

[33] J. DAGUILLON, *Ulrich de Strasbourg O.P. La «Summa de Bono». Livre I* (1930), p. 108*.

[34] La dernière ligne est soulignée en rouge. Voir note suivante.

toutes lettres les numéros des douze premières Parties: *Prima pars,* etc.; puis il utilise les chiffres romains: *xiii*^a *pars,* etc. Quelques versos ont aussi reçu le titre courant: le dernier verso des cahiers 6 à 11 et 13 à 20, ainsi que quatre versos qui coïncident avec le commencement d'une Partie. Le deuxième copiste emploie les chiffres romains: *Pars xix*^{ma}, etc.

RÉGLURE à la mine de plomb soigneusement effacée. 2 Colonnes de 270×80/83 mm. L'espace entre les colonnes est de 21 à 25 mm. Au haut et au bas de la plupart des feuillets on remarque les piqûres qui ont servi à l'encadrement des colonnes. Le premier copiste écrit sur un tracé de 60 lignes par colonne; le deuxième copiste écrit 50 à 55 lignes par colonne, le tracé des lignes horizontales ayant été négligé. A la fin d'une colonne il rapproche souvent les lignes comme s'il voulait reproduire la mise en page de son modèle. Il est plus avare du papier que son collègue, qui aime à commencer une nouvelle Partie en tête d'une colonne, même s'il doit sauter une demie colonne. Le second copiste au contraire fait suivre sans blancs les Parties et réserve moins d'espace aux lettres lombardes.

CONTENU [35].

I. TABLE DES MATIÈRES: f. 1ra-6ra.

Inc. **T**abula capitulorum speculi diuinorum et / naturalium quorundam henrici baten incipit. / **PR**imum seu primordiale pro- / hemij capitulum de...

Expl. ¶ 25. Circa primi bonitatem ac delectacionem summam consummanda consideracio cum opusculi complemento / ¶ *Explicit tabula.*

II. INTRODUCTION (3 sections): f. 6ra-8va.

Inc. ¶ *Speculum diuinorum et quorundam naturalium ma-*

---

[35] Disposition typographique des textes dans la description du *contenu* des mss.:

/	:	sépare les lignes.
//	:	sépare les colonnes.
Caractères gras	:	lettrines et lettres lombardes.
Caractères espacés	:	texte écrit en rouge.
Caractères italiques	:	texte souligné de rouge.

gistri / henrici baten Incipit. / **P**rohemium in cuius
bilium bonorum pre- / clariorem partem opinan- / tes...
parte prima .../.../... comprobando // f. 6rb **H**Onora-
Expl. ut sicut / tenebre eius ita et lumen eius fiatque nox
illuminacio in / deliciis nostris

III.   Les xxiii Parties du «Speculum»: f. 8va-365ra.

Inc. ¶ *Primum executorie partis capitulum. de speciebus...*/
...secundum opinionem quorundam / **Q**Voniam igitur
innata est nobis via a nobis / ...

Expl. opusculum tamquam a / digniori censuimus appellandum Speculum di- / uinorum
Vient ensuite la souscription citée plus haut: Scriptus
finitusque...

IV.   Lettre dédicatoire: f. 365rb-^{va}.

Inc. **D**Omino guidoni hannonie pariter / ac hollandie comitis germano / dei gracia traiectensis ecclesie presuli / ...

Expl. ut ad beatitudinis fruicionem finaliter perueniat / vestra paternitas in secula seculorum *Amen.*
Cette dédicace se lit sur le feuillet qui a été collé au dernier
cahier. Selon toute vraisemblance il s'agit de la moitié d'un
diplôme qui portait originairement l'appendice sur le second
feuillet. Observons que le *codex* a subi de sérieux dégâts
causés par l'eau, qui a pénétré par le plat inférieur. L'eau
a trempé le papier jusqu'au folio 330. On a essuyé les pages
359^{v} et 360^{r}, effaçant ainsi une partie du texte. Les folios
suivants, jusqu'à la fin, sont par places presque illisibles.
Sans doute faut-il attribuer à cet accident la perte du dernier feuillet.

Écriture. *Premier copiste:* cursive gothique, très soignée et
droite. Particularités: *a* cursif ou fermé (à une panse); *b, d*
(oncial), *h, k* et *l* sans boucles; *f* fermé; les queues se prolongent
assez loin au-dessous de la ligne, surtout celles de *p, g* et *s* de
forme haute; deux types de *e*: fermé et ouvert; en général on
peut bien distinguer *c* et *t,* ce qui n'est pas le cas pour *n* et *u.* —
Signes diacritiques: *i* est le plus souvent surmonté d'un petit

trait oblique; au-dessus de *y* il y a toujours un point ou un trait oblique. — Ponctuation: point et trait oblique. Le trait d'union se retrouve régulièrement dans les mots coupés à la fin d'une ligne.

Deuxième copiste: cursive gothique, plus rapide et, dès lors, moins soignée. Particularités: *a* cursif; *b, d* (oncial), *h* et *l* sans boucles; *e* est toujours fermé; *c* et *t* se distinguent bien, mais *n* et *u* se confondent. — Signe diacritique: parfois un trait oblique sur le *i*. — Ponctuation: petit trait oblique modestement appliqué en guise de ponctuation faible et forte. A la fin d'une phrase le copiste trace parfois un trait oblique assez épais, vraisemblablement pour indiquer au rubricateur l'emplacement d'un signe de paragraphe. Les tirets se rencontrent régulièrement dans les coupures de mots à la fin des lignes.

CORRECTIONS. Il n'y a que peu de corrections exécutées par les scribes en cours de copie. Premier copiste: exponctuation et rature. Il indique les passages à supprimer par *va-cat* au-dessus de la ligne. Deuxième copiste: exponctuation à petits traits. Les exponctuations et les ratures des deux copistes ont été rehaussées de rouge par les rubricateurs.

RUBRIQUES. Les rubricateurs sont peut-être les copistes mêmes. Ils utilisent le rouge à l'exclusion de toute autre couleur et ils n'ont pas écrit de *textes*.

Premier rubricateur. Dans la *Tabula capitulorum*: signes de paragraphes du type C devant tous les titres des chapitres; en outre, devant les en-têtes des Parties et devant la formule d'*explicit*, qui sont aussi soulignées. Dans le *corpus*: le même signe de paragraphe devant les titres des chapitres et devant les formules d'*incipit* et d'*explicit* entre les Parties. A l'intérieur des chapitres le même signe, et parfois le signe du type VI, est employé pour diviser le texte. Les initiales secondaires ont été rehaussées d'un trait rouge. — Soulignements: les titres des chapitres et les formules d'*incipit* et d'*explicit* entre les Parties. En plus, le rubricateur a souligné dans le texte 251 indications de sources, par exemple *philosophus 3° de partibus animalium,* etc. Nous ignorons quel critère a déterminé ce choix; en effet, les soulignements se répartissent de la façon suivante: f. 9ʳ-98ʳ: 224; f. 98ᵛ-148ʳ: 0; f. 148ᵛ-244ʳ: 27. On ne remarque pas de préférence pour les citations d'un auteur déterminé ni pour une catégorie de sources.

Deuxième rubricateur. Signes de paragraphes du type C devant les titres des chapitres, à l'exception des titres du premier chapitre de chaque Partie, qui commencent par une petite lettre lombarde; devant les formules d'*incipit* de chaque Partie et devant le colophon. Le signe du type C est employé à côté de celui du type VI pour diviser le texte. — Les initiales secondaires ont été rehaussés en rouge. — Soulignements: les titres des chapitres et leurs numéros marginaux; la formule d'*incipit* des quatre dernières Parties et la dernière ligne du colophon. A l'intérieur du texte, 12 indications de sources seulement ont été soulignées, dont 9 se réfèrent à d'autres traductions, par exemple au folio 247ᵛᵃ: *In alia translacione,* au folio 248ᵛᵇ *In translacione autem correcta de greco sic habetur,* etc.

Lᴇᴛᴛʀɪɴᴇ ᴇᴛ ʟᴇᴛᴛʀᴇs ʟᴏᴍʙᴀʀᴅᴇs. 1. Dans l'œuvre du premier copiste. L'initiale H(Onorabilium) au commencement du *Prooemium,* f. 6ʳᵇ, est une lettrine bleue à filigrane rouge. Ce filigrane, ça et là rehaussé d'une tache verte, se prolonge à côté et au-dessus de la colonne. Hauteur: 11 lignes. — Lettres lombardes rouges hautes de 8 à 11 lignes en tête de la *Tabula capitulorum* et des Parties II à XVIII; hautes de 3 lignes en tête de la Partie I et de chaque chapitre; hautes de 2 lignes au commencement du titre du *Prooemium,* aussi bien dans la *Tabula* que dans le texte.

2. Dans l'œuvre du deuxième copiste. L'initiale P(Ostremo) du texte de la Partie XXIII, f. 341ʳᵃ, est une lettre lombarde rouge dont la panse est ajourée d'une quartefeuille. Hauteur: 7 lignes. — Lettres lombardes rouges sans ornements, hautes de 2 lignes environ, au début du titre du premier chapitre des Parties XIX à XXIII; hautes de 4 à 5 lignes en tête du texte des Parties XIX à XXII et de la dédicace.

Pʀᴏᴠᴇɴᴀɴᴄᴇ: Abbaye de Tongerlo, de l'ordre de Prémontré. Dans la marge supérieure du folio 1ʳ se lit la marque de propriété écrite au 17ᵉ ou 18ᵉ siècle: *Bibl: tong:* Déjà entre les années

1530 et 1560 le manuscrit appartenait à l'abbaye de Tongerlo,
puisqu'il a été relié sous l'abbatiat du prélat Arnoldus Streyters [36].
Voir ci-dessous: Reliure. — Il est mentionné dans le catalogue
de 1640, publié par A. Sanderus: «*Henrici Baten*. Speculum divinorum et naturalium quorumdam» [37]. — Entre le 11 juin et le
12 novembre 1797 la bibliothèque de Tongerlo fut confisquée par
les commissaires de la République et transportée dans l'église
des petits Carmes à Anvers [38]. Nous ignorons si le *Speculum* se
trouvait parmi les livres transportés — il y en avait 12.000 environ — ainsi que les circonstances dans lesquelles il est entré
dans la Bibliothèque Royale.

ESTAMPILLES. Au folios 1ʳ et 2ʳ, estampille noire de forme ronde: le chiffre L de Léopold Iᵉʳ surmonté d'une couronne royale
— BIBLIOTHÈQUE ROYALE. Au folios 1ʳ et 365ᵛ estampille rouge de forme ronde: le lion rampant — BIBLIOTHÈQUE ROYALE
DE BELGIQUE.

PAPIER lourd, bien encollé et d'une blancheur toute fraîche.
En tenant compte du faux pli au bas du feuillet 14, on obtient
des mesures qui se rapprochent plus des dimensions originaires
de la feuille: 389×574 mm. — Filigrane: armoiries, trois fleurs
de lis posées deux et un. L'écu sommé d'une couronne à trois
fleurons séparés par deux perles. Une croix est suspendue à la
pointe de l'écu. Dimensions: 80 × 35 mm. Ce filigrane n'est
mentionné ni par BRIQUET ni par DE STOPPELAAR, mais il ressemble bien au n° 1741 de BRIQUET.

RELIURE en veau brun estampé sur plats de carton, qui ont
remplacé les ais de bois lors d'une restauration au 19ᵉ siècle.

[36] Le *Speculum* n'est pas mentionné dans le catalogue systématique de la
bibliothèque de Tongerlo, composé en 1543 par Jacobus Geerts (Gerardi) et
dédicacé au prélat Streyters (Ms *Bruxelles, Bibl. Royale*, 8242-43), mais les
14 premières pages font défaut.

[37] *Bibliotheca Belgica Manuscripta*, vol. II (1643), p. 154. Ce catalogue
a été procuré à Sanderus par Valère André; ceci ressort de la souscription
à la page 156: «Finis Catalogi Tongerlooensis suppeditati à Doctissimo Viro
Valerio Andrea / I.V.Doctore & Professore Louaniensi». Déjà en 1623, dans
la première édition de sa *Bibliotheca Belgica*, Valère André cite le ms. de
Tongerlo. Voir ci-dessous, p. liv, où nous donnons le texte *in extenso*.

[38] Ch. PIOT, *Rapport à Mʳ le ministre de l'intérieur sur les tableaux enlevés à la Belgique en 1794 et restitués en 1815*, p. 214, 219 et 227-228.

Après 1930 le dos a été renouvelé. Dos à cinq doubles nerfs. Fermoirs arrachés dont on remarque encore les traces. Sur la gouttière le titre à l'encre noire, placé horizontalement: *Speculum henrici Baten manu (?) / scriptum.*

Les deux plats sont pareillement décorés à froid d'un double cadre rectangulaire tracé à la roulette. Les empreintes qui forment le cadre extérieur se prolongent jusqu'aux bords des plats. Ses angles sont liés aux angles du cadre intérieur par un triple filet. Ornements du cadre intérieur poussés à la roulette: rose à double couronne de cinq pétales sur tige munie de feuillage stylisé. Pour autant que les empreintes du cadre extérieur n'aient pas disparu, on peut distinguer des plantes stylisées, un cartouche portant quelques traits verticaux et un écu échancré des deux côtés, au monogramme composé des initiales LG (?). Les empreintes du cadre extérieur ainsi que les plats eux-mêmes sont bordés d'un triple filet.

Dans le cadre intérieur, au haut et au bas, les armoiries d'Arnoldus Streyters, 35ᵉ abbé de Tongerlo: «d'or au chevron d'azur, chargé de trois fleurs de lis d'or, l'écu posé sur la crosse abbatiale. Dimensions: 29 × 15 mm. Arnold Streyters, natif de Diest, fut béni abbé de Tongerlo en 1530; il gouverna cette abbaye jusqu'à sa mort, survenue le 17 août 1560» [39]. Sur le dos, au pied du volume, la cote frappée en or: 7500. Dans l'angle gauche au haut du plat intérieur une étiquette: BIBLIOTHÈQUE ROYALE / DE BELGIQUE / CABINET DES MANUSCRITS / FONDS GÉNÉRAL / Inv. N°: 7500 /Cat. N°: 2960 / Format: B.

BIBLIOGRAPHIE

J. Van den Gheyn, *Catalogue des manuscrits de la Bibliothèque Royale de Belgique,* n° 2960, t. IV (1904), p. 359-360.
G. Wallerand, *Henri Bate de Malines. Speculum...* (1931), p. (24)-(25).

[39] De Jonghe d'Ardoye e.a., *Armorial belge du bibliophile,* t. I, p. 345, avec une reproduction des armoiries; celles-ci figurent également dans W. Van Spilbeeck, *De Abdij van Tongerloo* (1888), p. 318 et 356, et *De wapenschilden der abten van Tongerloo* dans *De Vlaamsche School,* XIV (1868), p. 114. — Au sujet du prélat Streyters, voir: L. Goovaerts, *Écrivains, artistes et savants de l'ordre de Prémontré,* vol. II (1903), p. 215 et W. Van Spilbeeck *De Abdij van Tongerloo* (1888), p. 308-356.

Ms. *Bruxelles. Bibliothèque Royale,* 271

B Ms. sur parchemin, premier quart du XVᵉ siècle: la lettrine historiée au folio 4ʳ a été exécutée entre 1400 et 1425 (voir ci-dessous). Le parchemin est loin d'être de première qualité: par suite d'une préparation moins soignée il y a une différence accentuée de teinte entre le côté poil et le côté chair; on a utilisé les flancs de la peau et, à plusieurs reprises, on a dû coudre des ouvertures.

COMPOSITION: un cahier factice de 4 feuillets: le feuillet de garde collé au quatrième feuillet et les feuilles 2 et 3 assemblés par une bandelette de parchemin; 14 sexternions et un sexternion dont on a coupé les feuillets 8 à 11 (trois de ces quatre feuillets ont été utilisés par le deuxième scribe à la copie de la *Tabula capitulorum,* qui forme actuellement avec le feuillet de garde le premier cahier); au total 180 feuillets de 360/370 × 275 mm, foliotés au crayon par une main moderne, de 1 à 179, le premier feuillet de garde n'ayant pas reçu de numéro. Le folio 179 est en blanc et sert de feuillet de garde.

Réclames dans un encadrement à forme de banderolle dessinée à la plume. Signatures à l'encre rouge au bas des rectos des six premiers feuillets de chaque sexternion. Écrits à l'encre noire les numéros d'ordre des diplômes, 1 à 6, suivent les signatures, sauf les numéros du 12ᵉ cahier qui précèdent la signature //. Quoique beaucoup de signatures aient été enlevées par la rognure, on peut restituer la série: *a,b,c,d,e,f,g,h,/,* —*,k,* //*,o.* Les deux derniers cahiers n'ont pas, ou plus de signature.

Originairement le premier feuillet de garde était fixé sur une feuille de parchemin couverte d'une écriture minuscule gothique, lourde et d'un aspect trapu *(littera textualis formata).* On observe encore des empreintes, à la façon d'un négatif, de trois colonnes de texte. A l'aide d'un miroir, nous avons pu lire: / *gloriā transmigracio* / *Statimque sensit fortis* / *athleta sibi iterum pe-* / *ram cum lapidibus suis* / *suum... iterum cum* /... Le dernier feuillet, qui est blanc, porte en creux et dans le sens de la hauteur, des empreintes de portées et, çà et là, de faibles traces d'encre provenant de neumes et de lettres. Autrefois le folio 179 faisait donc face au verso d'une feuille de parchemin dont le recto portait un morceau de musique.

RÉGLURE. Les lignes qui délimitent les colonnes sont tracées à la mine de plomb; leur distance est indiquée par des perforations. 2 colonnes de 250/260 × 75/76 mm. L'espace entre les colonnes est de 18 mm. Il n'y a pas de tracé de lignes horizontales pour le texte. Le nombre des lignes par colonne varie de 49 à 51 dans la *Tabula,* de 54 à 57 dans le *corpus.*

Trois copistes se sont succédés. Le premier a écrit la majeure partie: le *Prooemium,* les dix premières Parties et quelques lignes de la onzième Partie; il cesse *ex abrupto* son travail au milieu d'une phrase avec les mots: *et hoc quidem modo similiter vera est intencio parmenidis* (f. 4-178vb). Le second copiste a transcrit la *Tabula capitulorum* jusqu'à la dixième Partie inclusivement (f. 1-3); il se conforme donc au travail de son collègue. De ce que nous avons dit plus haut des feuillets de garde, on peut déduire que le *Speculum* inachevé tel que nous le connaissons aujourd'hui, avait reçu une reliure et constituait donc à lui seul un *codex.* Dès lors il est curieux qu'un troisième copiste, du XVe siècle, ait continué le texte jusqu'au bas de la colonne 178vb, en y ajoutant dix lignes d'une écriture plus maniérée. A-t-il poursuivi son travail dans un deuxième tome ? Mais alors pourquoi la table des chapitres n'a-t-elle pas été complétée, ainsi que l'initiale en tête de la XIe Partie ? Quoi qu'il en soit, si jamais un deuxième tome a existé, celui-ci s'est égaré dès avant 1623 et vraisemblablement dès avant 1487 [40].

CONTENU [41].

I. TABLE DES MATIÈRES (des 10 premières Parties): f. 1ra-3vb.
 Inc. Incipiunt Rubrice undecim parcium

---

[40] Valère André, induit en erreur par notre *codex,* qui, dès avant 1487, se trouvait dans la bibliothèque de Val-Saint-Martin à Louvain, affirme que le *Speculum* contient dix Parties (*Bibliotheca Belgica,* 1623, p. 372). Voir ci-dessous, p. liv et n. 49.

[41] Disposition typographique: voir ci-dessus, p. xli, n. 35.

Spe-/ culi diuinorum henrici baten de
maliuis/ Primum seu primordiale prohemij capitulum / DE Subiecti

Expl. 2 2ᵐ. Declaracio exemplorum circa premissa et pre-
determinata. Ce chapitre est le dernier de la Xᵉ Partie,
bien que l'*incipit* ait annoncé onze Parties.

II.   INTRODUCTION (3 sections): f. 4ʳᵃ-7ʳᵃ.

Inc. Incipit speculum diuinorum venerabilis hen-/ rici de malinis in Sacra theologia magistri / parisius nec non Cantoris et Canonici in/ ecclesia Leodiensi / H / Onorabilium bonorum preclariorem partem
opi-/ nantes...

Expl. nec sicut tenebre eius ita et lumen / eius fiatque nox
illuminacio in deliciis nostris

III.   LES X PREMIÈRES PARTIES DU «SPECULUM» et quelques
lignes de la XIᵉ Partie: f. 7ʳᵃ-178ᵛᵇ.

Inc. ¶ *Primum executorie partis capitulum de speciebus
.../... secundum opinionem quorumdam* / QUoniam
igitur innata est / ...

Expl. scilicet de natura horum neutra visus est tangere / sed
ad totum celum sive mundum respiciens

ÉCRITURE. Premier copiste (f. 4-178): minuscule gothique courante. Particularités: *a* fermé à une panse; *b, d* (oncial), *h, k* et
l avec boucles; *f* ouvert; *e* fermé; *c* et *t* se distinguent bien, ce
qui n'est pas le cas pour *n* et *u*. — Ni signes diacritiques, ni
ponctuation. Tirets dans les mots coupés à la fin des lignes.
Parfois la lettre *r* munie d'une boucle, signe abréviatif de *-rum,*
est mise à la fin d'une ligne pour remplir un vide.

Deuxième copiste (f. 1-3): minuscule gothique courante. Particularités: *a* fermé à une panse; *b, d* (oncial), *h* et *l* sans boucles, *e* et *f* fermé; on peut bien distinguer *c-t* et *n-u*. — Signes
diacritiques: *i* et *y* sont surmontés d'un point ou d'un trait. —
Pas de ponctuation.

CORRECTIONS en cours de copie par le premier copiste: ratures.

Pour indiquer que l'ordre de deux tronçons de texte doit être interverti, (P. VIII, c. 23, f. 141va), le copiste a placé dans la marge, à la hauteur du commencement de chacun des tronçons, les lettres *b* et *a*. Le tronçon *b* est délimité par des traits. L'indication est suffisante parce que le texte *a* va jusqu'à la fin du chapitre. Au folio 72ra, une suppression de trois lignes est marquée par *va - cat*. On rencontre aussi quelques rares retouches *in rasura*, dues à un deuxième correcteur.

ORTHOGRAPHE: la semi-voyelle *u* après *g* devient *w: Gwido, distingwitur* etc., quoiqu'on trouve exceptionellement *distinguitur*. Incidemment il y a aussi substitution de *d* à *t* et de *t* à *d: inquid, aput*.

ANNOTATIONS. Dans les marges et entre les lignes se rencontrent une cinquantaine d'annotations de la main de Nicolas de Cuse. Nous traitons de leur origine et de leur contenu dans l'appendice.

RUBRIQUES et ENLUMINURE. La qualité et l'éclat des couleurs, le rouge et le bleu, accusent deux rubricateurs qui ont rempli en même temps la fonction d'enlumineurs.

Le premier a orné les folios 4 à 159, c.-à-d. les 13 premiers sexternions. Il emploie un minium foncé et terne. Les lettres du titre marginal au folio 4^r, PRIMA PARS HUIUS OPERIS, sont alternativement rouges et bleues. Le titre courant sur les rectos ne présente que le numéro, en chiffres romains, des Parties traitées. Les éléments des chiffres composés de deux ou de plusieurs lettres, sont alternativement rouges et bleues. Signes de paragraphes du type C, en rouge ou en bleu, devant les titres des chapitres; les titres eux-mêmes sont soulignés de rouge. Les ratures, faites par le copiste en cours de copie, sont rehaussées en rouge.

En tête des Parties II à IX, lettrines à filigranes, hautes de 10 à 11 lignes; le rouge et le bleu ont été employés simultanément pour les lettrines et pour les filigranes. L'initiale de la Ve Partie détonne dans la série; c'est la lettre I dont la haste représente une fleur de lis rouge sur fond uniforme bleu bordé de filigranes. En tête des chapitres, lettrines, hautes de 3 lignes, alternativement rouges à filigrane bleu et bleues à filigrane rouge. La dernière est celle du chapitre 17 de la IX° Partie, qui se trouve à la dernière page du 13° sexternion (f. 159ᵛ). Ceci nous apprend que l'enlumineur s'est acquitté de sa besogne au fur et à mesure que la transcription du texte avançait. Au moment où le premier copiste a abandonné, l'enlumineur aussi a cessé son travail.

Le deuxième rubricateur a employé un encre rouge écarlate. Il s'identifie avec le deuxième copiste, ce qui ressort des textes que celui-ci a écrit à l'encre rouge dans la *Tabula capitulorum:* l'*incipit,* les en-têtes des Parties et les numéros d'ordre des chapitres. L'initiale de chaque titre a reçu un trait rouge. Lettres lombardes alternativement rouges et bleues, hautes de une à deux lignes, au début du premier titre du *Prooemium* et de chaque premier titre des Parties III à X; le premier titre de la Partie II est précédé d'un signe de paragraphe bleu.

Dans le *corpus,* le deuxième rubricateur a tracé çà et là un signe de paragraphe, le plus souvent de type VI, et il a rehaussé en rouge les initiales des phrases. Pour attirer l'attention sur la correction, déjà mentionnée plus haut, d'un passage déplacé au fol. 141ᵛᵃ, il a placé dans la marge à côté des lettres *b* et *a,* une bouclette surmontée de trois points losangés. A partir du folio 160, il a achevé le travail du premier rubricateur: titres courants; en tête des chapitres, initiales sans filigranes, hautes de 3 lignes, alternativement rouges et bleues; les titres des chapitres sont précédés de signes de paragraphe de type VI et ils sont soulignés de rouge. Au reste il a exécuté la lettrine de la X° Partie en imitant, avec un succès relatif, le style du premier enlumineur. La place réservée à la lettrine de la XI° Partie, est restée vide.

C'est sans doute à un troisième artisan, miniaturiste de qualité, que nous devons la lettrine **H** (Onorabilium) en tête du *Prooemium* (f. 4ʳᵃ). Peinte en bleu sur un fond pourpre et rehaussée en blanc de jeux de plume, haute d'environ 17 lignes, elle occupe toute la largeur de la colonne. L'intérieur est artistement historié: Henri Bate, portant une longue tunique orangée par-dessus le surplis blanc et coiffé de l'aumusse de

gris, est assis sur une chaire à dais en chêne, garnie d'un dor-
sal bleu semé de fleurs dorées. Il enseigne en plein air dans
un enclos entouré d'un petit mur gris et pavé de carreaux trian-
gulaires émaillés en vert clair et foncé. Derrière le mur se dé-
tachent deux arbres sur un fond pourpre rehaussé de rinceaux
d'or qui portent des fleurettes bleues. Le maître tient de sa
main droite le bâton surmonté d'un coq, insigne de sa dignité
de chanoine-chantre, tandis que sa main gauche repose sur un
livre ouvert placé sur un lectrin. Le livre est relié en rouge. Le
lectrin est du type appelé roue ou *roë;* c'est un disque tournant
à bords relevés, appliqué sur un axe coudé en façon de mani-
velle, qui pivote lui-même dans un caisson. Au milieu du plateau se dresse une tourelle hexagonale [42]. Deux nobles auditeurs
ont pris place sur un banc. L'un, coiffé d'un chaperon vert fa-
çonné en turban et vêtu d'une houppelande orangée, doublée
de vair, s'est mis à l'aise; ayant placé le pied droit sur un
petit tabouret, il repose la tête dans sa paume droite, le coude
appuyé sur le genou. L'autre, coiffé de la cornette pendante
noire et portant la houppelande bleue, fourrée de vair, se tient
droit, la main gauche sur la poitrine. S'agit-il d'un geste sou-
lignant ses paroles ? Le miniaturiste a suggéré une assistance
nombreuse: deux personnages, debout derrière les auditeurs assis, cachent d'autres assistants dont la présence n'est indiquée
que par le dessus de leurs coiffures.

La lettrine est encadrée d'une tige mi-dorée et mi-colorée,
qui s'élance dans les marges latérales, la marge inférieure et
entre les deux colonnes. A partir de cette tige, rameau stylisé,
des ramilles munies de feuilles à trois lobes, de boutons épi-
neux et de fleurettes, envahissent les marges. Feuillages et boutons sont en or, les fleurettes en bleu.

De l'avis du professeur F. Lyna, cette miniature date d'environ 1400 et, en tout cas, elle n'est pas postérieure à 1425 [43].

---

[42] Voir E. VIOLLET-LE-DUC, *Dictionnaire raisonné du mobilier français,* t. I
(s.d.), p. 185-188.

[43] M. F. Lyna, conservateur en chef honoraire de la Bibliothèque Royale de
Belgique, nous a communiqué ce renseignement il y a quelques années déjà
et en autorisa la publication. Qu'il veuille bien trouver ici l'expression
de notre reconnaissance. — Une reproduction très agrandie de la lettrine

I. CODEX BRUXELLENSIS 7500, fol. 6ʳ

II. CODEX BRUXELLENSIS 271, fol. 4ʳ

III. CODEX BRUXELLENSIS 271, fol. 31va

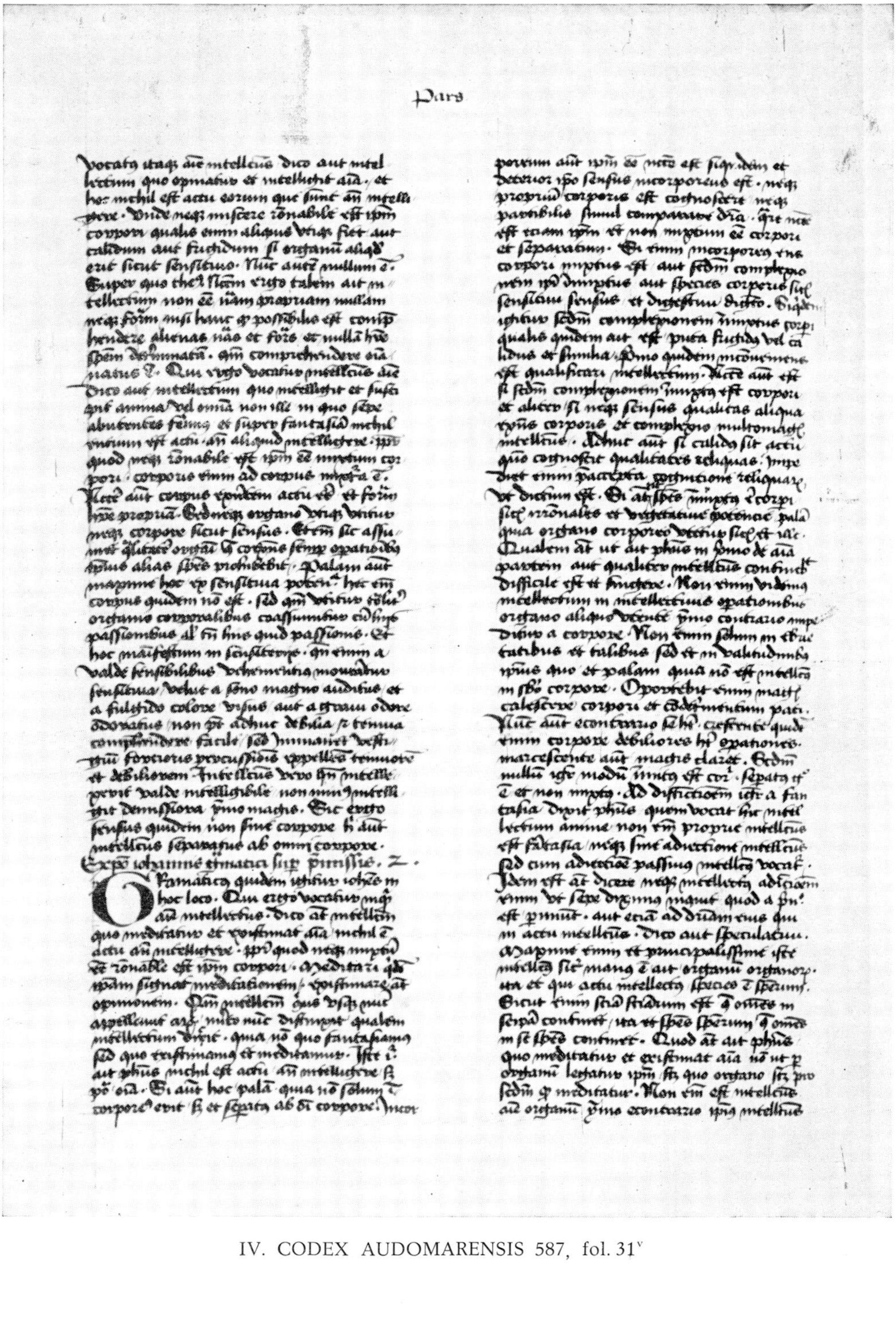

IV. CODEX AUDOMARENSIS 587, fol. 31^{v}

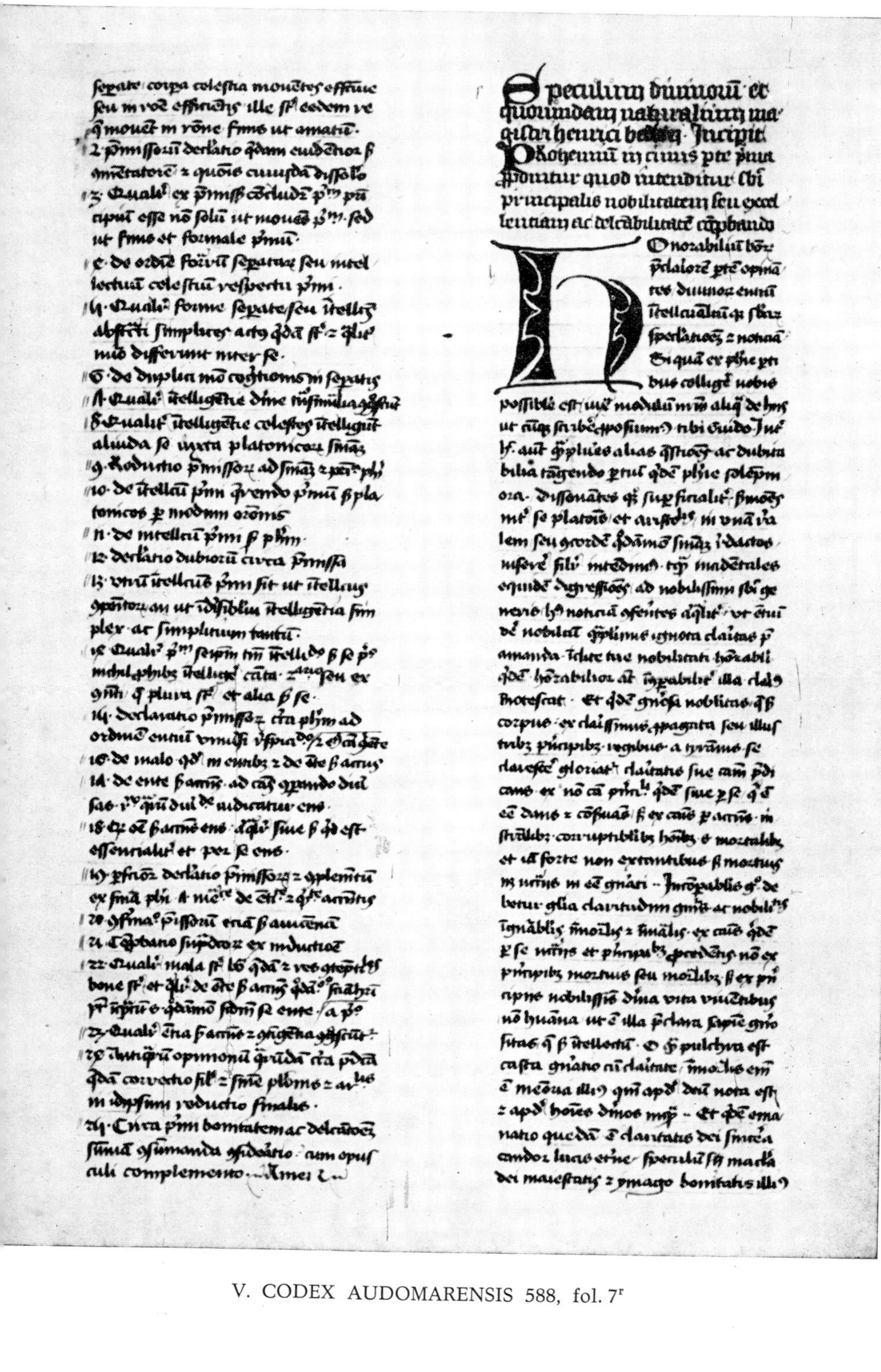

V. CODEX AUDOMARENSIS 588, fol. 7r

VI. CODEX VATICANUS LATINUS 2191, fol. 6ʳ

PROVENANCE. Le *codex* a appartenu à Nicolas de Cuse, qui y a apporté des notes marginales et interlinéaires et qui cite un passage de la VI⁰ Partie dans son *Apologia doctae ignorantiae* de 1449 [44].

Ensuite il est entré dans la bibliothèque de Val-Saint-Martin, prieuré des chanoines réguliers de Saint-Augustin, à Louvain [45]. On y rencontre trois marques de propriété, écrites par deux mains différentes au XV⁰ siècle: première main au bas du folio 4ʳ: *pertinet monasterio vallis sancti martini in louanio;* deuxième main au bas du folio 93ʳ et au folio 179ᵛ: *Est liber hic sancti martini louaniensis.*

Le plus ancien catalogue dans lequel on trouve mentionné notre *codex,* est le catalogue collectif de Rouge-Cloître. Cette mention, que nous avons reproduite plus haut, appartient à la couche la plus ancienne et doit donc dater de 1532, ou au plus tard des premières années suivantes. Nous savons également que le catalographe a utilisé un catalogue semblable dû au calame de G. Roelants vers 1487 [46]. C'est donc entre 1449, date de l'*Apologia,* et 1487, date du catalogue de Roelants, que no-

---

figure dans deux ouvrages de M. DE WULF, *Henri Bate de Malines* (1909), en face de la page 465 et *Histoire de la Philosophie en Belgique* (1910), en face de la page 122. Une autre reproduction de grandeur naturelles à peu près, se rencontre dans *Flandria nostra,* t. III, p. 111. Voir planche II.

[44] Voir: *Appendice.*

[45] Un décret émanant du chapitre général de la congrégation de Windesheim, qui se tenait au prieuré de Sainte-Marie près de Neuss, en avril 1561, est collé entre les folios 56 et 57. Ce décret concerne la discipline claustrale de Val-Saint-Martin: «Quum Capitulo Generali, sedenti nunc actu in domo / nostra prope Nonesium, a fide dignis delatum / sit, quo pacto laxatio illa et moderatio inclusionis / fratrum nostrorum in valle S. Martini consultius / multo in aliam commutanda fuerit, ob id quod illa / non parum scandali et aliorum incommodorum generare / videatur. Placuit eidem Capitulo, ut quod ad se attinet, / liceat Venerabili Priori et fratribus eiusdem domus, ea de / re supplicare Reverendissimo Domino nostro D. Episcopo / Leodiensi, qui limitandae et moderandae eorum inclusionis / habet potestatem, ut si illam mutare dignabitur, / Capitulum illud habeat ratum ac gratum». / *Ensuite, d'une autre écriture:* «Iohannes Zutphaniae prior in Bethlehem Zwollae Notarius capituli scripsit / Actum in monasterio nostrae collegationis prope Nussiam sedente ibidem / capitulo generali, Actum anno 1561, ultimo die Mensis Aprilis».

[46] Voir ci-dessus, p. xxxii.

tre *codex* est devenu la propriété des chanoines de Val-Saint-Martin, mais nous ne savons en quelles circonstances. S'agirait-il d'un legs de Nicolas de Cuse, ou d'Heymeric de Campo, à qui le cardinal a donné quelques manuscrits ?[47] C'est possible, mais en tout cas nous ne retrouvons pas le nom des deux donateurs présumés dans la liste des *Anniversaria* publiée par E. Reusens[48].

Valère André cite notre *codex* en 1623:

Henricus Batenus, Machliniensis, doctor Theologus Parisiensis. necnon Cantor et Canonicus in Ecclesia Leodicensi; scripsit Speculum Divinorum, partibus X. distinctum: quo de divinorum, ut loquitur, entium intellectualium notitia agit, et praecipuas Philosophiae quaestiones tractat. Legitur Lovanii ad S. Martinum, et in Tongerloensi Ordinis Norbertini coenobio, apud Brabantos[49].

Dans le catalogue des mss. de Val-Saint-Martin, rédigé en 1639 par Pierre de Saint-Trond, et publié par Sanderus, on lit:

---

[47] R. Klibansky et H. Bascour, *Nicolai de Cusa De Pace Fidei* (1956), pp. xiv et xx-xxi; E. Van de Vyver, *Marginalia van Nicolaus van Cusa ...* dans *Tijdschrift voor Philosophie*, 18 (1956), p. 443-444.

[48] *Documents relatifs au monastère dit le Trône-de-Notre-Dame, à Grobbendonck et au prieuré du Val-Saint-Martin, à Louvain* dans *Annalectes HEB*, XIII (1876), p. 71-107. Une chronique de Val-Saint-Martin, *Origo et progressus monasterii martiniani*, écrite par Pierre de Saint-Trond, est conservée aux Archives de la Ville à Louvain (n° 4239). A la page 325 se trouve la rubrique: *Benefactores et promotores bibliothece*. Malheureusement elle est suivie du renvoi: *vide in Cathalogo librorum bibliothecae*. Les quelques pages suivantes sont restées en blanc.

[49] Valerius Andreas, *Bibliotheca Belgica*, 1e édition, Louvain, 1623, p. 371-372. Valère André fait erreur en prenant le contenu fragmentaire du *codex* de Val-Saint-Martin pour le *Speculum* entier. Pourtant les *incipit* de la *Tabula* et de la XIe Partie devaient lui apprendre que le *Speculum* contenait au moins onze Parties. Il est donc probable qu'il n'a pas vu le *codex* lui-même, mais qu'il s'est fié à une autre source, peut-être un catalogue de la bibliothèque. On remarquera aussi que la note biographique ne dépasse pas les renseignements fournis par l'*incipit* du *Prooemium* (fol. 4ʳ). Il est surprenant que Valère André n'ait pas consulté le catalogue collectif de G. Roelants, qui était alors conservé au Val-Saint-Martin, et dans lequel on trouve des renseignements exacts sur le contenu du *Speculum*. La deuxième édition de la *Bibliotheca Belgica*, Louvain, 1643, reprend telle quelle la note sur Henri Bate, à deux divergences près: après *Theologus* a été inséré *et Cancellarius*; les deux derniers mots, *apud Brabantos*, ont été omis.

«*Henrici Baten,* speculum divinorum»[50].

Vers 1797 le ms a été confisqué et emporté à Paris, d'où il est rentré à Bruxelles en 1815.

ESTAMPILLES. Au folio 4[r] et au folio 178[v], à l'emplacement resté blanc de la lettrine, estampille rouge de forme ronde de la République Française: RF — BIBLIOTHÈQUE NATIONALE. Au folios 1[r], 4[r] et 178[v], en noir l'estampille rectangulaire aux angles tronqués: BIBLIOTHÈQUE / DE BOURGOGNE.
Au haut du recto du feuillet de garde initial, estampille noire sans encadrement: le chiffre L de Léopold Ier surmonté d'une couronne royale.
Au rectos de la première garde et des folios 1, 11, 30, 43, 64, 80, 96, 104, 115, 127, 149, 166, et 176, estampille noire de forme ronde: le chiffre L de Léopold Ier surmonté d'une couronne royale — BIBLIOTHÈQUE ROYALE.

RELIURE. Les rides caractéristiques de la première garde, le fait que celle-ci était fixée à une feuille de parchemin portant un texte et que le dernier feuillet porte encore en négatif des traces d'un morceau de musique[51], nous font supposer que le ms présentait originairement une reliure souple: un cuir doublé de maculatures.
Au 19e siècle le manuscrit a reçu une nouvelle reliure: demi-veau rouge; plats de carton; dos à 4 nerfs. Les tranches n'ont pas été rognées par le dernier relieur. Dans le 2e compartiment, le titre doré: HENRICI DE MALINIS / SPECULUM / DIVINO-RUM; dans le 4e compartiment: XV SAEC.; dans le 5e compartiment, au-dessus de la cote dorée: 271, le chiffre L de Léopold Ier, surmonté d'une couronne royale. Dimensions 51×23 mm[52].

[50] A. SANDERUS, *Bibliotheca Belgica Manuscripta,* vol. II (1643), p. 216. Au sujet de Pierre de Saint-Trond, voir E. REUSENS, *Documents relatifs ... au prieuré du Val-Saint-Martin, à Louvain* (1875), pp. 447-448 et 461; A. DE-LESCLUSE, *Pierre de Saint-Trond* dans *Biographie nationale,* t. 17 (1903), col. 470-471.
[51] Cfr ci-dessus, p. xlvii-xlviii.
[52] DE JONGHE D'ARDOYE e.a., *Armorial belge du bibliophile,* t. I, p. 96, avec une reproduction.

Les compartiments 1 et 3 sont ornés de fleurons dorés. En tête du volume, une étiquette avec la cote: 271, écrite à l'encre noire. Au verso du premier plat une étiquette: BIBLIOTHÈQUE ROYALE / DE BELGIQUE / CABINET DES MANUSCRITS / FONDS GÉNÉRAL / Inv. N°: 271 / Cat. N°: 2961 / Format: B.

BIBLIOGRAPHIE

J. VAN DEN GHEYN, *Catalogue des manuscrits de la Bibliothèque Royale de Belgique*, n° 2961, t. IV (1904), p. 360.

G. WALLERAND, *Henri Bate de Malines. Speculum...* (1931), p. (25)-(27).

E. VAN DE VYVER, *Marginalia van Nicolaus van Cusa...* dans *Tijdschrift voor Philosophie*, 18 (1956), p. 439-456.

Ms. *Saint-Omer. Bibliothèque Municipale*, 587

C Ms. sur papier, du XV° siècle. Aucune mention de date, lieu ou copiste. A l'intérieur du premier plat une main moderne a écrit à l'encre noire: *N° 587 / 1 vol. / 15° siècle* [53].

COMPOSITION: 37 sexternions; au total 443 feuillets (le dernier feuillet a été découpé) de 394 × 290 mm., foliotés de 1 à 443 à l'encre noire par une main moderne qui a écrit en tête du folio 1°: *Volume de 443 feuillets*. Pas de feuilles de garde.

Réclames de 1 à 5 mots, écrites de haut en bas sur le sillon droit de la colonne b. Signatures au bas des rectos des 6 premiers feuillets de chaque cahier. Beaucoup d'entre elles ont été enlevées, en tout ou en partie, par la rognure, mais il est possible cependant de les restituer de la manière suivante:

cahiers 1 à 23: toutes les lettres de l'alphabet, *a* à *z*, à l'exception de *j, u* et *w* [54].

     24 à 27: *Z 9 = /3/*

     28 à 33: *aa bb cc dd ee ff*

---

[53] Selon toute vraisemblance il faut attribuer cette cote à Jean-Charles-Joseph Aubin, ancien moine de Saint-Bertin et, du 5 juillet 1799 au 31 janvier 1827, premier bibliothécaire de Saint-Omer (O. BLED, *Les origines de la bibliothèque de Saint-Omer ...*, p. 208 et 217).

[54] Voir à ce sujet M. L. POLAIN, *Catalogue des livres imprimés au quinzième siècle des bibliothèques de Belgique*, t. I (1932), p. XII-XIII.

34 à 36: *a b c*

37 *1 à 6,* à l'encre rouge.

Toutes les signatures des cahiers 1 à 36, écrites en noir, sont suivies des chiffres 1 à 6, numéros d'ordre des diplômes. Après le chiffre 6 suit toujours une petite croix. Quant à la signature *o,* une anomalie est à noter: le cahier 14 ne présente que quatre numéros de cette signature *(03 04 05 06+),* mais quelque surprenant que ce soit, ceux-ci se voient sur les feuillets 4 à 7 (fol. 160-163), tandis que le texte continue régulièrement.

Réglure à la mine de plomb: 2 colonnes hautes de 255 mm.; les colonnes intérieures (verso b et recto a) sont larges de 80 mm., les colonnes extérieures (verso a et recto b) de 80 à 85 mm. Tracé de 55 lignes horizontales par colonne. Espace entre les colonnes: 24 mm.

Contenu [55].

I.   Table des matières: f. 1ra-6vb.

Inc. Tabula capitulorum Speculi diuino- rum / et naturalium quorundam hen- rici baten Incipit. / Primum seu primor- diale prohemij capitulum de / ...

Expl. 2 5 Circa bonitatem ac delectationem summam / con- summanda consideratio cum opusculi com-/ plemento. Amen.

II.   Introduction (3 sections): f. 7ra-10ra.

Inc. Speculum diuinorum et quorundam na- turalium / magistri henrici baten In- cipit. / Prohemium in cuius parte pri- ma .../.../... comprobando. / ^{h}Onorabilium bo- norum / preclariorem partem opinan-/ tes ...

Expl. ut sicut / tenebre eius ita et lumen eius. fiatque nox / illuminatio in deliciis nostris.

III.   Les xxiii Parties du «Speculum»: f. 10ra-441vb.

Inc. Primum executorie partis capitulum

---

[55] Disposition typographique: voir ci-dessus, p. xli, n. 35.

de / s p e c i e b u s ... s e c u n d u m / o p i n i o n e m
q u o r u n d a m. / QUoniam igitur innata est nobis
uia a / nobis ...

Expl. opusculum tamquam a digniori censuimus appellan-/
dum Speculum diuinorum.

IV.   DÉDICACE: f. 442ʳ.

Inc. Domino Guidoni hannonye pariter ac hol-/ landie comitis germano dei gratia traiectensis / ecclesie presuli ...

Expl. ut ad beati-/ tudinis fruitionem finaliter perueniat vestra paterni-/ tas in secula seculorum. Amen.

V.   ADDITION: f. 442ᵛᵃ-443ʳᵇ.

Inc. Elapso post expletam compilationis huius / consummationem aliquot annorum curriculo / contingit apud
nos prope machliniam ait compilator quod / ...

Expl. concupiscentiaque demens et fantasia pro-/ terua.

ÉCRITURE. Un seul copiste, dont l'identité nous reste entièrement cachée, a exécuté le manuscrit. Cursive gothique, assez
ronde et empatée. Les hastes et les queues sont peu saillantes.
Quelques lettres se trouvant à la première ligne des folios 398ʳ-ᵛ,
424ʳ et 438ʳ, ont les hastes allongées et ornées de boucles comme dans l'écriture diplomatique. Particularités: *a* fermé à une
panse; *d*(oncial) et *h* sans boucles; *b, k* et *l* avec, aussi bien que
sans boucles; *c* et *t, n* et *u* se distinguent bien; deux formes
de *e:* ouverte et fermée; trois formes de *r* et 4 formes de *s*. Au
début d'un mot la lettre *p* est souvent tracée d'un trait, ce qui
lui donne l'aspect d'un *x* cursif. — Signes diacritiques: deux
traits sur le *i* redoublé; un trait sur le *i* simple, quand celui-ci
se trouve à côté de *m, n* et *u*; n'a pas de signe diacritique.
— Ponctuation faible: un trait oblique, parfois avec un point
souscrit, mais aux premiers folios se rencontre aussi le point
surmonté d'une virgule renversée. Ponctuation forte: le point
et le trait oblique précédé ou suivi d'un point. Le point d'in-
terrogation offre la forme de *c* avec un point souscrit [56]. La cou-

---

[56] E. REUSENS, *Éléments de paléographie* (1899), p. 155, sous le n° 7.

pure d'un mot à la fin d'une ligne est indiquée par une double barre. Le texte n'est pas divisé en paragraphes. — Les abréviations y sont moins nombreuses que dans les autres mss.

SOULIGNEMENTS. A une vingtaine de pages, des mots et des passages ont été soulignés par le copiste. La majeure partie de ces soulignements a été rehaussée de rouge par le rubricateur; quant aux autres il est difficile de distinguer différentes mains, mais l'encre parfois plus pâle et surtout l'intérêt dont témoignent les soulignements, font supposer une deuxième main. En effet, les soulignements en noir seulement mettent en évidence ou bien quelque citation littérale, ou bien un passage qui aura appelé l'attention d'un lecteur, tandis que les soulignements rehaussés à l'encre rouge contribuent à l'intelligibilité du texte. Ainsi, dans de longues citations littérales empruntées au commentaire de Jean Philopon sur le 3ᵉ livre du *De Anima* d'Aristote, vingt-huit lemmes et reprises d'un tronçon du texte commenté, sont soulignés de cette façon (fol. 234, 248, 256-258 et 278). Un soulignement semblable relève une ajoute au 36ᵉ *commentum* d'Averroès sur le 3ᵉ livre du *De Anima* (fol. 263ʳ), ajoute qui se retrouve dans un seul *codex*, d'après l'édition de F. St. Crawford [57]. Enfin, deux références à une «alia translatio» de l'*Histoire des Animaux* d'Aristote, ont été soulignées (fol. 312ᵛ-313ʳ).

Dans la dédicace et l'addition à la fin du volume, fol. 442-443, Dom G. De Whitte [58] a souligné les noms propres et quelques autres passages.

CORRECTIONS. L'écriture et la teinte de l'encre accusent deux séries de corrections. L'une a été exécutée en cours de copie. Le copiste emploie l'exponctuation et plus rarement la rature, en mettant la leçon exigée à la suite du *lapsus*. Au folio 36ʳ, par

---

[57] *Averrois Cordubensis commentarium magnum in Aristotelis de anima libros* (CCAA, VI 1), p. 498, 550. L'ajoute dans le *Speculum:* «in al' acquisita et abstracta a rebus materialibus per intellectum agentem» nous paraît plus intelligible que celle du ms C (= *Parisinus* 16156): «scilicet adquisita et abstracta a rebus materialibus intellectum agentem intellecta».

[58] Cfr ci-dessous, *Provenance,* p. lxii, n. 60.

exemple, il se reprend deux fois pour arriver à la bonne leçon (les deux premiers mots sont annulés par des points souscrits): *ascendamus accendamus accedamus*. Parfois la leçon correcte se trouve dans l'interligne, ainsi que les petits mots et les lettres sautés. Les mots plus étendus figurent dans la marge. Les interversions sont indiquées par deux petits traits inclinés, placés en tête des mots visés.

Une deuxième main du XVe siècle a apporté des corrections d'une écriture très fine dans l'interligne et dans les marges. Quelques passages à supprimer sont marqués de *vacat-vacat* ou *va-cat* au début et à la fin, même quand ces passages étaient déjà biffés par le copiste. Le deuxième correcteur substitue parfois une faute à une leçon authentique, ce qui lui est arrivé en «corrigeant» *gadibus* en *gradibus* [59]. C'est un lecteur qui ne corrige pas d'après un modèle.

Annotations marginales de la main du copiste lui-même. Il y en a 150 environ: corrections, mots à insérer, variantes précédeés de *in al'* et 7 identifications de sources, dont 4 ont trait au *De civitate Dei* de saint Augustin. L'*Elementatio theologica* de Proclus a été l'objet d'une attention particulière; à une trentaine d'endroits les numéros d'ordre des propositions ont été répétés dans la marge.

Une autre main du XVe siècle a ajouté également quelques notes marginales: des corrections et deux identifications de sources.

Orthographe. L'emploi de *c* et *t, d* et *t* n'est pas constant; on rencontre p.ex. *actente - attente, velud - velut*. On remarquera aussi la forme *auctentica*.

Rubriques. Le copiste lui-même a fait fonction de rubricateur, ce qui ressort des textes qu'il a écrit à l'encre rouge. La couleur rouge seule a été employée. Dans la *Tabula capitulorum* il a exécuté l'*incipit*, les en-têtes des Parties précédées des signes de

---

[59] *Prooemium*, I. Notre édition, p. 56, ligne 12.

paragraphe (type C) et les numéros d'ordre des chapitres; dans
le *corpus:* l'*incipit,* les formules d'*incipit* de chaque Partie précédées des signes de paragraphe (type C) et les titres des chapitres. Les initiales secondaires ont été rehaussées d'un trait rouge.
Le rubricateur a également mis les titres courants: *Tabula* en
tête des rectos et versos 1 à 6; *Prohemium* au folio 7ʳ et à partir
du folio 7ᵛ (donc même au-dessus du *Prooemium* qui occupe
les feuillets 7ʳ à 10ʳ) aux versos le mot *Pars* et aux rectos le numéro des Parties traitées. Les numéros sont écrits en toutes lettres jusqu'au folio 396, ensuite en chiffres romains: *xxij* et *xxiij*.
Le titre *Pars* - *xxiij* se prolonge au-dessus de la dédicace et de
l'*Additio*. Le rubricateur a rehaussé en rouge quelques corrections, entre autres des ratures et, comme nous l'avons dit plus
haut, un bon nombre de soulignements.

Lᴇᴛᴛʀᴇꜱ ʟᴏᴍʙᴀʀᴅᴇꜱ. En tête du premier chapitre de chaque
Partie, à l'exception de la Partie I, se trouve une lettre lombarde
haute de 5 à 9 lignes. Au folio 7ʳ, l'emplacement réservé à l'initiale H(Onorablilium) du *Prooemium* et haut de 9 lignes, est
resté vide. Les initiales des autres chapitres sont en majeure
partie hautes de 3 lignes, sauf quand il s'agit de la lettre *I*, qui
ne rentre pas ou pas tout à fait dans le texte. En outre il y a
38 initiales hautes de 4 lignes, 5 hautes de 5 lignes et 10 hautes
de 2 lignes. Celles de 2 lignes se rencontrent toujours au bas
ou au haut de la colonne.

Toutes les lettres lombardes ont été peintes en rouge. Elles
présentent des formes gracieuses et leurs extrémités s'élancent
parfois dans la marge ou dans le texte. Huit d'entre elles ont
été ornées d'un simple motif ornemental à jour, qui ressemble
à la lettre *S* retournée. Des filigranes ont été ajoutés après coup
aux initiales des chapitres 18 et 19 de la XXIIIᵉ Partie.

Les initiales de la dédicace et de l'*Additio* ont été tracées et
ornées à la plume par une main postérieure. Ce sont des lettres
cadeaux à l'encre noire.

Pʀᴏᴠᴇɴᴀɴᴄᴇ. Le manuscrit 587 provient de l'abbaye de Saint-
Bertin à Saint-Omer, car la marge extérieure du feuillet 442ʳ

porte la signature de Dom Guillaume De Whitte, archiviste de Saint-Bertin: *De Whitte / 1603* [60].

En 1729 la bibliothèque a été transférée au «Quartier des Princes». Les manuscrits y étaient rangés dans quatre buffets [61]. Selon toute vraisemblance la cote *64,* imprimée sur une étiquette au pied du volume, indique la place du *codex* dans la nouvelle bibliothèque [62]. Il n'est pas exclu que la cote *209,* tracée en tête du folio 1ʳ et biffée plus tard, soit antérieure à la cote *64.*

Les biens de la communauté de Saint-Bertin ont été séquestrés par décret rendu, le 4 novembre 1789, par l'Assemblée Constituante. Le 21 avril 1794, en vertu du décret du 27 janvier de la même année, ordonnant que dans chaque district serait formée une bibliothèque publique, le district de Saint-Omer décida le transfert de tous les livres de Saint-Bertin (et de huit autres établissements) au Collège des Jésuites français. Malgré cet ordre les livres ont été transportés dans les greniers du Collège Saint-Bertin, le Collège français étant devenu une caserne. Enfin, le 2 mars 1799, les magistrats municipaux ordonnèrent aux bibliothécaires provisoires, les citoyens Boubers et Cauliez, d'effectuer aussitôt l'enlèvement des livres et manuscrits du Collège Saint-Bertin, et de les transporter dans la grande salle au-dessus des classes du Collège français, où ils sont restés jusqu'à la construction de la bibliothèque actuelle, élevée sur le même emplacement. Le transfert fut terminé le 5 juillet suivant [63].

ESTAMPILLE ovale, bleue: BIBLIOTHÈQUE / PUBLIQUE / St-OMER, aux rectos des feuillets 1, 7, 21, 83, 141, 169, 243, 316, 382 et 443.

---

[60] [H.-V. MICHELANT], *Catalogue général des manuscrits des bibliothèques publiques des départements,* t. III (1861), p. 6: «Guillaume de Whitte exerça les fonctions d'archiviste; des notes de sa main, tracées sur un grand nombre de volumes, attestent son goût pour l'étude; il enrichit également la bibliothèque par quelques acquisitions et lui laissa divers manuscrits, fruits de ses travaux et de ses recherches».

[61] O. BLED, *Les origines de la bibliothèque de Saint-Omer ...,* p. 201 et 204.

[62] Cfr ci-dessous, *Reliure,*

[63] O. BLED, *Les origines de la bibliothèque de Saint-Omer ...,* p. 203-208.

FILIGRANE identique à celui du ms. *Bruxelles, Bibliothèque Royale,* 7500 [64].

RELIURE du XVe siècle, très fatiguée [65]: veau brun sur ais de bois. Le dos, renouvelé au XVIIe ou XVIIIe siècle, est tout à fait usé. Cinq doubles nerfs et le nerf de la tranchefile supérieure. Sur les plats on voit les restes d'un décor gothique à froid: filets croisés traçant des losanges. L'intérieur des plats est doublé d'une feuille de vélin. Sur le dos, le titre frappé: SPECULUM DIVINORUM HENRICI BATEN. Sur le plat avant, peint en blanc: *Speculum / divinorum ⟨et⟩ naālium / Baten.* Au-dessus et au-dessous du nerf de la tranchefile, une étiquette imprimée, portant respectivement: *M*(anuscrit) et *587;* au pied du volume une étiquette bordée de fleurons du XVIIIe siècle, avec la cote imprimée: *MSS / 64* [66].

BIBLIOGRAPHIE

Catalogue général des manuscrits des bibliothèques publiques des départements, t. III (rédigé par H.-V. MICHELANT), 1861, p. 256.
G. WALLERAND, *Henri Bate de Malines. Speculum...* (1931), p. (27).

Ms. *Saint-Omer. Bibliothèque Municipale,* 588

D Ms. sur papier, terminé à Bruxelles le 31 octobre 1450, d'après la souscription au f. 467va:

> Scriptus finitusque est iste li-
> ber Indiuidue trinitatis gratia
> cooperante. In opido Bruxellensi
> partium brabancie: Per Nicho-
> laum de palude alias kissien

---

[64] Cfr ci-dessus, p. xlv.
[65] Au mois d'août 1956, grâce à l'obligeance de Mlle M.-T. d'Alverny, conservateur aux Manuscrits, nous avons eu l'occasion de consulter une dernière fois le *codex* à la Bibliothèque Nationale, où il se trouvait en vue d'une restauration par le Service de la reliure. Nous tenons à en lui témoigner ici notre vive gratitude.
[66] Cfr ci-dessus, p. lxii.

scriptorem. Anno dominice Incarnationis .m° .cccc^{mo}. Quinquagesimo In profesto omnium Sanctorum

Le COPISTE, Nicolas de Palude, surnommé Kissien, scribe de
métier, a travaillé d'abord à Bruxelles, puis à Louvain. Ceci
ressort des souscriptions de plusieurs manuscrits. En effet, nous
connaissons actuellement six manuscrits de sa main; ce sont tous
des in-folio écrits entre 1449 (1450 ?) et 1453 [67]. Nicolas de Palude
rubriquait lui-même ses copies et selon P. Verheyden, il se peut
qu'il en fît également les reliures [68]. A-t-il rempli la fonction
d'enlumineur ? C'est possible, mais les différences de style que
manifestent les initiales de chaque ouvrage font plutôt croire
le contraire. Jusqu'à présent nous ne connaissons qu'un seul de
ses clients: Petrus de Boostenzween de Renesse, premier doyen
de la Faculté des arts à Louvain et plus tard conseiller du duc
Philippe de Bourgogne [69].

[67] *Bruxelles, Bibl. Royale*, 225-26 (Cat. 2549; t. IV, p. 37-38): PETRUS QUES-
VEL, *Directorium Iuris*, lib. I-II. La marque de propriété de Pierre de
Renesse (f. 2^v) nous apprend que ce tome a été écrit à Bruxelles en
1449 ou 1450 n.s.
Bruxelles, Bibl. Royale, 152-54 (Cat. 2550; t. IV, p. 38): PETRUS QUESVEL, *Di-*
rectorium Iuris, lib. III-IV. Fol. 121va: «Explicit liber Tercius directorii
Iuris scriptus et completus per Nicolaum de palude Scriptorem Bra-
bantinensem in Bruxella». Fol. 272va: «Explicit Quartus Liber directorii Iuris et ultimus Scriptus et finitus per manus Nicholai de palude
alias kissien Scriptoris brabantinensis in Bruxella. Anno incarnationis
dominice millesimo Quadringentesimo Quinquagesimo primo, in cras-
tino visitationis beate marie virginis. Deo gratias. Amen.» (2 juillet
1451).
Saint-Omer, Bibl. Municipale, 589 (Cat. gén., t. III, p. 257): ALBERTUS MAGNUS,
Opera. A la fin de la *Metaphysica*: «Expliciunt ... scripti et finiti per
manus Nicholai de Palude, alias kissien, scriptoris Bruxellensis partium Brabantie. Anno incarnationis dominice M°CCCC° quinquagesimo, ipso sabbato ante Brandones. Deo gratias.» (13 mars 1451 n.s.).
Saint-Omer, Bibl. Municipale, 590 (Cat. gén., t. III, p. 258): ALBERTUS MAGNUS.
Physica. Il n'y a pas de souscription, mais l'écriture est de la main
de Nicolas de Palude.
Liège, Université, 349 (Cat. Grandjean, n° 14, p. 18): *Veteris Testamenti par-*
tes aliquot. Testamentum novum et epistolae Pauli. Fol. 39^v: «Scriptus
et finitus in oppido Lovanii per manus Nicolai de Palude anno 1453.»
[68] P. VERHEYDEN, *La reliure en Brabant* (1935), p. 164.
[69] E. REUSENS, *Promotions de la Faculté des Arts de l'Université de Lou-*

A propos de la souscription reproduite plus haut, relevons un détail caractéristique. A la fin du corps de l'ouvrage, au folio 467rb, notre scribe renonce à l'emploi des abréviations et élargit de plus en plus son écriture: il veut à tout prix prolonger le texte jusqu'au verso, afin d'y disposer d'un emplacement suffisant pour la souscription, qui est un beau spécimen de calligraphie dans cette écriture de forme qu'on appelle la «bastarde bourguignonne».

COMPOSITION. 35 sexternions, 1 quinion, 2 sexternions, 1 quinion et 1 sexternion dont les six derniers feuillets ont été coupés; au total 470 feuillets de 400/390×290 mm., foliotés de 1 à 470 à l'encre noire par une main moderne. La hauteur des feuillets diminue progressivement du folio 1 (400 mm.) au folio 470 (390 mm.), le bloc du manuscrit s'étant déplacé sous le couteau du relieur pendant le rognage de la marge supérieure. Gardes antérieure et postérieure ajoutées par le relieur (XVIIe siècle) et foliotées A et B. Au recto de la garde A deux annotations de différentes mains modernes: *Ce volume contient 470 feuillets plus AB* et en-dessous: *n° 588 / 1 vol / 15 siècle.* Cette dernière note est probablement de la main de J.-C.-J. Aubin [70].

Les réclames se trouvent dans la marge inférieure du dernier verso de chaque cahier. Il n'y a pas de signatures indiquant l'ordre des cahiers, mais dans le coin inférieur des rectos, le copiste a tracé, en chiffres arabes, le numéro d'ordre des diplômes.

RÉGLURE à la mine de plomb: 2 colonnes de 285×77 mm. environ. La distance des lignes verticales est marquée par des pi-

---

vain (1428-1797) dans *Analectes HEB,* I (1864), p. 390 svv. et p. 399, n. 4; *Idem, Documents relatifs à l'histoire de l'Université de Louvain* (1425-1797) dans *Analectes HEB,* XXV (1895), p. 19. Voir aussi la marque de propriété au f. 2^v du Ms. *Bruxelles, Bibl. Royale,* 225-26 dans J. VAN DEN GHEYN, *Catalogue des manuscrits de la Bibliothèque Royale de Belgique,* t. IV (1904), p. 37-38. (A la page 37, *Boostenzuren de Kenisse* doit être corrigé en *Boostenzween de Renisse*).

[70] Cfr ci-dessus, p. lvi, n. 53.

qûres. Espace entre les colonnes: 34 mm. environ. Tracé de 49 lignes horizontales par colonne.

CONTENU [71].

I. TABLE DES MATIÈRES: f. 1ra-7ra.

Inc. Tabula capitulorum spe-/ culi diuinorum et naturalium / quorundam henrici baten Incipit / PRimum seu pre-/ mordiale pro-/ hemii capitulum / de...

Expl. 25. Circa primi bonitatem ac delectationem / summam consummanda consideratio cum opus-/ culi complemento ∞ Amen ∞

II. INTRODUCTION (3 sections): f. 7rb-10va.

Inc. Speculum diuinorum et / quorundam naturalium ma -/ gistri henrici baten Incipit / PRohemium in cuius parte prima /.../.../... comprobando / HOnorabilium bonorum / preclariorem partem opinan-/ tes...

Expl. ut sicut tenebre eius / ita et lumen eius. fiatque nox illuminatio in / delitiis nostris. etcetera.

III. LES XXIII PARTIES DU «SPECULUM»: f. 10va-467va.

Inc. PRimum executorie partis capitulum de specie -/ bus .../.../ secundum opinionem quorundam. / QUoniam Igitur innata est nobis / via a nobis...

Expl. opusculum tamquam a digniori censu-/ imus appellandum. Speculum / diuinorum.

Vient ensuite la souscription à l'encre rouge, reproduite plus haut: Scriptus finitusque... Le feuillet 468 est en blanc, mais présente la réglure.

IV. DÉDICACE: f. 469^{r}.

Inc. DOmino Guidoni han-/ nonie pariter ac hollandie / Comiti germano. dei gratia / traiectensis ecclesie presuli /...

---

[71] Disposition typographique: voir ci-dessus, p. xli, n. 35.

Expl. ut ad beatitudinis frui-/ tionem finaliter perueniat ves-/ tra paterni-/ tas in secula seculorum ∞ Amen ∞

V.   ADDITION: f. 469va-470vb.

Inc. ᴇLapso post expletam compila-/ tionis huius consum-/ mationem ali-/ quot annorum curriculo conti-/ git apud nos prope machli-/ niam ait compilator Quod...

Expl. concupiscentiaque demens et / fantasia proterua.

Éᴄʀɪᴛᴜʀᴇ. Cursive gothique. Particularités: *a* fermé à une pan-se; *b, d* (oncial), *h, k, l* et souvent *f* avec boucles fermées; *e* fer-mé; *c* et *t, n* et *u* se distinguent bien. — Signes diacritiques: *i* et *y* sont presque toujours surmontés d'un trait. — Ponctuation faible: la barre, le point, le double point et le point surmonté d'une virgule renversée. Ponctuation forte: le point, la barre précédée ou suivie d'un point, deux points losangés et alignés de sorte qu'ils ressemblent à un *u* et enfin le double point suivi d'une virgule placée horizontalement. La coupure d'un mot à la fin de la ligne est indiquée par une barre inclinée. — Abré-viations usuelles, mais très nombreuses. On remarquera cepen-dant *ex.*^{03}, abréviation de *ex quo patet*.

Cᴏʀʀᴇᴄᴛɪᴏɴs. Le manuscrit a été corrigé par le copiste lui-mê-me. Les suppressions sont faites par points souscrits et très rare-ment par rature. Les lettres ajoutées figurent dans l'interligne, les mots dans la marge. Les mots à intervertir sont précédés, dans l'interligne, de deux petits traits inclinés.

Aɴɴᴏᴛᴀᴛɪᴏɴs ᴍᴀʀɢɪɴᴀʟᴇs de la main du copiste au nombre de 180 environ: corrections, variantes précédées de *al'* ou *vel,* notes témoignant de l'intérêt d'un lecteur, identifications de sources, précisions de références et une remarque sur le modèle: *sic ha-bet exemplar* (f. 438^{v}).

RᴜʙʀɪQᴜᴇs. Le copiste a lui-même rubriqué son manuscrit. Dans la *Tabula capitulorum* il écrit en rouge *l'incipit* et les en-têtes des Parties; il n'y a pas de titres courants. Dans le corps de l'ouvrage: *l'incipit,* les titres des chapitres, et, à partir du chapitre II, 26, les numéros marginaux des chapitres (les numéros précédents avaient été tracés en noir) et la souscription. Le rubricateur a également mis les titres courants:

prima (2ᵃ, 3ᵃ) pars prohemialis: 7ᵛ à 10ᵛ, en tête de chaque page.

Prima pars tocius libri: f. 10ᵛ.

prima pars etc: 11ʳ à 468ʳ. Les numéros d'ordre sont écrits en toutes lettres. Le titre complet se trouve en tête de chaque page de 11ʳ à 97ʳ; de 97ᵛ à 468ʳ les versos portent le numéro d'ordre, les rectos le mot *pars*.

Extra: f. 468ᵛ, qui est en blanc.

Epistola huius libri: f. 469ʳ.

mirabile quoddam: 469ᵛ à 470ᵛ, en tête de chaque page.

Aucune correction n'a été apportée ou rehaussée en rouge, mais on trouve dans la marge du f. 96ᵛᵇ le mot: *Nota* en rouge.

LETTRES LOMBARDES, hautes de 5 à 7 lignes, en tête de la *Tabula*, du *Prooemium*, des Parties II à XXIII, de la dédicace et de l'addition. Les 9 premières, y compris donc l'initiale de la VIIIᵉ Partie, ont été exécutées en rouge et en bleu; les 17 suivantes en rouge seulement. Celles-ci sont l'œuvre d'un deuxième enlumineur, qui n'a pas l'habileté de son collègue. Les initiales des chapitres sont hautes de 2 lignes, bien que dans le *Prooemium* et la Iᵉ Partie s'en rencontrent quelques-unes de 3 lignes. Cinq fois l'initiale *I*, haute de 6 à 9 lignes, est placée devant la colonne. Les lettres lombardes en tête des chapitres sont alternativement rouges et bleues, jusqu'à l'initiale du chapitre VIII, 15 inclusivement; les suivantes sont en rouge.

PROVENANCE: abbaye de Saint-Bertin à Saint-Omer, car le premier plat intérieur porte l'ex-libris de Dom Mommelin Le Riche, abbé de Saint-Bertin de 1706 à 1723 [72]. Comme c'est le cas pour

---

[72] Cfr ci-dessous: *Reliure*. — Nous ne savons pas comment le *codex* est devenu la propriété de Saint-Bertin. Peut-être a-t-il fait partie des livres légués à cette abbaye par Guillaume Fillastre. Dans son testament du 20 août 1473 nous lisons: «Item, damus prefato monasterio Sᵗⁱ Bertini omnes libros nostros qui erunt in eodem monasterio die obitus nostri» (E. VANSTEENBERGHE, *Le testament de Guillaume Fillastre, abbé de Saint-Bertin et évêque de Tournai* (1922), p. 723. Un indice serait peut-être le fait que le copiste, Nicolas de

le ms. *C,* nous trouvons ici également deux anciennes cotes, l'une imprimée sur une étiquette du XVIIIe siècle: *MSS / 33* et l'autre tracée à l'encre noire en tête du folio 1[r]: *208.* Le lecteur trouvera ci-dessus, p. lxii, un essai d'interprétation de ces deux cotes, ainsi que des renseignements sur le sort de la bibliothèque de Saint-Bertin.

ESTAMPILLE ovale, bleue: BIBLIOTHÈQUE / PUBLIQUE / ST-OMER, aux rectos des feuillets 1, 21, 91, 92, 121, 186, 282, 368, 424 et au folio 470[v].

PAPIER lourd bien encollé, qui n'a pas déteint au cours des siècles. Un faux pli au haut du feuillet 30 nous donne des mesures plus proches du format originaire de la feuille: 407×600 mm. — Filigrane: arbalète, 70×35 mm., figure dans BRIQUET, sous le n° 726: «Sur papier 41×60 cm. rogné: Grammont (Belgique), 1451-52; Paris, 1454; Utrecht, 1457». A propos de ce filigrane, Briquet observe: «Le dernier spécimen français de l'arbalète revêt une forme étrange; c'est une ancre dont on a fait une arbalète. Ce type très caractéristique (726) n'a eu, comme le 723, qu'une courte durée (1447-57); comme lui il s'est étendu assez loin sur le N.-E. de la France et des Pays-Bas. Il provient de la même région (Champagne ?)» [73].

RELIURE en basane, ayant beaucoup souffert du frottement. Plats de carton, dos à cinq doubles nerfs et le nerf de la tranchefile supérieure. Sur le dos, le titre frappé: SPECULUM DIVINORUM ET NATURALIUM. Au-dessus et au-dessous du nerf de la tranchefile, une étiquette imprimée, portant respectivement: *M*(anuscrit) et *588;* au pied du volume une étiquette bordée de fleurons du XVIIIe siècle, avec la cote imprimée: *MSS / 33* [74].

Palude, a travaillé à Bruxelles vers 1450 sur commande de Petrus de Boostenzween, conseiller de Philippe de Bourgogne. Il est probable qu'il comptait parmi sa clientèle plus d'un dignitaire attaché à la cour du duc, où Fillastre occupait une position de premier rang. — Voir aussi A. WAUTERS, *Fillastre* dans *Biographie nationale,* t. VII (1883), col. 61-70.

[73] C. M. BRIQUET, *Les filigranes,* t. I (1923), p. 49 b et 51.

[74] Cfr ci-dessus, ligne 2.

La reliure date de l'abbatiat de Dom Mommelin Le Riche, 7 mai 1706 - 9 juin 1723, dont l'ex-libris a été collé au milieu du premier plat intérieur [75]. L'ex-libris, mesurant 152×113 mm. et gravé par J.-B. Vandesipe, représente dans un cartouche les armes de Le Riche: d'azur au chevron d'or accompagné de trois roses de gueules [76]. Le cartouche est surmonté de la couronne de comte flanquée de la mitre et de la crosse abbatiale. En-dessous un listel avec la devise: DIVITIAE MEAE DEUS.

BIBLIOGRAPHIE

Catalogue général des manuscrits des bibliothèques publiques des départements, t. III (rédigé par H.-V. MICHELANT), 1861, p. 256-257.
G. WALLERAND, Henri Bate de Malines. Speculum... (1931), p. (27)-(28).

Les manuscrits de la Bibliothèque Vaticane [77]

Trois exemplaires de très grand format et d'origine italienne représentent à la Bibliothèque Vaticane, le *Speculum* de Henri Bate de Malines. Le n° 2191 du fonds Vatican latin et le n° C. VIII. 218 du fonds Chigi le gardent chacun en entier; la seconde moitié de l'ouvrage, contenant les parties XIII-XXIII, se lit dans le n° 1602 du fonds Ottoboni latin. Mais voici des renseignements plus détaillés sur chacun de ces manuscrits.

---

[75] [H.-V. MICHELANT], *Catalogue général des manuscrits des bibliothèques publiques des départements,* t. III (1861), p. 7: «Mommelin le Riche, abbé de 1706 à 1723, fit construire une magnifique bibliothèque et fit exécuter de nouvelles reliures à deux reprises différentes, ce que l'on reconnait à deux vignettes à ses armes, collées sur le plat intérieur: la première, de 6 à 7 centimètres, est gravée sans distinction d'émaux; la seconde, de 12 centimètres environ, les désigne». Voir aussi *Gallia Christiana,* III (1725), col. 508.

[76] P. D. DU PÉAGE, *Ex libris de Flandres et d'Artois* (1934), vol. I (*texte*), p. 185; vol. II (*album*), p. 122 avec fac-similé de l'ex-libris.

[77] Nous reproduisons ici la description rédigée par Mgr A. Pelzer pour l'édition de G. Wallerand (1931). Nous avons corrigé quelques fautes d'impression et ajouté les notes 79 et 81a.

Ms. *Vatican latin*, 2191

Le ms. *Vat.lat.* 2191, un magnifique exemplaire en parchemin, remonte aux environs de l'année 1450, où il fut exécuté pour Nicolas V, le fondateur de la Bibliothèque Vaticane. L'inventaire de ses ouvrages latins que Cosme de Montserrat rédigea à la mort du pape (1455), décrit ainsi notre copie (ms. Vat. lat. 3959, fol. 23ʳ): «vnum volumen magnum regalis forme ex pergameno cum 4ᵒʳ serraturis argenteis deauratis coopertum coreo rubeo nuncupatum Summa diuinorum et quorumdam naturalium Magistri henrici baten». Le volume reparaît avec un titre légèrement différent, dans l'inventaire de la bibliothèque de Sixte IV (ms. Vat. lat. 3954) parmi les «libri in theologia», au fol. 5ʳ, où il est appelé: «Speculum diuinorum et aliorum naturalium magistri henrici baten. Ex membranis in pauonazio»; au bas du fol. 44ᵛ, une autre main l'a ajouté aux «libri in philosophia» comme le «Speculum naturalium magistri Henrici batten. Ex membr. in rubeo» [78]. Les fermoirs primitifs en argent doré ont disparu au moins depuis la fin du XVIIIᵉ siècle lorsque la reliure fut renouvelée du temps de Pie VI et de François-Xavier de Zelada, cardinal-bibliothécaire, comme il ressort de leurs armes imprimées au dos du manuscrit, couvert de peau rouge.

Haut de 466 millimètres et large de 323, le n° 2191 compte II + 339 feuillets, tous de parchemin à l'exception du fol. II, en papier, auxquels il faut ajouter les feuillets aujourd'hui chiffrés 84ᵃ et 189ᵃ. Les fol. Iᵛ et IIᵛ sont en blanc; les autres écrits à deux colonnes, en dehors des fol. Iʳ et IIʳ avec leurs inscriptions de deux mains modernes: (fol. Iʳ) «Henrici de Malinis / Cognomine Baten, hoc est Praefectus (sic) / Leodiensis Ecclesie Cantoris / Speculu' Diuinorum, / et Naturalium»; (fol. IIʳ) «Henrici de Malinis / cognomine Baten, hoc est Prae-

---

[78] E. Müntz et P. Fabre, *La Bibliothèque du Vatican au XVᵉ siècle d'après des documents inédits* (= *Bibliothèque des Écoles françaises d'Athènes et de Rome*, fasc. 48), Paris, 1887, ont publié cet inventaire et le précédent. Après avoir identifié (p. 85) Henri Baten avec Henri de Malines et sa Summa avec le ms. Vat. lat. n° 2191, ils écrivent en note, lors de la seconde mention sous Sixte IV (p. 167. Cfr p. 211), «Henri de Bath, treizième siècle».

fectus (sic) / Leodiensis Ecclesiae Cantoris Operum / Quae in hoc volumine manuscripta sunt / Index / Speculum Diuinorum, et Naturalium in XXVIII (sic) partes / diuisum pag. 1. / Epistola ad Guidonem Hanonie Comitem pag. 337. / De apparitione cujusdam Henrici post mortem pag. 337 àtergo».

A part les deux feuillets préliminaires, tout le manuscrit se présente comme l'œuvre d'un seul copiste, où les fol. 73, 74 et 127, soit six pages d'écriture d'une autre main, ont été ajoutés après coup à la même époque. Il est écrit à deux colonnes, chacune de 65 lignes. Les 42 quaternions (fol. 1-334), que suivent encore cinq feuillets, se reconnaissent non seulement à la réclame et au numéro d'ordre inscrits à la fin de chaque cahier, mais encore aux signatures, c'est-à-dire aux lettres de l'alphabet: a, b, c, — z, Z, 9, Aa, bb, cc, etc.; tracées au bas des quatre premiers rectos de chaque cahier, où chacune est accompagnée des numéros: j, ij, iij, iiij, pour autant que la rognure du parchemin les a laissé subsister.

En haut des fol. 6^r-336^v se voient généralement d'un côté la lettre: P (= Pars) en rouge, de l'autre le chiffre romain en bleu. Chaque chapitre porte au début et en marge son numéro tracé à l'encre. Généralement les parties et les chapitres sont précédés de leurs titres écrits à l'encre noire jusqu'au fol. 64^r, mais presque toujours soulignés d'un trait rouge à partir du fol. 9^v. Les titres sont en rouge à partir du fol. 65^v, exception faite des fol. 73, 74 et 127, où le copiste les trace en violet. Telle est l'œuvre des scribes, que l'enluminure va parfaire.

Alors que les trois feuillets supplémentaires offrent des espaces blancs au début de chaque chapitre, où le copiste écrit la première lettre en caractères à peine visibles, le reste du manuscrit est richement orné d'initiales et de bordures au commencement des parties et des chapitres. Mais aucune page n'égale pour l'illustration, le fol. 6^r, où débute le prologue du *Speculum,* bien qu'il ait souffert du frottement des feuillets. Un personnage tenant un livre occupe l'intérieur de la grande initiale H, chargée de feuillage et diversement colorée comme lui dans un champ rehaussé d'or. Le long de toutes les marges se voient des bordures, dont les tiges avec leurs feuilles et leurs fleurs sont interrompues par des boules et des médaillons.

Ceux de gauche et de droite renferment en haut le nom du
Pape: NI COLA VS en capitales d'or sur trois lignes d'or, au
milieu le mot: PA PA ou PAPA également en or sur deux lignes
ou sur une ligne d'or, en bas le mot: QV INT VS en or sur trois
lignes d'or. Les médaillons du milieu contiennent, en haut et
en bas, les armes de Nicolas V: deux clés placées en sautoir
et surmontées de la tiare. En bas, trois *putti* peints sur fond
d'or entourent la tige de gauche, tandis qu'un autre sur fond
pareil est suspendu à la tige de droite.

Chaque partie du *Speculum* est ornée d'une grande initiale
colorée et encadrée d'or, qui renferme presque toujours une
figure d'homme peint à mi-corps avec beaucoup de finesse sur
fond d'or ou d'azur. Elle s'élance jusque dans les marges supérieure et inférieure et entoure généralement au moins trois
côtés de la colonne. Cette bordure comporte de grandes feuilles,
déjà visibles dans l'initiale, des boules et le plus souvent de
grosses tiges droites, agrémentées d'empâtements d'or ou de
têtes et de personnages. Au commencement de chaque chapitre
se voit une petite initiale d'or sur un fond bleu ou vert, orné
de filigranes. Elle marque le milieu des menus rinceaux, char-
gés de fleurs, de fruits ou de boules d'or, qui l'accompagnent
dans la marge.

Quant au contenu, on trouve dans le manuscrit: 1°) aux fol.
1ʳ-5ᵛ, la table des chapitres du *Speculum*. Elle commence:
«TAbula capitulorum speculi diuinorum et naturalium quorundam henrici baten Incipit. PRimum seu primordiale prohemij
capitulum De subiecti generis excellentia». La dernière ou *Vicesima tertia pars* de la table finit: «25. Circa primi bonitatem
ac delectationem summam consummanda consideratio cum
opusculi complemento. Amen». — 2°) aux fol. 6ʳ-336ᵛ, l'introduction ou le «Prohemium» en trois parties, et les 23 parties
du *Speculum*. Précédé au fol. 5ᵛ des titres: «Speculum diuinorum et quorundam naturalium magistri Henrici Baten Incipit.
PRohemium. In cuius parte prima proponitur quod intenditur
subiecti principalis nobilitatem seu excellenciam ac delectabilitatem comprobando», l'introduction débute au fol. 6ʳ par les
mots: «HOnorabilium bonorum preclariorem partem opinantes». Les derniers mots de la dernière partie de l'ouvrage:

«censuimus appellandum Speculum diuinorum» sont suivis du titre en rouge: «Speculum diuinorum». — 3°) au fol. 337ʳ, l'épître dédicatoire, qui commence: «DOmino Guidoni hannonie pariter ac hollandie comitis germano», et finit: «vestra paternitas in secula seculorum. Amen. Amen». — 4°) aux fol. 337ᵛ-338ʳ, le récit des apparitions d'un brigand, du nom de Henri, mis à mort pour avoir assassiné un garçon, en 1305, aux environs de Malines. Il débute: «ELapso post expletam compilationis huius consummationem aliquot annorum curriculo contigit apud nos prope mechliniam, ait compilator». Il finit: «furor irrationalis eis inest concupiscentiaque demens et fantasia proterua».

Ms. *Chigi,* C. VIII. 218

F Le ms. *Chigi,* C. VIII. 218, en papier filigrané, aujourd'hui folioté au numéroteur au bas des rectos, provient d'un seul copiste, qui nous renseigne sur la durée de son travail dans une souscription en rouge du fol. 296ʳ, où il compte d'après la coutume bolonaise: «Incepi Tabulam suprascripti libri die quarto augusti / . 1491. et presentem librum incepi die sexto / instantis mensis eiusdem anni. Et / deo dante finiui siue perfeci die quartode / cimo aprilis. anni. 1492». Le *Speculum* lui-même (fol. 9ʳ-296ʳ au moins) a donc été transcrit du 6 août 1491 au 14 avril 1492, alors que le scribe avait commencé la copie de la table (fol. 5ʳ-9ʳ) le 4 août 1491. Entré à la Bibliothèque Vaticane en février 1923 avec toute la bibliothèque Chigi, le manuscrit porte au dos la mention: «HENR. BATENI / SPECVL. DIVINOR.» et la cote: C. VIII. 218.

Couvert d'une reliure verdâtre, il comprend 299 feuillets, hauts de 426 millimètres et larges de 280, à l'exception des fol. 1-3, hauts de 275 millimètres et larges de 202, qui furent ajoutés au XVIIᵉ siècle. Sauf le cahier des fol. 265-276, les cahiers primitifs (fol. 5-297), dont le dernier est précédé d'un feuillet supplémentaire, comportent chacun dix feuillets. Les réclames sont tracées au bas de la dernière page dans le sens de la hauteur. Le recto d'un feuillet préliminaire non chiffré et les fol.

1ᵛ, 2ᵛ-4ᵛ, 298ʳ-299ᵛ sont en blanc; les fol. 1ʳ et 2ʳ écrits à longues
lignes; les fol. 5ʳ-297ᵛ écrits à deux colonnes, chacune de 60
lignes. En fait de cotes, on lit au verso du premier plat: C VIII
218, puis: 2019, enfin: 1089; au verso du feuillet préliminaire:
1097 (barré) et: 1089, et en haut du fol. 5ʳ: n° 325.

Une notice sur Henri Bate et sur le *Speculum,* d'un lecteur
du XVIIᵉ siècle, remplit le fol. 1ʳ. Au fol. 2ʳ suivent les premières lignes de l'épître dédicatoire et du récit des apparitions,
écrites de la main de Fabio Chigi ou Alexandre VII (1665-1667),
d'après le professeur Baronci, bibliothécaire de la bibliothèque
Chigi. Dans la partie primitive du manuscrit, on a barré et
rendu illisibles les deux inscriptions qu'on trouve en haut et
en bas de sa première page (fol. 5ʳ) [79]. Du fol. 9ʳ au fol. 296ʳ, le
scribe écrit en tête des pages, d'un côté le chiffre arabe ou romain de la partie du *Speculum,* de l'autre la lettre: P; il ajoute
au début et en marge de chaque chapitre son numéro en chiffres arabes; il se sert d'une encre rouge pâle pour faire précé-
der de leurs titres (au moins à partir du fol. 10ᵛ) les chapitres
et les parties et signale leurs commencements par des espaces
blancs, plus grands au début de chaque partie, où l'enlumineur
pourra reproduire les initiales, finement écrites en marge à
l'encre noire. Enfin aux fol. 9ᵛ-37ʳ, le scribe souligne d'un trait
les noms d'auteurs qu'il rencontre dans le texte.

Le ms. Chigi renferme aux fol. 5ʳ-297ᵛ, le même contenu que
le Vat. lat. 2191 aux fol. 1ʳ-338ʳ, à savoir: 1°) aux fol. 5ʳ-9ʳ, la
table des chapitres du *Speculum;* 2°) aux fol. 9ʳ-296ʳ, l'introduction ou le «Prohemium» et les 23 parties de l'ouvrage; 3°) au
fol. 296ᵛ, l'épître dédicatoire; 4°) au fol. 297ʳ⁻ᵛ, le récit des apparitions. Abstraction faite des différences orthographiques, les
titres, les débuts et les derniers mots rapportés du n° 2191 sont
les mêmes ici, à part ces détails: le ms. Chigi, au fol. 296ʳ, remplace le titre: «Speculum diuinorum» par la souscription du copiste; à la fin de l'épître, au fol. 296ᵛ, il n'écrit qu'une fois:
«Amen»; au fol. 337ᵛ, il offre la variante: «contingit» au début
du récit des apparitions.

[79] G. Mɛʀᴄᴀᴛɪ, *Codici Latini Pico, Grimani, Pio...* (1938), p. 52, n. 4, a pu
déchiffrer l'inscription qui se trouve dans la marge supérieure: «Collegii S. Bla-
sii Montis Citorii de Urbe Cong.ⁿⁱˢ Som.ᵃᵉ» (= Congregationis Somaschae).

Ms. *Ottoboni latin,* 1602

G   Le ms. *Ottoboni latin,* 1602, en papier filigrané, a été écrit par Sigismond de Sigismondis, de Ferrare, comme le ms. Urbinate latin 470 du Vatican [80] et plusieurs manuscrits de Florence [81]. Il l'a achevé le 13 septembre 1517, d'après la souscription qu'il ajoute en rouge au fol. 234[v]: «Explicit ultima pars Domini Henrici Baten in philosophia Manu Sigismondi de Sigismondis / die 13. Septembris. 1517. tempore pape Leonis. X[i]. Regnante in Italia Rege francorum».

S'il n'est pas prouvé que l'exemplaire fut exécuté pour Alberto Pio, prince de Carpi [81a], qui l'aurait légué à son neveu, le cardinal Rodolfo Pio († 1564), il appartint certainement à la bibliothèque de ce dernier, partiellement conservée dans le fonds Ottoboni. Il figure, en effet, dans l'inventaire après décès, de sa «libraria», reproduit dans le ms. Barberini latin 3108 (= XXXIX, 12) du Vatican, qui écrit au fol. 8[r]: «Henrici Beten'. (sic) in carta reale scritti à mano in duoi uolumi coperti di carta pecura [82].»

Des deux volumes qui constituaient le *Speculum,* le premier, avec les parties I-XII, n'a pa encore été retrouvé. Comme M. Domenico Fava, le préfet de la Bibliothèque d'Este à Modène, a bien voulu me le faire savoir, il n'est pas dans ce dépôt, qui reçut seulement les manuscrits grecs et orientaux de Rodolfo Pio, grâce à Alphonse II d'Este. Quant au second, avec les par-

---

[80] Cfr *Bibliothecae Apostolicae Vaticanae codices manu scripti recensiti... Codices Urbinates latini. Recensuit* C. STORNAJOLO, t. I, Rome, 1902, pp. 476 et 598.

[81] A. M. BANDINIUS, *Catalogus codicum latinorum Bibliothecae Mediceae Laurentianae,* t. V, Florence, 1778, à l'Index secundus, in verbo.

[81a] Les recherches ultérieures de G. Mercati nous font conclure que l'*Ottobonianus* fut exécuté pour Alberto Pio. Voir ci-dessous, p. lxxxii.

[82] Cfr L. DOREZ, *Latino Latini et la Bibliothèque capitulaire de Viterbe, Revue des bibliothèques,* 2ᵉ année, 1892, p. 382 et J. L. HEIBERG, *Beiträge zur Geschichte Georg Valla's und seiner Bibliothek* (= *Beihefte zum Centralblatt für Bibliothekswesen,* XVI), Leipzig, 1896, p. 109. Le premier (pp. 382-391) extrait de l'inventaire la liste des manuscrits latins, le second (pp. 109-126) la liste des manuscrits latins et grecs.

ties XIII-XXIII, l'épître dédicatoire et le récit des apparitions, il entra dans la bibliothèque des ducs d'Altemps à Rome, comme le rappelle une inscription, collée au fol. I^r, avec les mots: «Ex Bibliotheca Ducum ab Altaemps», surmontés des mots d'une autre main: «Codex Ottob. 1602», avant d'appartenir à la bibliothèque du cardinal Pierre Ottoboni, que Benoît XIV acheta pour la Vaticane en 1749.

Lisiblement écrit à longues lignes avec peu d'abréviations, chaque page comptant 45 lignes, le n° 1602 mesure 444 millimètres de hauteur et 305 millimètres de largeur. Relié en blanc, il contient I + 236 feuillets numérotés (+ fol. 199ª), dont les fol. I^v et 235^r-236^v sont demeurés en blanc. La cote: S. 832 se lit à l'envers au bas du fol. 236^v. En dehors des derniers feuillets (fol. 230-236), des réclames marquent les cahiers de douze feuillets, dont le manuscrit se compose jusqu'au fol. 229. Le scribe a tracé en rouge, en tête de chaque page, le mot: PARS et le chiffre romain de la partie, en marge et au début de chaque chapitre son numéro en chiffre arabe, et dans l'ouvrage, les titres des parties et des chapitres. Généralement, il écrit aussi en rouge le premier mot de chaque partie ou de chaque chapitre, sa première lettre, plus petite, figurant à part dans un espace blanc, en regard du chiffre en rouge de la marge.

Le catalogue alphabétique manuscrit du Vatican ou l'*Index codicum Bibliothecae Ottobonianae* signale notre exemplaire, au fol. 66^r, en ces termes: «Batten Henrici Philosophia Aristotelis incipiens à parte XIII. usque ad XXIII. Num°. 1602», alors qu'il n'y a pas de titre dans le manuscrit. Sous les mots en rouge: «PARS XIII. De modis actionum Intellectus humani secundum philosophiam Aristotelis. Et primo de Simplici apprehensione que uocatur indiuisibilium intelligentia», le *Speculum* débute, au fol. 1^r, avec la partie 13: «cONsequenter circa modos actuum», pour se terminer au fol. 233^r, avec la partie 23 par ces mots: «censuimus appellandum Speculum diuinorum» (ce mot en rouge), suivis du titre en rouge: «Speculum diuinorum». Comme les deux autres, le manuscrit Ottoboni ajoute sans titres: 1°) au fol. 233^r-^v, l'épître dédicatoire et aux fol. 233^v-234^v, le récit des apparitions. Les *incipit* et *explicit* du premier morceau sont les mêmes que dans le ms. Chigi. Le second

morceau a quelques variantes dans son début: «explatam»,
«circulo contingit.» Ses derniers mots sont suivis de l'*explicit*
en rouge qu'on a lu plus haut.

A les prendre ensemble, les trois copies du *Speculum* que
conserve la Bibliothèque Vaticane, attestent la faveur nouvelle
que cette longue compilation rencontra entre les années 1450-
1520 chez les humanistes chrétiens et les bibliophiles d'Italie.
Alphonse V d'Aragon en témoigne aussi en 1455, lorsqu'il met
«Enricus de Bacén, de universo» au nombre des quelque vingt-
cinq ouvrages latins qu'il charge Gacia de Urrea d'y acheter
pour lui [83].

[83] R. BEER, *Handschriftenschätze Spaniens* (in: *Sitzungsberichte der philos-
histor. Klasse der Kaiserlichen Akademie der Wissenschaften*, Bd. 124, Wien,
1894, 6. Abhandlung, S. 33) ou G. MAZZATINTI, *La biblioteca dei Re d'Aragona in Napoli*, Rocca S. Casciano. 1897, p. XX.

CHAPITRE III

LE CLASSEMENT DES MANUSCRITS

A. ÉLIMINATION DES MSS. *F* ET *G*

Trois des manuscrits conservés ont été copiés en Italie et tous trois sont datés.

E: *Vaticanus lat.* 2191, ayant été écrit pour le pape Nicolas V, date d'entre 1447 et 1455;

F: *Chigianus* C. VIII. 218, commencé le 4 août 1491 et achevé le 14 avril 1492;

G: *Ottobonianus lat.* 1602, terminé le 13 septembre 1517.

F copie directe de *E*

Dans l'introduction de notre édition critique de la VIe Partie du *Speculum* nous avons soumis à un examen minutieux la parenté des mss. *F* et *E*, en utilisant les données d'une collation complète et en y appliquant la méthode Mogenet[1]. Voici un bref aperçu des résultats obtenus.

Le ms. *E* a été corrigé par une deuxième main qui, outre des changements à l'orthographe, a apporté 72 corrections au texte. Or, de ces 72 corrections nous en retrouvons 70 dans *F*, ce qui révèle que les deux manuscrits sont apparentés: ou bien le copiste de *F* a eu comme modèle le texte corrigé de *E*, ou bien la correction de *E* et le texte de *F* remontent à une source commune.

J. Mogenet répartit en deux groupes les accidents ou particularités des mss.[2]:

---

[1] E. Van de Vyver, *Henricus Bate, Speculum divinorum et quorundam naturalium. Pars VI.* Dendermonde, 1953, p. 79*-86*; J. Mogenet, *Autolycus de Pitane. Histoire du texte, suivie de l'édition critique des traités «de la sphère en mouvement» et «des levers et couchers».* Louvain, 1950, p. 55-64.

[2] J. Mogenet, *Autolycus de Pitane,* p. 60-62. Éditant un texte littéraire nous

1. Les *accidents négatifs,* c'est-à-dire ceux qui normalement se produisent sans l'intervention volontaire et réfléchie du copiste.

L = *lacunes:* omissions de plus de trois mots.

O = *omissions de mots:* jusqu'à trois mots.

F = *fautes:* fautes d'accord ou de syntaxe, mots pris pour d'autres etc.; elles sont dues à la distraction, la mauvaise lecture ou l'ignorance du copiste.

2. Les *accidents positifs,* c'est-à-dire ceux dont l'apparition dans la tradition manuscrite est normalement due à une intervention volontaire et réfléchie du copiste.

A = *additions importantes,* qui sont exactement l'inverse des lacunes.

a = *additions moindres,* dues à une intervention personnelle médiocre du copiste et se limitant à un ou deux mots.

V = *variantes:* mots ou expressions à tout point de vue corrects, mais différents de ceux du modèle.

I = *inversions,* de mots ou de lettres.

G = *graphies:* détails orthographiques d'importance moindre, mais dont la persistance ou la variation dans la tradition peuvent concourir à compléter le jugement général.

Au total nous comptons pour *E* et *F* 318 accidents, qui se répartissent de la façon suivante:

	L	O	F	A	a	V	I	G	Total
E et *F*:	12	45	109	0	24	10	20	1	221
E seul:	0	0	1	0	0	2	1	3	7
F seul:	5	25	38	0	5	5	6	6	90

Total: 318

Total des bandes 1 et 2: 228.

Total des bandes 1 et 3: 311.

avons une catégorie d'accidents négatifs en moins que Mogenet, qui étudie des textes géométriques dans lesquels les lettres qui accompagnent les figures, peuvent donner lieu à des accidents.

Il faut remarquer que le chiffre 318 est assez élevé et que la majeure partie des accidents sont des accidents négatifs, ce qui nous donne l'assurance que les copistes n'ont pas eu l'intention d'améliorer le texte. Il s'agit de fautes normales qui s'accumulent au cours de la tradition.

INTERPRÉTATION DES BANDES.

Nous pouvons négliger l'interprétation de la première bande, puisque seuls les rapports de *F* à *E* nous intéressent ici.

Deuxième bande: on obtient pratiquement le zéro typique.

F: 1. De 110 erreurs de *E*, 1 a été «corrigée» dans *F*, c.-à-d. qu'une erreur s'est substituée à une autre:

>   entium *B*: entia *CD*: existentia *AE*: accidentia *F*

V: 2. Deux fois une même forme classique a été préférée à la forme médiévale:

>   conterminium *CDAE*: conterminum *BF*

Il est évident que le copiste de *F* a pu apporter la «correction» sans avoir eu recours à une autre source.

I: 1. Une interversion a été rétablie:

>   aliud aliquid *BCDF*: aliquid aliud *AE*

Selon toute vraisemblance la correction est fortuite, vu les abréviations employées par *F*: a^d $a^l d$.

G: 3. Trois fois le copiste de *F* préfère une orthographe plus humaniste:

>   yle *E*: hyle *F*
>   pictagore *E*: pythagore *F*
>   pictagoricas *E*: pythagoricas *F*

La conclusion s'impose: *F* est une copie directe de *E*.

Troisième bande: les accidents négatifs sont beaucoup plus nombreux que les accidents positifs: 68 contre 22, ou plutôt 74 contre 16, si on considère les inversions comme des accidents négatifs. Le copiste n'a pas eu la prétention de faire œuvre de rédacteur. Des 90 accidents de la troisième bande, *F* en a 7 en commun avec d'autres manuscrits. La coïncidence est due au hasard. D'ailleurs tous ces accidents ont rapport à un seul mot, à l'exception d'une lacune (L) qu'on rencontre aussi bien dans *F* que dans *D*. Or le rapprochement *DF* contre *BCAE* est un cas unique dans l'apparat des variantes. Cette lacune est une haplographie par saut du même au même provoqué par un piège à copistes:

hiis quidem aliud aliquid⟨hiis quidem aliud aliquid⟩

Les mots entre crochets obliques ont été omis dans *D* et *F*.

On peut donc affirmer sans crainte que *F* est une copie directe de *E*.

G copie directe de *E*

Le ms. *Ottoboni lat.* 1602 a été exécuté par Sigismondus de Sigismondis († 1525), calligraphe originaire de Carpi. Par ailleurs nous savons que Sigismondus a reçu certaines commandes d'Alberto Pio, seigneur de Carpi. Or le ms. *G* a été terminé le 13 septembre 1517 et d'autre part Alberto Pio a reçu en prêt le *Vaticanus lat.* 2191 du 31 août 1516 au 26 janvier 1518[2a]; il n'est donc pas douteux que *G* soit une copie directe de *E*, exécutée pour Alberto Pio.

Quelques sondages nous ont donné les résultats suivants:
1. *G* reproduit les «corrections» de *E²*.
2. *G* reprend tous les accidents propres à *E* et non ceux de *F*.
   En outre il est plus fidèle à l'orthographe de *E* que *F*.
3. *G* ne contient que des accidents négatifs.

Conclusion: les mss. *F* et *G*, étant des copies directes de *E*, corrigé par *E²*, ne sont d'aucune utilité pour la restitution du texte.

B. APERÇU GÉNÉRAL DES RAPPORTS ENTRE LES MSS. *ABCDE*

L'enquête sur la parenté des manuscrits est basée sur la collation complète des cinq mss. pour le texte du *Prooemium* et de la Iᵉ Partie, bien qu'à l'occasion les résultats de notre exa-

---

[2a] G. MERCATI, *Codici Latini Pico, Grimani, Pio...* (1938), p. 53.

men de la VIᵉ Partie seront mentionnés, ainsi que des observations sur d'autres parties du *Speculum*[3].

En donnant cet aperçu général nous ne perdons pas de vue le principe *testimonia non sunt numeranda, sed ponderanda*. Notre but est de donner une première orientation et d'attirer l'attention sur quelques faits marquants. Signalons d'abord que nous n'avons pas rencontré de remaniements notables du texte; tous les manuscrits reproduisent une seule rédaction.

Le nombre des unités critiques[4], hormis les différences d'orthographe, les variantes des rubriques qui se répètent (p. ex.: 2^m capitulum *B*: *post titulum* Capitulum 2^m *C*: 2 *i.m. ADE*) et les corrections par le copiste même d'une propre faute, s'élève à 2.310 environ. Vu l'étendue du texte et le nombre des manuscrits, ce chiffre n'est pas très élevé, mais ce qui est plus important c'est que 1972 ou 85 % de toutes les unités relevées ne fournissent aucun renseignement sur la parenté des manuscrits, ces unités étant des variantes à un témoin:

TABLEAU I

1	$B < ACDE$	1322
2	$A < BCDE$	254
3	$C < ABDE$	130
4	$D < ABCE$	96
5	$E < ABCD$	80
6	$E^2 < ABCDE$	90

Retenons de ce tableau que la position de *B* est exceptionnelle: ou bien il est très particulariste, ou bien il représente une tradition indépendante. En tout cas, il ne s'agit pas d'une autre rédaction. *A.* également, avec ses 254 variantes propres, se détache nettement de *C, D* et *E*.

---

[3] Jusqu'à présent nous n'avons pas trouvé de tradition indirecte du *Speculum*. Les citations par les maîtres colonais, mentionnées à la page xxxviii, ne sont pas littérales.

[4] Par unité critique nous entendons «l'ensemble des variantes, y compris éventuellement le lemme, qui se rapportent à un mot ou à un groupe de mots solidaires au point de vue critique». J. BIDEZ et A. B. DRACHMANN, *Emploi des signes critiques*, § 24, p. 28.

Après ce premier tri il ne nous reste qu'un bien mince matériel de comparaison: 340 unités critiques, dont 248 ne donnent qu'une seule leçon divergente. Nous y rencontrons dix modes de répartition des manuscrits:

TABLEAU II

1	$AE < BCD$	140	6	$BC < DAE$	9
2	$BE < CDA$	34	7	$DA < BCE$	8
3	$CD < BAE$	25	8	$CA < BDE$	6
4	$BA < CDE$	14	9	$DE < BCA$	2
5	$BD < CAE$	9	10	$CE < BDA$	1

Le fait saillant est la nette divergence de AE contre BCD, ce qui est un indice d'étroite parenté à l'intérieur des deux groupes.

Les 92 unités restantes, unités à 3 et 4 leçons, se groupent d'après 3 types qui donnent lieu à 20 groupements des témoins:

type 1: $1<2<2$ p.ex. $B<CD<AE$: 8 groupements, 21 unités.
type 2: $1<1<3$ p.ex. $A<B<CDE$: 7 groupements, 66 unités.
type 3: $1<1<1<2$ p.ex. $A<B<C<DE$: 5 groupements, 5 unités.

20 groupements, 92 unités.

Ces 92 unités sont de moindre importance pour cet aperçu général. Notons toutefois que 11 de ces 20 groupements ne se retrouvent qu'une seule fois. D'autre part il n'y en a que trois à se présenter plus fréquemment:

$B<CD<AE$: 11 fois. Ceci confirme la position exceptionnelle
de B et de AE (voir Tableau I,1 et II,1).
$A<B<CDE$: 25 fois. (voir Tableau I, 1 et 2).
$B<C<DAE$: 15 fois.

En additionnant les accords (indiqués par le signe =) de deux manuscrits contre une ou plusieurs leçons divergentes dans les autres, nous obtenons un aperçu provisoire de la pa-

renté, celle-ci s'avérant d'autant plus étroite que le chiffre
monte.

TABLEAU III

a		b	
$C = D : 278$		$B = E : 81$	
$A = E : 222$		$D = A : 78$	
$B = D : 169$		$D = E : 76$	
$B = C : 165$		$C = A : 70$	
		$C = E : 66$	
		$B = A : 44$	

Vu que le groupe AE s'oppose 140 fois au consensus BCD, tandis que le chiffre suivant n'indique que 34 (Tableau II, 1-2), il
va de soi que les mss. de chacun de ces groupes manifestent
plus de parenté (Tableau III, a). Ceci amène la grande différence
entre les chiffres des colonnes a et b, cette dernière ne contenant que l'accord entre les mss. du groupe AE d'une part et des
mss. B,C,D d'autre part. E penche plutôt vers B (voir aussi Tableau II, 2), A plutôt vers CD. Des mss. B,C,D, les mss. C et D
sont plus apparentés, tandis que leur rapport à B est le même.

Une autre manière de se faire une idée de l'apparentement
et déjà, d'une certaine façon, de la valeur des manuscrits, est
la comparaison de ceux-ci au point de vue des omissions. Nous
ne tenons compte que des omissions d'au moins trois mots, qui
constituent une perte réelle de texte. En fait, elles ne dépassent
jamais 4 lignes. Il y a 44 omissions, dont 34 ont été commises
par saut du même au même (homoioteleuton). Le tableau ci-
dessous en donne l'aperçu: la première colonne contient le
chiffre indiquant le nombre d'omissions se trouvant dans un
ou plusieurs manuscrits placés dans la même bande. Le chiffre
de la deuxième colonne indique combien d'omissions de la
première colonne proviennent d'un homoioteleuton. Prenons
par exemple la 3ᵉ bande: le groupe AE présente 8 omissions,
dont 6 sont dues au saut du même au même. La dernière bande
contient le total de toutes les omissions dans la première colonne, des sauts du même au même dans la deuxième colonne,

et dans les cinq colonnes suivantes des omissions qui se trouvent dans chaque manuscrit séparément.

TABLEAU IV

1	2	(2 h)	B				A	E
2	2	(2 h)	B				A	
3	8	(6 h)					A	E
4	15	(9 h)	B					
5	1	(1 h)		C				
6	2	(1 h)			D			
7	10	(9 h)				A		
8	4	(4 h)						E
	44	(34 h)	19	1	2	22	14

Emplacement des omissions dans le texte [5]:

BAE: 81, 82-83 (h); 187, 88-89 (h).
BA: 95, 52-53 (h); 182, 61-62 (h) .
AE: 77, 75-76 (h); 96, 62-63; 99, 40-41 (h); 109, 7-8 (h); 118, 28-29; 155, 5-6 (h); 155, 12-13 (h); 181, 49-50 (h).
B   : 51, 9; 72, 34 (h); 76, 53-55; 84, 51-53; 106, 35-36; 108, 80-81 (h); 135, 64-66 (h); 140, 31; 143, 18-19 (h); 147, 2-4 (h); 162, 90 (h); 167, 17-18 (h); 177, 38-39 (h); 198, 87-89 (h); 206, 31-32.
C   : 115, 59-60 (h).
D   : 88, 77; 204, 80 (h).
A   : 65, 21 (h); 86, 22-23 (h); 99, 51-52 (h); 115, 49-51 (h); 116, 86-87 (h); 140, 30 (h); 142, 83 (h); 167, 17-18 (h); 168, 43-44; 174, 82-83 (h).
E   : 79, 18-19 (h); 108, 74 (h); 177, 43-44 (h); 204, 54-55 (h).

Cet aperçu peut être complété par un tableau similaire que nous avons dressé pour la VIᵉ Partie du *Speculum*. L'ensemble des deux nous donne:

[5] Toutes les références à notre édition seront notées par des chiffres indiquant, devant la virgule, la page et, après la virgule, les lignes: 81, 82-83 = page 81, lignes 82 et 83.

TABLEAU V

			B	C	D	A	E
1	3	(3 h)		C	D	A	E
2	2	(2 h)	B			A	E
3	1	(1 h)		C		A	E
4	1	(1 h)			D	A	E
5	2	(2 h)	B			A	
6	16	(12 h)				A	E
7	23	(14 h)	B				
8	2	(2 h)		C			
9	10	(10 h)			D		
10	16	(14 h)				A	
11	4	(4 h)					E
	80	(65 h)	27	6	14	41	27

Cet aperçu confirme et complète les faits déjà relevés. Le groupe *AE,* avec ses 16 omissions, se distingue nettement des autres groupes qui n'en contiennent qu'une (*CAE* et *DAE*), deux (*BAE* et *BA*) ou trois (*CDAE*). Ceci s'accorde avec la position de *AE* dans le Tableau II, 1. Le ms. *A*, considéré à part, possède après *B* (23), le plus grand nombre d'omissions propres (16), ce qui coïncide avec les bandes 1 et 2 du Tableau I. Remarquons enfin que le groupe *CDAE* comporte trois omissions. Toutes les trois sont des sauts du même au même et ceci pourrait rendre plus grande la possibilité d'une coïncidence. Notre conviction en est cependant renforcée que le fait exceptionnel du Tableau I, 1 (c'est-à-dire que *B* s'oppose 1320 fois au concensus de *ACDE*) n'est pas dû au seul particularisme de *B,* mais que nous nous trouvons tout bonnement en présence de deux familles. Un autre indice encore: sur les 27 lacunes de *B,* il n'y en a que 4 (4 h) à être communes avec d'autres mss., ceux précisément qui accusent un nombre égal ou plus élevé d'omissions (*A*: 41, *E*: 27). Enfin, troisième et principal indice: au cours de nos investigations nous avons rencontré trois omissions plus étendues où nous retrouvons l'opposition *B<ACDE:*
1. Pars II, c. 1: *ACDE* omettent presque toute la seconde moitié du chapitre (63 lignes dans l'édition Wallerand, p. 139, n. 57).

2. Pars II, c. 7: les deux derniers tiers du chapitre manquent en *B* (146 lignes de l'édition Wallerand, p. 155, n. 47).
3. Pars III, c. 28: *B* omet environ un quart du texte au milieu du chapitre (32 lignes sur 124 dans le ms. *E*).

Remarquons pour terminer que l'apparition du groupe *BA* dans les Tableaux des omissions est assez étonnante, vu que ces manuscrits sont précisément les moins apparentés selon le Tableau III. Les manuscrits *C* et *D* au contraire, qui selon le Tableau III semblent les plus apparentés, indiquent ici une différence notable.

C. LE MANUSCRIT *B*

Le fait le plus saillant de notre aperçu général est le nombre très élevé de divergences de *B* par rapport au consensus de *ACDE:* plus de la moitié des unités critiques considérées. Nous en avons déjà conclu que *B* fait partie d'une autre famille et, par conséquent, il ne faut pas attribuer toutes ces divergences au seul particularisme du copiste de *B*. Bien sûr, on remarque chez lui une certaine précipitation, ce qui ressort des nombreuses fautes de caractère morphologique, des dittographies au changement des lignes et des colonnes, des omissions, entre autres celles des signes abréviatifs. Son travail a été retouché superficiellement par un correcteur, qui s'est contenté de repasser à l'encre rouge les rares endroits déjà biffés par le copiste lui-même. C'est ainsi que nous rencontrons certaines étrangetés:

intententiones (94,6), Reminiscentesbiliores (187,91), etc.;

des lapsus calami ou des dittographies que le copiste n'a pas pris la peine de raturer:

sit agens seu agens seu alterans (79,29), variatio veraciter (141,60), multitudo multimode (143,98), puit putei (151,7), habetur prohibetur (166,83), convexe invexerunt (207,43), etc.;

des substitutions dépourvues de sens:

et parisis au lieu de a Persis (51, 97),
vestigium   »   »   »   fastigium (53, 38-39),
avicenna   »   »   »   aiunt (74, 4),
foramina   »   »   »   formica (83, 26),
primas   »   »   »   prassinus (130, 34),
par   »   »   »   pati (152, 42), etc.

De tous ces exemples il ressort que le copiste a transcrit son modèle sans comprendre et qu'il ne s'est guère occupé de rendre un texte intelligible, ce qui est loin d'être un reproche ! En effet, là où tous les mss. sont altérés, la leçon de *B* se trouve parfois plus proche de la leçon originale:

dicitur *Averroes*] dicens *B*: omnes *ACDE* (72, 48).
per has *Arist.*] per hoc *B*: haec *ACDE* (84, 54).
in igne *S. Thomas*] in genere (gne) *B*: igitur *ACDE* (119, 66).
itaque *Avicenna*] itaquod *B*: ita quod *ACDE* (147,8).
et secundum *Aver.*] sed et *B*: sed *ACDE* (193, 60).
lacunarum *Plato*] latimarum *B*: lacrimarum *ACDE* (207, 48).
nativitate *scripsi*] ntitate *B*: vacuitate *ACDE* (211, 58).

Le copiste de *B* n'est donc probablement pas responsable des rares remaniements et variantes qui ne changent pas le sens:

1. invenitur *ACDE et S. Thomas*] reperitur *B* (124, 93).
2. remota *ACDE et Alex. Aphrod.*] a remotis *B* (126, 37).
3. videntur *ACDE et Alex. Aphrod.*] apparent *B* (128, 97), etc.

Nous pouvons donc dire que le copiste de *B* n'y a pas mis du sien, mais que son modèle contenait déjà des remaniements.

En outre, nous croyons discerner des notes marginales, introduites dans le texte [6]:

1. quidam opinati sunt non de minimis inter famosos [ut puta Thomas de aquino] (59, 69-70). Les mots entre crochets ont été ajouté en *B*. Voir aussi 88, 51.

---

[6] Aux cas cités nous pouvons ajouter deux suppléments marginaux assez étendus, qui identifient et complètent deux citations de saint Augustin: *De Genesi ad litteram*, VIII et *De Civitate Dei*, IX. Le copiste de *B* les a insérés dans les chapitres 21 et 25 de la VIᵉ Partie. Les mêmes annotations se retrouvent dans les marges du ms. *D*, mais celle du chapitre 21 au chapitre 19. Voir E. VAN DE VYVER, *Henricus Bate, Speculum...*, p. 96, 105 et 126.

2.   quod cum *ACDE:* Mirum *B* (64, 8).
quod cum introduit une citation empruntée au Timée. Le mot
Mirum n'a pas de sens ici, mais dans la citation nous lisons
l'expression *si non ... non est mirandum.* Peut-être un lecteur
a-t-il écrit, au début du passage qui l'avait frappé, le mot *mirum*
en marge, mot que le copiste a pris pour une correction de *quod
cum.*
Une méprise du même genre se trouve peut-être à l'origine de
la substitution:

            attendere debemus *ACDE:* advertendum *B* (90, 19-20)

3. multotiens *ACDE et Eustratius:* [vel] multotiens [quandoque]
B (68, 00-1). Les mots entre crochets constituaient originairement une glose interlinéaire au-dessus de *multotiens.*

4. Une correction marginale a été insérée dans le texte à une mauvaise place en y provoquant une ajoute:
in primordialem omnium ... coeuntes figuram quae est circularis *ACDE:* in primordialem *causam* ... coeuntes figuram quae
est circularis omnium prima *B* (99, 47-48).
Que *omnium* ait été confondu avec *causam* s'explique par la
similitude des abréviations *oim* et *cam.* Une fois la faute com-
mise, la bonne leçon *omnium* a été écrite en marge. Mais un
copiste a mal interprété la correction en l'ajoutant simplement
après *circularis,* ce qui se comprend bien, si *circularis* était le
dernier mot de ligne. Enfin, on a ajouté le mot *prima* pour sau-
ver le sens de la phrase.

5. 173, 61-69. Une interversion de deux tronçons de texte a été
corrigée à l'aide d'un signe de renvoi Φ et d'une note explicative
insérée dans le texte:
   173, 60-61   ... continuantur
   174, 70-83   Φ   Praeterea ... tangit.
                     ¶ *Istud sequens punctum debet continue poni
                     ante paragraphum praecedens scilicet* praeter-
                     ea *ad tale signum* Φ
   173, 61-69   Etenim ... mortes.
   174, 84   Amplius ...
Selon toute vraisemblance le copiste a reproduit et l'interversion et la correction, qui se trouvaient déjà dans son modèle.

6. Nous trouvons un cas analogue dans la VIIIe Partie. Ici l'ordre
des chapitres est bouleversé.

Tabula et *ACDE*	*B*
20 Explanatio rationis	20 Explanatio rationis
21 *Declaratio praemissorum*	22 De reprobabili dicto
22 De reprobabili dicto	23 Quid secundum Philosophum
23 Quid secundum Philosophum	24 *Declaratio praemissorum*
24 De natura menstrui	24 De natura menstrui

Après le titre du chapitre 21 qui est déplacé et qui porte le numéro erroné 24, le copiste a inséré une note qui permet de restituer l'ordre normal:

Capitulum 24ᵐ. declaracio premissorum ex operibus et signis et exemplis videlicet quod masculus ad fetus generationem confert non materie partem aliquam sed motivam solum virtutem femella vero materiam totam *et istud capitulum debet precedere capitulum antecedens scilicet hiis ergo ita.*

Par les mots *hiis ergo ita* commence en effet le chapitre 22. Il est très probable que l'ajoute au titre était originairement une note marginale.

Les trois derniers cas présentent des altérations secondaires. Cela révèle qu'il nous faut admettre entre *B* et l'archétype au moins un intermédiaire.

Les ms. *B* est également le seul à présenter des différences dans la division des chapitres.

1. La IIᵉ Partie contient 40 chapitres, tandis que la *Tabula capitulorum,* d'accord avec tous les autres mss., n'en présente que 39. Le chapitre 28, ainsi que son titre, ont été partagés en deux parties, la seconde partie ayant reçu le numéro 29:

    28   Quaestio quae circa praemissa restat inquirenda.
    29   Praeambula quaedam ad solutionem quaestionis propositae.

2. Le chapitre 38 de la IVᵉ Partie est divisé en deux. La deuxième partie, dont le texte commence par une lettrine, porte le titre: *Capitulum. Epylogus generalis omnium eorum que de materia dicta sunt.* Le numéro d'ordre faisant défaut, la série des chapitres continue comme l'indique la *Tabula capitulorum.*

La plupart des divergences de *B* vis-à-vis du consensus de *ACDE* doivent être rejetées. On peut le montrer par les fautes.

Sur les 1322 divergences, 543 sont des fautes. De celles-ci 393 sont propres à *B;* elles se trahissent par leur non-sens ou par la non-concordance avec les citations littérales [7]. Les 150 autres sont propres à *ACDE* et doivent donc provenir d'un ancêtre commun, que nous nommerons *x.*

Mais le copiste de *B* ne doit pas être considéré comme le seul responsable de toutes ses fautes. Il ressort, en effet, de ce que nous venons de dire et compte tenu de la psychologie du copiste, qui transcrit son texte à la hâte et sans le comprendre, qu'il doit y avoir au moins un intermédiaire entre le plus ancien ancêtre commun et *B*. Nous pouvons l'établir par la *Tabula capitulorum,* que nous nommerons B^t et qui a été transcrite par un deuxième copiste. Or B^t s'oppose 131 fois au consensus de *ACDE,* tandis que *A* vient en second lieu avec 17 divergences vis-à-vis du consensus $B^t CDE$. L'analogie avec notre Tableau I, bandes 1 et 2, est frappante. Il est difficile d'admettre que les copistes de *B* et de B^t se soient montré tout aussi négligents. Le texte *B* et le texte B^t ont donc été copiés sur un même modèle, que nous nommerons *v.*

Résumons: *B* appartient à une autre famille que *ACDE*. En de nombreux cas il est seul à conserver la leçon de l'archétype; mais, d'autre part, son texte se ressent très fort de la déficience des copistes, et même, çà et là, d'éléments étrangers qui se sont glissés dans le texte. De très grande valeur pour la restitution du texte, il n'offre pas, à notre avis, toutes les garanties que l'on serait en droit d'exiger d'un manuscrit de base.

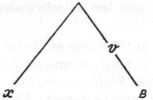

plus proche commun ancêtre

---

[7] Nous avons fait le même calcul pour tous les rapports $B < x$ dans la VIe Partie. Sur un total de 581 divergences, 217 fois les deux leçons sont admissibles, de sorte qu'un choix ne s'impose pas. D'après les critères exposés ci-dessus, la leçon de *x* doit être préférée 299 fois et celle de *B* 65 fois seulement.

D. LA FAMILLE $ACDE = x$

1. Le groupe $AE = y$

L'aperçu général nous a montré que les mss. A et E constituent un groupe. Toutefois le nombre de leurs omissions (Tableau V, 12) nous force à admettre que dans la tradition directe
ce groupe n'occupe pas une place de choix. Ceci est confirmé
encore par l'examen de 140 divergences par lesquelles le groupe
AE se sépare du consensus de BCD (Tableau II, 1). Nous divi-
sons les accidents suivant le classement, cité plus haut, de J.
Mogenet:

L	O	F	A	a	V	I	
8	25	87	0	4	3	11	Total: 138

Pratiquement il n'y a pas d'accidents positifs. Les 4 additions
(a) sont superflues ou changent le sens du texte: c'est p.ex. le
cas pour l'addition de *non* (103, 56); les 3 variantes (V) sont
insignifiantes: *vel* pour *aut, ad* pour *in* et *seu* pour *sive;* les
interversions sont plutôt des méprises.

Parmi les unités critiques à trois et quatre leçons, le groupe
AE se rencontre encore 16 fois, mais là aussi il se distingue par
des accidents négatifs. Néanmoins nous avons admis dans le
texte deux divergences de AE, parce qu'il s'agit de corrections
qui s'imposent:

         quidem AE: quidam BCD (92, 73).

         supervenire AE: superveniri BCD (147, 97).

Conclusion: les variantes propres au groupe AE ne sont d'aucune utilité pour la restitution du texte, ce ne sont que des fautes qui devaient déjà se trouver dans leur modèle y.

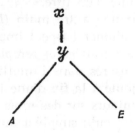

Le manuscrit *E*

Le ms. *E,* le plus ancien du groupe, est un exemplaire de luxe. Le calligraphe, qui emploie l'écriture gothique ronde, s'est préoccupé d'obtenir une mise en page qui flatte la vue. Dès lors, le manuscrit se fait remarquer par l'absence de toute note marginale, les marges ayant été réservées aux bordures, qui se rencontrent presque à chaque page. Le copiste s'est mis en peine pour que le côté droit des colonnes ne présente pas un aspect dentelé; chaque fois qu'à la fin d'une ligne il reste un vide trop petit pour y mettre une syllabe, il le remplit d'une lettre, le plus souvent *i, ii* ou la première lettre du mot suivant, qu'il prend bien soin d'exponctuer et de barrer d'un trait oblique. Toutefois il est à craindre que les copistes de manuscrits de luxe ne sacrifient le texte à la belle mise en page. Ceci est arrivé en effet dans la *Tabula.* Le copiste a sauté le titre du chapitre 33 de la IV⁰ Partie, après avoir tracé déjà le numéro d'ordre *33,* auquel il fait suivre le titre du chapitre 34. Ensuite, le chapitre 35 porte le numéro *34* et le chapitre 36 le numéro *35.* Mais ici le chiffre *5* a été gratté et remplacé par *6.* Ainsi on obtient la suite:

32. De quantitatis ...
33. De divisibilitate ...
34. Qualiter infinitum in numero ...
36. Qualiter infinitum potentia ...
37. Quod ex natura ...

Il paraît peu probable qu'on puisse corriger un numéro d'ordre sans apercevoir la chute d'un titre.

E a été corrigé par une autre main (*E²*), qui a mis un soin méticuleux à ne pas abîmer l'aspect impeccable du manuscrit: certaines lettres ont été grattées et remplacées par d'autres, des mots isolés ont été insérés dans l'interligne et, fort rarement, un petit mot a été ajouté à la fin d'une ligne. Remarquons que la correction porte toujours sur des mots isolés et que le correcteur n'a jamais pu ou voulu suppléer aux omissions plus étendues. Il s'est acharné à modifier l'orthographe: le nom propre *Averroes,* écrit *Averroy* par le copiste, est constamment changé en *Averois;* le préfixe *im* est toujours corrigé en *in* par grattage de *i* et la mise d'un trait au-dessus du premier jambage de *m* (*impossibile- inpossibile, impressa- inpressa,* etc.); le premier *d* de *quidditas* est raturé d'un trait oblique.

Hormis ces «corrections» d'orthographe il y a 144 retouches du texte, dont 90 ne se retrouvent pas dans la tradition directe, tandis que, sur les 54 restantes, 50 s'accordent avec la leçon de *B.* Les 4 cas où la correction va de paire avec la leçon d'autres manuscrits, ne sont pas significatifs. Il n'y faut voir qu'une pure coïncidence.

D'ailleurs il y a une grande différence de valeur entre ces deux séries de corrections: là où le correcteur en est réduit à ses seuls moyens, le texte n'y gagne pas beaucoup; au contraire, sauf quelques conjectures plus ou moins réussies, il se détériore plutôt. Mais là où il suit la lecon de *B,* le plus souvent la correction est une amélioration réelle du texte, bien que parfois il lui arrive de substituer une faute de *B* à la bonne leçon de *x.* C'est ainsi qu'il change 26 fois *sensiterium* en *sensivum,* le plus souvent en accord avec *B,* mais pas toujours: son zèle mal éclairé l'amène à faire des corrections intempestives. La différence de valeur entre ces deux sortes de corrections se manifeste clairement là où le correcteur n'a pas à sa disposition le texte de *B,* ce qui est le cas pour les Parties XI à XXIII de la *Tabula capitulorum* (p. 26-46). Ici le correcteur est intervenu 16 fois: 4 fois il biffe un mot à tort (26, 14; 27, 28; 27, 29; 32, 87); une fois il rature une faute sans la corriger, ce qui donne une omission (38, 92); 6 fois il ajoute le mot *est* et une fois *fit* (cinq de ces ajoutes sont superflus [31, 82; 34, 48; 42, 9; 44, 69; 45, 16], une d'elles n'a aucun sens [27, 29] et une autre est une conjecture: incidit *CD:* incidens *AE:* incidens est *E²* [34, 57]); une fois il remplace une bonne leçon par une mauvaise (32, 87); une fois il lui arrive de combler à moitié une omission de deux mots (33,21) et enfin il réussit à corriger réellement deux fautes (27, 39; 34,57-58).

En résumé: là où le correcteur suit la leçon de *B,* il s'agit le plus souvent d'un amélioration du texte, en l'occurrence d'une restitution de la leçon de l'archétype. Au contraire, le texte sort notablement détérioré des corrections apportées sans l'aide d'autres manuscrits. On pourrait donc conclure que le correcteur s'est inspiré d'un texte similaire à *B,* pour toute une série de corrections; la question se pose maintenant de savoir si *E* n'a pas été corrigé d'après le manuscrit *B* lui-même. Ce manuscrit ayant appartenu à Nicolas de Cuse, nous nous sommes demandé plus haut si le modèle de *E* n'aurait pas été procuré au Pape Nicolas V par l'intermédiaire du Cardinal. Dans l'affirmative, n'est-il pas probable que Nicolas de Cuse ait prêté son propre exemplaire en vu d'une collation ? Le fait que Nicolas de Cuse a secondé Nicolas V dans la recherche de mss., ainsi que la préoccupation de la pureté des textes dans les milieux de l'humanisme naissant suffisent, à notre avis, à justifier une réponse affirmative. Mais il y a un autre indice, que nous croyons décisif: le copiste lui-même a été influencé en cours de transcription par le texte de *B.* En effet, *E,* d'accord avec *B,* s'oppose 34 fois au consensus de *CDA* (Tableau II,2). Ceci est pour le moins étrange, puisqu'à l'intérieur de la famille *x, E* appartient au groupe *y,* qui par là même est plus éloigné de la famille *B.*

La psychologie du correcteur pose un petit problème. Les Tableaux IV et V relèvent la grande valeur de *B* pour la restitution du texte, puisqu'il nous permet de suppléer à toutes les lacunes propres à la famille *x.* Or, jamais le correcteur n'a demandé un pareil service au ms. *B.* Une fois, dans le premier chapitre de la VI° Partie, il écrit dans l'interligne à la place où étaient tombés neuf mots, la conjecture malencontreuse: *Sicut.* Préfère-t-il à la pureté du texte la beauté inviolée d'un manuscrit de luxe ? Ou peut-être n'a-t-il utilisé qu'avec méfiance le ms. *B* fourmillant de divergences, parmi lesquelles il y avait pas mal de coquilles ?

Des quelques 90 accidents propres à *E,* nous en avons introduit deux dans le texte:

> subiectis *E: compendio* substantiis *BCDA* (80, 65).
> semidiametri *E:* semidiameter *BCDA* (138, 57-58).

Les autres se classent de la façon suivante:

L	O	F	A	a	V	I
4	6	60	0	12	5	3

Observons à nouveau qu'il n'y a presque pas d'accidents positifs: les additions (a) sont pour la plupart superflues ou dénuées de sens; les variantes (V) portent toujours sur de petits mots comme *igitur-ergo, aut-vel, dicit-ait,* etc. Le copiste n'a donc pas outrepassé son rôle de transcripteur.

Le manuscrit A

Après *B,* le ms. *A* a le plus grand nombre de divergences propres, à savoir *294* (254 du Tableau I, 2 et 40 provenant d'unités critiques à plusieurs leçons). Elles se répartissent comme suit:

L	O	F	A	a	V	I
8	46	204	0	8	12	16

Parmi les accidents positifs, seules les additions (a) et les variantes (V) sont à considérer, mais presque toujours elles ont trait à un seul mot et dans certains cas ce ne sont que des fautes (F). Elles n'ont pas d'importance. De tous les mss. utilisés, *A* nous a transmis le texte le plus détérioré du *Speculum:* aux fautes du modèle *y,* il en ajoute un tas d'autres qui échappent normalement à tout copiste. On pourrait même se demander si, entre *y* et *A,* il ne faut pas supposer un intermédiaire. Voici quelques unes de ses substitutions caractéristiques:

forma] materia (76, 60), lapidi] lampadi (93, 99), diametrum] diatactrum (107, 57), viridium] dimidium (110, 43), iridale] ydriale (112, 82), magnitudinem] ingratitudinem (155,7), sculptura] scriptura (185, 34-35).

Il faut attribuer au hasard les quelques accords fautifs *AB* contre le consensus des autres mss. (Tableau II, 4); ils sont trop insignifiants pour qu'on puisse conclure à un rapprochement avec *B*:

2 sauts du même au même: 95, 52-53; 182, 61-62.
6 fautes: 52, 26; 77, 84; 94, 7; 107, 56; 173, 60; 196, 50.
1 variante: 183, 91.

Conclusion: les manuscrits *E* et *A* pris séparément, n'ont presque pas de valeur pour la restitution du texte.

2. Les manuscrits *C* et *D*

Les tableaux II et III nous montrent que *C* et *D* sont fortement apparentés. Cette parenté se manifeste tout aussi clairement dans certaines concordances plus ou moins indépendantes du texte proprement dit. En voici quelques exemples:

1. Dans les rubriques qui relient entre elles les Parties du *Speculum,* les copistes de *B,A,E* ont leur façon particulière de procéder, mais *C* et *D* emploient toujours un *incipit* identique, même lorsque celui-ci, de Partie en Partie, accuse une légère divergence. L'*incipit* à trois mots se retrouve 21 fois, les mots de la formule étant intervertis dans les proportions suivantes:

> Numero *pars incipit*: 9
> *Incipit* numero *pars:* 8
> *Pars* numero *incipit:* 4

Or *C* et *D* présentent toujours la même ordonnance des trois mots à une seule exception près:

Pars decima octava incipit *C*: Incipit pars decima octava *D*.

2. Dans les seuls mss. *C* et *D* les titres des chapitres ont été écrits en rouge par les copistes eux-mêmes. Les rubricateurs des mss. *B,A* ont souligné de rouge les titres écrits en noir. Dans le ms. *E* on a suivi le procédé de *B,A* jusqu'au folio 64ʳ; à partir du folio 65ᵛ le copiste a lui-même écrit les titres à l'encre rouge.

3. Au chapitre 10 de la IXᵉ Partie, une glose s'est introduite dans le texte des mss. *B,C,D,E*, tandis que *A* a omis le passage en question par saut du même au même. Dans le ms. *B* la glose s'est substituée au texte glosé tout en causant la perte d'un bout de texte assez notable. *C,D,E,* ont écrit en marge le mot *glosa.*

Ici *C* et *D* ont marqué la glose de traits exactement identiques et ajoutent verticalement dans la marge le mot *glosa* exactement de la même manière. Ajoutons à cela que la glose a été insérée avant le passage qu'elle vise, sauf en *E* où elle suit.

4. Dans la XXe Partie, chapitre 30, un passage de 4 lignes a été omis par les mss. *A,E*. Le début et la fin de ce passage ont été marqués de trois points dans les mss. *C* et *D* avec en marge l'annotation: *signum vacationis.*

Il ressort de ces quelques exemples que les copistes de *C* et *D* ont suivi scrupuleusement leur modèle, à moins qu'on ne doive admettre que *C* a servi de modèle à *D* ou inversement. Mais ceci doit être exclu, ne fût-ce qu'en raison des lacunes (Tableau V). Même dans l'hypothèse de contamination nous ne possédons aucun indice qui nous forcerait de faire de l'un des mss. *C* et *D* le modèle de l'autre.

Le ms. *D* se caractérise par ses nombreuses notes marginales de toute espèce. Celles-ci sont toutes de la main du copiste: corrections de ses propres fautes, indications plus exactes de références aux sources, références à d'autres leçons, notes de lecteurs intéressés et même des remarques sur le modèle. La note au folio 438^v est typique: *sic habet exemplar,* à propos d'une itération immédiate de huit mots. Il ne faut pas exagérer la portée de la note au folio 302^r: *Nota hic auctor in exemplari scripsit propria manu,* en concluant comme le fait Wallerand: «Le transcripteur avait donc sous les yeux un exemplaire du *Speculum* contenant le récit de cet événement écrit par Henri Bate lui-même»[8]. La remarque a été tout simplement provoquée par le texte: *Me profecto qui hec scribo...*

Dans la VIe Partie nous trouvons deux notes marginales assez longues qui identifient et complètent deux citations de S. Augustin. Ces notes se retrouvent dans le seul ms. *B* où elles sont insérées dans le texte, mais à d'autres endroits[9]. Ce qui ferait supposer que Nicolas de Palude avait à sa disposition un ms. de la famille de *B*. Supposition toute gratuite par ailleurs, puisque

---

[8] G. WALLERAND, *Henri Bate de Malines. Speculum...* p. (28).
[9] Voir ci-dessus, p. lxxxix, n. 6.

les 9 accidents par lesquels D s'oppose avec B au consensus de *CAE* (Tableau II,5) sont insignifiants: 62,42; 89,96; 96,64; 136,86; 146,79; 149,50-51; 149,75; 162,82; 172,40.

De même les accords $BC < DAE$ (Tableau II,6) ne constituent pas un indice de parenté: 68,3; 99,38; 127,78; 131,61-62; 138,50; 157,42; 177,50; 186,69; 207,55.

De même encore, l'accord de C et D sur 25 divergences contre le consensus *BAE* (Tableau II,3) n'est pas caractéristique. Quatre de ces accords n'entrent pas en ligne de compte, car il s'agit d'altérations de *BAE,* dont la présence dans ces trois manuscrits (en fait deux: B et *y)* est due au hasard: 2 sauts du même au même (81,82-83; 187,88-89) et deux substitutions causées par une ressemblance (105,92; 208,62). Les 21 accidents restants se divisent comme suit:

L	O	F	A	a	V	I
1	1	15	0	1	0	3

L : 115, 59-60. Saut du même au même, suppléé dans la marge par D^1.
O : 183, 87.
F : 64, 94; 77, 68; 80, 54; 99, 43; 100, 81; 108, 70; 122, 33; 123, 72; 158, 84; 187, 99; 189, 38; 196, 31; 207, 36; 207, 57; 211, 48.
a : 157, 63.
I : 61, 34; 77, 75; 191, 00.

Tout cela nous paraît trop peu important pour qu'on puisse admettre un intermédiaire entre CD et x. C et D se présentent donc comme des copies indépendantes de x.

Enfin, il y a lieu de mentionner deux rapprochements de C et D avec A, parce qu'ils ne tiennent pas au texte:

1. D et A ont le même colophon. La formule: *Scriptus finitusque est iste liber individue trinitatis gratia cooperante. Anno dominice incarnationis,* qui se lit dans D et A, remonte vraisemblablement au ms. *x,* ancêtre de la famille *CDAE,* ou même au plus proche commun ancêtre de toute la tradition. En tout cas, la formule ne constitue pas une particularité littéraire de Nico-

las de Palude, copiste de *D,* dont nous avons reproduit ci-dessus, p. lxiv, n. 67, trois colophons dans d'autres manuscrits.

2. Le filigrane du papier de *C* est identique à celui de *A,* mais il ne se trouve pas dans l'inventaire de Briquet [10]. Faute de mieux un détail pourrait être utile pour la datation de *C:* dans le filigrane de *A,* la croix suspendue à la pointe de l'écu a été déformée par l'usage. Il faut donc placer *C* avant 1471, date de *A.* Malheureusement, le filigrane ne nous donne aucun indice sur le lieu de la transcription des deux manuscrits.

E. LE PLUS PROCHE COMMUN ANCÊTRE

Le plus proche commun ancêtre se caractérise par les altérations unanimes de tous les manuscrits. Mais il n'est pas toujours facile de distinguer les altérations du plus proche commun ancêtre des divergences qui pourraient se trouver déjà dans les sources d'Henri Bate. Nous nous sommes donc abstenus de retoucher le texte de nos mss., sauf dans le cas où l'altération aboutit à un sens inacceptable. Dans les cas douteux nous avons signalé dans l'apparat critique les leçons des sources telles quelles se lisent dans les éditions ou dans des mss. On se rappellera qu'une grande partie du *Speculum,* pour ne pas dire la majeure partie, se compose de citations littérales. Dès lors nous disposons d'une excellente pierre de touche qui, maniée avec prudence, pourra nous donner de précieuses indications sur la valeur des variantes. Les citations ont été identifiées sur les éditions critiques existantes. Où celles-ci font défaut nous avons consulté des manuscrits. Tel a été le cas pour les versions latines d'Alexandre d'Aphrodise, *In Meteorologica* [11], d'Aristote, *De Sensu et Sensato* (vetus translatio) [12] et *De Animalibu*s (translatio Moerbekana) [13], d'Eustratius et autres, *In Ethicam* [14] et de Galien, *Ope-*

---

[10] Voir ci-dessus, p. lxiii.
[11] Mss. *Tolède, Bibl. Cat.,* 95-13 et *BN lat.,* 16097.
[12] Ms. *Bruxelles, Bibl. Royale,* II 2558.
[13] Ms. *BN lat.,* 14724.
[14] Ms. *BN lat.,* 6458.

ra [15]. En d'autres cas, où nous avions à notre disposition un texte édité, critique ou non, nous avons cependant jugé utile de recourir en outre à des manuscrits: pour Gilles de Rome, *De intellectus possibilis pluralitate* [16], Aristote, *Corpus recentius* [17], Averroès, *Colliget* [18] et Platon, *Phédon* et *Timée,* avec le commentaire de Chalcidius sur le *Timée* [19].

Les altérations unanimes, corrigées par nous, sont:

2 omissions de plus de trois mots: 90,4; 187,1-2.
8 omissions d'un mot: 61,13; 113,98; 118,48; 124,99; 155,9-10; 156,27; 170,83; 194,68.
2 omissions de préfixes: 120,82; 193,60.
19 substitutions de mots: 57,33; 86,17; 118,42; 124,87; 130,41; 140,22; 173,42; 175,3; 176,22; 193,44; 193,47; 196,37; 196,42; 197,75; 203,43; 205,92 (2° variante); 208,67; 208,68; 209,88.
9 fautes de cas, de genre ou de mode: 118,33; 142,67; 155,13-14; 205,92 (1° variante) — 98,19; 103,42; 159,12; 195,1 — 143,11.
3 transpositions: 130,57; 155,11; 204,79.

---

[15] Ms. *Montpellier, Faculté de Médecine,* 18.
[16] Ms. *Oxford, Merton,* 275.
[17] Ms. *Bruges, Ville,* 478.
[18] Ms. *BN lat.,* 6949, 6950, 7052 et 15460.
[19] Ms. *Leyde, Université,* BPL 64. Ce *codex* a une importance particulière au point de vue de la critique du texte. C'est un recueil de sept ouvrages écrits par plusieurs copistes à différentes époques: Plato, *Phaedo, Meno* et *Timaeus;* Chalcidius, *In Timaeum;* Proclus, *In Timaeum* (fragment); Aristoteles, *De Caelo* (transl. nova) et *De Generatione et Corruptione* (transl. Cremonensis). Selon C. Labowsky (*Plato Latinus,* vol. I, *Meno,* p. xv), R. Klibansky (*Plato's Parmenides in the Middle Ages,* p. 289, n. 2) et L. Minio-Paluello (*Plato Latinus,* vol. II, *Phaedo,* p. xii, n. 5) il est fort probable que le *codex* ait appartenu à Henri Bate. L. Minio-Paluello, *l.c.,* dit: «Nos locis Phaedonis omnibus quos in Speculo laudatos invenimus cum codice Leidensi collatis vidimus eos miro modo cum textu libri huius concordare: adnotationes quoque nonnullae marginibus vel inter lineas adscriptae cum verbis Henrici consentiunt». Cfr ci-dessous, p. 64, 93 et 00. Un autre indice de l'utilisation du *codex Leidensis* par Bate est le fait que celui-ci cite littéralement la version de Gérard de Crémone du *De Generatione et Corruptione* (Pars VI, c. 3; éd. E. Van de Vyver, p. 11, 6-12). Or cette version n'est conservée que dans neuf mss., dont le ms. de Leyde. Mais si le *codex* a été utilisé par Bate il faut en exclure cependant les folios 125 à 138, c.-à-d. les derniers folios du commentaire de Chalcidius et le fragment de Proclus. Cfr ci-dessus, p. xxi, n. 26.

En outre, il y a des insertions d'annotations marginales et interlinéaires. Parmi celles-ci on trouve des doublets précédés de
alias, aliter ou *vel,* indice que le modèle prêtait à des difficultés
de lecture [20]. C'était sans doute un exemplaire en écriture courante. Dès lors ne faut-il pas supposer que le plus proche commun ancêtre est une copie directe de l'autographe de Bate ?
D'autant plus que les altérations énumérées plus haut sont trop
peu nombreuses pour qu'on puisse admettre un intermédiaire.

Les doublets conservés dans *tous* les mss. sont plutôt rares.
Il y a un cas caractéristique à la page 165, ligne 61:

x: linearum [existentium alias] *exeuntium*
B: linearum [existentium] *exeuntium* (*delevit* existentium *B¹*)

Ajoutons encore quelques exemples empruntés à la IIᵉ Partie.
Nous renvoyons à l'édition Wallerand, mais chaque cas a été
contrôlé sur les manuscrits:

p. 160,6 (Themistius, *In de Anima,* CAG lat. I, p. 223,67)
    x: quae tales [aliter (alias *E*) quales]
    B: [aliter quae quales] *quae tales*
p. 189,27 et 28 (Averroes, *Metaph.,* VI, 8)
    codd.: [propriorum vel] *primorum*
p. 189,31 (Averroes, *Metaph.,* VI, 8)
    codd.: simpliciter [vel similiter]
p. 207,23 (Arist., *De Anima,* II, 5, 417 b 7)
    codd.: [deductio vel] *additio*

Nombreux sont les doublets conservés dans une partie des mss.
Jusqu'ici nous en avons relevé une centaine dans l'ensemble du
Speculum, mais dans les dix premières Parties, c'est la réparti-
tion *B<x* qui est de loin la plus fréquente. Par exemple:

p. 109,7: *B: invisibili*
        x: invisibili [vel indivisibili]
p. 198,91: *B: earum* [divisio vel] *dissolutio*
        x: dissolutio earum

---

[20] Voici quelques variantes qui révèlent des difficultés de lecture dans le
plus proche commun ancêtre: 49,59; 50,86; 72,48; 119,66; 134,35; 147,8;
148,32; 174,84; 193,60; 207,48; 211,58.

Le ms. *B* a retenu beaucoup moins de doublets que le consensus des mss. de la famille *x*.

A côté des doublets, il y a des insertions de suppléments marginaux: corrections mal interpretées (145,57; 193,48), références à des sources (157,53-54; 158,77) [21] et enfin des insertions qui peut-être sont dues au copiste du plus proche commun ancêtre (86,21; 106,34; 193,47).

Notons, pour terminer, que deux additions ont été ajoutées au *Speculum* après son achèvement. L'une a été insérée après le chapitre 18 de la XXII° Partie; elle relate entre autres une éclipse de soleil survenue le 31 janvier 1310 (n.st.): *Post exple-tam quidem huius voluminis consummationem ad nos pervenit, ait huius operis compilator, observatio solaris cuiusdam eclip-sis... Quemadmodum et anno Domini nostri Jesu Christi 1309°, postrema die Ianuarii, manifeste compertum est ac sensibili as-pectu visum in quodam solis eclipsi...* L'autre figure comme ap-pendice à la fin de l'ouvrage et raconte les apparitions d'un re-venant, en 1305-1306, à Berlaar et à Malines: *Elapso post exple-tam compilationis huius consummationem aliquot annorum cur-riculo contigit apud nos prope Machliniam, ait compilator, quod latro quidam Henricus nomine gartionem quendam iuven-culum spolians in nemore quodam occidit, anno 1305*[to] *Domini nostri Iesu Christi, die sabbati post festum beati Martini hiema-lis.* Cette histoire se rattache aux autres récits d'apparitions de fantômes et de revenants racontés par le menu aux chapitres 8 et 9 de la XVII° et aux chapitres 22 et 23 de la XIX° Partie. Mais ce qui nous intéresse pour l'instant, c'est le fait que deux expres-sions similaires se lisent dans les *incipit* des ajoutes: *ait huius operis compilator* et *ait compilator*. Ceci paraît étrange. Bate aurait-il indiqué de cette façon qu'il est l'auteur de ces addi-tions ? Peut-être, mais il est plus probable que ces propositions incidentes sont de la main d'une autre personne qui a voulu certifier l'authenticité des additions. On pourrait songer à un secrétaire qui aurait transcrit le texte à la dictée.

---

[21] Bate n'a pas l'habitude de donner des références très détaillées. Si donc on rejette les références 157,53-54 et 158,77, que le ms. *B* seul a insérées dans le texte, il faut tenir pour suspectes les références 155,99; 189,33-34; et 191,95-96.

Le stemma suivant résume les résultats de notre enquête sur
le classement des manuscrits:

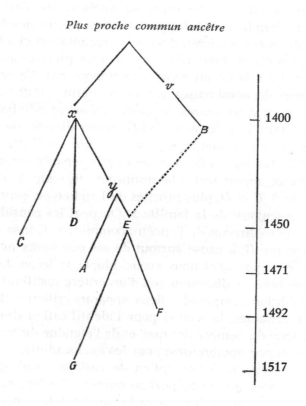

Plus proche commun ancêtre

F. CONCLUSION — L'ÉDITION

Tous les mss. conservés nous ont transmis une seule et même
rédaction du *Speculum*. Nous n'avons pas rencontré de remaniements notables du texte, ni des indices nous permettant de conclure à un travail rédactionnel de la part des copistes.

Les mss. se divisent en deux familles, dont l'une est représentée par le seul ms. *B*, et l'autre, *x*, par les mss. *ACDEFG*. La grande valeur de *B* saute aux yeux: avec *x* il nous permet de remonter au plus proche commun ancêtre, qui doit être très proche de l'original. D'autre part, *B* présente un nombre considérable de leçons à rejeter, dues à la précipitation et à l'inadvertence des copistes. Pour cette raison nous préférerons la leçon de la famille *x* là où un choix ne s'impose pas. Ce sera le cas, p. ex., pour de nombreuses variantes comme: *igitur-ergo, aut-vel*, etc., pour deux ordres de mots également admissibles, etc.

Dans la famille *x*, les mss. *F* et *G*, copies directes de *E*, ont été négligés. *A* et *E* forment un groupe, *y*, qui se distingue par sa médiocrité. Les leçons de *A* et de *E*, pris séparément, ne constituent pas un apport réel à la restitution du texte. *E* a subi l'influence de *B*. *C* et *D*, plus proches de l'archétype, sont les meilleurs représentants de la famille *x*. On peut les considérer comme des copies directes de l'ancêtre commun *x*. *C* inspire plus de confiance que *D*, à cause surtout de ses omissions moins nombreuses; c'est pourquoi nous avons adopté sa leçon dans les rares cas où nous ne disposons pas d'un critère justifiant un choix.

Notre édition comprendra deux apparats critiques: le premier pour les variantes, le second pour l'identification des citations. Compte tenu du nombre des mss. et de l'étendue du texte, les variantes sont peu nombreuses; nous les avons admises toutes dans le premier apparat, à l'exception de variantes orthographiques et des variantes qui ont rapport au numéro d'ordre des chapitres, que chaque copiste indique à sa façon. Toutefois, nous n'avons pas exclu les variantes des noms propres et de certaines formes latines de l'époque, qui présentent un intérêt particulier [22]. Dans le deuxième apparat, le plus souvent nous n'avons pas mentionné les éditions, celles-ci étant indiquées dans la table bibliographique sous le nom de l'auteur.

L'orthographe et la ponctuation ont été normalisés. La répar-

---

[22] J. Bidez et A. B. Drachmann, *Emploi des signes critiques...* (1938), § 26, p. 30. Afin de ne pas surcharger l'apparat critique, nous en avons exclu le nom *Averroes* qui se présente toujours de la même façon dans les mss. et que nous reproduisons ici une fois pour toutes: Averois *BE²*: Avenrois *ACD*: Averroy *E*.

tition en paragraphes étant autre dans les différents mss., nous nous sommes souvent vu obligé d'introduire notre propre répartition.

Les copistes emploient pour certaines références aux sources soit le chiffre arabe gothique, soit le chiffre romain, soit le chiffre écrit en toutes lettres, p. ex. *8⁰, VIII⁰, octavo Physicorum.* Par souci d'uniformité nous employons toujours le chiffre arabe moderne.

Dans la constitution de l'apparat critique nous nous sommes tenu le plus possible aux directives de l'Union académique internationale [23]. Nous avons utilisé l'apparat négatif, mais dans certains cas, pour plus de clarté, nous avons employé l'apparat positif, particulièrement là où nous avons eu à noter des corrections dans les mss. ou dans notre édition.

Dans le texte nous avons mis en italiques les citations littérales et en lettres espacées les références, ceci à l'encontre des directives de l'U.A.I. recommandant pour les citations l'emploi de lettres espacées [24]; mais, vu la longueur et le nombre des citations du *Speculum,* cela nous a semblé moins indiqué. L'expression «citation littérale», appliquée aux textes du moyen âge, a évidemment un sens plus large qu'aujourd'hui. Cependant H. Bate constitue une remarquable exception et cela d'une façon fort consciente, puisqu'il écrit dans la dédicace: *Sermones denique philosophorum... prout secundum litteram iacent in originalibus... assumere curavimus* [25], ce qui ne l'empêche pas de changer soit le temps, soit le mode d'un verbe. Nous avons considéré comme littérales ces citations adaptées à la forme stylistique.

La collation complète des mss. *A, B, C, D, E* a été faite sur des microfilms, mais la collation de *A, B, C* et *D* a été contrôlée ensuite sur les manuscrits eux-mêmes.

---

[23] J. Bidez et A. B. Drachmann, *Emploi des signes critiques. Disposition de l'apparat dans les éditions savantes de textes grecs et latins.* Éd. nouvelle par A. Delatte et A. Severyns (Union académique internationale). Bruxelles-Paris, 1938.

[24] *Ibid.,* § 32, p. 34.

[25] Cfr ci-dessous, p. 4, 37-40.

SIGLES ET ABRÉVIATIONS

A =	cod. Bruxellensis 7500	a. 1471
B =	cod. Bruxellensis 271	ca 1400-1425
B' =	manus Nicolai de Cusa in B	
C =	cod. Audomarensis 587	saec. XV
D =	cod. Audomarensis 588	a. 1450
E =	cod. Vaticanus latinus 2191	ca 1450
x =	consensus *ACDE*	

Leidensis = cod. Universitatis, BPL 64

add.	: addidit
cfr	: au début d'une référence, exprime que l'identification est incertaine.
codd.	: codices
corr.	: correxit
del.	: delevit
exp.	: expunxit
i.m.	: in margine
inv.	: invertit
iter.	: iteravit
lac.	: lacuna
l. congr.	: locus congruens (ne se trouve que dans l'apparat critique de la *Tabula capitulorum* et renvoie au titre correspondant dans le corps de l'ouvrage).
mg	: (en exposant) in margine
om.	: omisit
p. corr.	: post correctionem
ras.	: rasura
rest.	: restituit
scr.	: scripsit

s.v.	:	(sv en exposant) supra versum
...	:	usque ad
///	:	rasure de 3 lettres
⟨ ⟩	:	texte à ajouter
[ ]	:	texte à supprimer
exposant	:	1) les mots se trouvant plusieurs fois dans la même ligne, sont précisés par un chiffre en exposant, p.ex. per^1, per^2, etc.
		2) un chiffre ou la lettre x en exposant aux sigles des manuscrits indiquent une «main», p.ex. D^1 (première main du ms. D), E^2 (deuxième main du ms. E), C^x (main du ms. C non identifiée avec certitude).

MAGISTRI HENRICI BATEN

SPECULUM DIVINORUM
ET
QUORUNDAM NATURALIUM

EPISTOLA HUIUS LIBRI

Domino Guidoni, Hannoniae pariter ac Hollandiae comitis germano, Dei gratia Traiectensis ecclesiae praesuli, nunc et patri reverendo, dudum filio seu alumno philosophicae doctrinae
5 discipuloque nostro carissimo, Henricus de Malinis, in vulgari cognominatus Bate, quod est profectus in Latino, Leodiensis ecclesiae cantor, verae perfectaeque sophiae, sapientiae scilicet increatae simul et creatae, flagrantem amore cupit felicitatem, activamque vitam indeficiente prudentia mensurare taliter, ut
10 semper eidem superemineat speculativa sapientia, tamquam optima pars ab ipso nullatenus auferenda.
Precibus vestris allecti, pater ac domine, quod pro vobis compilavimus praesens opusculum, dominationi vestrae praesentamus, in sermone satis diffusum utique, secundum quod et vestra
15 petitio desiderabat, ne propter brevitatem quidem sermonis maior esset obscuritas in scientia capienda. Sane, quia maior pars operis huius, immo fere totum opus ipsum ex dictis philosophorum et sapientum aliorum compilandum erat, idcirco scribendi stilum et ratiocinandi modum quanto magis illis con-
20 formem elegimus philosophicis quippe scientiis convenienter, quemadmodum et PHILOSOPHUS ipse facit in suis editionibus, ac etiam, ne sermonis abundantia nimis excresceret, enthymematica volentes uti brevitate, quae secundum singulum accepimus principia seu causas et media, syllogismos demonstrativos ex
25 illis in figuram et modum ordinate reducendos, facultati relinquentes logicae, cujus proprium est, ut in 1° Priorum Ana-

---

DEFICIT B　　1 *Titulum om.* CAE　　2 Hannonye C　　comiti D　　9 prudentiam C　　20 convenientem E

10 optima - 11 auferenda: Cfr Luc., X, 42.

l y t i c o r u m ait Philosophus, *demonstrationes prompte decla-*
rare.

At vero diversas in hac ipsa compilatione sententias et quasi
contrarias, mutuo sese interimentes, interdum asseverare non 30
sine causa decrevimus, quatenus ea praecipue quae legis et fidei
sunt, philosophicis argumentationibus fortassis impugnata, suas
ex eisdem non irrationabiles queant habere defensiones; insuper, et ubicumque sermones invenientur quasi contrarii sibi invicem, quivis intelligens eosdem sollerter examinet, illosque 35
praeeligere valeat quos ratio veracior et firmior magis fulcit.
Sermones denique philosophorum et aliorum quorumlibet huic
insertos operi, prout secundum litteram iacent in originalibus,
eorumque loca similiter assignando, quanto melius et fidelius
assumere curavimus, tum ut mens illorum et sententia, nulla- 40
tenus a quoquam depravata nec in aliquo variata, certior ha-
beatur aut clarius pateat auctoribusque suis imputentur singula,
sive bene dicta sive male, tum etiam, quia labores aliorum et
quae ab ipsis elaborata sunt et inventa dictaque melius quam a
nobis inveniri dicive queant, haec eadem etiam in vanum 45
ascribendo nobis et superflue nequaquam nobis praesumpsimus
arrogare. Verum, ut ad omne dicatur, circa mentem ac dicta
Philosophi praesertim et Platonis intellectus erroneos et perversas expositiones detegere manifestius, virtutemque rationum
suarum ac philosophicae doctrinae potentiam ad quaedam ex- 50
cellentiora, quae tamquam incomprehensibilia reputata plerum-
que nos latere putantur, expandere seu extendere conati sumus
pro viribus nobis datis.

Inspiciat igitur opusculum hoc diligenter vestra sollertia; per-
spectis enim eis quae in ipso continentur, dissolutiones profecto 55
plurium ab olim dubitabilium vestrorum variasque perplexita-
tes quaestionum aliarum ac specialium difficultatum obscuras
et perplexas involutiones, insuper et occultorum quorundam in-
dagines aliqualiter detegendo, caute quidem investigandas cla-

DEFICIT B   40 tum] tamen A   42 aut] et A   54 Inspiciatur C
56 vestrorum] rationum *ex ///// *um E²   57 ac] et A   58 involutionis A

27-28 demonstrationes...: Arist., *An. Pr.,* I, 30, 46 a 23-24 (PL 64, 674 B).

60 rius reperire poterit extricatas.

Vivat igitur et vigeat ac bene valeat feliciterque prosperetur,
ut ad beatitudinis fruitionem finaliter perveniat vestra paternitas
in saecula saeculorum.

AMEN.

DEFICIT B   60 reperire *om.* A   64 Amen *iter.* E

TABULA CAPITULORUM SPECULI DIVINORUM ET NATURALIUM QUORUNDAM HENRICI BATEN INCIPIT

1-2 Incipiunt Rubrice undecim parcium Speculi divinorum henrici baten
de maliuis *B*   3 premordiale *D*   6 quae] est *add.* E^{2sv} 7 pretiositate *x*   8 huiusmodi *B*   9 Rubrica primae partis *B*   12 erroneum *AE*
18 seu *B*   19 intentionalium *AE*   22 diaphono *BCDA*

28 colorum *B*   29 causis *B*   celorum *D*   35 mote *B*   39 sensitivo]
sensu *B*   42 sensus communis *inv. E*   43 secundum] per *B*   53 sensiterium] sensitivum *ex* sensit *//// E²*   54 26.] 16 *A*   56 est *post* phantasia *B*   57 interiores *l. congr.*] inferiores *codd.*   58 sunt eaedem] eaedem
sint *B*

68 Primum] Capitulum *add. B, et sic in partibus III-V* 69 Gramatici *codd., ut semper* 70 modo medio *inv. B* quodammodo *D* 72 ac] et *B* 74 Themixtii *B, ut semper* 75 passibilis est et impassibilis *B* 78 9.]8 *A* intellecto *B* ac] et *B* 81 Philosophus] p *B* 83 seu] et *B* 84 secundum *om. B* ad] ac *x* dissolutione *E*

13. Qualiter secundum Grammaticum intelligendum est id quod ait Philosophus: Et sine hoc, id est sine phantasmate, nihil 90 intelligit noster intellectus.

14. Qualiter et quare dixit Philosophus hominem non intelligere sine phantasmate, et intellectorum obliviscitur, ac per intellectum non memoratur.

15. Quod non est impossibile Philosophum errasse circa iam 95 praedicta, sicut etiam ex quibusdam aliis dictis suis colligi potest.

16. Quomodo est possibile nos absque phantasmatibus intelligere.

17. Ex praemissis iam responsio ad quaestionem in prooemio 00 propositam, et obiectionis dissolutio.

18. Disputatio utrum intellectus realiter novas recipiat species intelligibilium, simpliciter scilicet et absolute.

19. Dissolutio praemissae quaestionis secundum opinionem Averrois et aliorum quorundam philosophorum. 5

20. Modernorum quorundam opinio circa praemissam quaestionem, et illius reprobatio.

21. Destructio fundamenti eorundem quantum ad ipsorum opinionem, et in eo contentae veritatis enucleatio.

22. Determinatio quaestionis praemissae secundum sententiam 10 et mentem Philosophi et expositorum eius Graecorum et Arabum.

23. Quod intellectus possibilis species intelligibiles non recipit ut subiectum, nec eidem imprimuntur ab extra.

24. Qualiter intellectus possibilis dicitur potentia. 15

25. Quod ex praedictis multorum dubitabilium solutio trahi potest, ac notari sollertia Philosophi seu ingeniositas eius.

26. De intellectu in habitu, quomodo talis existens dici potest impeditus aut velatus secundum Grammaticum.

27. Qualiter intellectus multis modis et gradibus est in potentia 20 seu habitu et actu; et qualiter se ipsum intelligere potest,

89 secundum] Iohannem *add.* E²ˢᵛ 90 sine² *om.* B 93 obliviscatur AE
96 colligi] intelligi C 00 iam] patet *in ras. 3 litt. et scr.* iam *s.v.* E²
2 recipit B 4-5 opinionem Averrois] Averroem A 6 praemissa A
16 dubitalium D 17 seu … eius] et eius ingeniositas B

22 dubietates *B*   hoc] haec *B*   29 cognitiva] congrua *B* : et *add. AE*
36 virtutes *l. congr.*] species *codd.*   38 indebilem *A* : indelibilem *E²*
41 34.] 14 *A*   49 transbeatus *vel aliquid simile CDA*   51 quid] quod *B*
52 formati *C*   54 singillatim *scripsi*] sigillatim *BAE* : singulatim *CDE²*

55 raby(-i DA) moysi *codd., (sed uno verbo BA)*   56 Pars tertia CD
59 agentis *om.* A   60 praemissa x   64 intelligens] intellectus B
67 seu B   68 simul *post* Augustino B   76 Capitulum *om.* B   77 quaedam *om.* D   79 veraque ... sententia *om.* D   hoc] haec B   83-84 verae-
que sententia A ; veraque sententia E   84 seu *om.* B

89 coincidentia *CAE*   93 est *om. A*   94 expositor Thomas *inv.* B
99 uniones] opiniones *A*   00 25.] 15 *et numerat titulos sequentes usque ad* 19 C (*rubricator*)   1 entitas *D*   8 Primae *om. A*   11 forma materialis *inv. x*   15 2. *in ras., et sic usque ad* 17 *i.e. finem columnae* C (*rubricator*)

3. De distinctione subiecti generationis a subiecto transmuta-
   tionum accidentalium, ex qua nititur AVERROES concludere
   naturam corporeitatis accidentalem esse materiae.
4. Reprobatio dictorum seu erroris AVERROIS, ac dissolutio ra- 20
   tionum eius.
5. De distinctione materiae in primam et non primam seu pro-
   pinquam et remotam, ac de privatione potentiam eius concomitante.
6. De privatione accidente materiae et erroris, qui circa ipsam, 25
   reprobatio.
7. Qualiter privatio introitum habet, non solum in transmutatione sed in esse generabilium.
8. Qualiter appetitus quidam naturalis inest materiae ad formam per privationis rationem, concludendo quod ipsa ma- 30
   teria per potentiam substantiatur.
9. Qualiter potentia materiae eadem est ipsi materiae.
10. Contra errorem dicentium quod accidit materiae esse in
    potentia.
11. Qualiter materia, per se ingenita et incorruptibilis, per acci- 35
    dens generatur et corrumpitur.
12. Qualiter materia per se est in potentia ad actum, et qualiter
    per accidens.
13. Quando et qualiter disposita dicitur propria et propinqua
    materia, quae non per potentiam sed per actum substantia- 40
    tur, seu ex actu et potentia composita dicitur.
14. Qualiter materia ad genus substantiae corporeae reducitur,
    quae est extensum quid.
15. Contra errorem dicentium materiam, secundum se non ex-
    tensam entem, per quantitatem extendi. 45
16. De causa erroris et eius reprobatione.
17. Reprobatio praemissorum, ex qua et veritas comprobatur.
18. Quod materia est naturae corporeae seu extensae, et num-

19 accidentalem esse *inv.* BD   20 Reprobatio] materiae *add.* D   errorum B   21 eiusdem A   23 et] ac x   potentiam eius *inv.* x   25 ipsam]
est *add.* E²⁸ᵛ   30 privationis rationem *inv.* B   33 errorem] avenroem D
35 per¹] in AE   36 corripitur B   37 12. Quando et *etc.* (*titulus 13*) B
39 13. Qualiter materia *etc.* (*titulus 12*) B   42 reducitur] dicitur D
45 entem] et *add.* E²⁸ᵛ

quam sine forma et qualitatibus activis et passivis.

49 et²] sive AE   50 incorporeum] quid add. B   neque] nec B   51 ne-
que] ne C   sed] neque C   et] ac x   59 materialis B   60 Perscruta-
to C   63 per se supplevi ex l. congr.   70 insunt] iustis B   73 differunt B   76 33. Qualiter ... congruit om.E   77 34.] 33 E   78 hoc]
hic x   79 35.] 34 E   81 36. in ras. E

Quinta pars

82 divisibilis esse *inv.* B   83 et] in C   84 divisibilis] est *add.* A   et] ac B   naturee C   88 esse *om.* x, *sed rest. post* materias, *corrigens* et *in* esse E^2 90-91 propriae *supplevi ex 1. congr.*   92 Capitulum *om.* B 94-95 materiae suae *inv.* A   97 sit B   3 actus BE^2] actu x   4 participat B   4-5 secundum] sed AE, *at corr.* E^2 5 subie C   9 corpus ... intellectus *supplevi ex 1. congr.*

teriale subiectum, quod actui propinquius est, intellectuali
formae congruit.

7. Dubitatio utrum intellectus est forma hominis a principio
suae generationis, et solutio dubitationis eiusdem.

8. Solutionis praemissae confirmatio perfectior. 15

9. Dissolutio secundae rationis propositae, intentionem Philosophi prosequendo.

10. Superius habitae distinctionis confirmatio secundum intentionem Philosophi circa modum, quo intellectus est forma
hominis. 20

11. Propter solutionem cuiusdam rationis adiectae superius,
perscrutatio circa partes compositi definibilis ac definitionis, qualiter se habent ad invicem.

12. Discretior seu magis praecisa distinctio partium definiti ac
definitionis ab invicem, tam ratione communitatis et prae- 25
dicabilitatis quam ratione determinationis et indetermina-
tionis, necnon et actus atque potentiae secundum diversos
modos et continentias.

13. Qualiter ex praemissis iam concluditur dissolutio rationis
prius inductae. 30

14. Dissolutiones rationum aliarum.

15. Difficilis cuiusdam rationis dissolutio specialis.

16. Declaratio quorundam difficilium, ad solutionem etiam
⟨valens⟩ rationum aliarum.

17. Ad praemissa consequens illatio quod non solum intellec- 35
tus est hominis forma, sed etiam conditor seu universalis
et primus intellectus est ei formalis causa.

18. Qualiter, inepto Grammatici exemplo non obstante, secundum aristotelicam philosophiam simul et platonicam intellectus, non solum ille qui proprius sed et conditor seu 40
universalis, est causa formalis homini, licet remota.

---

11 propinquis *CDA*   15 primae *B*   22 definibilis] divisibilis *AE*
24 praecisa distinctio *inv. B*   25 ab] ad *x*   27 atque] et *B*   potentia *AE*   29 dissolutio *post* inductae *B*   33 etiam *post* rationum *B*
34 valens *supplevi ex 1. congr.*   35 prima *B*   38-39 secundum] sed *x*
40 seu] se *B* : et *A*

Sexta pars

---

43 Sextae ... capitulum] Primum Capitulum *B, et hoc modo usque ad finem tabulae (Pars X): ante* Sextae ... *add.* Primum *x, et sic usque ad Partem XVIII inclusive*   49 Regressio *D*   51 secundum numerum] ad multiplicationem *B*   54 Primus *om. B*   58 et *om. B*   59 comprehensi *B* 61 entia *supplevi ex 1. congr.*   62 ordinem esse *inv. D*   67 specialissima] spānd *B*   72 sub] sed *C*

miles existant quodammodo, seu magis et minus recipiant
uno modo et alio modo non.

15. Quod necessarium est formas individuorum eiusdem spe- 75
ciei proprietatibus quibusdam seu gradibus inter se differre.

16. Confirmatio praedictorum ex sensibilibus.

17. Applicatio praemissorum ad principale propositum, confir-
mando per quosdam sermones PHILOSOPHI.   80

18. Qualiter intellectus humani dici possunt inter se numero
differre.

19. Declaratio, consequens ex praemissis, quod plures diversae
species in intellectu ⟨formaliter⟩ simul esse possunt, et hinc
patet solutio rationum in contrarium.   85

20. Qualiter actus intelligendi dici potest seu est quoddam mutatum esse ac terminus alterationis.

21. De duplici mutationis et cuiusdam individuationis modo,
spirituali scilicet et materiali, ex quo patet solutio secundae rationis in contrarium factae superius.   90

22. Solutio quorundam argumentorum AVERROIS.

23. Reprobatio dictorum AVERROIS in hac sententia secundum
aliam viam philosophorum aliorum, ac etiam ARISTOTELI
non omnino dissonam.

24. Applicatio praemissorum ad solutionem et interemptionem 95
argumentorum AVERROIS, et aliarum etiam obiectionum dissolutio.

25. Discussio cuiusdam rationis prius factae, et eius dissolutio.

Septima pars

Septimae partis primum capitulum, in quo propter solutionem 00
quarundam rationum superius factarum fit introductio

75 formas] formalis *A*   81 humani] huiusmodi *B*   dici (diu *x, sed corr.*
E²) possunt inter se] inter se possunt dici *B*   81-82 differre numero *BE²* :
differre *AE*   84 formaliter *supplevi ex 1. congr.*   86 20.] 19ᵐ *B*   dici ...
est] est seu dici potest *B*   88 et cuiusdam] modo et de duplici *B*
91 Averrois] in hac *add. B*   93 philosophorum aliorum *inv. x*   94 omnino *om. B*   96 aliarum etiam *inv. B*   00 dissolutionem *C*   1 quarun-
dem *B*   superius] prius *B*

quaedam de speciebus seu ideis platonicis, qualiter secundum philosophiam ARISTOTELIS oportet eas esse.

2. Qualiter ex contradictione PHILOSOPHI contra PLATONEM clarescit vera sententia PLATONIS de ideis, quas ipse PLATO veras [5] esse dicit rerum essentias.

3. Qualiter ideae per participationem de subiectis praedicantur.

4. Quod materialia de subiectis non proprie per participationem dicuntur praedicari. [10]

5. Quomodo PHILOSOPHUS aliter de universali loquitur quam PLATO, ac etiam aliter de praedicabilitate simplici.

6. De duplici universali, cuius alterum secundum PHILOSOPHUM substantia non est, et alterum secundum ipsum PHILOSOPHUM et PLATONEM nihil prohibet substantiam esse. [15]

7. Quomodo PHILOSOPHUS veraciter probat universale quoddam non esse substantiam, cui nec PLATO contradicit.

8. Qualiter obiectiones PHILOSOPHI menti PLATONIS non contradicunt.

9. Qualiter ideae secundum PLATONEM universalia quaedam [20] sunt, et quomodo singularia.

10. Quod non est opinio PLATONIS negare formas materiales 〈esse〉, sed vult immateriales quasdam separatas verius existere.

11. Capitulum in quo discutitur quaedam alia disputatio PHI- [25] LOSOPHI contra PLATONEM, qualiter scilicet huius intentioni non contrariatur illius intentio.

12. Aliarum quarundam rationum discussio seu dissolutio.

13. Qualiter, PHILOSOPHO PYTHAGORAM et PLATONEM concordando, numeri quidam ideae dici possunt. [30]

14. Quomodo PHILOSOPHUS bene concludit hominem sensibilem et idealem aequivoce dici, et quomodo non.

15. Qualiter nomina quaedam de rebus analogice dicuntur; et qualiter nomina substantiarum significant ipsas res; et qua-

2 seu *1. congr.*] et *codd.*   5-6 veras esse dicit] eas dixit *B*   7 substantiis *x*   9 substantiis *x*   12 Plato] philosopho *B*   16 Qualiter *B*   23 esse *supplevi ex 1. congr.*   25 Capitulum *om. B*   28 quorundam *A*   29 Philosopho] plato *AE, sed del. E*ˣ   30 quidam (quidem *DA*) ... possunt] quidem ideae quaedam ideae possunt dici *B*

liter in eis idem est quidditas et habens quidditatem, et qua- 35
liter non.

16. Qualiter de materia praedicari potest forma seu actus; et
universaliter quae est ratio praedicabilitatis et in quo fun-
datur, ut ex hoc obiectio Philosophi prius inducta solvatur.

17. Quid conferunt ideae sive species entibus; et quod sunt eis   40
essendi causae; et qualiter sunt in ipsis participantibus.

18. Qualiter singulare, puta Socrates vel aliud generabile, participando speciem dici potest perpetuum, et qualiter non.

19. De distinctione quae est inter participans et participatum;
et utrum in uno ente possunt esse plures formae.   45

20. Qualiter unius entis plures esse possunt causae formales;
et qualiter ex universitate simul omnium entium unum
quodammodo constituitur ens, totum comprehendens.

Octava pars

Octavae partis primum capitulum. Quod praeexistenti formae 50
seu aeternae subiectum aut subiecti pars esse potest corpus
generabile seu de novo productum, ex natura nutritionis et
augmenti hoc probando.

2. Declaratio quaedam circa modum augmenti et nutritionis,
qualiter partes materiae fluunt et speciei partes manent.   55

3. Quod in corde, velut in principali membrorum omnium et
virtutum corporis, partes materiae fluunt omnes.

4. De distinctione virtutum in corpore secundum medicos, et
de principali earum instrumento quod est spiritus, qualiter
a principio generantur in formatione primarum fetus par- 60
tium.

5. De formatione cordis secundum Philosophum et Avicennam.

6. De distinctione principalium partium corporis in prima
sui generatione secundum Philosophum.

39 inducta *om.* B   40 sive] seu B   quod] quot *x*   eis] eius *x*   42 aliud]
ad B   42-43 participando speciem(se^m B)] puta speciem participando D
46 20.] 29 A   possunt esse plures B   51 esse] non *add.* B   55 fluant B
speciei partes *inv.* B   56 in² *om.* B   57 corporum B   60 fetus] secus B
63 corporum B

71 et productione *om. B*   76 secundum *om. B*   79 aorti *scripsi*] arctu *B* : adorti *x*   80 et] de *add. B*   81 partes] species *B*   84 sanguis *supplevi ex l. congr.*   86 et *om. B*   88 formari] formam *B*   89 quendam errorem *inv. B*   92 potest *B*   93 priorum *B*   95 materiae] naturae *B* solum virtutem *inv. B*

mones ARISTOTELIS male interpretantis, ac sibi ipsi contra-
dicentis.

Nona pars

98-99 contradicunt B   00 dicitur] de B   1 semen] femine B   habent]
et proprie B   2 menstri B   3 spermate] mulierum add. B   4 Quomodo sermones] Q^{too} sermces B   mulieris] mulierum non B   6 mulierum B
13 nutritionis] et add. C   14 naturam] materiam D   17 ad] in x   nigredinem B   20 reducuntur B   23-24 operatione x

10. De causa delectationis accidentis ex commotione men-
struorum quorundam seu humiditatis matricalis, quae materia fetus non est. 30

11. Qualiter secundum AVERROEM humiditas matricalis, quae
a medicis vocatur sperma mulieris, non est essentialis pars
fetus ut materia seu pars materiae.

12. De vero modo concipiendi secundum PHILOSOPHUM, et loco
dimissionis spermatis. 35

13. Declaratio cuiusdam exempli circa praemissa, et ad propositum coaptatio.

14. Argumentationes medicorum contra praemissum concep-
tionis modum, et responsio AVICENNAE.

15. De causa delectationis, ut ex hoc solvatur quaedam ratio 40
praeinducta.

16. Dissolutio rationis alterius, in qua declaratur modus generationis nervorum, ossium et venarum ⟨secundum PHILO-
SOPHUM⟩.

17. Responsio AVICENNAE contra GALENUM de restauratione frac- 45
torum ossium et consimilium, et de causa assimilationis fi-
liorum ad parentes.

18. De causa assimilationis praedictae secundum PHILOSOPHUM.

19. De causa assimilationis alteri determinatae, patri scilicet
aut matri, secundum PHILOSOPHUM. 50

20. De membris generationis in homine secundum PHILOSOPHUM.

21. Quod secundum PHILOSOPHUM in homine testiculi necessarii
non sunt propter esse, sed propter bene esse.

22. Qualiter in universali formantur particulae fetus in utero
secundum PHILOSOPHUM, et circa haec discussio quaedam. 55

Decima pars

Decimae partis primum capitulum. Utrum in generatione fetus,
ultra virtutes materiales, necessaria sit aliqua separata virtus divina.

28 deliberationis *B*   33 ut... seu] nec... nec *B*   43-44 secundum Philosophum *supplevi ex 1. congr.*   45 galyenum *B* : galienum *x*   49 alterius *B*   patris *C*   55 hoc *E*

2. Praeambulum ad ea quae de necessitate sunt agentis intrin-   60
   seci in generatione animalium.
3. Prosecutio praemissorum cum determinatione, qualiter scilicet in generatione quorundam animalium necessarium est
   ⟨principium⟩ agens intrinsecum; et per quid, et in quo seu
   ex quo fit animal.   65
4. Quod in formatione partium fetus operator seu instrumentum operationis est spiritus secundum AVICENNAM et AVER-
   ROEM.
5. De utilitate cerebri et qualiter caliditatem cordis temperat
   contra operando.   70
6. De operatione spiritus in cerebo et corde et epate secundum
   AVICENNAM, et de ipsius derivatione et aptitudine.
7. De quadam diversificatione medicorum et aliorum, aliter
   a PHILOSOPHO circa motum spiritus et caloris naturalis opi-
   nantium.   75
8. Qualiter secundum PHILOSOPHUM alia est operatio, quae circa respirationem et quae circa motum cordis, et ad alium
   finem.
9. De calore naturali seu complantato secundum dicta medicorum, ad sententiam PHILOSOPHI comparata.   80
10. Conclusio generalis: quod singularum et omnium, quae
    sunt in humano corpore, pars quaelibet secundum mate-
    riam fluens est et fluit.
11. De proprio nutrimento nervorum et ossium ⟨ac viscerum⟩
    secundum PHILOSOPHUM.   85
12. Conclusio principalis: quod secundum PHILOSOPHUM omnes
    et singulae partes secundum materiam fluunt.
13. Opinio medicorum et quorundam peripateticorum circa
    partes corporis fluentes et radicales.
14. Reprobatio praemissorum errorum.   90
15. Qualiter veritatem habere potest quod humidum radicale
    deperditur sine restauratione, licet finaliter omnes partes

61 generatione animalium *inv. B*   62 Persecutio *D*   64 principium *supplevi ex 1. congr.*   quid] quod *C*   seu] rex et *B, sed exp.* rex *B*ˣ   72 divinatione *x*   73 aliter] universaliter *B*   81 singulorum *B*   82-83 mate-
riam] et *add. x*   84 nutritivo *D*   ac viscerum *supplevi ex 1. congr.*   88 pe-
rypotheticorum *C*

secundum materiam fluant et restaurentur.

16. Qualiter, non obstante quod animal generabile perpetuari non potest, humidum radicale deperditum restaurari potest et calor naturalis fortificari.
17. Qualiter circa praemissa verificari potest sermo ALEXANDRI.
18. Qualiter et in quibus errat ALEXANDER a PHILOSOPHO et a veritate.
19. Quod in partibus, secundum materiam fluentibus, nihil prohibet individuum salvari unum et idem numero.
20. Quare oportet in quibusdam individuis partes esse fluentes.
21. Reprobatio erroris circa praemissa.
22. Declaratio exemplorum circa praedeterminata.

Undecima pars

Undecimae partis primum capitulum. Regressio ad propositum, cum adaptatione dictorum ad unitionem partium in universo.

2. Qualiter ex omnibus entibus, in unum formale principium unitis, unum ens constituitur.
3. Qualiter forma prior mediis unitur; et qualiter se habent ad invicem et in composito causato.
4. Qualiter secundum PROCLUM et platonicos, universaliores et superiores causae se habent ad partialiores respectu causatorum.
5. Praemissorum concordantia quaedam cum dictis PHILOSOPHI, ad dissolutionem cuiusdam argumentationis PHILOSOPHI contra PLATONEM.
6. Alia quaedam argumentatio PHILOSOPHI circa dicta PLATONIS, cum discussione veritatis in eis latentis.
7. Item alia discussio concordans ARISTOTELEM cum PLATONE.
8. Quaestio seu disputatio circa numerositatem idearum.

93 fluunt BA   restaurantur A   4 praemissa AE : praemissa et praedeterminata, ET HIS VERBIS FINIT TABULAM B   7 unionem C   14 ad] et ad C : vel et ad DAE, sed del. et ad E² partialiores l. congr.] particulares C : particulariores DAE   20 eis l. congr.] ea codd.   22 circa] contra E idearum om. AE

DEFICIT B   26 Quod C   28 universalia del. E²   29 adhuc l. congr.]
ad haec codd.   et² del. E²   quaedam] est add. i.m.E²   36 adhuc l. congr.]
ad haec codd.   aliter] realiter C   37 sunt] sit AE   38 sunt ad invicem
supplevi ex l. congr.   39 utra CDE²] utrum AE   45 adhuc l. congr.] ad
haec codd.   48 causae l. congr.] causa codd.   sunt rationes inv. AE
54 eustacium C : eustachium DA : eustrachium E

intentio Platonis reprehenditur ab Aristotele de bono [55] ideali seu ideis, 1° E t h i c o r u m.

22. Dissolutiones quarundam obiectionum Philosophi contra Platonem; et quod in participantibus et participabilibus est ordo secundum remotius et propinquius ad unum principale; et quod huiusmodi principales ideae sunt quaedam [60] rationes.

23. Quod secundum Proclum ideales causae rationes quaedam sunt, ex ratione finitatis et infinitatis atque potentiae comprobando quod numerum subiectis multiplicatum non constituunt, et similiter ex ratione unius et entis et quorun- [65] dam aliorum.

24. Confirmatio praemissorum ex ratione intellectus et quorundam aliorum ⟨secundum Proclum⟩.

25. Quaedam extricatio praemissorum, cum additione quorundam aliorum secundum Proclum. [70]

26. Qualiter secundum Proclum principium primum seu causa prima prime cognitivum seu prime intellectus dici potest, secundum incoordinatam scilicet causam, et consimiliter de aliis idem censendum est; et qualiter primum et universaliter omne superius incomprehensibile est ab inferioribus. [75]

27. Qualiter in primo etiam secundum coordinatam causam est non solum prime intellectus et cognitio sed et prime ens et autarkes et reliqua authypostata, concludendo quod non sunt nisi rationes quaedam in primo.

28. De similitudine seu communione quae est inter causas et [80] causata, seu participata et participantia, tam immediate quam mediate, seu primario et secundario.

29. De ordine participantium ad participata secundum semper et quandoque, necnon respectu participabilium.

30. De substantia et operatione animae imparticipabilis et par- [85] ticipatae et participantis animae diversis modis; et qualiter ideae sensibilium sunt in anima quaedam rationes.

DEFICIT B   58 et²] seu A   68 secundum Proclum *supplevi ex l. congr.*
72 sive D   73 scilicet] si C   78 autarkes *scripsi*] antarkes *codd.*   authypostata *scripsi*] antipostatica(anty- C) *codd.*   80 dissimilitudine C   83-84 semper et quandoque] propter et quando C

Duodecima pars

DEFICIT B   90 fedone *CDA* : fedrone *E, et sic lin.* 92   92 Platonis de
(ex *D*) ideis] de ideis Platonis *A*   95 finiendi *D*   res] rationes *E*   96 rationis *C*   3 Calcidii *codd., ut semper*   5 vivificatum *C*   14 et¹ *om. E*
arismetricas(-thi- *C*) *codd.*

manam animam, cum inditis eidem scibilium rationibus.

Tertia decima pars 50

DEFICIT B   24 inquisitio] decreti add. A   25 scientia l. congr.] sententia codd.   28 boecius(-t- D) codd.   49 sphaera l. congr.] specie codd.

primo de simplici apprehensione, quae vocatur indivisibilium intelligentia.

Quarta decima pars

DEFICIT B 63-64 indivisibile ... sive *l. congr.*] divisibile ... sui *codd.*
66 cognoscit] intelligit *AE* 69 et] ac *C*[18v]*D* 70 Qualiter *D* 71 et[1]
om. AE 71-72 et[1] ... verus *om. D* 72-73 et Themistium *supplevi ex l.
congr.* 76 Alberti et Thomae *AE* 82 logicalia] est *add. E*[2]

Quinta decima pars

DEFICIT B   86 aut] et D   87 hoc probando] del. hoc et mutat probando in producendo E²   90 necessarium A   97 ac] seu A : et E   2 co-
minuta A   hoc l. congr.] hic codd.   11 et] in A   14 et supplevi ex l.
congr.

operationibus illorum circa haec; et qualiter se habent ad 15
invicem delectationes et tristitiae corporales et aliae.

4. De delectabili secundum naturam et secundum se et de eo
quod secundum accidens; et qualiter ad motum se habet
corporalis delectatio, necnon et intellectualis.

5. Quod aliqua delectatio est optimum et quod operationem 20
perficit, non obstante quod aliquae delectationes pravae
sint et indigentis naturae.

6. Qualiter delectatio perficit operationem; et qualiter differt
haec ab illa.

7. Utrum vivere sit propter delectationem, an delectatio prop- 25
ter vitam.

8. Utrum voluntas intellectu perfectior seu dignior sit, an
econverso.

9. Qualiter in nobis intellectus noster indiget phantasia seu
phantasmatibus, quantum ad speculabilia et practica. 30

10. De proportione quadam intellectus ad phantasmata, sicuti
sensus communis ad sensibilia se habet, secundum expositores diversos.

11. De diversis expositionibus textus PHILOSOPHI circa praemissa. 35

12. Expositio AVERROIS in praemissis.

13. Qualiter intellectus noster mathematica cognoscit, non sine
phantasmatibus.

Sexta decima pars

Sextae decimae partis primum capitulum. Utrum intellectus nos- 40
ter, secundum quod non separatus a magnitudine, possit
intelligere separata simpliciter secundum GRAMMATICUM,
ALEXANDRUM, THEMISTIUM, AVENPETHE et ALFARABIUM, cum
disputatione AVERROIS in contrarium eorum.

2. Solutio quaestionis propositae secundum AVERROEM. 45

DEFICIT B   15 haec *l. congr.*] hunc *codd.*   21 quod aliquae *om.* AE,
sed rest. quod E²ˢᵛ   22 sunt et indigentes A   37 mathematica *l. congr.*]
-cam *codd.*   41 separatus] -as A   43 avēpethe *codd., ut semper* alpha-
rabium AE

3. Reprobatio quaedam dictorum AVERROIS, unde necessario concluditur alia solutio quaestionis propositae.

4. Qualiter intellectus, qui semper secundum se actu intelligens, etiam separata potest esse forma hominis non semper actu intelligentis.   50

5. Quod intellectus movet hominem, non solum ut amatum aliquando sed ut amans etiam.

6. Qualiter hoc esse potest, quod pauci pertingunt ad perfectionem speculationis per intellectum, licet commune bonum sit, et possibile omnibus existere non orbatis ad bonum 55 huiusmodi.

7. Qualiter PHILOSOPHUS ex propriis principiis incidit in sententiam platonicam, docens ipsum hominem felicem esse maxime secundum intellectum, quem ipsemet probat separatum esse.   60

8. Expositio MICHAELIS EPHESII super sermone PHILOSOPHI, quod homo principaliter est suus intellectus, et maxime secundum quod intelligens separata.

9. Contra quendam errorem dicentium quod intellectus humanus intelligere non potest nisi materialia, cum ex causa- 65 tis investigentur essendi causae, procedendo semper donec ad essendi causam perveniatur immaterialem et separatam, quae causa formalis est.

10. De ratione distinctiva causarum ad praemissorum declarationem, et sequentis probationis praeambulum.   70

11. Quod efficiens non est essendi causa per se proprie dicta.

12. Quaedam opinio circa praemissa reprobabilis, et praemissorum confirmatio.

13. De essendi causa in formis accidentalibus, concludendo quod solum causa formalis est simpliciter et per se essendi 75 causa ⟨propria⟩.

14. Quod secundum verificationem opinionis AVENPETHE necesse est ex formis materialibus, resolvendo per intellectum,

DEFICIT B   48 se] est *add.* E^{2sv} 52 amans etiam *inv.* D   57 incidens *AE, sed add.* est E^2 57-58 sententia *E, sed corr.* E^2 61 mychaelis D 67 immaterialem] in materialem A   76 propria *supplevi ex l. congr.* 78 ex *l. congr.*] in *codd.*

Septima decima pars

DEFICIT B 82 proposita *E et 1. congr.*] posita *CDA* 85 replicatio *AE*
90 quoddam] quodammodo *AE* 00 experientiam *1. congr.*] apparentiam
codd. 3 9.] 10 *et numerat titulos sequentes usque ad* 19 C(*rubricator*)

Decima octava pars

DEFICIT B 23 primum capitulum *inv.* C 32 quare et quando C
39 spiritus *l. congr.*] spiritu *codd.*

Decima nona pars 60

DEFICIT B   46 Albumazar codd., et sic lin. 80   50 metherorum codd. et
sic lin. 52   53 phasmatibus l. congr.] fantasmatibus codd.   56 eorum l.
congr.] earum codd.

DEFICIT B   78 quaedam Avicennae *l. congr.*] *inv. codd.*   80 tholomei C : ptholomei *DA* : ptolomei *E*   82-83 finem aliquem *inv.* A   90 ecnephiae *scripsi*] et nefie *codd.*   92 nunc *l. congr.*] ut *codd., sed del.* ut E^2

DEFICIT B   13   23.] 13 A   13-14 manuum *vel aliquid simile* D   14 ac
... hominum *om. AE*   spiritibus *l. congr.*] speciebus CD (*om. AE*)   15 et]
ac *AE*   19-20 principia philosophiae] hermeten et platonem D   21 humanae *om.* D   21-22 Hermetem et Platonem] principia philosophiae D
25 Apuleum *codd.*   26 etiam *l. congr.*] et *codd.*   cyceronem CDE   27 platonicos *l. congr.*] platonem *codd.*   29 raby D : rabi AE   30 moysem C
32 de] et D   34 Samuelis] prophetae *add.* A

Vicesima pars

DEFICIT B　　48-49 et ... suo *supplevi ex 1. congr.*　　54 copulationis *1.*
congr.] complurationis *codd.*　　55 quo A　　57 omnem E

ad declarandum in speciali alietatem inter movens et id quod movetur.

23. De movente corpora simplicia, levia scilicet et gravia.
24. Quaedam discussio circa praemissa.
25. Quod ea, quae moventur in loco, reducuntur ad aliquod se ipsum movens. 80
26. Declaratio propria, quod movens primum neque per se, neque per accidens movetur.
27. Quod in movente se ipsum oportet esse partes, quarum altera sit movens et altera mota. 85
28. Qualiter in movente se ipsum altera pars ad alteram se habet.
29. Quale totum seu compositum est corpus caeleste cum sua forma seu movente.
30. Quod primum esse movens perpetuum et immobile necessarium est, per aliam viam a praecedente ac magis propriam ⟨hoc declarando⟩. 90
31. Praemissorum declaratio magis in particulari.
32. Quod primus motuum est localis et hic circularis.
33. Quod nullus motus reflexus potest esse continuus. 95
34. Qualiter ex aptitudine corporis circularis et eius habitudine ad centrum, concluditur motus circularis esse continuus et primus motuum.

Vicesima prima pars

Vicesimae primae partis primum capitulum. Quod caeli motor impartibilis est et immaterialis omnino per hoc, quod motor materialis mobile finitum infinito tempore movere non potest. 00

2. Quod in corpore finito non potest esse potentia seu virtus infinita. 5

DEFICIT B   78 scilicet *om. AE*   84 movente] movendo *AE*   85 altera] sit *add. C*   86 ad *om. CDA*   90 30.] 20 *et numerat titulos sequentes usque ad* 24 *C* (*rubricator*)   92 hoc declarando *supplevi*   96 34. *om. A*   96-97 habitudine *l. congr.*] aptitudine *codd.*   1 immaterialis *l. congr.*] immateriabilis *CDE* : innumerabilis *A*

Vicesima secunda pars

DEFICIT B   9 manifestum] fit *add.* E^{28v} 34 sphaera] spera *codd., ut semper*

DEFICIT B 42 philosophie *E* 46 metrum] neutrum *C* 51-52 9. De ordine ... Alpetragium *om. C* 53 10.] 9 *et numerat 7 titulos sequentes usque ad* 16 *C(rubricator)* 55 ecentricos *codd., ut semper* 64 kalippi *CAE, et sic lin.* 66 65 simplichii *CE* : simplitii *D* 66 simplichii *C* : simplitii *D* singulariter] simpliciter *C* 67 sosiginis *AE* Simplicium *l. congr.*] calippum *codd.* 68 simplichii *C* : simplitii *D* : simplikhii *AE,* sed *del.* k *et mutat* h *in* c *E²,* et sic *lin.* 70

quae per modum rationum.

18. Reprehensio dictorum SimpliciI quantum ad probationes, 70
    quae per instrumenta.

19. Qualiter secundum AlpetragiUM, repudiatis excentricis et
    epicyclis, diversitas motuum salvari potest in planetis, non
    tamen sine scrupulo, corrigendo primo quidem in sole.

20. De motu lunae secundum ea quae praemissa sunt.   75

21. De duplici quodam universali modo salvandi motuum di-
    versitatem sine excentricis et epicyclis et naturae conve-
    nientius, et primo circa solem.

22. De modo salvandi motus lunae ceterorumque planetarum
    omnium.   80

23. De numero sphaerarum exquisito secundum nos, et moven-
    tium ipsas; ac de harmonia qualis esse potest in caelestibus.

Vicesima tertia pars

Vicesimae tertiae partis primum capitulum. Quod formae sepa-
    ratae, corpora caelestia moventes effective seu in ratione 85
    efficientis, illae sunt eaedem re, quae movent in ratione
    finis ut amatum.

2. Praemissorum declaratio quaedam evidentior secundum
   CommentatoreM; et quaestionis cuiusdam dissolutio.

3. Qualiter ex praemissis concluditur primum principium esse 90
   non solum ut movens primum, sed ut finis et formale primum.

4. De ordine formarum separatarum seu intellectuum caelestium, respectu primi.

5. Qualiter formae separatae seu intellectus abstracti, simpli- 95
   ces actus quidam sunt; et qualiter numero differunt inter
   se.

6. De duplici modo cognitionis in separatis.

7. Qualiter intelligentiae divinae transmutabilia cognoscunt.

DEFICIT B   69 quae] est add. E²⁸ᵛ   69-71 modum ... per om. C
72 19.] 17 et numerat titulos sequentes usque ad 21 C(rubricator)   75 se-
cundum] sunt C   76 modo] non C   95 Quale A

8. Qualiter intelligentiae caelestes intelligunt aliud a se, iux- 00
   ta platonicorum sententiam.
9. Reductio praemissorum ad sententiam et principia PHILO-
   SOPHI.
10. De intellectu primi, quaerendo primum secundum plato-
    nicos per modum orationis.   5
11. De intellectu primi secundum PHILOSOPHUM.
12. Declaratio dubiorum circa praemissa.
13. Utrum intellectus primi sit ut intellectus compositorum,
    an ut indivisibilium intelligentia simplex ac simplicium
    tantum.   10
14. Qualiter primum, se ipsum tantum intelligendo secundum
    se primo, nihil prohibet intelligere causata secundario seu
    ex consequenti, quae plura sunt et alia a se.
15. Declaratio praemissorum secundum PHILOSOPHUM, ad ordi-
    nem entium universi respiciendo.   15
16. De malo quod in entibus, et de ente secundum accidens, et
    eius causa convenienti.
17. De ente secundum accidens, ad causas comparando diver-
    sas, respectu quarum diversimode iudicatur ens.
18. Quod omne secundum accidens ens aliqualiter sive secun- 20
    dum quid, est essentialiter et per se ens.
19. Perfectior declaratio praemissorum, et complementum ex
    sententia PHILOSOPHI, 7° M e t a p h y s i c a e, de entitate et
    quidditate accidentis.
20. Confirmatio praemissorum, etiam secundum AVICENNAM.   25
21. Comprobatio supra dictorum ex inductione.
22. Qualiter mala sunt bona quaedam, et res contemptibiles bo-
    nae sunt; et qualiter de ente secundum accidens quodam-
    modo scientia haberi potest, in quantum scilicet quodam-
    modo secundum se ente.   30
23. Qualiter entia secundum accidens et contingentia cogno-
    scuntur a primo.
24. Antiquarum opinionum quarundam circa praedicta quae-

DEFICIT B   2 principia] principaliter A   13 a *l. congr.*] secundum
codd.   14 secundum] circa D   16 quod] est *add.* E²ˢᵛ   17 convenienti
l. congr.] -te *codd.*   23 7°] 1 A   25 praedictorum C   33 quorundam E
praemissa A

dam correctio, simul et sententiae PLATONIS et ARISTOTELIS
in idipsum reductio finalis.   35
25. Circa primi bonitatem ac delectationem summam consum-
    manda consideratio, cum opusculi complemento.

AMEN

DEFICIT B   38 AMEN] Explicit tabula *A*

SPECULUM DIVINORUM
ET QUORUNDAM NATURALIUM
MAGISTRI HENRICI BATEN INCIPIT

PROOEMIUM

5   IN CUIUS PARTE PRIMA PROPONITUR QUOD INTENDITUR
SUBIECTI PRINCIPALIS NOBILITATEM SEU EXCELLENTIAM AC
DELECTABILITATEM COMPROBANDO

Honorabilium bonorum praeclariorem partem *opinantes* divinorum entium intellectualiumque substantiarum speculationem
10 et *notitiam,* si quam ex philosophiae partibus colligere nobis
possibile est, iuxta modulum nostrum aliqua de his utcumque
scribere proposuimus tibi, Guido. Inter haec autem quamplures
alias quaestiones ac dubitabilia tangendo partium quidem philosophiae solemniora, dissonantes quoque superficialiter sermones
15 inter se Platonis et Aristotelis, in unam realem seu concordem
quodammodo sententiam redactos, inserere similiter intendimus
tamquam incidentales equidem digressiones, ad nobilissimi subiecti generis huius notitiam conferentes aliqualiter, ut entium
vere nobilium quamplurimis ignota claritas praeamanda incli-
20 tae tuae nobilitati honorabili quidem, honorabilior autem in-
comparabiliter illa clarius innotescat.

1-3 Incipit speculum divinorum venerabilis henrici de malinis in Sacra theologia magistri parisius necnon Cantoris et Canonici in ecclesia Leodiensi *B*
4-7 *om. B*   11 modulum nostrum] virium modulum *B*   utcumque] utrim-
que *B*   12 Gwido *B*   quamplurimas *B*   17-18 subiecto *B*   20 autem]
aut *E*

8   Honorabilium - opinantes, 10 notitiam: Arist., *De Anima,* I, 1, 402 a 1.
14 dissonantes - 16 redactos: Cfr Boethius, *In libr. De Interpretatione ed. secunda,* lib. II c. 3. PL 64, 433 D; ed. Meiser, II, p. 80, 1-6.

Et quidem generosa nobilitas, quae secundum corpus ex cla-
rissimis propagata seu illustribus principibus, regibus ac tyran-
nis, se clarescere gloriatur, claritatis suae causam praedicans
ex non causa principali quidem sive per se, quae est esse dans 25
et conservans, sed ex causis per accidens instrumentalibus corruptibilibus, hominibus scilicet mortalibus et iam forte non
exstantibus sed mortuis, neque necessariis in esse generati. In-
comparabilis ergo debetur gloria claritudini generis ac nobili-
tatis ingenerabilis, immortalis et immaterialis, ex causis quidem 30
per se necessariis et principalibus procedentis, non ex principibus mortuis seu mortalibus sed ex principiis nobilissimis, divina
vita viventibus non humana, ut est illa praeclara sapientiae
generositas *quae secundum intellectum.*

O quam pulchra est casta generatio cum claritate, immortalis 35
enim est memoria illius, quoniam apud Deum nota est et apud
homines divinos, inquam. *Et* quidem *emanatio quaedam est*
claritatis Dei sincera, candor lucis aeternae, speculum sine ma-
cula Dei maiestatis et imago bonitatis illius; per nationes in
animas sanctas se transferens, amicos Dei et prophetas consti- 40
tuit; est quidem *speciosior sole, et super omnem stellarum dis-*
positionem, luci comparata prior et purior *invenitur.* Non talis
autem illa quae a platonicis appellatur et est etiam umbrosa
generatio materialis, nativae quidem impuritatis, obscura sil-
vestribus tenebris, ex commixtione procedens corporum nec 45
vere entium nec mere nobilium secundum veritatem. Silvestrem
namque *generationis* umbrosae *nutriculam* hyle, id est mate-

22 gloriosa *C*   23 seu] se *B*   ac *in ras. E²*] autem *B* : a *CDA*   24 prae-
dicat *E²*   25 qui *x*   28 existentibus *B*   generatis *E²*   29-30 nobilitati *C*
31-32 principibus] principiis *B* : principalibus *C*   34 quae] est *add. E²ˢᵛ*
35 casta] ista *B*   37 Et ...] Sap. 7 *add. i. m. D¹*   38 claritatis] -tas *A*
39 illius] est *add. E²ˢᵛ*   41 est] et *E*   42 Non ...] in libro diffinitionum
add. i. m. D¹   42-43 talis autem] est autem talis *B*   44 nativae] naturae *B*   puritatis *B*   46 mere] vere *E²*   mobilium *B*   47 id est *om. B*

34 quae - intellectum: Aʀɪsᴛ., *Eth. Nic.,* X, 7, 1178 a 6-7.
35 O quam - 37 homines: *Sap.,* IV, 1.
37 Et - 42 invenitur: *Sap.,* VII, 25-27 et 29.
47 generationis nutriculam: Pʟᴀᴛᴏ, *Tim.,* 52 D (Chalcidii transl., § 27, p. 180 b).
47 materiam - 48 actu: Aʀɪsᴛ., *Metaph.,* VIII (H), 1, 1042 a 27-28.

riam, quae a PHILOSOPHO probatur non esse ens actu, PLATO
ponit quasi mediam *inter aliquam et nullam substantiam, mira*
50 *quadam et incomprehensibili ratione.* Super quo CHALCIDIUS:
Etenim difficilis est, inquit, *consideratio propter silvae naturales
tenebras, quippe quae subterfugiat non modo sensus omnes, sed
etiam rationis investigationem intellectusque indaginem.* Sicut
autem se habent res ad esse, sic et ad veritatem cognitionis.
55 Haec itaque mater generabilium, secundum PHILOSOPHUM scibilis
non existens per se sed per analogiam, quia de se informis est
et turpis, nullum actum refugit sed admittit quemcumque, numquam contenta coniuge nec satiata, alium semper appetit et
concupiscit quam sibi coniugatum, propter quod *notha et adul-*
60 *terina quadam ratione opinabilem* esse dicunt platonici spuriam
materiae naturam, cuius impuritatem et vilitatem in omnia generabilia necesse est derivare.

Igitur, si reges terrae et mundi principes, regno generabili et
corruptibili principantes, huiusmodi principaliter materialis ge-
65 nerationis vilitatem effugere nequeunt, ubi sunt *nobiles non vi-*
les ? Numquid *sapor pabuli apparet in lacte ? Nulla* enim *res est*

---

48 non esse *inv. x*   49 aliquam] aquam *B*   51 naturalis *AE*   53 inda-
gationem *C* : indiginem *AE*   54 habet *C, sed i.m.* habent *C²*   56 anolo-
giam *E*   57 quaecumque *A*   59 quam *del. E²*   notha(-ta *x*)] metha *B*
59-60 adulteria *CA* : adultera *E*   66 Numquam *B*   apparet] patet *x*

49 inter - 50 ratione: PLATO, *Tim.,* 51 A (Chalcidii transl., § 24, p. 179 a).
51 Etenim - 53 indaginem: CHALCIDIUS, *In Tim.,* c. 333, p. 252 b.
53 Sicut - 54 veritatem: Cfr ARIST., *Metaph.,* II (α), 1, 993 b 30-31.
55 mater generabilium: Cfr ARIST., *Physic.,* I, 9, 192 a 13-14.
55 scibilis - 56 analogiam: *Ibid.,* I, 7, 191 a 8.
56 quia - 59 coniugatum: Cfr ARIST., *Physic.,* I, 9, 192 a 22-23; CHALCIDIUS, *In
Tim.,* c. 285-286, p. 242 b- 243 a; MAIMONIDES, *Dux Neutrorum,* lib. III, c. 8
(= c. 9, fol. 74ʳ): «Quam dulcia sunt verba Salomonis in sapientia sua cum
comparat et assimilat materiam mulieri vagae et coniugatae: quia non invenitur materia nisi cum forma ullo modo. Quod si ita est, semper est uxor
alicuius viri: nec invenitur sola. Licet autem est uxor viri, non abstinet
quin quaerat alium virum».
59 notha - 60 opinabilem: CHALCIDIUS, *In Tim.,* c. 344, p. 255 b.
65 nobiles non viles: ISIDORUS HISPAL., *Etymol.,* lib. X, 185 (PL 82, 386 C) vel 184
(Lindsay, I).
66 sapor - 67 proprietate: SENECA, *Quaest. Naturales,* lib. III, c. 21, p. 117, 1-3:
«Pabuli sapor... quae non eius a quo nascitur, notas reddat».

quae suae originis non afficiatur proprietate. Non est autem opinandum determinatas esse quasdam generationes nobilium immutabiles, firmas et impermixtas servilibus seu ignobilibus, ad principandum semper ordinatas, nam hoc nequaquam pa- 70 titur generabilium natura mutabilis et principantium vita temporalis. *Omne* enim *tempus et vita periodis* et revolutionibus *mensuratur* et omnis generatio, progressus, status en declinatio, *principium habens et medium et finem,* propriis rotationibus determinata sunt, *omniumque natura constantium terminus est* 75 vices observans et exaltandi nunc et nunc humiliandi. Et hoc patet per ALBUMASAR, 2° libro C o n i u n c t i o n u m, ubi determinat de mutationibus regum et regnorum, vices appellans regnantium exaltationes et principantium gloriam fortunatam.

Et quidem ex annalibus apparet evidenter mundi principes 80 maxime sublimatos in bonis fortunae circumpugnabilibus, et *exterioribus* a PHILOSOPHO quidem vocatis, reges, inquam, famosissimos primum quidem ex humili conditione surgentes et provectos ad maximas fortunae sublimationes, ipsius fortunae rotatos legibus ac deficientes postmodum, aut in personis propriis 85 aut in regali sua propagine, *Priamicis* tandem *infortuniis incidisse. Narrat* autem HOMERUS, *in Heroïcis, de Priamo* quod, inter heroas et semideos computatus, ipse rex Troiae et Phrygiae,

68 quasdam *post* opinandum *B* 69 seu] sed *A* 70 hoc] haec *B* 74 et¹ *om. B* 75 sunt] et declinata *B* 76 exaltandi nunc *inv. B* nunc² *om. E* 77 albumazar *CDE* 77-78 determinat] dicit *B* 80 ex] in *B* 83 quidem *om. B* 84 sublimitates *C* 85 deficientibus *C* aut] autem *AE* 86 progeniae *C* priamicis *Arist.* (πριαμικαῖς)] priamidis *B* : prae amicis *x* : vel amicis *E²* 87 heroycis *BCE* : hyeroicis *D* de Priamo *om. B* 88 et semideos] est semideus *B* troye *x*

72 Omne - 73 mensuratur: ARIST., *De Gener.,* II, 10, 336 b 12-13.
74 principium - finem. Ps.-ARIST., *De Mundo,* 7, 401 b 25-26. Transl. anonyma, CPMA, *Arist. Lat.,* XI 1-2, p. 50, 5-6.
75 omniumque - est: ARIST., *De Anima,* II, 4, 416 a 16-17.
77 ubi - 78 regnorum: ALBUMASAR, *De Magnis Coniunctionibus,* tr. II, f. A⁸ʳ sqq.
82 exterioribus: ARIST., *De Bona Fortuna,* c. 1 (= *Magna Mor.,* II, 8, 1206 b 33; transl. vulgata in *Arist. lat.,* Pars prior, p. 160); *Eth. Nic.,* I, 11, 1101 a 5; *Ibid.,* X, 9, 1179 a 2, etc.
86 Priamicis - incidisse: ARIST., *Eth. Nic.,* I, 11, 1101 a 8.
87 Narrat - Priamo: *Ibid.,* 10, 1100 a 7-8.

clarus forma, prole felicissimus, decorus gloria, throno prae-
90 ditus, divitiis abundantissimus, virtute rectissimus, pace quietus,
honore conspicuus, mansuetudine gratus omnibus, in iuventute
quidem, in senectute autem omnibus horum contrariis subicie-
batur et subiacuit. Secundum has itaque fortunae rotationes
gloriosa sive superba nobilitas et regnum Assyriorum, a Baby-
95 loniis originem trahens, quasi post annos 1300 tandem deficiens,
a Medis exstirpatum est. Quorum etiam sublimitas post annos
259 a Persis est deiecta. Persarum autem regnum, fortuna revol-
vente rotam ad infima, post annos 226 finitum est in Dario
vitam simul et regnum finiente, praevalentibus, inquam, eidem
00 in praelio viribus Alexandri. Hinc ergo GODEFRIDUS in P a n-
t h e o n e scribit in hunc modum:

  Vidit Alexander Darium super arva iacentem,
  Cuspide confossum, nudum misere morientem,
   Iudicioque Dei flens miseretur ei.
5 *Veste sua complexus eum, tactusque dolore,*
  Conqueritur regem regum caruisse decore.
  Dicit ei Darius: Miracula respice fili,
  Imperium qui iam tenui per climata Nili,
   Me modo non teneo, subditus ecce tibi.

---

89 forma] et *add. B* decorus] dotatus *B* 92-93 contrariis ... et] con-
trarius *x* : contraris *E²* 93 rotationes] rationes *AE* 94-95 babylonis(-bi- *C*)
CDA 97 a Persis] et parisis *B* 98 226] 266 *B* 00 igitur *B* gotifretus
CDA : gotfredus *E* 2-15 Vidit ... ita] *subnotavit C¹ et signo adnotavit C²*
2 iacente *A* 4 flens] heu *Pistorius* 6 conquiritur *A* 8 temui *A* : te-
nuit *Pistorius* 9 Me ... teneo *om. B*

89 - 91: Fortassis auctor ex aliquo fonte saeculi XII[1] has «laudes Priami»
  hausit. Solum inter opera de bello Troiano agentia carmen SIMONIS AU-
  REAE CAPRAE aliquam analogiam exhibet: «Divitiis, regno (ortu *in 3ª re-
  dactione*), specie, virtute, triumphis, / Rex Priamus clara clarus in orbe
  fuit». (*Versus de excidio Trojae*, 1-2. Prima redactio in PL 171, 1447 C;
  tertia in ed. A. BOUTEMY, p. 269). Cfr etiam BOETHIUS, *De Consol. Philos.*,
  III, prosa 2, (CC lat. 94, p. 39, 41 et PL 63, 726 A), qui enumerat quinque
  bona in quibus, ut refert S. THOMAS, *Contra Gent.*, I, c. 102 in fine, falsa
  et terrena felicitas consistit.
  2-15: GODEFRIDUS VITERB., *Pantheon*, pars XI, Planctus Alexandri super Darium. Ed. Pistorius, vol. II, col. 226-227. (Post lin. 6 decem versus et post
  lin. 9 sex versus sequuntur in ed. cit.).

Quando favet fortuna, cave: rota namque rotunda   10
Semper in ambiguis varie perversa redundat,
   Vertit et inferius quae tulit alta prius.
Regna dat et tollit, levat, opprimit atque resolvit,
Quos vocat eicit, erigit, obruit, omnia volvit,
   Legeque mentita singula damnat ita.   15

Alexander autem in monarchia successorem de sua progenie
non reliquit quemadmodum neque Saul in regno suo, qui cum
a patre iussus amissas quaereret asinas, assumptus est in regem
Israël primitivum. Deinde regnum Iudaeorum, ab assumpto *de
gregibus ovium* rege David inchoatum, et mirabiliter honoratum 20
in Salomone, postmodum ab unctione regali cessavit in adventu
Christi, finaliter sub Romanis principibus Tito quidem et Vespasiano miserabiliter exterminatum in reliquiis. Sarracenorum
quoque seu Arabum vilis et servilis ac beluinus principatus, a
servo mercatoris cuiusdam inceptus Mahometo, humani san- 25
guinis effusione crudeli sitiens immaniter inebriari, qualiter,
nauseativam sanguinolentiae suae crapulam evomens, ad infer-
nalem tendit interitum iam apparet. Graecorum autem imperium, omni dolositate seu versutia simul et proditione copiosum
ac perfidia, per instabilitatem ac transmutationes varias quasi 30

---

10 cave rota namque] tota natura *Pistorius*   rotundat *C*   11 redundat] re-
ducit *Pistorius*   12 inferius quae] infernis qui *Pistorius*   15 Legeque]
lege est *B*   18 regem] regnum *A*   19 regnum] regum *DA*   22 tyto
CDE   quidem *om. A*   22-23 vaspasiano *D* : vespiliano *D*[img] *AE*[2]   23 Sar-
rachenorum *D*   25 machometa *B* : machometo *CDE* : machameto *A*   26 effusione *om. B*   inaniter *BA*   28 interitum] meritum *CDA*   29 perdi-
tione *CDA*

---

11 semper in ambiguis: Cfr Venantius Fortunatus, *Carm.*, VI, 5, 3 (MG AA,
   IV, 1, p. 136) vel VI, 7 (PL 88, 216 A): «Semper in ambiguo saeclum rota
   lubrica volvit».
17 Saul - 19 primitivum: I *Reg.*, IX, 3 sqq.
19-20 de - ovium: *Psalm.*, LXXVII, 70.
22 sub - 23 Vespasiano: Cfr Gregorius Magnus, *Homiliae in Evangelia*, lib.
   II, 39. PL 76, 1294 A: «Jerosolymorum subversio describatur, quae a
   Vespasiano et Tito Romanis principibus facta est». Cfr etiam Anonymus,
   Status Imperii Iudaici, prologus: «destructio Ierusalem, quae facta est a
   Vespasiano et Tito, principibus Romanis» (Cod. Bruxell. II 1020, f. 37ᵛ).
   Prologum allegant J. Hammer et H. Friedmann, *Status Imperii Iudaici*, p.51.

rota praecurrens est fortunae. Denique, nec ab instabilitate for-
tuita discrepat etiam Romanorum imperium, initialiter quidem
a consulibus gubernatum et postmodum a caesaribus, ac tandem
ad Germanos translatum in personam imperatoris magnifici
35 Karoli Magni. Huius itaque pronepos, Karolus quidem Teutonicus, imperator ultimus de sua stirpe legitimus, qui secundum
quod in chronicis reperitur, in divisione orientalis regni minimam inter fratres portionem acceperat, ad tantum primo fastigium ascendens ut tam orientalia quam occidentalia simul regna
40 cum romano susciperet imperio, ad tantam postremo deiectio-
nem venit ut panis etiam egeret, secundum fortunae ludum in
modum rotae nunc summa nunc ima pervertentis. Demum,
legitur etiam de subactione Sclavorum a sancto quidem et casto
imperatore Henrico, quod 4 eorum reges, qui secundum ritum
45 suum Fortunam colere et adorare consueverant, ad talem redegit
servitutem, ut in omnibus solemnitatibus lebetem, quo carnes
condiebantur, duobus vectibus inductis per anulos 4, in humeris
suis ad coquinam caesaris vectitarent.

Haec igitur et consimilia subtiliter innuendo, quasi loquens ip-
50 samet Fortuna, 2° D e C o n s o l a t i o n e BOETHII: *Nos,* inquit,
*ad constantiam nostris moribus alienam inexpleta hominum cu-
piditas alligabit ? Haec nostra vis est, hunc continuum ludum
ludimus: rotam volubili orbe versamus, infima summis, summa
infimis mutare gaudemus.* Quapropter stultum est hominum
55 genus quamplurimum illos, ad quos Fortuna migraverit, semper
adorantium. Suspectam enim et improvisam huius circuli rever-
sationem declinare tutius et consultius est, quam sub exaltatis
in eodem inclinari subiectius, ne forte cadentes ab alto sub ipsis

---

32 Romanorum] roma^m *B*   34 imperatoris magnifici *inv. B*   35 quidem]
quidam *BDA*   35-36 theutonicus *BCAE* : teuthonicus *D*   38-39 fastigium]
vestigium *B*   43 de] in *AE*   44 secundum] suum *D*   46 libetem *A*
52 continue *B*   56 huiusmodi *B*   57 est *post* tutius *B*

43-48: Fontem huius narratiunculae non inveni.
50 Nos - 54 gaudemus: BOETHIUS, *De Consol. Philos.,* II, prosa 2. CC lat. 94,p.20,
24-27 et PL 63, 666 A.

opprimant inclinatos, nam, ut ait Iulius Celsus, *Fortuna plerum-*
que eos, quos plurimis ornavit beneficiis, ad duriorem casum 60
reservat, secundum quod etiam rerum eventibus et experientia
sensibiliter comprobatur.

Porro, non solum regales et alii principatus, verum etiam
universaliter humanae res, quae quidem bona vocantur exteriora, secundum fortunae circulum revolvuntur. Unde Philoso- 65
phus, 4° P h y s i c o r u m: *Dicunt,* inquit, *circulum esse res hu-*
manas. Et Commentator, ibidem: *Et hoc quod homines dicunt,*
ait, *quod rota fortunii transivit super aliquem,* est *quia perce-*
perunt quod causa infortunii est motus circularis aut sequens
eum. Nec est etiam naturae dissonum bona fortunae a circulo 70
rotabili dependere, cum fortunae maiestas in rota collocetur.
Quare convenienter ait rex ille famosus: *Principes qui dixerunt*
hereditate possideamus sanctuarium Dei, Deus meus pone illos
ut rotam. Et Seneca sic: *Plato ait neminem regem ex non servis*
oriundum, neminem non servum ex regibus. Omnia ista longa 75
varietas miscuit et sursum deorsumque fortuna versavit. Quis
est ergo *generosus ? Ad virtutem,* inquit, *bene a natura compo-*

59-61 Fortuna ... reservat] *subnotavit* C[x]   62 comprobatur] comparatur
x   64 exteriora vocantur bona *B*   68 fortunii] infortunii *Aver.*
68-69 praeceperunt *D*   70 bono *D*   72 princeps *x*   73 hereditatem *CDA*
74 rota *CA*   senica *CA* : se[ea] *D*   sic] sicut *E*   platon *B*   76 varietas] in
add. B   77 generosus] est *add. B*   bene *post* natura *B*

59 Fortuna - 61 reservat: Caesar, *Bellum Alexandrinum,* c. 25, 4. Ed. Klotz,
p. 19, 2-4. Textum citatum Vincentius Bellovac., *Speculum Hist.,* lib. VI,
c. 5 De dictis moralibus Iulii Celsi (p. 175 a), inter excerpta *libri IV Belli*
Gallici, qua de causa nescio, refert. Scholastici non semper servaverunt
discrimen personarum, Iulii Caesaris scilicet et Iulii Celsi, ut notat L.-A.
Constans, *César. Guerre des Gaules,* vol. I, p. XX: «Mais alors naquit une
autre confusion: le nom d'un réviseur du *Bellum Gallicum,* Julius Celsus
Constantinus, donné par plusieurs mss., fit attribuer à ce personnage,
d'ailleurs inconnu, l'œuvre de Jules César».
64-65 exteriora: Vide supra, p. 50, 82.
66 Dicunt - humanas: Arist., *Physic.,* IV, 14, 223 b 24-25.
67 Et - 70 eum: Aver., *Physic.,* IV, 133, f. 205 D.
72 Principes - 74 rotam: *Psalm.,* LXXXII, 12-14.
74 Plato - 84 surgere: Seneca, *Epist. ad Lucilium,* lib. V, epist. 3 (44), p. 131,
22-132, 9.

situs. Hoc unum intuendum est: alioquin si ad vetera revocas,
nemo non inde est, ante quod nihil est. A primo mundi ortu
80 *usque in hoc tempus perduxit nos ex splendidis sordidisque al-*
ternata series. Non facit nobilem atrium plenum fumosis ima-
ginibus. Nemo in nostram gloriam vixit nec quod ante nos est,
fuit nostrum: animus facit nobilem, cui ex quacumque condi-
tione supra fortunam licet surgere. Maximum quidem *autem*
85 *et optimum concedere fortunae valde perniciosum utique erit,*
ait Philosophus, 1° E t h i c o r u m.

Itaque, *si Deus est animus, ut dicunt carmina* similiter et platonici, sive si intellectus *divinum quid* est, ut dicit Philosophus,
et melius nobilitas et *vita, quae secundum intellectum,* divina
90 et immortalis est, non humana. Intellectus enim immaterialis,
immixtus, ab omni vilitate materiae *separatus, hoc solum est*
quod vere est et immortale ac perpetuum; unde et entia materialia non vere entia dicit esse Plato sed *simulacra vere existen-*
tium rerum aut earum umbras, aut, ut divinus ait Dionysius,
95 quaedam resonantiae sunt obscurae. In his autem, propter in-
certitudinem et indeterminationem instabilis vilisque materiae
sic ambiguis, dumtaxat accidunt — merito tamen — casus et
fortuna, inordinate quidem confusionem debitam causis addu-

78 revocans C   79 primo] prono *CDA* : principio(?) *E*   orta *AE*
82-83 fuit, nostrum est *Seneca*   84 autem] enim *x*   89 mobilitas *B*   et²]
est *E*   92-94 unde ... umbras] *signo adnotavit* C²   98-99 causis addu-
centes *inv. B*

84 Maximum - 85 erit: Arist., *Eth. Nic.,* I, 10, 1099 b 24-25.
87 si - carmina: *Catonis Disticha,* lib. I, 1. Ed. Baehrens, p. 216.
87-88 platonici: Cfr Apuleius, *De Deo Socratis,* c. 15. Ed. P. Thomas, p. 23,
      14 sqq.; Aug., *De Civ. Dei,* VII, 23. CC lat. 47, p. 204, 20-23 et PL 41, 212;
      ibidem, IX, 11. CC lat. 47, p. 259 et PL 41, 265. Cfr etiam Seneca, *Epist. ad*
      Lucilium, lib. IV, epist. II (31), p. 105, 10-11.
88 divinum quid: Arist., *Eth. Nic.,* X, 7, 1177 b 28.
89 vita - intellectum: *Ibidem,* X, 7, 1178 a 6-7.
91 separatus - 92 perpetuum: Arist., *De Anima,* III, 5, 430 a 22-23.
93 simulacra - 94 rerum: Plato, *Tim.,* 50 C (Chalcidii transl., § 23, p. 178 b).
95 resonantiae obscurae: Cfr Ps.-Dion., *De Div. Nom.,* c. 4, § 20. PG 3, 720 C;
      Dionysiaca, vol. I, p. 253, 2; Io. Scotus Erig., *De Div. Nat.,* lib. V, 25. PL
      122, 914 A-B.

centes. Intellectus vero, tamquam fortunae contrario modo se
habens, non minus ordinate causa est neque minoris ordina- 00
tionis quam natura, immo et magis cum opus naturae regulam
exigat intellectus. *Propter quod et ubi plurimus intellectus et
ratio,* ut ait PHILOSOPHUS, *ibi fortuna minima; ubi autem plurima
fortuna, ibi minimus intellectus.*

Adhuc, intellectus *naturaliter est principans,* ut scribitur in 5
P o l i t i c i s; unde *qui intellectum principari iubet, videtur iu-
bere deum principari et leges; qui autem hominem, apponit et
bestiam.* Unde HORATIUS *in carmine lyrico ad reprimendam do-
minandi libidinem ita cecinit:*

> Latius regnes avidum domando   10
> Spiritum. quam si Libyam remotis
> Gadibus iungas et uterque Poenus
> Serviat uni.

Atvero, *quia principari delectabilissimum* est, ut ait PHILOSO-
PHUS, 1° R h e t o r i c a e, ideo non solum quidem sapientem 15
esse, verum *etiam videri sapientem esse delectabile* est. *Principans enim,* inquit, est *sapere. Est autem sapientia multorum et
mirabilium scientia.* Hinc ergo 10° E t h i c o r u m: *Videtur,*
inquit, *philosophia admirabiles delectationes afferre puritate
et firmitate. Rationabile est autem,* ut ait PHILOSOPHUS, *scientibus* 20
delectabiliorem esse conversationem quam ignorantibus et ad-

99-20 Intellectus ... firmitate] *totum locum signo adnotavit et* nota *apposuit*
C^x 1 quam] quod D   2 Propter ...] libro de bona fortuna *add. i. m.* D^1
3 fortuna minima *inv.* B   5 Ad haec x   7 autem] apponit *add.* C
8 oracius BCA   11 libiam *codd.*   12 gradibus C^2AE 15 non *om.* B
16 etiam] et x   19 affert B : habere *Arist.*   21 et] vel B

00 causa - 1 natura: Cfr ARIST., *Physic.,* VIII, 1, 252 a 12.
  2 Propter - 4 intellectus: ARIST., *De Bona Fortuna,* c. 1 (= *Magna Mor.,* II, 8,
    1207 a 4-5). Transl. vulgata in *Arist. lat.,* Pars prior, p, 160.
  5 intellectus - principans: ARIST., *Polit.,* I, 5, 1254 a 34-35; cfr etiam 2, 1252
    a 31-32.
  6 qui - 8 bestiam: *Ibidem,* III, 16, 1287 a 28-30 (Transl. G. de Moerbeke, ed.
    Susemihl, p. 229, 1-3).
  8 in - 13: AUG., *De Civ. Dei,* V, 13. CC lat. 47, p. 147, 14-19 et PL 41, 158; HORA-
    TIUS, *Carm.,* II, 2,9-12.
  14 quia - 18 scientia: ARIST., *Rhet.,* I, 11, 1371 b 26-28.
  18 Videtur - 22 quaerentibus: ARIST., *Eth. Nic.,* X, 7, 1177 a 25-27.

discentibus seu *quaerentibus. Talis* quidem enim, inquit, *vita melior erit utique quam secundum hominem. Non enim secundum quod homo est sic vivit, sed secundum quod divinum aliquid in ipso existit. Quanto autem differt hoc a composito, tanto et operatio ab ea quae secundum aliam virtutem,* scilicet moralem seu prudentiam. *Si itaque divinum* est *intellectus ad hominem, et quae secundum hunc divina vita ad humanam vitam. Divinum* autem *hoc,* ut ait commentator MICHAEL EPHE-SIUS, *est ut separans ipsum a copulato animali, et uniens se ipsum bonum in eam quae ab illo descendentem in ipsum refulgentiam. Hoc est enim intellectualiter vivere: redire ab ea quae circa materiam turbatione ad intellectualem extremitatem. Secundum intellectum ergo operans, et hunc curans, et dispositus optime, et Dei amatissimus esse videtur.* Talis enim operatio similitudinem habet ad Dei vitam, et est ei cognatissima, teste PHILOSOPHO. *Si ergo cura quaedam* rerum *humanarum a Deo est quemadmodum* et *videtur,* inquit PHILOSOPHUS, et videtur *utique rationabile esse ipsum gaudere optimo et cognatissimo,* et *hoc utique est intellectus, ergo* et *Deo amantissimus* et cognatissimus, secundum PHILOSOPHUM, et simillimus. Quae ergo nobilior cognatio et illustrior quam illa quae Dei ? Et quae amicitia delectabilior, purior, sincerior et gloriosior illa, quae amantem

22 seu] sive *B* inquit *om. B* 23 erit] est *B* 24 homo est *inv. C*
26 aliam virtutem *inv. x* 31 bonum in] ad primum bonum et *Michael Ephes.* 32 est enim *inv. C et Michael Ephes.* ab] ad *B* 33 materiam *Michael Ephes.*] naturam *codd.* 34 intellectum ergo *inv. B* disponens *B* 35 amantissimus *A* 38 et videtur² *om. B* 40 amatissimus *B*

22 Talis - 29 vitam: ARIST., *Eth. Nic.,* X, 7, 1177 b 26-31.
27 moralem seu prudentiam: Cfr S. THOMAS, *In Eth. Nic.,* X, lect. 12, n. 2123: «Si igitur a vita divina auferamus agere moralium virtutum et prudentiae,...».
29 Divinum - 33 extremitatem: MICHAEL EPHES., *In Eth. Nic.* (ARIST., X, 7, 1177 b 26). CAG XX, p. 591, 1-5.
33 Secundum - 35 videtur: ARIST., *Eth. Nic.,* X, 9, 1179 a 22-24.
35 Talis - 36 cognatissima: ARIST., *Ibidem,* X, 8, 1178 b 25-27 et 23.
37 Si - 40 intellectus: *Ibidem,* X, 9, 1179 a 24-27.
40 ergo - amantissimus: *Ibidem,* X, 9, 1179 a 30.

talem tali unit redamanti ? Convenienter ergo dictum est de in- tellectu quod *est emanatio claritatis Dei sincera, candor lucis* 45 *aeternae, speculum et imago,* ut supra dictum est. Rationem enim amicitiae et naturam cognationis et similitudinis haec ne- cessario consequuntur.

Porro, non ab re intellectualia lumina dici possunt nobilissima et illustrissima entia verissime, cum ipsa sint vera principia to- 50 tius cognitionis, et posterioribus entitatis et veritatis causa. Vere ergo nobilissima, quia vere notabilissima et similiter illustris- sima secundum naturam, quia honorabilissima cognitione *il- lustrata et illustrantia* verissime. Nam, ut scribit PHILOSOPHUS, *honorabilissimorum* sunt *natura* et *omnium naturae,* sive sim- 55 pliciter *secundum naturam, manifestissima* et maxime cognos- cibilia secundum se, quia secundum id quod sunt honorabilis- simae quidem cognitionis et fruitionis delectabilissimae, sunt rerum optimarum secundum se, manifestissimae quaedam emi- nentiae praecellentes. 60

44-46 Convenienter ... dictum est] *signo adnotavit* C² 46 aeternae] et *add. B* 47 haec] hoc CA 51 cognationis CA ...causa] methaphysice 2° *add. i.m. D¹* 52 igitur B notabilissima] nobilissima BE 53 cogna- tione C 54 scribit] dicit B Philosophus] 6 ethicorum *add. i.m. D¹* 58 quidem cognitionis *inv. AE* 59 se *iter. A*

45 est - 46 imago: *Sap.,* VII, 25-26.
46 supra: p. 48, 37-39.
49 Porro - 51 causa: ARIST., *Metaph.,* II (α), 1, 993 b 27-31.
53-54 illustrata et illustrantia: THEMISTIUS, *In De Anima,* lib. VI (ARIST., III, 5, 430 a 25). CAG V, 3, p. 103, 32-33; CAC lat. I, p. 235, 8.
55 honorabilissimorum sunt natura: ARIST., *Eth. Nic.,* VI, 7, 1141 b 3.
55 omnium naturae (manifestissima): ARIST., *Metaph.,* II (α), 1, 993 b 11.
56 secundum naturam manifestissima: ARIST., *Eth. Nic.,* VI, 7, 1141 b 1.
56 maxime - 57 se: Cfr ARIST., *Metaph.,* XII (Λ), 7, 1072 b 18-19.

SECUNDA PARS PROOEMIALIS IN QUA DECLARATUR CONTRA
NEGANTES QUOD DE SUBSTANTIIS IMMATERIALIBUS ALIQUA
POTEST A NOBIS HABERI SCIENTIA, LICET EARUM ESSENTIA
NON PERFECTE POSSIT A NOBIS COMPREHENDI

65 Quamquam autem *ad* haec *manifestissima* entia comprehen-
denda *se habeat animae nostrae intellectus sicut nycticoracum
oculi ad lucem diei,* non est tamen opinandum hoc dictum esse
propter impossibilitatem nostram ad tales substantias intelli-
gendas, sicut quidam opinati sunt non de minimis inter famo-
70 sos, occasionem ex hoc exemplo Philosophi extorquentes, ut
sicut nycticoracum oculi lucem solis comprehendere non possunt, sic neque noster intellectus substantias a materia separatas.
Totum autem huius opinionis fundamentum videtur a quodam
famoso expositore esse positum in duobus, quorum primum est
75 quod nostrum intelligere non est sine phantasmate, sive quod
nostrum intelligere non est nisi circa illa intelligibilia, quae per
actionem intellectus agentis in phantasmatibus abstracta fiunt
in intellectu possibili, vel fieri possunt hoc modo; huiusmodi
autem sola sunt materialia et non immaterialia. 2^m vero accep-
80 tum est ex naturali ordine intellectus nostri ad materialia, quatenus ex ordine, quo infimus est inter substantias intellectuales
et propinquissimus materialibus, solum intellectivus sit eorum
quae ex materialibus per actionem agentis in phantasmata
recipi possunt in possibili et sic fieri intelligibilia, secundum
85 *quod visus* quidem *non est susceptivus nisi colorum qui illu-
minantur per lucem,* et non saporum neque aliorum sensibilium.

65-66 comprehenda A   66 animae nostrae *inv. B*   nicticoracum(-tum A) *x* :
nocticoracis B   67 ... diei] methaphysice 2° *add. i.m. D*^{1} 69-70 famosos]
ut puta Thomas de Aquino *add. B*   70 extorquens B   71-72 sicut ... se-
paratas] *subnotavit* C^x 71 nicticoracum(-tum A) : nocticoratum B
77 fiunt] sunt B   78 impossibili D   81 ex *om. B*   84 recipi possunt]
recipiuntur B   85 quidem *om. B*   susceptivus non est *x*   colorum] locorum C   quae DA

65 ad - 67 diei: Arist., *Metaph.,* II (α), 1, 993 b 9-11.
75 nostrum - 79 immaterialia: S. Thomas, *In Metaph.,* lib. II, lect. 1, n. 285.
79 2^m - 91 intelligibile: S. Thomas, C.G., lib. III, c. 45. Ed. Leon. XIV, p. 117 b
10-34.

Potentiae namque passivae sua proportionatur activa ut, iuxta
Philosophum, sicut possibilis est *in omnia fieri,* sic agens *in
omnia facere,* et hoc ita quod tam agens quam possibilis nihil
intelligere possunt, nisi quod per talem actionem et passionem 90
sic est factum intelligibile. Atvero quoniam huius fundamenti
perscrutatio inferius convenientior erit et magis propria, ubi
discutienda sunt haec dicta magis exquisite, idcirco quantum
virtutis contineant et declaratio eorum et dissolutio ad convenientiorem locum differatur. 95

Est tamen advertendum quod idem expositor, in expositionibus suis super 9ᵐ M e t a p h y s i c a e, sibi contrariam fatetur
esse sententiam Philosophi dicentis quod, ad hoc quod intelligamus simplicia, quae quidem sunt immaterialia sive separata,
intellectus noster se habet hoc modo quod *verum* eius est *intel-* 00
ligere seu attingere *ipsa; falsum vero non est, nec deceptio, sed
ignorantia, non qualis caecitas; caecitas enim est ut utique si
intellectivum omnino non habeat aliquis.* Super quo expositor
iste sic dicit: *Qualis autem est haec ignorantia, ostendit cum
dicit quod illa ignorantia non est talis sicut est caecitas, nam* 5
*caecitas est privatio potentiae visivae. Unde illa ignorantia si-
milis caecitati esset, si aliquis non haberet vim intellectivam ad
attingendum substantias simplices. Ex quo patet,* inquit expositor ipse, *quod secundum sententiam Aristotelis humanus intellectus potest pertingere ad intelligendum substantias simplices,* 10
quod videtur sub dubio reliquisse in 3° De Anima. Manifestum

91 est factum *inv. B* 95 locum differatur *inv. B* 96 expositor] scilicet
thomas *add. s.v. B'* 97 9ᵐ] commentum *x* : in fine noni libri metaphysice
add. i.m. B' 99 quidem] idem *x* sunt] quod *add. E* sive] et *B* 1 seu]
sine *B* 3 intellectus *CDA* : -tum *E* habet *A* expositor *om. B* 4 sic]
sicit *D* dicit] inquid *B* autem est *inv. A* 9 ipse] iste *E* 9-10 intellec-
tus] intelligendum *A* 10 attingere *x* substantias] separatas et *add. B*
11 sub] in *A* in *om. B* 3°] 2° *D*

88 sicut - 89 facere: Arist., *De Anima,* III, 5, 430 a 14-15.
92 inferius: Pars II, c. 17.
00 verum - 3 aliquis: Arist., Metaph., IX (Θ), 10, 1052 a 1-4.
 1 seu attingere: *Ibidem,* 10, 1051 b 24.
 4 Qualis - 11 Anima: S. Thomas, *In Metaph.,* lib. IX, lect. 11, n. 1916.
11 quod - reliquisse: Arist., *De Anima,* III, 7, 431 b 18-19.

igitur ex his est sibimet contrarium esse expositorem hunc, dicendo super 2^m eiusdem ⟨P r i m a e⟩ P h i l o s o p h i a e, et alibi
similiter, quod per exemplum illud de oculis nycticoracum seu
15 vespertilionis PHILOSOPHUS exemplificare intendit de impossibilitate nostri intellectus, et non de difficultate, intelligendi substantias separatas, ad quam COMMENTATOR suam intorquet expositionem, sententiam et vim litterae prosequendo. Et palam est
etiam cuilibet sane intelligenti, et textum PHILOSOPHI in illa parte
20 a principio usque ad finem fideliter advertenti, et mentem eius
intuenti, quod nequaquam de impossibilitate intendit loqui PHILOSOPHUS, nec aliquam intentionem de ipsa facit, sed solum de
difficultate.

Praeterea, appetitus qui est secundum naturam, non est im-
25 possibilium; *homo* autem *natura scire desiderat* et maxime illa,
per quae maximam perfectionem et honorabilissimam adipisci
potest, secundum quam videlicet cognatio divina in ipso reluceat
et similitudo, quatenus *Dei* sit *amatissimus* et in optima deductione, licet *parvo tempore* in hac vita, ut vult PHILOSOPHUS, quali
30 deductione Deus semper gaudet mira speculando delectatione.
Si quidem ergo optima deductio, quae in nobis, cognitionem
materialium transcendere et ad intelligendum substantias separatas pervenire non posset, quale esset illud *mirabile,* quo *sic
bene habet* Deus, sive qualis esset illa mirabilis Dei perfectio,
35 qua *sic se habet Deus semper, ut nos quandoque ?* Ex quo enim

12 est] patet *A*   12-13 dicendo] dicentem *in ras. B*   13 2^m]12^m *C* eiusdem *post* philosophiae *B*   Primae *supplevi*   14 nicticoracum(-tum *A*) *x* :
nocticoracum *B*   17 retorquet *C*   18 Et palam ...] Responsio ad questionem An separata possumus intelligere aliqua Cuius prima ratio est in auctoritate aristotelis ex 9no metaphysice *add. i.m. B'*   24 Praeterea ...] 2^a ratio
ad idem *add. i.m. B'*   27 cognitio *x*   28 sit] fit *C* amantissimus E^2
30 speculando delectatione *inv. B*   31 igitur *B*   34 illa *om. AE*   mirabilis Dei *inv. CD*

14 per - 18 prosequendo: S. THOMAS, *In Metaph.*, lib. II, lect. 1, n. 285-286. Vide
AVER., *Metaph.*, II, 1, f. 29 C.
25 homo - desiderat: ARIST., *Metaph.*, I (A), 1, 980 a 21.
27 cognatio - 28 similitudo: ARIST., *Eth. Nic.*, X, 8, 1178 b 23 et 25-27.
28 Dei - amatissimus: *Ibidem*, X, 9, 1179 a 24.
28 in optima - 30 delectatione: ARIST., *Metaph.*, XII (Λ), 7, 1072 b 14-16.
33 mirabile - 35 quandoque: *Ibidem*, 1072 b 24-26.

optima deductio nostra mirabili divinae deductioni aliqualiter
assimilatur, et materialia Deus non sic intelligit ut nos, nec
propter intellectum seu cognitionem huiusmodi Dei speculatio
delectabilissima dici posset merito, nec scientia eius mirabilis,
relinquitur necessario humanum intellectum ad divina intelli- 40
gibilia posse pertingere seu attingere, et hoc est secundum optimam eius dispositionem quoquo modo intelligere divine. Quoniam autem hoc est hominis summa perfectio, et naturaliter
appetit omne perfectibile suam perfectionem, necesse est utique
hominem desiderare illam appetitu qui secundum naturam. 45
Unde Boethius, libro D e H e b d o m a d i b u s: *Omnis,* inquit,
diversitas discors est, similitudo vero appetenda. Et quod appetit
aliud, tale ipsum esse necesse est, quale est illud hoc ipsum quod
appetit.

Adhuc, omnis appetitus et inclinatio tendens in terminum ali- 50
quem seu in finem, quae inclinatio quanto magis approximatur
termino seu fini illi, tanto magis intenditur et ferventius desiderat eum, est secundum naturam; et econtrario est de appetitu
seu inclinatione innaturali, secundum quod apparet in motu
naturali, quia versus finem magis intenditur, innaturalis vero 55
non. Sed quanto humanus intellectus propinquius attingit nobi-
liora scibilia, elongando se a materialibus, ad immaterialia
quidem se approximando, tanto vehementius delectatur et appetit ipsa intensius; ergo appetitus seu inclinatio eius ad hoc est
ei naturalis. Quod si haec naturalis inclinatio nequaquam ad 60
terminum pervenire posset, tunc frustra esset penitus, quod est
contra naturam.

37 materialia Deus *inv. B*   38 seu] sive *B*   42 divina *CAE*   43 hoc]
hec *B*   46-49 Unde ... appetit] *subnotavit* C^x   46 ebdomadibus *codd.*
48 necesse est] naturaliter ostenditur *Boeth.*   illud hoc *om. B*   50 Adhuc ...] 3ª ratio *add. i.m. B'*   et] seu *B*   51 sive *B*   qui *E*   inclinatio
om. x   52 sive *B*   illi *om. x*   52-53 ferventius desiderat eum] vehementius desideratur *x*   53 est¹ *om. B*   54 seu] et *B*   55 quia] qui *B*   58 se
om. B   60 nequaquam *post* terminum *B*   61 quod *in ras. B^x*

46 Omnis - 49 appetit: Boethius, *De Hebdomadibus.* PL 64, 1311 C-D.
50 omnis - 53 naturam: S. Thomas, *C.G.,* lib. III, c. 25. Ed. Leon. XIV, p. 67 b
   3 sqq.
54 secundum - 56 non: Arist., *Physic.,* VIII, 9, 265 b 13-14; *De Caelo,* I, 8. 277 b
   5-8.

Expositor itaque supradictus, aliquando ad mentem reversus, in quodam loco hanc quaestionem, scilicet *quod intelligere*
65 *Deum est omnis intellectualis substantiae finis,* ex intentione probare nititur multis rationibus. Et dicit quod *propria operatio cuiusque rei est finis eius, cum sit perfectio ipsius secunda; unde quod ad propriam operationem bene se habet, dicitur virtuosum et bonum* et perfectum. *Intelligere igitur,* quae *est propria ope-*
70 *ratio et finis intellectualis substantiae,* tunc erit perfectissima cum ad *perfectissimum intelligibile* pertigerit, *quod est Deus.* Quod si dicatur, inquit, *humanum intellectum* ad hoc non posse pertingere *propter debilitatem eius, cum se habeat ad cogno-scendum perfectissimum intelligibile sicut oculos noctuae ad lu-*
75 *cem solis,* contra hoc arguit dicens quod, cum omne ens, pro tanto sit ens, pro quanto aliqualiter assimilatur enti primo, et per hoc in ipsum tendat tamquam in finem, necesse est *huma-num intellectum,* quia *est superior omnibus intellectu caren-tibus, licet infimus sit in ordine intellectualium,* per naturam
80 intellectualium, cum de ipsorum genere sit, in Deum tendere, ordinem intellectu carentium transcendendo. Humanus *ergo in-tellectus, quantumcumque modicum possit de divina cognitione percipere, illud erit sibi pro fine ultimo magis quam maxima cognitio inferiorum.*
85 Ex contrariantibus igitur sibi invicem huius viri sermonibus ad concordiam reductis, hoc videtur consequi quod impossibile est humanum intellectum in hac vita Deum sufficienter et sin-

---

63 Expositor ...] In summa contra gentiles *add. i.m.* D[1]   64 quaestionem] conclusionem *p. corr.* B   65 intellectualis substantiae *inv.* B   66 Et dicit ...] 4[ta] ratio thome ad idem *add. i.m.* B'   69 et[1] *om.* B   71 pertingerit E 72 inquit] ille expositor *add. s.v.* B'   76 aliqualiter assimilatur *inv.* B 78 quia] qui(?) B   est superior] superior est CDE : superior A   80 intel-lectualium cum] /// tamen B, *sed* cum *in ras.* B[2]   81 ordine C   83 per-cipere] participare B : participem A   illud *om.* B   magis *om.* A   84 cogni-tio inferiorum *inv.* B   85 contrariatibus D   86 concordiam ...] concor-dia thome cum peripateticis *add. i.m.* B'   87 humanum intellectum *inv.* B

64 quod - 65 finis: S. THOMAS, *C.G.,* lib. III, c. 25, titulus. Ed. Leon. XIV, p. 65. 66 propria - 71 Deus: *Ibidem,* lib. III, c. 25. Ed. Leon. XIV, p. 65 b 3-8 et 16-18. 72 Quod si - 84 inferiorum: *Ibidem,* lib. III, c. 25. Ed. Leon. XIV, p. 66 a 3 et 17-48.

cere cognoscere et separata. Et haec quidem sententia videtur esse Socratis, secundum quod in P h a e d o n e scribit Plato dicens: *Quamdiu corpus habuerimus et conglutinata fuerit anima* 90 *nostra cum huiusmodi malo, numquam adipiscemur sufficienter quod exoptamus. Si ergo non* est *possibile cum corpore quidquam elimate cognoscere, duum,* inquit, *alterum* accidet: *vel numquam adipisci scientiam, vel qui expirarunt. Et in quo utique vitales auras carpserimus, ita, ut videtur, proxime erimus scien-* 95 *tiae, si quam maxime nihil confœderemur corpori neque communicemus, quantum omnis necessitas non* cogat, *neque referciamur ipsius natura, sed emundemus* nos *ab eo, quousque Deus ipse nos absolverit. Et sic utique sinceri sequestrati a corporis soliditate, cum talibus nempe erimus atque cognoscemus per nos* 00 *ipsos veritatem sinceram.*

Quocirca, pensatis hinc inde trutinando sollerter singulis omniquaque contrarietatibus, relinquitur quod, licet impossibile sit humanum intellectum in hac vita sufficienter et sincere comprehendere separata, eo quod eius capacitatem excedunt utique, 5 modice tamen et non sincere seu insufficienter ipsum illa cognoscere nihil prohibet. Eapropter, sicut etiam in T i m a e o scribitur, et nos dicere possumus quod, cum de rebus divinis *disputatur, si non inconcussas inexcusabilesque rationes afferre valuerimus, non est mirandum, quin potius intuendum, si nihilominus* 10 rationi *consentaneas assertiones afferamus. Mementote enim,*

89 Socratis *post* sententia B : *indicem verba* sententia Socratis *indicantem posuit i.m.* B' phedrone BE Plato ...] *hunc locum asterisco adnotavit* B'
· 91 *post* nostra *ras. 3-4 litt.* B 93 accidet *codd. et glossa interl. in Leidensi*
94 scientiam] sententiam CD 97 non cogat] nos cogit B 97-98 refarciamur *ex* referc- *corr.* E² : refarc- *transl. Aristippi* 98 ipsius] corporis *add. s.v.* B' eo] corpore *add. s.v.* B' 00 soliditate *codd. et Leidensis*] stoliditate *transl. Aristippi* 1 veritatem] universitatem *transl. Aristippi* 3 sit] est A 6 sufficienter B 7 sicut etiam *inv.* B thimeo B : thymeo *x*
8 quod cum] Mirum B 9 inexcusabilesque *codd. et Leidensis*] et inexpugnabiles *Mullach* 11 assertiones *Leidensis*] rationes et assertiones B : asserationes *x, sed* asseverationes *ex* asserationes *corr.* E²: rationes *Mullach*

90 Quamdiu - 92 exoptamus: Plato, *Phaedo,* 66 B. Plato lat., II, p. 16, 27-29.
92 Si - 1 sinceram: *Ibidem,* 66 E - 67 A. Plato lat., II, p. 17, 17-25.
8 disputatur - 14 laboris: Plato, *Tim.,* 29 C-D (Chalcidii transl., § 9, p. 158 b).

matus in amatum et absorptus quodammodo, felici insufficientia
in amabilitatem illius deficiat, sua maxima perfectione priva-
retur, concomitante delectatione profecto diminuta.
70 Postquam igitur intellectus inferior ad perfectam superioris
cognitionem pertingere non potest, ut dictum est, nil mirum si
infimi intellectus cognitio, quam de illis superioribus separatis
habere potest, modica dicatur.

TERTIA PARS PROOEMII IN QUA DECLARATUR QUOD NON
75 MODICUM A NOBIS AESTIMANDUM EST ID FORE QUOD DE SUB-
STANTIIS IMMATERIALIBUS A NOBIS ATTINGI POSSIBILE EST

Obliviscendum autem non est quod, licet in comparatione
excellentiae superiorum, infimi intellectus cognitio et eius perfectio modica dicatur, in se tamen et secundum veritatem mo-
80 dica non est, et praecipue in comparatione materialium. Et hoc
utique perpendi potest ex nobilitate perfectionis illius, quam
intellectuali appetitu comprehendere desideramus. Appetitus
enim qui secundum naturam est, et praesertim substantiae intellectualis, ultra perfectionem sibi possibilem extendi non po-
85 test, ut dictum est. Si igitur ad gloriosam illam cognitionem et
perfectionem nobilem, quam appetitu intellectuali naturaliter
desideramus, nos pervenire possibile est satiarique desiderium
superabundantiori delectatione quam desiderare possimus, quis
humanae conditioni secundum se, et praesertim respectu cor-
90 ruptibilium, hoc modicum esse iudicabit ?
Congruit tamen veritati, ut dictum est, quod respectu excellentiae superiorum tota virtus infimi sit modica, maxime secundum quod est animae nostrae intellectus, id est, quamdiu hoc

67 absorptus quodammodo] absortus *x*   69 profecto] perfectio *CD* : perfecte *AE*   70 ergo *B*   74 pars prooemii *inv. B*   78 superioris *A*   85 ut]
supra *add. B*   ergo *B*   86 perfectionem nobilem *inv. B*   88 superhun-
dari *B*   92 superioris *B*

71 ut dictum est: p. 65, 15-22.
85 ut dictum est: p. 61, 24-25; 65, 17-19; 66, 59-61.
91 ut dictum est: p. 65, 15-17 et 67, 70-74.

corruptibile corpus animando vivificat et necessitatibus eius
implicatur. *Propter velamentum* enim *intellectus, aut passione,* 95
aut aegritudine, aut somno, aut consimilibus multa secundum
phantasiam operatur homo, ut dicit PHILOSOPHUS. Multifariae
namque phantasmatum affectiones, secundum quod et *volup-*
tates et tristitiae, irrationabiles quidem *existentes passiones,*
obtenebrant quod rationale est, et non solum *bene operari mul-* 00
totiens non concedunt, ut ait EUSTRATIUS, super 1ᵐ E t h i c o r u m,
sed etiam impediunt luculenter et sincere intelligere, *ut in nocte*
ens et ab eo quod congruit oberrans. Multifariis ergo umbroso-
rum phantasmatum obicibus velato frequentius in nobis lumine
nostri intellectus et obnubilato, nunc quidem propter necessi- 5
tates corporis, nunc propter alias dispositiones turbulentas ac
tenebrosas, a quibus rarissime contingit liberari hominem, et
non sine magna difficultate ut plurimum, ideo non absurde inquit PHILOSOPHUS quod *ad omnium manifestissima* et excellen-
tissima *se habet animae nostrae intellectus, sicut oculi noctuae* 10
ad lucem diei.

Omnes quoque expositores ARISTOTELIS, praeter solum supra-
dictum, in hoc consentiunt quod de impossibilitate intelligendi
non intendit PHILOSOPHUS in exemplo dicto, sed de difficultate
aut de imperfectione. Unde omnes in hoc conveniunt, quod pos- 15
sibile est humanum intellectum separatas intelligere substantias
in hac vita, licet paucis possibile sit, quemadmodum et bene
seu recte principari.

Et quidem, *circa* substantias *honorabiles existentes et divinas,*
accidit minores nobis existere theorias, ut ait PHILOSOPHUS in 20

95 velamentum enim *inv. B*   00-1 multotiens] vel multotiens quandoque *B*
excedunt *x*   1 eustachius *CD* : eustacius *A* : eustrachius *E*   3 aberrans *BC*
igitur *B*   6 ac] aut *B* : et *AE*   7 tenebras *A*   10 intellectus *post* habet *B*
oculus *C*   12 quoque] ergo *C*   15-16 impossibile *C*   17-18 bene seu
recte] recte seu et bene *B*   19 quidem] quaedam *E*   substantias] inquam
add. B

95 Propter - 97 homo: ARIST., *De Anima,* III, 3, 429 a 7-8.
98 voluptates - 3 oberrans: EUSTRATIUS, *In Eth. Nic.* (ARIST., I, 11, 1100 b 29-30).
    CAG XX, p. 98, 30-33.
 9 ad - 11 diei: ARIST., *Metaph.,* II (α), 1, 993 b 9-11.
19 circa - 33 videre: ARIST., *De Part. Animal.,* I, 5, 644 b 24-35.

1° De Partibus Animalium. *Etenim, ex quibus utique quis considerabit de ipsis, et de quibus scire desideramus, omnino sunt pauca quae manifesta* sunt *secundum sensum.* De corruptibilibus autem, inquit, et *plantis et animalibus, abundamus*
25 *magis ad notitiam propter connutrituram; circa unumquodque enim genus* horum *accipiet quis multa utique existentium, volens laborare sufficienter.* Habent autem, inquit, *utraque gratiam.* Haec quidem enim, divina scilicet, *etsi secundum modicum attingamus, tamen propter honorabilitatem cognoscendi*
30 haec, *delectabilius* est *quam* ea *quae apud nos omnia, quemadmodum et amatorum quamcumque etiam modicam particulam considerare delectabilius est, quam multa alia etiam magis per certitudinem videre.*

Licet igitur, respectu excellentiae luminum illorum intellec-
35 tualium, sit modicum id quod de ipsis attingere potest humanus intellectus, tamen quia maximum est humanae perfectioni et amabilissimum optimum et delectabilissimum, de illo tractandum est, prae opere opem illius interpellando, apud quem *nec tenebrae obscurantur,* cum sit *lux* quae *lucet in tenebris,* quate-
40 nus, ablato nocturnali intellectus nostri velamine ac nubilo serenato, animae nostrae *nox sicut dies illuminetur,* ut *sicut tenebrae eius ita et lumen eius,* fiatque *nox illuminatio in deliciis nostris.*

23-24 incorruptibilibus *AE*   24 autem *om. B*   25 connutritura *B*
27 Habent] hunc *B*   inquit *om. B*   29 honorabilitatem *iter. A*   30 haec]
hoc *B*   est] cognoscere seu attingere *add. x*   quae *iter. A*   31 quacumque
C : quantumcumque *A*   36 tamen quia *inv. x*   37 amatissimum *B*   illis(?) *B*   38 opem ...] Imploratio auxilii dei *add. i.m. D*[1]   interpollando *D*
40 nubile *C*   41 ut] nc (nec *vel* nunc) *B*   43 nostris] etcetera *add. D*

38 nec - 39 obscurantur: *Psalm.,* CXXXVIII, 12.
39 lux - tenebris: *Joan.,* I, 5.
41 nox - 43 nostris: *Psalm.,* CXXXVIII, 12 et 11.

PRIMUM EXECUTORIAE PARTIS CAPITULUM

DE SPECIEBUS ET INTENTIONIBUS VISIBILIUM SECUNDUM OPINIONEM QUORUNDAM

Quoniam igitur *innata est nobis via a nobis notioribus* ad i-
5 gnotiora nobis, simpliciter autem notiora et verius entia, ut ad
intelligibilia a sensibilibus, quae sunt confusa magis et minus
entia, quemadmodum et PHILOSOPHUS, de intellectu tractare intendens, perscrutatus est prius de sensu, convenientiorem quoque ceteris sensibus perpendens comparationem intellectus ad
10 visum et visibilia atque ad phantasiam, quae non solum intellectus nomen sortitur, sed etiam visus et luminis, idcirco, a lumine et visibilibus incipiendo ac de sensu tangendo aliqua, primo videndum est de illo quod frequentius, in hac materia loquendo, tamquam notum per se a multis accipitur pro exemplo.
15 Dicunt enim multi de intellectu loquentes quod non est inconveniens diversas simul in intellectu recipi species, ac etiam in
sensu, cum diversa lumina et species colorum diversorum seu
intentiones simul in medio recipi possunt et in visu.

Videndum igitur primo si est hoc possibile et per quem mo
20 dum. Principium autem considerationis hinc assumentibus nobis
apparet primitus quod *ex quolibet corpore* luminoso, vel *illuminato cum quolibet lumine, exit lux ad quamlibet partem
oppositam*; et similiter color quilibet per corpus diaphanum, ut

---

9 pertendens *A*   11 sortitur] aliquando *add. x*   etiam] et *x*   14 motum *A*
17 sive *B*   21-22 illuminato] luminato *D*

---

4 Quoniam - 7 entia: ARIST., *Physic.*, I, 1, 184 a 16-22.
10 quae - 11 sortitur: ARIST., *De Anima*, III, 10, 433 a 10.
11 etiam - luminis: *Ibidem*, 3, 429 a 2-4.
15 non - 18 visu: Cfr S. THOMAS, *In de Sensu*, lect. 19, n. 291.
21 ex - 23 diaphanum: ALHAZEN, *Optica*, lib. I, c. 5, n. 14, p. 7.

docet ALHAZEN, 1° suae P e r s p e c t i v a e, ita *quod corpus dia-*
phanum non immutatur a coloribus, nec alteratur ab eis altera- 25
tione fixa, nec recipit formas visibiles, *nisi receptione ad redden-*
dum, non receptione ut coloretur seu tingatur. Ponit etiam signum ad hoc *quod luces et colores in aere non admisceantur,*
neque in corporibus diaphanis; nam *si in aliquo loco fuerint*
multae candelae laterali distantia *oppositae uni foramini, fue-* 30
ritque ex alia parte foraminis in obscuro loco paries vel corpus
non diaphanum, luces illarum candelarum apparent super illud
corpus distinctae secundum numerum candelarum. Quod si lu-
ces candelarum *admiscerentur in aere,* maxime *admiscerentur*
in foramine et pertransirent admixtae et non distinctae, et, ut ait 35
ipse, eodem modo se habet experientia de coloribus, si quidem
similiter per foramen aspiciantur. Sic ergo patet per ipsum
quod nec lumina nec colores in corporibus diaphanis admiscentur, licet in ipsis recipiantur diversi simul.

Amplius, AVERROES in libello suo D e S e n s u e t S e n s a t o, 40
dicit quod *recipere formas contrarias simul, non tantum inve-*
nitur in anima, sed in mediis. Apparet enim quod per eandem
partem aeris recipit videns contraria, scilicet *album et nigrum.*
Et ad hoc confirmandum addit signum: *quia maxima corpora,*
puta *medietas sphaerae mundi, comprehenduntur per pupillam* 45
quae tam parva est; unde apparenter dicit *quod colores secun-*
dum esse corporale in visu recipi non possunt sed secundum
esse *spirituale, et ideo dicitur,* inquit, *quod sensus non compre-*
hendunt intentiones sensibiles nisi abstractas a materia. Dicit
etiam quod *sensibilia a medio recipiuntur aliquo* modo *modo-* 50

24-25 dyfanum *A*   28 calores *A*   32 candelarum] non *add. B*   34 in
... admiscerentur² *om. B*   35 et³ *om. B*   37 consimiliter *B*   patet *post*
ipsum *B*   per] quod *C*   41 contrarias *om. x*   45 puta] scilicet *B*   comprehenditur *B*   46 apparenter *in ras. B*] apparere *x*   48 ideo] idcirco *C*
dicitur *Aver.*] dicens *B* : omnes *x*   quod *del. E²*   49 intentiones sensibiles *inv. B*   50 mediis *x*

24 quod - 37 aspiciantur: ALHAZEN, *Optica,* lib. I, c. 5, n. 28 et 29, p. 17.
41 recipere - 43 nigrum: AVER., *De Sensu et Sensato,* p. 29 (lin. 17-20).
44 Et - 49 materia: *Ibidem,* p. 30 (lin. 20-26).
50 sensibilia - 51 instrumentorum: *Ibidem,* p. 10-11 (lin. 52-54).

rum receptionis instrumentorum sensus. Quale autem sit hoc
esse corporale respectu spiritualis, ipse exponere videtur super
2ᵐ D e A n i m a, capitulo D e O l f a c t u, loquens *de tigribus
qui de remotis regionibus venerunt* in Graeciam *ad locum prae-*
55 *lii quod* ibi *accidit;* et de vulturibus, inquit, dicitur quod *a 500
miliaribus* olfaciunt cibum. Non videtur autem rationabile quod
secundum esse corporale odorabile extendi posset ad tantam
distantiam. Diversitas enim raritatis et densitatis terrae et ignis,
quae sunt maximae, ad tantam dimensionum extensionem per-
60 venire non potest, ut ait, quod *ex magnitudine unius palmi terrae fiant mille miliaria* ignis. Cum igitur tanta sit diversitas formarum corporalium et spiritualium, rationabile videtur quod
aliter et aliter recipiantur in subiectis suis.

Adhuc, vulgatum est a multis expositoribus, Latinis praeci-
65 pue, quod, cum huiusmodi formae spirituales non sint formae
reales sed solum intentiones formarum realium, non contrarian-
tur realiter ad invicem, quia non sunt natura aliqua, ut dicunt,
sed tantum intentio naturae realis et ob hoc simul esse possunt
quaecumque sine repugnantia, non solum in intellectu sed in
70 sensibus et in mediis. Contrarietas enim circa materialia tantum consistit; intentiones vero sensibiles non nisi sine materia
a sensibus comprehenduntur; non obstante igitur contrarietate,
simul esse possunt distincte, ut videtur, in medio et in sensu.

Insuper, ingeniati sunt quidam, in physicis speculationem
75 physicam transcendentes, quod a formis realibus differunt formae intentionales in hoc, quod duae ipsarum, *solo numero differentes, simul esse possunt in eadem parte medii;* et non solum

---

52 corporale] spirituale *x*   ipse] spere *B*   53 de tigribus ...] de tigrĭbus
et de vulturibus *add. i.m. D*¹   54 ad] in *B*   71 materia] natura *A*
73 videtur *om. D*   76 ipsarum solo] earum solum *B*

53 de tigribus - 61 ignis: Aver., *De Anima,* II, 97, p. 277-78 (lin. 42-62).
65 cum - 70 mediis: Cfr S. Thomas, *In De Sensu,* lect. 19, n. 291. Vide etiam
In De Anima, lib. II, lect. 14, n. 418.
71 intentiones - 72 comprehenduntur: Arist., *De Anima,* II, 12, 424 a 18-19.
Cfr S. Thomas, *ad locum,* lect. 24, n. 553.
75 a formis - 5 transmutatio: Aegidius Romanus, *De Intellectus Possibilis Pluralitate.* Ed. 1500, f. 91ᵛ; Ms. *Oxford, Merton,* 275, f. 102ʳ; (Ed. Barracco,
p. 21-23, 305-387).

duae sed et mille. Unde dicunt quod *non numerantur nume-*
ratione subiectorum, et hoc probant: quia positis duobus corporibus albis vel pluribus in diaphano illuminato, *quodlibet eo-* 80
rum per totum medium multiplicat similitudinem suam. Cum
igitur *albedines differunt numero in qualibet parte medii,*
erunt intentiones solo numero differentes. Ex hoc etiam sequitur quod istae formae secundum extensionem subiectorum suorum non extenduntur, nam postquam *quaelibet se multiplicat* 85
per medium et per quamlibet partem medii, tota erit in toto et
tota in qualibet parte medii.

Causam itaque huius dicti assignare conantur ex hoc, quod
huiusmodi intentiones abstractae dicuntur a materia: unde dicunt quod huiusmodi formae de potentia materiae non educun- 90
tur, nec secundum extensionem materiae extenduntur, neque
generantur etiam, quia compositum est quod per se generatur;
forma autem intentionalis *sola generatur, quia sola forma gene-*
rat, nam dicitur *quod albedo generat suam similitudinem in aere.*
Dicunt quoque huius suae veritatis signum esse, quia *in gene-* 95
ratione formarum realium generatum non perfecte assimilatur
generanti; cum enim talis similitudo sit per unitatem formae,
non assimilatur generatum generanti perfecte per unitatem for-
mae, ex eo quod actio illa non *attribuitur* formae sed *composito,*
licet ratio actionis sit forma. In generationibus autem intentio- 00
nalium est perfecta assimilatio, *sicut imago in speculo perfecte*
consequitur similitudinem generantis. Sic igitur *forma intentio-*
nalis non recipit numerationem a subiecto ut realis, nec educitur
de potentia materiae, *cum, per se loquendo,* ut aiunt, *non requi-*
ratur ibi motus et transmutatio.   5

Haec igitur dicta sunt a quampluribus, et communiter habent
cursum suum.

---

81 multiplicat *om. B*   82 differant *x*   medii] mundi *C*   84 subiectorum suorum *inv. B*   86 toto] tota *A*   95 huius *om. B*   veritatis] esse
add. B   96 similatur *A*   3 numerationem] mutationem *AE*   educatur *A*
4 potentia materiae *inv. B*   aiunt] *compendio* avicenna *B*   6 ergo *B*
communiter] convenienter *B*

CAPITULUM 2

CONTRA PROPOSITUM ERROREM

10 Redeuntes autem a novissimis horum sermonum usque ad
prima, non solum propter faciliorem consequentium ex eis in-
convenientium manifestationem, verum ut quomodo veritas in
proposito se habeat et magis exquisite nobis innotescat, conside-
remus attente. In hoc namque magna pars fundamenti iacietur
15 operis intenti.

Dicamus igitur, secundum principia philosophiae, quod nihil
novum in natura sine motu et transmutatione fit sive producitur, ut patet 6° et 8° P h y s i c o r u m. Ergo et nova illuminatio
medii seu diaphani vel est motus vel consequens motum, ut ge-
20 neratio quaedam seu esse quoddam post non esse. Unde Commentator, 12°: *Generabile consequitur transmutationem,* ut demonstratum patet 7°, *ubi declaratum est quod si aliquid fieret sine transmutatione* et motu, *tunc aliquid fieret ex nihilo.* Oportet
enim *permutando fieri,* inquit Philosophus; et quia ex nihilo nihil
25 fit secundum naturam, idcirco demonstrat Philosophus, 7° M e t a-
p h y s i c a e, quod omne quod fit sive omne generatum est compositum, concludens quod *non fit* ipsum *quale sed quale li-*
gnum, nec quantum sed quantum lignum aut aliud. Hoc autem
est quod nullum accidens fit sive generatur nisi in subiecto, ut
30 totum compositum fieri seu generari dicatur. Unde *non solum*
de substantia ostendit ratio non fieri speciem, sed de omnibus

---

10 novissimo B   14 fundamenti *post* namque B   18 nova] nulla C
19 consequens] ad *add. B*   20 seu] sive B   quiddam B   22 7°] in alio B
24 nihil *om. A*   26 sive] quod *add. x*   27 quale²] est *add. B*   28 aliud]
animal *Arist.*   30 generari sive fieri B

16 nihil - 17 producitur: Arist., *Physic.,* VI, 5-6; VIII, 1. 251 a 17-20.
21 Generabile - 23 nihilo: Aver., *Metaph.,* XII, 17, f. 303 B.
23 Oportet - 24 fieri: Arist., *Metaph.,* VII(Z), 7, 1033 a 21-22.
26 omne¹ - compositum: *Ibidem,* 8, 1033 b 12.
27 non - 28 aliud: *Ibidem,* 9, 1034 b 14-16.
30 non - 32 categoriis: *Ibidem,* 9, 1034 b 7-10.

categoriis, ait Philosophus. Omne enim quod fit, ex aliquo fit subiecto et fit aliquid in aliquo, ita quod compositum est quod fit sive quod per se generatur, ac per hoc concluditur quod, nisi illud, quod generatur per se, compositum esset ex materia et 35 forma, numquam forma generari posset per accidens; per se enim generari non potest, ut demonstrat Philosophus. Unde Commentator: *Cum fit aliquid habens formam, tunc fit forma per accidens.* Igitur, si forma intentionalis est aliquid, quia non est nihil postquam mediante ipsa habetur cognitio, necesse est illud 40 esse quod habet ex aliquo educi, quod se habet ut subiectum et materia. Et cum illud esse novum sit, de necessitate per motum generatur, vel per se vel ex consequenti ut finis, ad quem ille motus terminatur; terminum autem motus impossibile est extra magnitudinem fore, sicut nec punctum extra lineam. Secun- 45 dum enim quod nec transmutatio, sic nec finis eius sine subiecto esse potest. Cum igitur omnis transmutatio fiat ex aliquo, ut visum est — *necesse* enim *est ut ante qualitatem generatam sit aliquid, quod est in potentia qualitas, id est materia,* ut dicit Commentator — manifestum est quamlibet novam formam acci- 50 dentalem de potentia materiae educi, nisi ex nihilo creetur.

Adhuc, forma intentionalis aut est ens aut nihil. Sed postquam aliquid facit in organo et in medio, de necessitate aliquod ens est. Forma autem substantialis esse non potest, quia sequeretur quod multae formae substantiales, absque causalitatis quidem 55 ordine, simul essent in eodem subiecto, ut in diaphano ipsa forma diaphani et cum hoc ceterae formae intentionales. Si igitur est de genere formarum accidentalium, tunc nec esse nec numerari potest, nisi per subiectum in quo est. Frivolum est ergo dicere quod forma intentionalis secundum extensionem 60

34 nisi] nec *AE, sed* nisi *corr. E²*   36 posset] nisi *add. C*   39 Igitur] ergo *B*   intentialis *A*   44 terminos *B*   46 quod enim nec *D* : enim nec quod *AE*   sic] fit *B*   49 id est] ut *B*   50 est] quod *add. A*   53-55 de necessitate ... multae] necessario ad hoc *B*   60 forma] materia *A*

32 Omne - 36 accidens: Arist., *Metaph.,* VII (Z), 8, 1033 b 8-19.
36 per se - 37 potest: *Ibidem,* 8, 1033 a 24 - b 8.
38 Cum - 39 accidens: Aver., *Metaph.,* VII, 26, f. 176 D.
48 visum est: p. 75, 16 sqq.
48 necesse - 49 materia: Aver., *Metaph.,* VII, 32, f. 182 E.

materiae non extenditur, aut numeratione subiecti non numeratur, nisi novum genus entium, quod ad 10 rerum genera non
pertineat, excogitetur aut fingatur.

Ridiculosum quoque est illi exemplo inniti de imagine in spe-
65 culo, ad probandum quomodo sola forma generat et generatur.
Licet enim sit maior similitudo inter imaginem quae est in speculo et illum cuius est imago, quam inter eundem et filium eius
vel patrem, quantum ad colorem et figuram, in pluribus tamen
magis pertinentibus ad esse illorum simpliciter, maior est simi-
70 litudo inter eos quam illius ad suam imaginem.

Item, ignis generans ignem in materia simili, maiorem habet
similitudinem cum ipso quam cum imagine sua in speculo. Fal-
libile igitur assumptum est signum ad hoc propositum, propter
quod et veritas illa fallit secundum quid et simpliciter. Maior
75 enim est similitudo simpliciter inter illa, quae nomine et definitione conveniunt, quam inter illa, quae solo accidente aliquo
similia sunt, quia huiusmodi similitudo non est nisi secundum
quid.

Amplius, ut ad omne dicatur, in speculo non est imago rei eo
80 modo quo apparet visa, secundum quod declarat Avicenna, 6°
N a t u r a l i u m, et Alhazen similiter, 4° P e r s p e c t i v a e,
tam per rationes fidem facientes quam per experimenta. Etenim,
quibuslibet speculum simul aspicientibus in eadem ipsius parte
videretur imago, si ibidem esset impressa; unde sensus, ima-
85 ginem ibi impressam iudicans, deceptus est. Quinimmo et ultra
speculum quandoque, ut in planis speculis et convexis, iudicatur
esse locus imaginis, quandoque vero citra speculum in aere, ut
in concavis; nec tamen ibidem est impressa imago, ubi sic ap-

68 quantum] quam tamen CD   figuram vel colorem B   69 pertinentibus]
esset add. x, sed del. E²   73 ad hoc] ad haec post igitur B   75 enim est
inv. CD   75-76 nomine ... quae om. AE   76 accidente aliquo] quodam
accidente B   77 nisi om. A   80 secundum quod] ut B   80-81 6° Na-
turalium] 4ᵗᵒ capitulo add. i.m. D¹   81 4°] capitulo add. C   83 simul]
sibi C   84 videtur BA   impresse C   85 iudicans impressam ibi x
87 vero] autem B   citra] circa A   88 est impressa inv. B

79 in - 82 experimenta: Avicenna, De Anima, pars III, c. 5-7; Alhazen, Optica,
lib. VI.
83 quibuslibet - 88 apparet: Avicenna, Ibidem, c. 5, f. 12ᵛᵇ-13ʳᵃ.

paret. Unde tales quidem apparitiones ALHAZEN fallacias vocat
seu deceptiones visus. In his enim decipitur utique visus, ibi 90
fore iudicans visibile, ubi tantum una directe tendit simplex
linea visualis, eo quod secundum hanc viam, ut plurimum,
obiecta sibi comprehendit visibilia per medium communius et
magis consuetum; sicque non de proprio iudicans obiecto sed
communi, circa quod falli potest, neque exspectans principa- 95
lioris potentiae iudicium, cuius — inquam — proprium est iudicare de talibus, pedalem iudicat esse solem, qui tota terra
maior est, similiter et scintillare stellas fixas sive titubare, quae
tali motu non moventur. Et universaliter plura iudicat visibilia
si plures fuerint fractiones aut reflexiones, licet tantum unum 00
sit visibile a quo procedant, sicut et tactus per cancellationem
digitorum unum tangibile iudicat esse duplex, et sic de ceteris
sensibilibus communibus. Quoniam itaque proprium visivae
potentiae iudicium non est, sed principalioris iudicare qualiter
per plures sive fractas sive reflexas lineas interdum visibile 5
movet visum, nil mirum si visum in hoc falli contingit ac de-
ceptum esse. Ex imaginis igitur apparitione in speculo, nullum
accipi potest signum reale, quo formam aliquam generare solam aut generari declaretur, et non compositum.

Praeterea, secundum quod vult COMMENTATOR, super 9ᵐ, actio- 10
nes distinguuntur secundum essentias rerum quarum sunt; unde
sicut res habet esse sic et agere. Nihil enim potest agere nisi
secundum quod est ens actu; sed in rebus materialibus forma
esse non habet sine materia, ergo nec agere. Totum ergo com-

91-92 simplex ... visualis] linea visualis et simplex *B*   93 communius]
quaevis *AE*   94 magis consuetum] assuetum magis *B*   96 potentiae] partis *B*   proprium] partis sive potentiae *B*   98 sintillare *A*   2 sic de *om. B*
6 ac] aut *B*   8 generare solam *inv. B*   12 sic] ita *B*

95 neque - 96 iudicium: Cfr ARIST., *De Insomniis*, 2, 460 b 16-17.
97 pedalem - 98 est: ARIST., *De Anima*, III, 3, 428 b 3-4; *De Insomniis*, 1, 458 b
29; 2, 460 b 18-19.
98 scintillare - 99 moventur: ARIST., *De Caelo*, II, 8, 290 a 18-23.
1 tactus - 2 duplex: ARIST., *Metaph.*, IV (Γ), 6, 1011 a 33-34; *De Insomniis*, 2,
460 b 20-21. Vide BONITZ, *Index*, p. 165 a 31-33.
10 actiones - 11 sunt: AVER., *Metaph.*, IX, 7, f. 231 H.

¹⁵ positum agit et generat, et numquam forma per se neque generat
neque generatur. Et hoc apparet etiam 7° M e t a p h y s i c a e.
Unde, super eundem, dicit COMMENTATOR quod *impossibile est
formam immaterialem transmutare materiam. Non enim transmutat materiam, nisi illud quod est in materia.*

²⁰ Rursum, omne transmutans materiam sive alterans secundum
dispositionem materiae agit, similitudinem suam efficiendo in
passum. Quanto igitur materia obedientior fuerit alteranti seu
agenti, nihil mirum si pro tanto similitudinem recipiat expres-
siorem. Corpora igitur diaphana et polita, quia magis disposita
²⁵ et minus resistentia sunt actioni lucis et coloris, quam alia qui-
dem passa multa respectu suorum agentium, necesse est similitudines lucium et colorum cum figuris suis perfectius resultare
in mediis et in organo sensus, quam aliorum agentium in suis
passis, licet utrobique sola forma non sit agens seu alterans sed
³⁰ totum compositum, ratione tamen formae. Unde PHILOSOPHUS, 2°
D e A n i m a : *Sensus ab habente colorem aut humorem aut
sonum patitur, sed non in quantum unumquodque illorum dicitur, sed in quantum huiusmodi, et secundum rationem,* hoc
est secundum quandam rationem similitudinis, et non secun-
³⁵ dum quod unumquodque obiectorum est ens naturale in pro-
pria materia, prout PHILOSOPHUS satis declarat. Ex his autem palam est quare imago in speculo similior apparere potest suo
generanti, quam alia generata multa suis generantibus. Verum,
quia generatio talis est in materia, diversitatem habente aliqua-
⁴⁰ lem a materia generantis, opinati sunt illi propter hoc actionem
illam provenire a sola forma generantis. Haec autem est ridiculosa deceptio opinari quod sola forma ignis generat caliditatem

---

15 et¹] sive *B*   neque *del. E*²   17 Unde] Ubi *C*   18-19 Non ... materiam *om. E*   19 illud] id *B*   20 seu *B*   alternans *A*   22 sive *B*
25 coloris] *compendio* corporis *B*   26 multa *om. B*   27 luminum *B*   co-
lorum] *compendio* corporum *B*   29 sola *iter. B*   sit] fit *D*   agens] seu
agens *add. B*   32 illorum (eorum *A*) dicitur *inv. B*   36 autem] clare
add. B   38 multa suis] multis *B*

16 ARIST., *Metaph.,* VII (Z), 8-9.
17 impossibile - 19 materia: AVER., *Metaph.,* VII, 28, f. 178 C.
31 Sensus - 33 rationem: ARIST., *De Anima,* II, 12, 424 a 22-24.

in ferro, quia materia ferri alia est a materia ignis, qui in car-
bonibus existit.

His ergo consideratis, manifestum est quod forma intentio- 45
nalis de potentia materiae educitur, et numeratione subiecti
numeratur; nec est in qualibet parte subiecti tota, ut dicunt
quidam, alioquin esset forma separata a materia sive immaterialis, quod absurdum est dicere.

CAPITULUM 3   50

CONTRA PRAEMISSI ERRORIS OCCASIONEM

Ut autem radicalis occasio huius erroris amputetur, advertendum est hinc ortum habuisse errorem hunc, quia dicit PHI-
LOSOPHUS quod sensus speciem sensibilem recipit sine materia,
et COMMENTATOR, cum multis expositoribus, consuetus est has 55
species vocare intentiones vel formas abstractas a materia. Multi
itaque, sermones istos superficialiter speculantes et non mentem
intelligentes, per transsumptionem verborum decepti, aestimant
huiusmodi intentiones, tamquam formas abstractas a materia
simpliciter, in esse non constitui per sua subiecta, et per conse- 60
quens nec per eadem numerari.

Intelligenti autem nequaquam in dubium venit quin PHILOSO-
PHUS et COMMENTATOR, cum aliis, intellexerint quod huiusmodi
species sive intentiones in organo sensus et in medio sint tamquam in subiectis, in quantum scilicet intentiones existunt sive 65

43 qui] quae B   45 igitur B   47 enumeratur A   48 seu B   49 di-
cere] om. B : etc. add. C   54 sensibilis CD   55 consuetus est iter. A
57 istos] sed add. E   61 numerari post nec B   62 Intelligenti ...] nota
quomodo obviat hic doctor iste Alberto add. i.m. B'   63 intellexerunt B
65 subiectis] compendio substantiis BCDA

54 sensus - materia: ARIST., De Anima, II, 12, 424 a 18-19; III, 2, 425 b 23-24.
55 has - 56 materia: AVER., De Anima, II, 121, p. 317 (lin. 14 sqq.) et 122, p. 318
   (lin. 6-7). Vide etiam supra p. 72, 48-49 et infra p. 81, lin. 70-75.

species, et hoc quidem modo abstractae dicuntur et sunt ab
obiectorum materia et a natura illi propria, ut, verbi gratia, species albedinis, quae est in diaphano vel in oculo, abstracta est
ab illa materia, in qua est albedo in pariete vel in obiecto alio.
70 Unde COMMENTATOR: *Media quidem non recipiunt sensibilia cum*
corporibus in quibus existunt, sed abstracta a materia. Color
enim non videtur ita quod aliquid ex eo admisceatur cum aqua
aut aere, neque quod aliquid currat ab eo in aerem aut in
aquam, sed tantum recipiunt ab eo intentionem coloris abstrac-
75 *tam a materia. Unde dicimus in hoc et similibus quod compre-*
henduntur per medium extraneum. Recipit igitur sensus speciem
sensibilis sine materia ipsius sensibilis. Ipsa tamen species omnino sine materia non est, quia est in organo sensus ut in subiecto; similiter et alia numero species in medio existit.
80   Iuxta hoc quoque considerandum est, qualiter intentiones
huiusmodi formae spirituales esse dicantur, et non reales. Non
enim possunt dici spirituales, sicut substantiae separatae aliquando spirituales dicuntur, quia substantiae separatae non
sunt, neque immateriales simpliciter, quia tunc intelligibiles es-
85 sent et non sensibiles. Unde, nisi materiales essent, operatio
sentiendi per ipsas expleri non posset; materiales ergo sunt, vel
nihil sunt. Item, spirituales non sunt tamquam corpora quaedam
aerea vel ignea aut alia, quae propter subtilitatem suam et raritatem spiritualia dicuntur, secundum quod spiritus corpus sub-
90 tile dicitur; huiusmodi namque intentiones corpora non sunt,
cum aliis corporibus uniantur; *in eodem enim* loco *duo corpora*
simul esse non possunt. Palam igitur est quod substantiae spirituales nullo modo dici possunt, praesertim cum neque formae
substantiales sint, ut visum est supra.
95   Accidentales itaque formae existentes et materiales, non pos-

69 obiecto alio *inv.* A   72 quod] ut *AE*   ex] de *AE*   73 aut[1]] et *x*
75 consimilibus *x*   77 Ipsa ...] nota *add. i.m. B'*   81 dicuntur (?) *B*
82 possunt dici *inv.* B   82-83 aliquando ... separatae *om. BAE*

70 Media - 76 extraneum: AVER., *De Anima*, II, 101, p. 285 (lin. 52-53 et 57-62).
91 in - 92 possunt: ARIST., *De Anima*, II, 7, 418 b 17. Vide etiam *De Gener.*,
    I, 5, 321 a 8-9, etc.
94 supra: p. 76, 54 sqq.

sunt dici spirituales nisi per quandam transsumptionem et similitudinem vel aequivocationis vel analogiae ut, quemadmodum corpora subtilia et rara propter insensibilitatem eorum
aliqualem dicuntur spiritualia ad instar substantiarum separatarum, quae propter omnimodam insensibilitatem earum spiri- 00
tus vocantur aliquando, sic istae formae intentionales, quia debiliter sensibiles sunt secundum se et hoc modo insensibiles,
spirituales dici possunt. His enim modis Philosophus insensibile
distinguit 2° D e A n i m a: et similiter 1° D e G e n e r a t i o-
n e naturam corporalem distinguit in non sensatam et sensatam, 5
aerem et spiritum ponens pro exemplo. Unde Commentator, super 2° D e A n i m a: *Color habet duplex esse, quorum unum*
est in diaphano terminato seu in ipso *corpore colorato, et hoc est*
esse corporale sive *naturale; aliud* vero esse est *in diaphano non*
terminato, et est illud in quo est extraneum, et hoc est esse spi- 10
rituale. Licet igitur respectu formarum manifeste sensibilium, quarum subiecta sunt corpora terminata et densa, spirituales dicantur hae formae et abstractae a materia, ac etiam
non reales ea realitate, qua obiecta realia sunt secundum suam
naturam, nihilominus tamen in se res quaedam sunt, licet 15
quoquo modo insensibiles et immanifestae primo aspectu. Itaque duobus modis spirituales dici possunt, tum ratione insensibilitatis earum secundum se, quia formae quaedam sunt immanifestae de se, tum ratione insensibilitatis subiectorum suorum,
quorum ipsae sunt formae quaedam accidentales. 20

99 substantiarum *om. A*   00-1 insensibilitatem earum (eorum C) ... for-
mae] earum insensibilitatem vocantur aliquando spiritus sicut et illae *B*
2 sunt *om. x*   4 similiter] super *x*   5 naturam] materiam *B*   8 sive *B*
corpore] terminato et *add. B*   9 sive] et *B*   12 quorum *B*   subiecta]
substantia *x*   13 dicuntur(?) *B*   16 manifestae *x, sed ponit* in *E²⁸ᵛ*   Itaque ...] nota *add. i.m. B'*   17 tum] tamen *A*   17-18 indivisibilitatis *D*
19 tum] tamen *A*

3 His - 4 distinguit: Arist., *De Anima,* II, 12, 424 a 17-24; 7, 418 b 13 sqq.
5 naturam - 6 exemplo: Arist., *De Gener.,* I, 3, 318 b 29-33.
7 Color - 8 terminato: Aver., *De Anima,* II, 76, p. 246 (lin. 28-29).
8 in ipso - 9 corporale: *Ibidem,* II, 97, p. 277 (lin. 28-29).
9 naturale - 10 extraneum: *Ibidem,* II, 76, p. 246 (lin. 29-30).
10 et hoc - spirituale: *Ibidem,* II, 97, p. 277 (lin. 30).

CAPITULUM 4

QUOD INTENTIONALES FORMAE SENSIBILIUM SUNT REALES QUAEDAM FORMAE SIVE SPECIES

Si quidem autem hae formae accidentales non essent, aut si
25 absque materia simpliciter esse possent, accideret error DEMO-
CRITI, scilicet quod mediante vacuo formica in caelo videri posset a nobis, quod impossibile est. *Sensitivo enim patiente aliquid, fit ipsum videre,* ait PHILOSOPHUS. *Ab ipso autem colore
non potest* pati cum distet ab eo; *relinquitur ergo quod a medio*
30 organum patiatur. Intentiones igitur sine materia simpliciter
non sunt, cum sint passiones in medio et in organo sensus.

Adhuc, ut scribit PHILOSOPHUS, libro D e S o m n o, *alteratio
quaedam est sensus qui secundum actum,* et *ideo passio est non
solum sentientibus in sensitivis, sed* in *quiescentibus, et in pro-*
35 *fundo et superficietenus.* Unde, *si ad unum colorem multo tem-*
pore aspiciamus, aut album aut viridem, eiusdem modi videtur
ad quodcumque visum permutemus.

Rursum, 7° P h y s i c o r u m, PHILOSOPHUS de realiter alteran-
tibus determinans, probando alterans et alteratum simul esse,
40 declarat alterationem fieri realem a visibili, non solum in medio sed et in instrumento. COMMENTATOR autem, in illa parte,
duplicem distinguens modum alterationis, corporalem scilicet
et spiritualem, quamvis alterationem illam quae secundum sensus dicat spiritualem esse, non tamen ex hoc innuit ipsam non

26 scilicet *om. B*   formica] foramina *B*   26-27 videri ... nobis] a nobis
videri possent *B*   28 fit] sic *B*   29 eo] ipso *B*   30 simpliciter *om. x*
31 medio et] mediis vel *x*   34 in² *om. D*   36 aut²] vel *B*   38 Rursus *C*   40 visibili] vi sibi *B*   41 et] etiam *B*   43-44 sensum *B*

25 error - 29 medio: ARIST., *De Anima,* II, 7, 419 a 15-20.
32 alteratio - 35 superficietenus: ARIST., *De Insomniis,* 2, 459 b 4-7 (Transl. nova, ed. Drossaart Lulofs, p. 11, 4-7).
35 si - 37 permutemus: *Ibidem,* lin. 11-13 (— p. 11, 11-13).
40 alterationem - 41 instrumento: ARIST., *Physic.,* VII, 2, 245 a 22-24.
42 duplicem - 45 realem²: AVER., *Physic.,* VII, 12, f. 317 B-C.

realem existere, sed potius realem, secundum quod et 1° D e   45
G e n e r a t i o n e   scribitur quod *spiritus quidem et aer sunt
minus* entia quam corpora, quae magis tangibilia sunt; *secundum veritatem autem* entia *magis hoc aliquid et species quam
terra.* Unde Philosophus in hoc dicit animata ab inanimatis
differre, quod animata alterationes illas sentiunt seu cognoscunt. 50
inanimata vero nequaquam. *Et ipsi* quidem *sensus,* inquit, *al-
terantur; patiuntur enim. Actio etenim ipsorum motus est per
corpus, patiente sensu aliquid. Si quidem igitur sensibiles passiones sunt,* et *per has alteratio est.* Unde in fine illius capituli
sic concludit: *Manifestum igitur quod ipsum alterans in sensi-* 55
bilibus est et in sensitiva parte animae et *in alio nullo, nisi secundum accidens.* Hinc ergo manifestum est quod qualitercumque formae illae, secundum quas huiusmodi fiunt passiones et
alterationes, in comparatione sensibilium manifestorum spirituales esse dicantur et non reales; in se tamen sunt reales quo- 60
dammodo, sicut passiones quaedam sensiteriorum et mediorum,
licet aliis non penitus univoce.

Iterum, quamvis inter materiam naturalem obiecti et medii
et sensiterii sit aliqualis diversitas, secundum quod conveniens
est formae propriae, tanta tamen similitudo et identitas mate- 65
riae est inter ipsa, quod sufficit ad alterationem mutuam et actionem quandam et passionem. Et hoc patet ad sensum. Nam
ignis lignorum ardentium calefacit aerem et totum hominem,
alterans spiritus et nervos et oculos. Cum igitur in coloribus sit
contrarietas, quae ad alterationem sufficit et ad actionem et pas- 70
sionem, impossibile est ipsos approximari ad invicem quin al-
terent se invicem et patiantur, praesertim cum medium et or-

48 species] spiritus *x*   49 inanimatis] animatis *CDA*   50 seu cognoscunt]
sive percipiunt *B*   51-53 Et ... aliquid *om. B*   53 ergo *B*   54 per has
Arist.] per hoc *B* : haec *x*   55 alterans] alterationis *Arist.*   57 igitur *B*
59-60 esse dicuntur spirituales *B*   61 sensitivorum *B*   69 coloribus] corporibus *B*   sit] sunt *A*   71 ipsas approximare *B*

46 spiritus - 49 terra: Arist., *De Gener.,* I, 3, 318 b 29-33.
49 in - 51 nequaquam: Arist., *Physic.,* VII, 2, 244 b 27 - 245 a 20.
51 Et - 53 aliquid: *Ibidem,* 2, 244 b 25-27.
53 Si - 54 est: *Ibidem,* 2, 245 a 20-21.
55 Manifestum - 57 accidens: *Ibidem,* 3, 248 b 27-28.

ganum propria passiva sint talium activorum; propter quod de
necessitate sequitur id quod dicit Philosophus, libro D e M o-
75 t i b u s A n i m a l i u m, quod *sensus sunt quaedam alterationes* et passiones. Declarat autem hoc in libro D e S o m n o dicens quod, *si ad solem vel aliquod splendidum aspicientes,* postea *clauserimus* oculos, *observantes* eos sine motu interius, *primo quidem accidet visum videre huiusmodi colorem, donec*
80 *permutetur in* rubeum sive *puniceum, deinde in purpureum,
quousque in nigrum veniat colorem et evanescat.* Et infra subiungit Philosophus quod *visus non solum patitur aliquid ab
aere, sed et facit aliquid et movet, quemadmodum splendida,
nam visus* de numero *splendidorum* est *et colorem habentium*
85 aliqualem. Nec obstat illud quod *susceptivum coloris* esse debet
sine colore sive non color; haec *enim propositio, dicens quod
recipiens debet esse denudatum a natura recepti, intelligitur a
natura speciei illius recepti, et non a natura sui generis,* ut dicit
Commentator, 3° D e A n i m a. Verum, licet super 2^m velle
90 videatur quod visus colore simpliciter carere debeat et auditus
sono, hoc intelligit eo modo quo sunt in obiectis secundum esse
corporis terminati, ut visum est supra.

Quamvis igitur non eodem modo, tamen *omnia corpora colore
participant,* ut dicit Philosophus, licet quaedam manifestius,
95 quaedam autem latentius et insensibilius. Unde, in libro D e

---

74 id *iter. B* Philosophus] in *add. B* 77 vel] ad *add. x* 82 aliquid *post*
aere *x* 83 et^1] etiam *B* 84 habentium] habens *B* : humanum *A* : habet aquaeum *E* 85 illud] id *B* coloris] corporis *B* 87 deberet *C*
89 Commentator] in *add. B* 94 Philosophus] Aristotiles *B* 95 quaedam autem] et quaedam *x*

75 sensus - 76 passiones: Arist., *De Motu Animal.,* 7, 701 b 17-23.
77 si - 81 evanescat: Arist., *De Insomniis,* 2, 459 b 13-18 (Transl. nova, ed.
Drossaart Lulofs, p. 11, 14-19).
82 visus - 84 habentium: *Ibidem,* 2, 460 a 1-3 (— p. 13, 14-17).
85 susceptivum - 86 colore: Arist., *De Anima,* II, 7, 418 b 26-27.
86 enim - 88 generis: Aver., *De Anima,* III, 4, p. 386 (lin. 92-95).
90 visus - 91 sono: *Ibidem,* II, 118, p. 314 (lin. 29-32).
92 supra: p. 82, 7-10.
93 omnia - 94 participant: Arist., *De Sensu,* 1, 437 a 7.

C o l o r i b u s, simplicibus corporibus, tam elementis quam caelestibus, simplices Philosophus attribuit colores; compositis vero
commixtos. Item, in libro D e S e n s u   e t S e n s a t o, Philosophus dicit perspicua colorem habere aliquem, exemplificando
de aere et aqua et demonstrando definitionem coloris ex natura   00
perspicui; unde, nisi coloris natura in perspicuo radicaretur indeterminato, nequaquam in corpore determinato extremitas perspicui color esset. Cum igitur omnia corpora colore participent,
tam mixta quam simplicia, tam diaphana quam pupilla oculi
sive humor glacialis, ipsaque generabilia in materia conveniant,   5
quae ad actionem sufficiat et passionem, et natura contrarietatis
in coloribus contineatur, necesse est ea quodammodo realiter
alterari ab invicem et pati secundum hoc et commisceri per
consequens, si sufficienter approximentur, licet alterationes
huiusmodi et passiones et commixtiones propter debilitatem   10
suam et insensibilitatem lateant interdum, secundum quod par-
vus sonus inaudibilis iudicatur.

Et hinc est quod dicit Philosophus, libro De C o l o r i b u s,
quod *nullum colorem sincerum videmus secundum quod est,*
sed omnes commixtos in aliis; lucis enim splendoribus mixti   15
diversis, et sic invicem delati, colorantur. Lumen enim quando
incidens a quibusdam coloratur, et fit puniceum aut herbeum,
et repercussum incidit ad alium colorem, et hanc *commixtionem*
sustinens, continue quidem sed non sensibiliter, quandoque ac-
cedit ad visum ex multis quidem coloribus, uno autem maxime   20
dominante, faciens sensum. Unde et [quae] *in aqua in speciem*
aquae magis videtur, et quae in speculis similes habentia colores

97 tribuit A   compositas B   00 coloris] corporis B   1 nisi] nec D
coloris] corporis B   3 ergo C   colorem B   participant B   5 seu B
9-10 licet ... huiusmodi] huiusmodi alterationes B   13 Philosophus] in
add. B   14 colore sincere B   16 quandoque B   17 a *Ps.-Arist.*] est
codd.   fit] sic B   18 ad] in C   19-20 accidit AE   21 quae] qui A
22 videntur B   22-23 similes ... speculis *om. A*

96 simplicibus - 97 colores: Ps. - Arist., *De Coloribus,* 1, 791 a 1-4.
97 compositis - 98 commixtos: *Ibidem,* 2, 792 a 4-6.
99 perspicua - 1 perspicui: Arist., *De Sensu,* 3, 439 a 26 - b 14.
14 nullum - 15 mixti: Ps. - Arist., *De Coloribus,* 3, 793 b 12-15.
16 invicem - 26 coloribus: *Ibidem,* 3, 793 b 22-794 a 1.

eis quae sunt in speculis. Quod etiam et in aere opinandum
est accidere. Quare ex tribus esse colores omnes mixtos, inquit
25 PHILOSOPHUS, *luce* scilicet, *et per quae videtur lux, et subiectis*
coloribus.

Rursus, 3° M e t e o r o r u m sustentatus est super his in declarando colores iridis. Idem quoque vult ALHAZEN, 7° suae
P e r s p e c t i v a e .

30   Adhuc, et AVERROES in libro D e S e n s u e t S e n s a t o :
Et signum, inquit, *quod aer patitur a colore et recipit eum est*
quod apparet de coloratione eiusdem rei secundum illud per
quod transeunt nubes lucidae; verbi gratia, quando nubes trans-
eunt per plantas virides multotiens, colorantur parietes per colo-
35 *rem illarum plantarum.*

Item, secundum quod vult ALHAZEN, *formae quae super unam*
verticationem, hoc est secundum eandem directionem linearum
imaginatarum, seu quae ex una oppositione *ad visum veniunt,*
non possunt comprehendi a visu nisi admixtae, praesertim si
40 illarum formarum seu colorum actiones propinquae sint in fortitudine. Si vero splendor unius fortior fuerit, ille superabit
alium, *et sic a visu non comprehendetur debilis color* neque
etiam lux debilis, fortiori praesente. *Stellae ergo,* inquit, *non*
comprehenduntur a visu in luce diei, quia lux quae pervenit in
45 *aere est fortior luce stellarum;* unde *lux ignis debilis in luce*
solis non apparet neque *noctilucae in luce diei.* Insuper, non
solum hoc accidit duobus splendoribus secundum unam verticationem procedentibus, sed secundum duas aut plures aliquando, praecipue si propinquae sint et fortitudo alterius dominetur.
50 Hoc enim ad sensum experimur.

---

23 et *om.* C   25 luce scilicet] *lac. A*   28 Alhazen] in *add.* B   suae *om.* B
30 Adhuc et] Ad hoc etiam B   31 est *om.* B   38 imaginativarum E
seu] sive B   40 seu] sive B   42 deprehendetur D   43 ergo] igitur B
44 comprehendunt A   lucem B   quae pervenit (pro- CD)] perveniens B
45 luce] lumine x   46 solis] solidum B

27-28: ARIST., *Meteor.,* III, 4.
28-29: ALHAZEN, *Optica,* lib. VII, p. 231 sqq.
31 Et - 35 plantarum: AVER., *De Sensu et Sensato,* p. 17-18 (lin. 3-8).
36 formae - 46 diei: ALHAZEN, *Optica,* lib. I, c. 5, n. 32, p. 19.

His itaque visis, palam est deceptos esse dicentes colorum
intentiones nullam in medio facere commixtionem neque alterationem realem, tamquam spirituales et sine materia existentes,
et ita sine repugnantia simul se compati cum distinctione in
eodem indivisibili. Decepti sunt utique, quia diversos modos 55
spiritualium formarum et materiae similiter non distinxerunt,
putantes illas tantum esse formas reales, quae materiam habent
manifestae sensibilitatis, ut sunt corpora terminata et densa,
non reales vero illas, quae propter subtilitatem et sensibilitatis
debilitatem non sic apparent manifeste, cum econtrario PHILO- 60
SOPHUS, in 1° De Generatione, magis entia secundum
veritatem dicat esse corpora insensibiliora, aerem scilicet et spiritum, quam terram seu alia corpora magis sensibilia. Sunt igitur hae formae intentionales sine materia quidem manifestae
sensibilitatis, sed non omnimode sine materia corporali, ut vi- 65
sum est. Et licet spirituales sint eo modo quo dictum est, non
tamen sunt ita spirituales quod simul esse possint sine commixtione aut repugnantia, quia neque corporalitate privantur omnino neque natura contrariorum. Unde, quamvis non sunt reales
illa realitate corporalitatis sensibilis et terminatae qua sua obiec- 70
ta, quorum sunt similitudines et intentiones, nihil tamen prohibet
ipsas secundum se esse quaedam entia et formas accidentales, ut
visum est, secundum quod similitudo rei alicuius, quamvis aliquando dicatur esse non res sed similitudo rei, quia non est res
illa cuius est similitudo, vel quia non est ei similis in omnibus, 75
in se tamen considerata, nihil prohibet quin sit ens aliquod,
puta statua vel pictura, vel phantasma aliquod significans aliud
quam idipsum quod in se existit.

51 esse] de quibus supra in capitulo add. B   58 sensibilitatis iter. B
67-68 admixtione C   68 privatur C   71 intentiones] et add. D   tamen]
propter add. E   75 vel om. B   quia non est ei ad finem capituli] locum
istum signo et asterisco adnotavit B'   76 aliquod] aliquid B   77 puta ...
pictura om. D   78 ipsum B

61 magis - 63 sensibilia: ARIST., De Gener., I, 3, 318 b 29-33.
65-66 visum est: p. 81, 77-79.
66 dictum est: p. 81, 80 sqq.
73 visum est: p. 76, 52 sqq.

Ex his ergo patet huiusmodi formas, ratione qua intentiones
80 sunt et similitudines quaedam suorum agentium, in genere re-
lationis esse; ratione vero qua passiones sunt et alterationes
quaedam, in qualitatis genere collocari.

CAPITULUM 5

CONTRA QUENDAM ERROREM CIRCA REALITATEM SPECIERUM
85   INTENTIONALIUM

Quoniam vero realitati congruit ut sermonis latitudo sit secundum quod oportet, latere etiam nos non debet quorundam
opinionem, intentionalibus formis realitatem attribuendo, ex-
cedere.
90 Opinati sunt enim quidam huiusmodi species cum suis agen-
tibus essentia convenire et nomine ac definitione, nam sunt
effectus agentium quorum ratio est sibi passum assimilare; erit
igitur effectus similis. Et quoniam actio fortior est in propinquiori et priori quam in posteriori et remotiori, videtur eis pri-
95 mam passi speciem magis de similitudine agentis participare
quam alias. Dixerunt ergo agens et eius speciem intentionalem
convenire in essentia et definitione, et non differre nisi secundum quod in eadem specie completum et incompletum differunt.
Huic autem consonare videtur id quod PTOLEMAEUS ait 2° D e
00 O p t i c i s: *a luce et colore advenire medio et visui coloratio-*

---

79 Ex his ...] nota *add. i.m. B'*   igitur *B*   82 quaedam *om. D*   88 opi-
nionem] de *add. B*   90 quidam *om. B*   cum suis *inv. B*   91 essentia]
essentialiter *p. corr. E²*   93 Et quoniam *inv. B*   96 igitur *BD*   97 dif-
ferre] in esse *add. D* : et non ... esse *exp. D¹*   99 ptholomeus *BDAE* : tho-
lomeus *C*   00 Opticis] obticis *codd.*   colore] corpore *B*

90 huiusmodi - 4 lucis: ROGERUS BACON, *De Multiplicatione Specierum*, Pars I,
   c. 1, p. 410-412. Verba *a luce... illuminationem* ad litteram inveniuntur
   apud R. BACON, p. 412, sed non apud PTOLEMAEUM, *Optica*, Sermo II, § 23.
   Ed. A. Lejeune, p. 22-23.

nem et illuminationem. Per experimentum etiam *videmus so-*
larem radium incidentem per foramen vel per vitrum consimiliter facere; *coloratio* autem *non est nisi per esse coloris, neque*
illuminatio ⟨nisi per esse lucis⟩.

Verum, ex hac opinione sequitur non solum quod imago ho- 5
minis in speculo vel in alio quolibet diaphano sit verus homo,
et multa consimilia impossibilia, sed et quod omnis alteratio
subito fiat de extremo in extremum sine medio; cuius oppositum non tantum demonstrat Philosophus sed et sensus convincit.
Quod ergo arguitur: agens inducit effectum sibi similem, bene 10
quidem, dum tamen sufficiens sit ex parte sua, et ex parte materiae non sit defectus nec alias impedimentum. Et quia actio
naturalis in instanti esse non potest, necessario tempus requiritur ad perficiendam actionem, et ob hoc in principio actionis
minimum habet similitudinis agentis ipsum passum. Est igitur 15
aequivocatio propinquitatis ad agens in illo argumento, aut non
salvatur ibi paritas conditionum quae requiruntur ad similitudinis maioritatem.

Ad excessum quidem igitur huius opinionis cohibendum attendere debemus quod non quaelibet forma in materia qua- 20
cumque potest existere, sed proportionalis in sibi proportionali
tantum; propter quod definitio, quae non tantum formam sed
et materiam formae aggregatam accipit, illis convenire non potest, quae similitudinem habent in forma, nisi et materia propria rationis sit eiusdem. Et quia non omnino eiusdem rationis 25
est materia obiecti et medii et sensiterii, similiter propter hoc
nec qualitates in eis existentes definitione nec essentia convenire possunt, licet in apparentia quandam similitudinem intentionalem habere videantur. Et quoniam esse qualitatum sensi-

2 per² *om.* C   4 nisi ... lucis *supplevi ex Rog. Bacon De Multiplic. Spec.,*
p. 412   10 inducit] producit B   bene] unde B   11 sit] est B   13 in
instanti *om.* B   non *om.* D   requiritur] relinquitur B   15 similitudinem AE   17 solvatur AE, *sed* accipitur (?) *corr.* E²   requiritur AE
19-20 attendere debemus] advertendum B   23 et materiam] materiam
etiam B : materiam C   26 sensitivi *in ras.* E²   29 esse] omne C

8 cuius - 9 Philosophus: Arist., *De Sensu,* 6, 446 a 20 - 447 a 11.
29 Et - 33 vocatum est: Aver., *De Anima,* II, 76 et 97. Aver. lat., p. 246 (lin.
28-30) et p. 277 (lin. 28-30).

30 bilium in subiectis propriis corporale vocatur, idcirco consimilium esse qualitatum in extranea materia, cui nihil admiscetur
de propria nec influit, ut dicit Commentator, spirituale esse vocatum est; unde non est idem esse colorationis utrobique.

CAPITULUM 6

35   QUID EST FORMA SIVE SPECIES INTENTIONALIS

Palam igitur ex dictis est quod intentionalis forma sensibilium, contrarium quidem habentium, est alterabilis passio quaedam, in extranea materia a qualitatibus sensibilibus facta. Haec
enim materia spiritualis in genere manifestorum sensibilium
40 extranea dici potest non absurde, nam quodammodo insensibilis
esse dicitur, ut visum est supra, propter debilem eius sensibilitatem. Cum enim de ratione sensibilium qualitatum sit quod earum subiecta denominationem ab eis recipiant et qualia dicantur secundum ipsas, tantae debilitatis est haec spiritualis materia
45 et tantae insensibilitatis, quod passiones sensibiles in ipsa existentes non sentiuntur manifeste aut vix sentiri possunt, et per
consequens nec ab eis denominatur; propter quod extranea merito dici potest haec materia, cum propter eius insensibilitatem
qualitates sensibiles in ipsa existentes denominandi ratione pri-
50 ventur.
Adhuc, quia debilis est et subtilis, necesse est ipsam facile
passibilem esse a quolibet alterante et debilis retentionis et
infirmae, secundum Alhazen vero alterationis non fixae et re-

36 dictis] hiis B   37 contrarium] aliquod *add.* B : contrariarum A : contrarietatem *in ras.* E² 41 dicitur] videtur D   visum] dictum B   42 Cum
...] 5° pntorum (praedicamentorum?) *i.m.* D   42-43 earum] eorum C
43 denominationem *post* ab eis B   46 aut] vel B   53 vero] autem B

41 supra: p. 81, 95 sqq. et 83, 38 sqq.
42 Cum - 44 ipsas: Cfr Arist., *Categ.*, 5, 2 a 27-34; 8, 10 a 27-32; *Metaph.*, VII
   (Z), 7, 1033 a 5 sqq.; IX (Θ), 7, 1049 a 29-34.
53 alterationis - 54 reddendum: Alhazen, *Optica*, lib. I, c. 5, n. 28, p. 17.

ceptionis non ad colorandum sed ad reddendum; propter debile igitur esse qualitatum in ea et facilem corruptionem, rationabile 55 etiam est ipsam ab illis non denominari, nisi fortassis ab aliqua qualitate sensibilius et firmius informetur.

Quamvis itaque haec materia in comparatione propriae materiae sensibilium qualitatum extranea dicatur, naturalis tamen est huiusmodi formis intentionalibus, quae ab eius potentia 60 eductae naturaliter tamquam accidentales formae generantur. Licet enim imprimatur ei forma obiecti sicut in cera sigillum, hoc tamen non est ita quod forma imprimentis eadem numero illi impressa remaneat; hoc enim impossibile est, cum forma materialis extra suum subiectum esse non possit, sed propter 65 similitudinem specie dicitur eadem vel genere, secundum diversas illius similitudinis conditiones. Et ideo lumen a sole seu a corpore lucente proveniens in aliud corpus diaphanum seu politum et nitidum non est unum numero emissum ab hoc in illud, puta radius unus numero, nisi mathematice loquendo, 70 sed est quaedam similitudo sive species continuata quodammodo per continuationem corporum ad invicem, de quorum quidem uniuscuiusque potentia, praecise loquendo, species educitur propria sive similitudo luminis, differens quidem haec ab illa, tam numero quam aliis conditionibus, secundum quod 75 materia in corporibus illis est diversa. Accidens quippe nullum

56 etiam est *inv. E*   illis] ipsis *B*   non *om. x*   57 et firmius *om. B*
60 ab eius] ex eis *B*   65 possit] *compendio* potest *B*   67 similitudines *A*   68 aliud] illud *AE*   72 per] species *add. B*   73 quidem] quidam *BCD*   uniuscuiusque] unicus que *B*   74 similitudinis *x*

62 Licet - sigillum: ARIST., *De Anima*, II, 12, 424 a 17-24.
76 Accidens - 78 perimatur: Cfr BOETHIUS, *In Categ.*, lib. I. Pl 64, 172 D - 173 B. Plures scholastici Boethio similem locutionem assignant, v. g. GUALTERUS DE BRUGIS, *Quaest. Disp.*, q. 11, ad 2 (p. 109): accidentia, quae perimi possunt, alterari nequaquam secundum Boethium; HENRICUS GANDAV., *Quodlibet VIII*, q. 33 (Tom. II, fol. 53ra): accidentia secundum Boetium perimi possunt, alterari (scilicet per migrationem) non possunt; *Quodlibet XV*, q. 6 (Tom. II, fol. 371ra): secundum Boetium super Porphyrium, accidentia perimi possunt, alterari non possunt, scilicet a subiecto in subiectum migrando. — Ps. - BEDA, *Sententiae sive axiomata philosophica*, sectio I (PL 90, 968 D): Accidens non migrat de subiecto in subiectum; S. THOMAS, *S. Th.*, III, q. 77, a. 1 c: Accidentia non transeunt de subiecto in subiectum.

idem numero transferri seu transmutari potest de subiecto in
subiectum quin potius perimatur, ut ait BOETHIUS. Eademque
ratio est universaliter de qualibet forma materiali. *Unam enim*
80 *formam habere plura quam unum subiectum impossibile est,*
ut etiam ait AVERROES in libro D e S u b s t a n t i a O r b i s;
diversitas namque materiae numero diversitatem in forma necessario causat numeralem. Per actionem igitur obiecti agentis
in hanc materiam, de potentia eius extrahitur talis forma, et
85 non ita quod aliqua pars obiecti currat in hanc materiam et ex
tali admixtione fiat haec forma, secundum quod quidam ex
fumali evaporatione odorabilis opinati sunt odorem generari.
Hoc enim reprobando, dicit COMMENTATOR quod fumalis evaporatio est esse corporale et non spirituale, quale est esse formae
90 intentionalis, ut visum est, quo tigrides et vultures olfaciunt a
longinquo et canes quidem mirabiliter investigant. Adhuc autem
et manifestius hoc apparet in visibilibus, quorum quaedam ab
octava sphaera agunt in visum nostrum.

Hoc autem non obstante, nihil prohibet quin secundum
95 diversas mediorum dispositiones et obiectorum naturam et
sensuum, non per defluxionem partium obiecti seu agentis in
passum, et illorum ad invicem *alteratorum unionem miscibilium,*
sed alterius rationis commixtiones in mediis et sensibus gene-
rentur, secundum quod caliditas a sole impressa lapidi vel
00 aquae, frigiditatem eius remittens, qualitatem causat quasi com-
mixtam ex calido et frigido. Et haec commixtio declarata est a
PHILOSOPHO in libro D e C o l o r i b u s, ut visum est supra.

77 seu] sive *B*   78 perimatur] perimitur au *B*   ait] dicit *E*   80 plura
quam] nisi *x*   82 in forma *post* necessario *B*   85 ex *om. B*   86 haec
forma *om. B*   90 quo] quomodo *B*   92 manifestum *B*   97 miscibi-
lium] visibilium *x*   98-99 generantur *B*   99 caliditates *A*   lapidi] lampadi *A*   1 frigidio *D*

79 Unam - 80 est: AVER., *De Subst. Orbis,* c. 1, f. 3 K-L: Unum enim subiectum
    habere plusquam unam formam est impossibile.
86 quidam - 91 longinquo: AVER., *De Anima,* II, 97, p. 277 (lin. 30-43). Sententia
    impugnata forte est AVICENNAE, *De Anima,* pars II, c. 5, f. 9ra: Nos autem
    dicimus...
90 visum est: p. 81, 80 sqq.
97 alteratorum - miscibilium: ARIST., *De Gener.,* I, 10, 328 b 22,
  2 supra: p. 86, 13 sqq.

CAPITULUM 7

DE FORMIS INTENTIONALIBUS VISIBILIUM SEU COLORUM IN
SPECIALI   5

Nunc igitur ad intentiones visibilium specialiter revertentes,
dicamus quod a quibuscumque coloribus, quantumcumque
diversis seu contrariis, possibile est simul aerem alterari spiritualiter seu intentionaliter, ut visum est, ac etiam realiter. Sed
omnes formae intentionales subiecto sunt una forma et non 10
plures, si medium unum est, et per consequens commixtae quodammodo, licet admixtiones hae nos lateant propter earum
insensibilitatem in aere. Huiusmodi enim alteratio fixa non est,
ut dicit ALHAZEN, id est: non sensibilem in diaphano causat tinc-
turam; propter quod impedire non potest huiusmodi commixtio 15
transitum alterationis, a quolibet colorum obiectorum et per
quamlibet partem aeris ad visum procedentis. Et hoc est quod
dicit ALHAZEN, quod aer et consimilia *diaphana non recipiunt*
formas istas nisi receptione ad reddendum; non tamen vult quin
aliqualis sit ibi alteratio retenta, licet sine tinctura manifesta. 20
Et quia a quolibet puncto cuiuslibet partis, seu diversorum
colorum seu unius, imaginari possunt diversae lineae diversarum formarum intentionalium, multipliciter se intersecantium
sine impedimento contrarietatis aut resistentiae, idcirco quamplures, imaginationi credentes, per ipsam iudicant res ita se ha- 25
bere, non attendentes illud PHILOSOPHI, 3° P h y s i c o r u m, quod
imaginationi credere inconveniens est. Forma quidem enim in-

6 ergo C   intententiones B   7 quibuscumque] quibusdam BA   9 seu]
sive B   11 commixtae] admixtae B : commixto A   12 nos] non B   earum
om. A   16 et *om. x*   20 aliqualis ibi sit CE : ibi aliqualis sit D   retenta]
reddenda D   21-22 seu ... seu] sive ... sive B

9 visum est: c.4.
13 Huiusmodi - est: ALHAZEN, *Optica,* lib. I, c. 5, n. 28, p. 17
18 diaphana - 19 reddendum: Ut lin. 13.
27 imaginationi - est: ARIST., *Physic.,* III, 8, 208 a 14-15 (intelligentiae = imaginationi, vide S. THOMAS, *In Physic.,* lib. III, lect. 13, n. 4, p. 143 a).

tentionalis non fortius imprimitur in medio quam imago in speculo. Probat autem sufficienter ALHAZEN necnon et AVICENNA, ut
30 dictum est supra, quod forma visa in speculo distincte quidem
impressa non est eidem, sed comprehensionem illius facit reflexio, quae fit per ipsum speculum. Idem ergo iudicium facien-
do de imagine in speculo, quantum ad modum videndi qui fit
per reflexionem, et de forma intentionali in diaphano, quantum
35 ad modum videndi per lineam rectam, manifestum est quod, licet in medio aliqua fiat alteratio ab obiecto, formae tamen intentionales non distincte medio sunt impressae. Unde, quamvis
secundum imaginationem iudicentur distinctae et plures numero, quia per eandem partem medii sic apparent, prout diversis
40 respectibus obiecta ad visum referuntur, nihil tamen prohibet
illas realiter unum esse subiecto, ut visum est, prout in medio
debilem quandam faciunt commixtionem. Huiusmodi autem
impressione propter insensibilitatem eius non obstante, per idem
medium in visum agere potest obiectum quodlibet quasi absque
45 resistentia, ac si immediate color ageret in visum, ut vult Avi-
CENNA.

Ob hoc igitur dixit ALHAZEN quod *formae lucis et coloris non
admiscentur in aere et* in consimilibus *diaphanis, et quod visus
multi comprehendunt ipsos* diversos *in aere, in eodem tempore.*
50 Color quidem enim sensibilitatem non facit manifestam, nisi
cum est in corpore terminato; propter quod, secundum quod
in aere est, per se agere non potest in visum nisi tamquam medium, directe reddens actionem obiecti in visum sine diverberatione apparente propter subtilitatem et raritatem eius. Sic
55 etenim videtur obiectum in distantia rectilineari. Quod si diaphana diversa fuerint et quaedam aliis magis densa, contingit

36 aliqua fiat *inv. AE*   38 indistinctae *D*   39 apparent] patet *B*
42 Huiusmodi] huius *B*   44 potest] propter *A*   47 ergo *B*   49 multi]
non *add. E*ˣˢᵛ   comprehendit *B*   50 Color] Calor *B*   enim *om. A*   52 in
aere *post* est *E*   52-53 nisi ... visum *om. BA*   53-54 diversificatione *p.*
corr. ex. diverberatione (?) *E*²   55 distantia] substantia *AE*   56 alia *A*

30 supra: p. 77, 79 sqq.
41 visum est: p. 94, 9 sqq.
43 per - 45 visum: Cfr AVICENNA, *De Anima*, pars III, c. 7, f. 15ᵛᵇ.
47 formae - 49 tempore: ALHAZEN, *Optica*, lib. I, c. 5, n. 30, p. 18.

obiectum videri per lineas fractas et non in recta linea propter
resistentiam mediorum, quemadmodum fractus apparet baculus
rectus, partim in aere partimque in aqua positus. Et hinc est
etiam quod eadem non apparet, sed diversa, distantia stellae 60
fixae ab aequinoctiali circulo vel ab ecliptica, seu duarum aut
trium stellarum inter se, cum in ortu sunt aut occasu et quando
sunt in medio caeli, secundum quod ALHAZEN declarat in 7°.
In talibus quidem enim densioribus sensibilibus apparet alteratio colorum et commixtio tam mediorum quam obiecti.   65
    Unde, secundum diversas passi conditiones, diversae fiunt
impressiones ab agente; quapropter nihil prohibet eandem actionem aliter recipi in medio et in sensu. Et hoc in multis ad sensum experimur. Non enim aer ab igne sic calefit sicut lapis aere
mediante, nec ita splendet lumen receptum in aere sicut in aqua 70
limpida in vitro rotundo contenta, aut sicut supra manum si post
vitrum huiusmodi teneatur, aut alio quolibet modo.

CAPITULUM 8

DE MULTIPLICATIONE RADIORUM LUMINARIUM ET SPECIERUM
EORUM IN DIAPHANO   75

De lumine quidem autem considerandum quia, cum non sit
aliud quam *actus diaphani secundum quod diaphanum,* nec
habeat contrarium sicut colores habent, diversis in medio luminibus congregatis, non videtur ratio commixtionis accidere
quantum est de ratione formalitatis. Attamen, quia lumen for- 80

59 partimque] partim *x*   59-60 est etiam *inv. B*   61 seu] sive *B*
62-63 et (etiam *B*) ... caeli *om. AE*   64 densionibus *CAE*   65 colorum]
corporis *B*   68 Et] in *add. D*   70 receptum *post* aere *B*   71 vitro (vit° *B*)] vitreo *x*   72 huiusmodi *om. B*   74 multiplicitate *B*   75 earum *B*   78 sicut] secundum quod quod *B*

60 eadem - 63 caeli: ALHAZEN, *Optica,* lib. VII, c. 7, n. 51-55, p. 278-282.
69 Non - 70 mediante: ARIST., *De Gen. et Cor.,* I, 9, 327 a 4-5.
77 actus - diaphanum: ARIST., *De Anima.* II. 7, 418 b 9-10.

ma quaedam est cuius esse sine subiecto non est, idcirco numerum eius necesse est a subiecto dependere. In uno igitur diaphano diversa lumina neque commiscentur proprie loquendo, neque repugnant sibi invicem, neque sunt impedimenta quantum
85 est de ratione luminis in se, sed cum sint subiecto unum lumen,
necesse est ipsa uniri per modum additionis in maiorem perfectionem. Quapropter ex multiplicatione luminum fortificatur illuminatio, secundum quod etiam experimur. Verum, quia per
idem medium diversa corpora luminosa interdum videntur si-
90 mul et distincte, opinati sunt aliqui, phantasia ducti, quod illam
numerosam specierum seu intentionum distinctionem, quae est
ex ipsis videntibus aut esse potest in eis, necesse est inesse medio, tam divisibiliter quam indivisibiliter, secundum quamlibet eius partem, et cum hoc distincte figuratam. Sed non est
95 hoc necessarium, nam alio modo salvantur apparentia, ut iam
dictum est de intentionibus colorum. Quinimmo, et in sono similiter accidit seu in voce, quae sensibiliter motus quidam aeris
est; proculdubio unius etenim sermo loquentis, quasi per modum radiorum seu reflexionum multiplicium se invicem pene-
00 trantium omniquaque, diffunditur ad auditus plurimorum.

Notandum autem quod, licet propter singularem spiritualita-
tem naturae luminis et eius affinitatem ad immaterialia, non est
inconveniens aliquid sibi proprium esse in quo reliqua transcendit materialia, nihilominus hypostasis quidem colorum et ratio
5 quaedam lumen seu lux esse dicitur, non quia tamquam subiectum eorum materialior sit eisdem, sed quia virtute color omnis
est; diversis enim diaphanis, non quidem sensibiliter coloratis,
incidens diversimode, per diversas fractiones et varias efficit
colorum phantasias, secundum quod PHILOSOPHO et COMMENTA-
10 TORI suo etiam sensus attestatur.

82 necesse est *post* subiecto *B*   84 impedimento *x*   85 sint] in *add. x*
88 per *om. AE, sed ponit i.m.* circa *E²*   90 illam] illi *A*   92 ex] in *B*
95 nam] cum *AE*   97 motus quidam *inv. A*   4 colorum et ratio] corporum ratioque *B*   5 seu] sive *B*   6 materialis *CDA* : materiale *E*   sit]
fit *A*   7 dyafinis *A*   8 varias] diversas *add. x*   afficit *AE*   9 et]
etiam *B*   10 etiam sensus *inv. B*

96 dictum est: c. 7.
7 diversis - 9 phantasias: ARIST., *De Sensu,* 3, 439 b 1-7.

Obliviscendum itaque non est quod, sicut dictum est de intentionibus colorum in medio, sic intelligendum est etiam de diversis luminibus in diaphano iuxta modum suum. Lumen quippe forma materialis est secundum rationem formarum intentionalium, licet minus materialis sit intentionibus colorum 15 et spiritualior, adhuc et propinquior naturae substantiali. Unde et PHILOSOPHUS ait quod *lumen actus est diaphani secundum quod diaphanum*. Item, et *per inesse aliquid lumen est,* inquit, *sed non motus aliquis*. Et secundum aliam translationem: *in eo autem quod est aliquid, est lumen,* ait, *sed non motio,* per hoc in- 20 tendens deciarare quod luminis generatio successive non fiat, seu per motum, cum sit quasi esse quoddam adveniens subiecto privato quatenus alterationes, quae in talibus subito fiant et non successive per motum, sicut a privatione in habitum; nihil enim aliud tenebra dicitur quam privatio luminis et *lumen actus dia- 25 phani secundum quod diaphanum*. Unde sic etiam *per inesse aliquid lumen est,* quod nulla qualitas ei contraria nec habitus aliquis in subiecto corrumpitur cui advenit, sed privatum simpliciter perficitur per inesse.

Atvero, praetermitti non convenit quod dicit PHILOSOPHUS, 3° 30 M e t e o r o r u m, de quodam qui semper videre solebat idolum suum in aere, qui illi erat pro speculo; unde ab aere non

12 celorum A   etiam *om.* B   14 est *om.* B   16 substantiali] spirituali
p. *corr.* E²   17 actus est *inv.* B : actus et DA   18 et] quod AE   aliquid]
aliquod A   19 aliquis *Arist.*] aliquid *codd.*   20-21 tendens A   22 quasi esse quoddam] esse quiddam quasi B   24 successive] subiective B
30 Atvero] Ac vero B   32 qui] quod B

11 dictum est: c. 7.
17 lumen - 18 diaphanum: ARIST., *De Anima,* II, 7, 418 b 9-10.
18 per - 19 aliquis: ARIST., *De Sensu,* 6, 446 b 27-28.
19 in eo - 20 motio: *Ibidem,* Vetus transl. Cod. Bruxell. II 2558, f. 105ʳ.
22 cum - 24 habitum: Cfr S. THOMAS, *In De Sensu,* lect. 16, n. 243: Unde recipitur lumen in diaphano sicut quaedam qualitas adventitia; et n. 252: lumen non habet contrarium, sed tenebra opponitur ei sicut simplex privatio, et ideo illuminatio fit subito.
24 nihil - 25 luminis: ARIST., *De Anima,* II, 7, 418 b 18-19.
25 lumen - 26 diaphanum: Vide supra, lin. 17-18.
26 per - 27 est: Vide supra, lin. 18.
31 de - 33 refractio: ARIST., *Meteor.,* III, 4, 373 b 3-9.

inspissato, ut inquit, fiebat refractio. Quod si nulla resistentia
penitus esset in aere, sed pura privatio lucis ante illuminatio-
35 nem eius, non posset hoc accidere quod dicit Philosophus. Unde
et litterae legibiles existentes a certa distantia visus, secundum
quod magis elongatur distantia, minus legibiles apparent. Item,
nec obscurior nobis appareret parvula lux, puta scintilla, a remoto quam a propinquo, aut etiam radius solis vel lucis alterius
40 transiens per foramen et super obiectum aliquod incidens remotum a foramine, nisi aliqua in aere resistentia esset in receptione luminis. Hinc enim est quod radius, per foramen transiens
angulosum et super obiectum remotum incidens, circularis quidem figurae fit et non angulosae; debilitatus namque per medii
45 resistentiam, radius non est potens figuram retinere foraminis
distincte, sed deficiente quidem virtute figurationis propriae,
confunduntur et corrumpuntur anguli, in primordialem omnium
et simplicissimam coeuntes figuram, quae est circularis. Unde
etiam, quia sic debilitatur continue radius, quanto in longin-
50 quum magis ac magis protenditur, tanto fit obscurior et sensibiliter in confinio eius cum umbroso magis ac magis tremit, atque
confunditur lumen cum umbroso.

Rursum, testatur Alhazen, ut patet supra, quod lux aeris impedit quod stellas non videmus de die. Haec autem lux nisi
55 ab aere reflecteretur, ad visum nostrum pervenire non posset,
oculis nostris sursum conversis et aversis a sole.

Attendendum igitur est quod, quamvis tenebra secundum se
sit privatio luminis simpliciter, tamen secundum quod in ali-

33 inspissato ut] inspissata B   33-34 esset penitus resistentia B   34-35 illuminationem eius inv. B   35 possit A   37 magis] plus B   38 appare-
ret] apparet BC   39 aut] aliter B   vel] aut B   40-41 et super ... foramine om. AE   43 et] est CD   47 corrupuntur B   omnium] causam sed
add. omnium prima post circularis (lin. 48) B   49 continue radius inv. AE
quanto] -tum B   longinquo x   51-52 magis ac ...umbroso om. A   51 tre-
muit CD : transit (?) in ras. E² : (om. A)   52 cum] in D : (om. A)   53 patet supra inv. B   54 non videmus post die B   58 luminis] lucis x   secundum om. A

48 simplicissimam - circularis. Cfr Alhazen, Optica, lib. I, c. 6, n. 33, p. 21: ro-
tunditas est simplicissima figurarum.
53 supra: p. 87, 43-46.
53 lux - 54 die: Alhazen, Optica, lib. I, c. 5, n. 32, p. 19.

quo corpore determinato consideratur, ut in aere lumine solis
carente, nihil prohibet esse cum hac tenebra positivam coloris 60
naturam, cum omne corpus colore participet, ut dicit idem PHI-
LOSOPHUS et declarat ex intentione. Verum, quoniam ista coloris
natura debilis est in tantum quod insensibilis communiter iudicatur, ideo resistentiam de qua curandum sit, causare non potest. Unde et PHILOSOPHUS dicit quod ille, ab ALEXANDRO commen- 65
tatore et ab ipsomet PHILOSOPHO similiter vocatus Antipheron
Orites, nisi visum habuisset *debilem et valde tenuem ex infirmi-*
tate, non secundum naturalem quidem potentiam passivum,
nequaquam a tam debili resistentia passionem hanc sensisset,
ut speculum sibi *fieret propinquus aer.* 70

Porro, despicienda quidem est ridiculosa ALEXANDRI expositio
super hoc dicto PHILOSOPHI. Impertinens enim et extraneum est
proposito PHILOSOPHI dicere cicatrices quasdam sive telas in oculi pupilla passum Antipherontem hunc, propter quas ab intus
quidem sibi apparere debuit idolum illud et non deforis per re- 75
fractionem ab aere, cum utique PHILOSOPHI sit intentio de refractionibus in aere factis hoc probare. Nec in re quidem diversum
est ab hoc id quod in libro D e M e m o r i a PHILOSOPHUS ait de
hoc Antipheronte ac etiam de *aliis extasim passis* qui *phantas-*
mata sua, sive ab extra per refractionem sibi speculariter appa- 80
rentia *ut accidit Antipheronti,* ac etiam de Narcisso fabulose
narratur, sive intus quidem existentia, *dicebant* et iudicabant
tamquam facta quaedam alia a se penitus, secundum quod faciunt *memorantes. Hoc autem fit,* inquit, *cum aliquis imaginem*

60 tenebra] aliqua *add. B*   coloris] corporis *B*   61 ut] ubi *CDA*   63 est
om. B   64 de] in *AE*   66 similiter *om. x*   antiferon *codd.*   72 est
om. A   73 Philosopho *A*   sive] seu *B*   74 pupillam *B*   78 ab hoc id]
hoc ab illo *B*   Philosophus *post* quod *B*   80 sive *om. B*   81 ut] nisi *CD*
Antipheronti] in antiferonte *B*   84-85 imaginem non *inv. Arist.*

61 omne - participet: ARIST., *De Sensu,* 1, 437 a 7.
65 ab Alexandro - 67 Orites: ALEX. APHROD., *In Meteor.,* (ARIST., III, 4, 373 a 32).
   CAG III, 2, p. 147, 31 sqq.; ARIST., *De Memoria,* 1, 451 a 9.
67 nisi -70 aer: ARIST., *Meteor.,* III, 4, 373 b 7-9.
73 cicatrices - 76 aere: ALEX. APHROD., *ad locum,* CAG III, 2, p. 148, 4 sqq.
78 de - 85 consideret: ARIST., *De Memoria,* 1, 451 a 9-12.
81 de Narcisso: OVIDIUS, *Metamorphoses,* III, 402-510.

85 *non tamquam imaginem consideret,* sed tamquam rem veram
extra, sicut Narcissus proprium adamavit idolum, et pueri picturas abhorrent deformes et umbras etiam proprias tamquam
larvas.

Intentionem itaque PHILOSOPHI perspiciendo, turpe est igitur
90 tanto expositori tamque famoso clarum et evidentem textus
intellectum non prosequi, sed extraneum immo contrarium ac
etiam ex littera non extorquibilem intrudere, nullum prorsus
actoris defectum seu errorem aut textus insufficientiam declarando, praecipue autem cum ex intentione probet etiam PHILO-
95 SOPHUS, 2° D e A n i m a, lumen ab aere, etiam non condensato,
repercuti, experimento quidem hoc declarans, eo quod non penitus tenebrae sunt extra solem in umbra sed lumen aliquod.
Verum, occultae quidem et quasi communiter insensibiles et
immanifestae sunt pluribus huiusmodi refractiones debiles, ac
00 etiam quae secundum eas fiunt alterationes.

Communiter igitur experimentatis sensibilibus inhaerens,
PHILOSOPHUS illuminationem iudicare potest subitam alterationem. Nec obstat contra-argumentatio ALHAZEN in 2°, quia non
probat illuminationem esse successivam aut motum, nisi quia
5 concomitatur motum aliquem vel transmutationem, aut si est
motus aliquis, hic erit insensibilis successionis.

Adhuc, nihilominus considerandum quod, licet in motu locali
et in quibusdam alterationibus resistentia successionem causet
et retardationem, non tamen necessarium est hoc in alteratione

---

86 proprium] adameret et *add. B*   89 igitur] itaque *B*   90 tamque]
tamquam *D, sed i.m.* alias tamque *D¹*   92 extorquibilem] exquibilem *CA* :
equibilem *D* : exquisibilem *E*   95 etiam *om. B*   1 experimentis *AE*
6 hic] hoc *x*   8 causet] esset *CDA*   9 tamen] cum *A*   necessarium]
secundum naturam *E*

86 pueri - 88 larvas: Cfr S. HIERONYMUS, *Quaest. Hebraicae in Gen.,* Praefatio.
   PL 23, 938 B: larvarum, quarum natura esse dicitur, terrere parvulos. Tradidit ISIDORUS HISPAL., *Etymol.,* lib. VIII, c. 9, 101 (PL 82, 326 A) vel c. 11,
   101 (Lindsay I).
95 lumen - 97 aliquod: ARIST., *De Anima,* II, 8, 419 b 29-33.
 1 Communiter - 2 alterationem: *Ibidem,* 7, 418 b 20-26; *De Sensu,* 6, 446 b
   27-28.
 3 non - 6 successionis: ALHAZEN, *Optica,* lib. II, c. 2, n. 21, p. 37-38.

qualibet, utputa cum materia est quasi in ultima dispositione, 10
aut ubi etiam subiectum privative se habet respectu alicuius
habitus, licet etiam in una parte densius sit quam in alia et resistentiae fortioris. Sic enim nihil prohibere videtur lucem subito medium alterare et speculum, adhuc autem et aliud secundum medium per reflexionem a speculo in visum, resistentia 15
speculi non obstante. Hoc itaque modo se habere necessarium
est in generatione luminis, quia contrarium non habet. Non sic
est de coloribus cum vera contrarietas sit in eis.

Quamquam igitur *aer prope quidem visus nullum habere co-*
lorem videatur, ut dicit Philosophus, libro D e C o l o r i b u s, 20
propter raritatem enim splendoribus vincitur, separatus tamen *a densis visis per ipsum,* et *in profunditate visus* longe extensa, *proximo videtur colore kyanoides,* hoc est quodam fusco
colore et quasi nebuloso. *Propter raritatem* enim, inquit, illam,
in quantum lux deficit, sicut tenebra involutus videtur kyanoi- 25
des; densatus, sicut et aqua quae *omnium albissima est.* Hinc
ergo patere potest advertenti quomodo aer qui prope nos est,
propter debilitatem resistendi impotens est sensibilem lucis causare reflexionem; a splendoribus enim vincitur. In profunditate
tamen eius et extensione totiens multiplicari potest modica vir- 30
tus eius et augmentari sive fortificari, quod non solum in coloris alicuius resultabit phantasiam, sed quasi ex congregatione
plurium virtute collecta resistet splendoribus et sensibilem lucis causabit reflexionem. Unde Philosophus, 2° D e A n i m a:
Echon fit, inquit, *cum ab aere, uno facto propter vas determi-* 35
nans et prohibens diffundi, iterum aer repellitur sicut sphaera.
Videtur autem semper fieri echon sed non certus, quia accidit

11 etiam] *post* dispositione *x* : *om. B, sed rest. post* ubi *B²*   12 quam] est
add. B²   13 enim] etenim *p. corr. B²*   14 medium] illuminare et *add. B*
16 se habere *post* est *B*   18 in eis sit contrarietas *B*   19 prope] proprie *A*   20 libro De Coloribus] in libro colorum *B*   21 vincitur] unitur *C*
separatus] -tis *x*   22 visis] visus *A*   26 abissima *B*   30 totiens] totius *A*   31 sive] seu *B*   31-32 coloris] corporis *B* : caloris *A*   32 qua-
si] quia *D*   gregatione *x, sed* con *rest. E²ˢʳ*   35 ethon *x, (et sic lin. 37)*
vas] vias *AE, sed corr. E¹*

19 aer - 26 est: Ps. - Arist., *De Coloribus,* 3, 794 a 8-15.
35 Echon - 42 terminamus: Arist., *De Anima,* II, 8, 419 b 25-33.

in sono sicut et in lumine. Etenim lumen, inquit, *semper reper-*
cutitur; neque enim fieret penitus lumen sed tenebra extra so-
40 *lem,* nisi quidem repercuteretur. *Sed non sic repercutitur,* inquit,
sicut ab aqua et aere aut ab aliquo alio lenium, quare tenebram
facit qua lumen terminamus.

Et COMMENTATOR, ibidem, duas distinguit lucis reflexiones,
fortem scilicet et debilem; et fortis quidem nota est, *debilis* vero
45 est *propter quam res videtur in umbra, et est similis,* inquit,
conversioni per quam audit homo sonum suum. Illud autem
per quod scimus huiusmodi reflexionem lucis, est quia vide-
mus, inquit, *in loco super quem non cadit sol; lux enim innata*
est exire a luminoso corpore *secundum rectos radios ad par-*
50 *tem oppositam.* Unde *nisi esset illic conversio, tunc esset obscu-*
ritas in omnibus partibus praeterquam in parte cui opponuntur
radii.

Insuper, quid prohibet aerem, qui circa nos fortiori lumine
illustratum, fortius alterare visum sibi continuatum quam de-
55 bile lumen quod a stellis fixis, ita quod a fortiori victus debile
non sentiat, praesertim cum circa nos existens aer semper per-
mixtus sit vaporibus aere spissioribus, ut in libro D e C r e -
p u s c u l i s probatum est per apparitionem aurorae ? Inconveniens itaque non est aliquales in aere fieri lucis reflexiones se-
60 cundum exigentiam dispositionis, quamvis communiter non percipiantur nec manifeste sentiantur.

Et haec de esse formarum intentionalium in medio sint dicta.

41 levium *BE : lac. 5-6 litt. A* quare] -rum *B* tenebra *x* 42 qua *Arist.*]
quo *codd.* terminatur *ex* -mus *corr. E²* 44 nota] non *B* 45 videatur *B*
46 conversioni] reflexioni *ex* conversioni *corr. E²* 49 est *iter. B* 50 il-
lic] illuc *B* conversio] reflexio *ex* conversio *corr. E²* 54 fortius] illustra-
re et *add. B* quam] quo *D* 56 nos] non *add. AE* semper *om. x*
59 aere] non *add. E, sed del. E²* 60-61 percipiantur (par- *A*) nec *om. B*

43 duas - 52 radii: AVER., *De Anima*, II, 80, p. 252-253 (lin. 59-65, 69-72, 74-76).
56 circa - 58 aurorae: ALHAZEN, *De Crepusculis*, praesertim c. 1, p. 284: Et super
terram non est corpus spissius aere, nisi vapores ascendentes, quibus non
deest semper, quin illuminentur a sole. Et c. 6, p. 287: vapores spissi, ascendentes de terra, qui sunt spissiores aere.

CAPITULUM 9

DE SUBITA LUMINIS ALTERATIONE ET FIGURARUM GENERA-
TIONE ATQUE COLORUM VARIETATE, TAM IN SPECULIS QUAM   65
IN IRIDE ET HALO PROPTER PRAEDICTA

Quoniam igitur neque ex parte aeris aut aliorum diaphanorum
consimilis diaphaneitatis, neque ex parte formarum intentic-
nalium eis impressarum, impedimentum est sensibile quin ab
obiecto colore totum simul medium alteretur et subito, accidit- 70
que ex hoc quod quasi absque medio in visum agat obiectum,
cum simul agat in medium et in visum, conveniens est actionem
obiecti in visum sub breviori distantia procedere, quae inter
ipsum visum est et obiectum; natura namque superfluum vitat
omne. Brevissima autem distantia est quae per lineas perpen-   75
diculares. Eadem quoque de causa, quaecumque res per lineas
reflexas videtur, ut per speculum aut aliter, necesse est ipsam
sic videri quod angulo incidentiae reflexionis angulus sit aequalis, secundum quod declarat ALHAZEN. Ex nona vero 2' E l e-
m e n t o r u m EUCLIDIS et consimilibus, trahi potest probatio 80
quod huiusmodi lineae, secundum quas per modum reflexionis
videtur obiectum visibile, ceteris quibuslibet consimiliter pro-
tensis breviores existunt. Diaphanum itaque quod actionem
visibilis recipit, non ad retinendum fixe, sed ad reddendum ulterius, ut visum est, quemadmodum recipit sic et reddere debet, 85
sub brevissimis — inquam — lineis quibus transmitti potest in

68 diaphaneitas C   71 visum] visis B   72 medium] -io B   74 ipsum
om. x   est om. A   75 quae] est add. B   78 reflexionis(-nes D) angulus
inv. B   79 nona] contra x   81 quas] quod x   82 quibuslibet] -cum-
que B   84 retenendum B

75 Brevissima - perpendiculares: ALHAZEN, Optica, lib. V, c. 2, n. 5, p. 128.
76 Eadem - 78 aequalis: Ibidem, lib. IV, c. 3, n. 10, 12, 18.
79 Ex - 83 existunt: EUCLIDES, Elementa, lib. II, c. 9. Ed. Heiberg, I, p. 142-147.
    Quomodo ex dicta Euclidis propositione auctor illam probationem trahere
    potuerit, nos ignorare fatemur.
85 visum est: p. 72, 24-27; 91-92, 53-54; 94, 13-20.

eam utique partem, ad quam dirigitur ab agente. In medio autem existente resistentia, aut diaphaneitatis diversitate, aut densitate obvia, seu umbroso quocumque obstaculo impediente, in
90 continuum et directum transparere non potest actio visibilis,
quinimmo regulari quidem existente resistentia, puta in corpore lenem habente superficiem, minus — inquam — diaphano
sive densiori sive denso simpliciter, aut si per diaphanum densius huiusmodi transparentia procedat in rarius, ut per aquam
95 in aerem, necesse est ut frangatur aut refringatur regulariter
actionis illius rectitudo, seu reflectatur certis et determinatis modis, quod et experientia verum esse comprobatur.

Et in huius quidem declaratione multum laboravit ALHAZEN,
ostendens insuper 5° P e r s p e c t i v a e suae quod locus rei vi-
00 sae per fractas aut refractas et reflexas lineas ibi apparet esse,
ubi per imaginationem linea visualis, per locum refractionis seu
reflexionis in continuum et directum protracta, perpendicularem
secat rei visae, pertractam similiter ad superficiem seu per superficiem in qua fuerit illa refractio seu reflexio. Accidit autem
5 hoc eadem de causa, quia visus non solum quanto compendio-
sius, ut praemissum est, obiecti visibilis actionem recipit, verum
etiam similiori qua potest habitudine seu proportionalitate quadam ad simplicem et principalem suae naturalioris actionis ac
situalis apparentiae modum, qui secundum simplices lineas per-
10 pendiculares; propter huiusmodi ergo reflexiones, accidit quod
in speculo plano apparet imago similiter figurata rei obiectae
secundum positionem partium quae sursum et deorsum, sed
dextra quidem sinistra videtur, et econverso. In speculo quoque

89 quocumque] quoque CD : quodam AE   91-92 corpore] colore B
92 levem BAE   93 sive¹] seu B   demso C   96 illius om. x   98 huiusmodi C   laborat B   99 ostendens ... suae] in primo quidem et in 4° suae
perspectivae sive scientiae de aspectibus ostendens insuper B   00 aut] vel E
1 ubi om. B   refractionis] fractionis D   4 fuerit] fuit B   seu reflexio
om. A   5 eadem de] eadem C : ea de DAE   visum A   quanto om. x
10 ergo] autem A

98: ALHAZEN, Optica, lib. IV.
99 locus - 4 reflexio: Ibidem, lib. V, c. 2, n. 2-10, p. 125 sqq.
6 praemissum: p. 104, 72-75.
11 in speculo - 15 plano: ALHAZEN, Optica, lib. VI, c. 3-4, n. 3-5, p. 189-190.

convexo similiter accidit, sed imago multo minor apparet quantitate rei, ac minor etiam quam in speculo plano.   15

Hac itaque de causa, contingit etiam emphases halo et iridis sic figuratas apparere, propter speculares refractiones a quibus causantur. Nube quidem enim rorida, ex guttis parvulis seu rorationibus minimis consistente regulariter, oppositoque sibi fulgido aliquo sufficienti, secundum quod alibi demonstratum 20 est et experimentatum, necesse est radios eius in illa frangi primo propter diversam utique aeris diaphaneitatem et nubis huiusmodi, in superficiali quidem parte seu exteriori qua primo recipit radios; magis enim diaphanus est aer quam nubes in illa parte. Propter resistentiam vero regularem, quae interius regu- 25 lariter fortificatur ad certam distinctionem seu distantiam, consistens per inspissationem seu condensationem et umbrositatem seu caliginem in profundo ex multiplicatione rorationum illarum ampliori, necesse est ibi refractionem vel reflexionem fieri specularem, nube quidem illa tamquam speculo existente 30 quasi continuo, ex plurimorum utique parvissimorum et quasi indivisibilium aggregatione composito speculorum. *Quamlibet enim guttarum parvularum ex quibus fit constantibus roratio, speculum necesse est esse magis* [in] *caligine,* ut ait Philosophus; etenim *quod ex omnibus* congregatum est, *unum videtur,* 35 inquit, *propter deinceps.*

Varios autem necesse est apparere colores propter diversos fractionis gradus et refractionis atque colorum etiam commixtionem qui speculorum. Et inde est quod, sicut imago seu idolum non in qualibet parte speculi apparet aspicienti determi- 40 nato, sed tantum in parte determinata — videlicet ubi angulo

14 connexo A   14-15 quantitate rei *inv.* B   16 emphastes A   irrides B   18 equidem B   parvis B   19 roratoribus A   20 aliquo *om.* B   21 radios eius *inv.* B   frangi] fungi A   22 diaphanitatem CDA   25-26 regulariter] realiter B   27 et] seu A   29 ibi *om.* B   vel] seu B   31 et] i (id est) B   33 raratio C   35-36 etenim ... deinceps *om.* B   35 congregatum] aggr- AE : (*om.* B)   39 qui] sicut E   inde] idem CDA   40-41 determinato] -te E

32 Quamlibet - 34 caligine: Arist., *Meteor.,* III, 4, 373 b 15-17.
35 quod - 36 deinceps: *Ibidem,* 3, 373 a 20-21.
38 colorum - 39 speculorum: *Ibidem,* 2, 372 b 7-8.

incidentiae aequalis est angulus reflexionis, distantia nihilominus imaginis ipsius ibidem apparente situm habere sive locum,
ubi radius visualis, per locum refractionis transiens, rei visae
45 perpendicularem secat, eo modo quo secundum ALHAZEN iam
dictum est, in consimilibus autem aliqualiter seu quodammodo
proportionalibus consimili modo proportionaliter accidente —
sic etiam halo quidem et iris ac ceterae consimiles emphases,
quarum et causas, quantum ad figuras — inquam — et colores,
50 PHILOSOPHUS in M e t e o r o l o g i c i s tradit scientifice, quia
secundum habitudinem utique reflexionum apparent specularium, oportet quod in sitibus appareant certis et sub determinatis
incidentiae simul et fractionis ac reflexionis angulis, prout etiam
vult ALEXANDER in 3° M e t e o r o l o g i c o r u m.
55   Accidit igitur ex hoc figuram halo circularem apparere in situ
determinato, cum inter visum et solem aut lunam nubes fuerit
ad hoc idonea; diametrum quoque ipsius arcualiter acceptum
quasi 42 graduum esse respectu circuli altitudinis et fere dimidii
gradus vel circiter; diametrum autem iridis maiorem in duplo,
60 et in parte opposita ei in qua sol est aut luna forsan, cum est
plena lumine aut circiter, licet raro; figuram vero ipsius *non
maiorem semicirculo portionem* propter eandem causam. Sol
etenim aut luna, causans iridem seu halo quia super axem eius
est, in eadem utique parte qua halo, in opposita autem ei qua
65 iris, axe quidem — inquam — imaginato protendi a centro luminaris per centrum oculi videntis ac semicirculi iridis, ideo
cum supra horizontem elevatur sol vel luna, proportionaliter

47 consimili (simili A) modo *inv. B*   50 tradidit A   52 quod *iter. A*
53 fractionis] refr- E   56 aut] et BA   57 diametrum] diatactrum A
circulariter C   acceptam B   59 diametrum] dyadematrum A   autem]
ipsius *add. E*   61 aut] vel AE   licet] vel CD : aut AE   63 aut] et B : a A
causantes B   seu] sive B   64 parte] in *add. B*   65 centro] cento C
67 proportionabiliter B : proportio naturaliter C

46 dictum est: p. 105, 98-4.
49 causas - 50 scientifice: ARIST., *Meteor.*, III, 2, 372 a 17 - 6, 378 a 14.
50 quia - 53 angulis: ALEX. APHROD., *In Meteor.* (ARIST., III, 2, 372 a 29-31). CAG
     III, 2, p. 141,2-32.
60 luna - 61 raro: ARIST., *Meteor.*, III, 2,372 a 21-27 et 5,376 b 24-26.
61 non - 62 portionem: *Ibidem*, III, 5, 375 b 16-17.

deprimitur iris; econverso vero sole depresso vel luna, proportionaliter elevatur iris, apparetque ipsius figura maior portio minoris circuli quantum est depressa magis. Etenim, super circuli 70
portionem obliquius incidente visu, minoris apparet incurvatio-
nis, ad rectitudinem quidem magis accedens pars illa peripheriae
et per consequens propter hanc obliquationem maioris apparet
circuli portio quam orthogonaliter ipso incidente seu magis perpendiculariter, ut alibi demonstratum est et etiam sensus attes- 75
tatur, licet eiusdem sit quantitatis circuli diametri utrobique.
Quanto autem horizonti propinquius fuerit luminare, tanto quidem magis perpendiculariter super iridis superficiem seu peripheriam fertur visus. Semicircularis igitur apparet figura iridis
cum in ortu praecise fuerit, luminare autem in occasu, aut econ- 80
verso; tunc enim axis iridis in superficie cadit horizontis qui,
per centrum transiens iridis, peripheriam eius super hemisphaerium abscidit ad circuli medietatem.

Sub horizonte quidem autem existente luminari, propter
vapores et exhalationes terrae et aquae intercidentes, impediri 85
potest radiorum transitus ad locum refractionis quae nobis
apparere posset· aut locus anguli refractionis, a quo nobis apparere posset iris, tunc comprehenditur ab umbra terrae; huiusmodi enim nubis altitudo sicut et montium etiam altissimorum,
respectu distantiae luminarium a terra propter parvitatem eius, 90
quasi insensibilis apparet, ita quod ultra extimam superficiei
terrae sphaericitatem quasi non transcendens aestimatur. In
opposita quidem igitur parte luminaris existens, ut dictum est,
umbram terrae non transcendit, secundum quod hoc ex libro
D e C r e p u s c u l i s colligitur manifeste. 95

68 econverso] e contra B   vel] aut B   68-69 proportionabiliter B   69 ip-
sius] ipsis x   portio] proportio x   70 quantum] quam cum CΓ   71 incidentem B   74 portio] proportio x   orthogonaliter] in add. B   ipso ...
perpendiculariter om. E   75 etiam sensus inv. B   76 diametri] dyade-
metri A   80-81 in ortu ... tunc om. B   82 per] pro A   83 abscindit B
85 et¹ om. B   88-89 huiusmodi] huius x   91 quasi om. B   extimam]
extremam B   92 quasi non inv. C   94 umbra AE   secundum] hoc add. B
95 manifeste] quod iris et halo cum suis coloribus per modum refractionis
causantur add. C

93 dictum est: p. 106, 19-20; 107, 60 et 64-65.
94 umbram - transcendit: ALHAZEN, De Crepusculis, praesertim c. 1 et 6.

CAPITULUM 10

QUOD IRIS ET HALO CUM SUIS COLORIBUS PER MODUM RE-
FRACTIONIS CAUSANTUR

Quoniam autem et palam esse Philosophus *ait quod in parvis*
00 *speculis color solum visorum apparet, non autem figura, neces-*
sarium est *in principiis pluviarum, quando iam quidem ad rora-*
tiones fit permutatio et consistentia nubium, nondum autem
deorsum feratur, si ex opposito fuerit sol tali consistentiae et
permutationi aut et aliud aliquid fulgidum, consistentias has
5 *fieri specula visui ostendentia ipsi colorem fulgidi positi ex op-*
posito. Existente autem unoquoque parvo et propter hoc per se
invisibili, ex omnibus autem ipsis propter iuxtapositionem et
facta ex ipsis magnitudine visibili quasi continua, *necesse* est
non figurae totalis quidem obiecti principalis sed *coloris per*
10 *ipsa apparentis visui magnitudinem aliquam apparere. Unum-*
quodque horum parvorum speculorum, sicut ad magnitudinem
toti in quo tota emphasis est *videtur facere, sic et ad totius*
coloris phantasiam simul effert unumquodque ipsorum appa-
rens per ipsum. Unumquodque enim speculorum eundem reddit
15 *continuo colorem* et non figuram, ut dictum est. *Quare quoniam*
hoc contingit accidere, cum habeat se hoc modo sol et nubes,
et nos simus in intermedio ipsorum — videlicet in recta linea
inter centrum solis aut lunae et centrum nubis, imaginatae quasi

00 non autem] in *add. A* : sine *Alex.*   necessarium] naturam *AE, sed* manifestum *corr. E²*   2 nondum] nundum *D*   3 sol] soli *A*   4 et *om. x*
aliud aliquid (-quod *B*) *inv. D*   7 invisibili] vel indivisibili *add. x*
7-8 propter ... ipsis *om. AE*   8 visibili] divisibili *x*   12 ad *om. D*
13 coloris] corporis figuram *B*   effert (of- *C*) *om. B*   15 colorem] solum
add. B   16 habeant *B*   17 ipsarum *A*   18 aut] et *B*   nubis] nubi-
lis *B*

99 Quoniam - 14 ipsum: ALEX. APHROD., *In Meteor.* (ARIST., III, 4, 373 b 17 sqq).
   CAG III, 2, p. 150, 30 - 151, 10.
14 Unumquodque - 17 ipsorum: ARIST., *Meteor.*, III, 4, 373 b 27-30.
15 dictum est: lin. 00.

sphaericae basis existentis et pyramidaliter conum habentis in
centro solis — tunc *erit propter* huiusmodi *refractionem em-* 20
phasis quaedam seu expressio figurae cuiusdam. *Quinimmo
et videtur tunc et non aliter facta iris.*

Concludit itaque PHILOSOPHUS iridem et halo refractiones quasdam esse visus ad solem vel econverso, quia concludendi modus
idem est; semper autem ex opposito fit iris, halo vero circa 25
solem. *Quod autem iris secundum refractionem fiat,* ait ALEXAN-
DER, *et est ipsius phantasia specularis, Philippus quidem, sodalis
Platonis, ostendere conatur per hoc quod ipsa simul cum videntibus transit ad eadem; ubicumque enim illi ad latera transie-
runt, ad eadem latera et iris videtur simul permanere, tam-* 30
*quam sequens videntis visum. Hoc enim proprium est eorum
quae videntur secundum emphasim, scilicet cum videntibus per-
meare et ad dextra et ad sinistra; quoniam quae* realiter *secundum rectitudinem visus videntur, totum contrarium videntur
facientia. Ad dextra quidem videntibus ipsa translatis, illa vi-* 35
*dentur ad sinistra declinare; si vero videntes ipsa ad sinistra
transferantur, illa phantasiam declinantium ad dextra exhibent.*

Differunt autem iris et halo *colorum varietate; iris enim ab
aqua et nigro* seu caliginoso existente aqueo *fit refractio et de
longe; halo autem de prope et ab aere* seu nube *albiore secun-* 40
*dum naturam. Apparet autem fulgidum per nigrum aut in nigro
puniceum,* ait PHILOSOPHUS. *Differt enim nihil a puniceo; videre
autem licet viridium lignorum ignem, quomodo rubeam habet
flammam, propterea quod fumo multo mixtus est ignis fulgidus
existens et albus. Et sol,* etiam albus existens, *per caliginem et* 45
fumum apparet puniceus; propter quod iridis quidem refractio

---

19 basis] vasis *B*   22 et non] *om. B* : non *C*   24 solem] visum *B*
24-25 modus idem *inv. C*   27 Philippus (-illi- *B*)] philosophus *A*   29 eandem *B*   30 videtur simul *inv. B*   39 et² *om. AE*   40 autem *post* prope *A*
42 videre] viride *B*   43 licet] sit *add. B*   viridium] dimidium *A*   46 iri-
dis] iris *A*

20 erit - 26 solem: ARIST., *Meteor.,* III, 4,373 b 30-34.
26 Quod - 37 exhibent: ALEX. APHROD., *In Meteor.* (ARIST., III, 4, 373 b 32-35).
    CAG III, 2, p. 151, 32 - 152, 9.
38 Differunt - 49 non: ARIST., *Meteor.,* III, 4,373 b 35 - 374 a 10.

quae prima talem videtur habere colorem. A guttis enim subtilibus, quae propter caliginem sunt nigrae, *fit refractio; quae autem ipsius,* inquit, *halo, non,* id est *consistentia ipsius halo* quae *in*
50 *tali speculo fit,* ait ALEXANDER. Causa autem *quare non cum talibus coloribus neque a speculis talibus fit halo,* est *quia non est possibile prope solem et sub sole fieri moram,* inquit, *et perdurationem talis consistentiae, ita ut permutatio nubis in guttas diutino fiat, sed aut cito in aquam* seu pluviam *fit permutatio,*
55 *si consistentia* quidem *grossior* fuerit, *aut dissolvitur et subtiliatur et disgregatur. Ex oppositis autem existente sole et longe a consistentia nubis, in intermedio generationis aquae fit mora quaedam et tempus, ut sint quaedam in nube iam quidem in aquam permutata, non tamen iam stillat, existentia specula in*
60 *quibus iris fit. Quoniam si fieret quidem et in halo talis secundum permutationem mora, esset utique colorata halo quemadmodum et iris. Nunc autem tota quidem* seu *omnino propter praedictam causam non fiunt circa solem consistentia talem emphasim* seu *puniceum colorem habentia, neque circulo, prop-*
65 *ter quod halo non talis* est; *parva autem et secundum partem* fiunt quaedam *quae vocantur virgae,* quae *non circulariter coloratae* sunt. *Quoniam si constaret sub sole talis caligo, qualis fiet utique ab aqua* seu aqueo, *aut aliquo alio nigro* seu caliginoso, *sicut dictum est, apparet utique* halo sicut *iris tota* circu-
70 laris, videlicet *integra, quemadmodum* et *quae circa lucernas. Circa has enim secundum plurima,* dispositionibus aeris *austra-*

---

47 prima] -o *B* : *ex* p/// *corr.* primo *E²*   vid**e**tur (-entur *A*) habere *inv. C*
49 non] ratio *B*   id est] a *AE*   quae] esse *x*   ·55 fuerit] sit *B*   55-56 et
... disgregatur] disgregatur et subtiliatur *B*   58 quidem *om. B*   60 fit]
videtur *Alex.*   quidem] quaedam *Alex.*   63 solem] huiusmodi *add. B*
65 talis est *inv. B*   68 seu¹] ab *add. B*   69 appareret *E*

---

49 consistentia - 65 talis: ALEX. APHROD., *In Meteor.* (ARIST. III, 4, 374 a 8-17). p.
153, 4-20. Sed lin. 51 inter *quia* et *non* praetermisit Bate lin. 7-8 μὲν ὅλως-
γίνεται; lin. 62 *Nunc autem tota* et lin. 63-64 *talem emphasim* inseruit
autem ex ARIST., 374 a 16.
65 parva - 66 virgae: ARIST., *Meteor.,* III, 4,374 a 17.
66 non - coloratae: ALEX. APHROD., *ad locum.* CAG III, 2, p. 153, 20-21.
67 Quoniam - 76 mixta: ARIST., *Meteor.,* III, 4, 374 a 18-25. Sed lin. 67 *sub sole*
et lin. 70 *integra* inseruit Bate ex ALEX. APHROD., *ad locum,* p. 153, 22 et 24.

libus existentibus, iris fit hieme. Maxime autem manifesta fit huiusmodi iris *humidos habentibus oculos; horum enim visus,* inquit PHILOSOPHUS, *cito propter debilitatem refringitur. Fit autem et ab humiditate aeris et ab evaporatione a flamma de-* 75 *fluente et mixta, praedicto* scilicet *aeri humido existente nigro. Tunc enim fit speculum qui apud lucernam aer, et propter nigredinem coloratum; fumosa enim* est *evaporatio illa.* Et ALEXANDER: *Lignys enim,* inquit, *fumo similis est; per speculum* autem *hoc videtur lucernae lumen tunc non album, neque* 80 *fulgidum, neque puniceum* etiam, *quemadmodum quod iridis, sed purpureum apparet circulo et iriale* seu *iridale,* tamquam iridi simile, *sed non iris.* Huius *autem causa est quia visus paucus est qui* tunc *refringitur per modicum, et speculum est nigrius. Quod autem magis tale appareat humidos habentibus* 85 *oculos,* hoc ideo est, ait ALEXANDER, *quia visus horum cito etiam a quocumque refringitur, secundum quod* Philosophus *dicit, sive non fiat visus refractio, sed quia debiliori existenti horum visui obscuriora et debiliora incidunt quae videntur,* ac etiam citius et magis patitur visus debilis a visibili etiam debili, 90 quam fortis potentia visiva. *Debile autem* visibile *in nigrum permutatur; hoc enim contrarium albo et fulgido* est, *quod maxime est visibile; propter quod sic habentibus* visum debilem *profundius purpureum videtur. Quae autem circa sursum elevatam aquam,* spersam *a remis in mari,* fit *iris, positione* 95 *quidem eodem modo fit ei quae in caelo; ut enim illa* sic et *ista ex opposito existente sole fit,* non sic *quae circa lucernas,*

---

72 fit[1]] in *add. x* manifeste *B* 76 aere *B* existenti *A* 79 lignis *BCD* : linguis *A* : lingnis *E* 81 iridis] iris *E* 82 sed] seu *A* iridale] ydriale *A* 84 tunc *post* visus *B* 86 hoc *post* est *AE* etiam] est *D* 92 est *post* albo *B* 93 est visibile *inv. C* sic] fit *B* visum *om. x* 94 Quae] Qui *x* 97 sic] fit *B*

---

76 praedicto - 10 fieri: ALEX. APHROD., *In Meteor.* (ARIST. III, 4, 374 a 25-35), p. 153, 32-154, 24. Sed posuit Bate lin. 83 *Huius* loco p. 154, 1 μὴ - ἴριδι; lin. 85 post *nigrius* praetermisit: p. 154, 2-3 ἢ τὸ - μέλανι et lin. 99 post *ipsius*: p. 154, 14-15 τὸ μέντοι - λύχνους; inseruit vero ex ARIST., 374 a 26-30 et 34-35: lin. 78 *fumosa-illa* (374 a 26); 80 *non album* (27); 82 *apparet-iriale* (27-28); 84 *paucus est qui* (28-29); 94-95 *Quae autem sursum a remis in mari iris* (29-30); 2 *continuis autem* (34); 4 *penitus* (35).

non enim ex opposito existente ⟨*lumine*⟩ *a lucerna fit;* in circuitu enim fit ipsius. Huic autem in colore similis est illa, quae
00 in mari fit a remis; *purpureum enim sed non puniceum vide-*
tur colorem habens. Fieri autem ait Philosophus *in iride re-*
fractionem hanc a parvissimis continuis autem sive *spissis gut-*
tis et prope invicem positis — propter hoc enim dixit: conti-
nuis autem — quae sunt iam aqua segregata penitus, sed non
5 *quemadmodum in ea quae in caelo,* id est in aere, *affutura*
aqua. Propter quod et nigriores hae sunt *illis,* ait ALEXANDER,
velut a nigriori factae speculo. Propter parvitatem quidem igi-
tur guttarum et in hac iride color solus apparet solis sine fi-
gura; propter similitudinem autem illarum, *et quia sunt prope*
10 *invicem, quasi ab uno speculo videtur refractio fieri. Fit au-*
tem similiter iris, inquit PHILOSOPHUS, *et similem colorem habens*
videtur, et si quis subtilibus rorationibus roret in aliquem lo-
cum, qui positione ad solem versus sit, et hac quidem, id est
in una parte, *sol illustret, hac autem,* id est in alia parte loci
15 ipsius, *umbra sit; in tali enim, si quis intus roret* seu *intro,* scilicet *in loco illuminato a sole, stanti extra,* scilicet *in parte loci*
habenti umbram, supermutantur radii, et faciunt umbram ap-
parere iridem. Modus autem et coloratio similis, et causa eadem
est *ei quae a remis* fit iridi; *manu enim pro remo utitur rorans.*

98 lumine *supplevi ex Alex.* a *del. E²* 3 prope] propter *x* 4 sunt iam
inv. E aqua] aliqua *AE* 5 effutura *C* : affutatur *A* : a futura *E* 6 ni-
griores] nigre res *AE* 10 refractionem *B* Fit] sic *B* 12 subtilibus]
-lioribus *B* in *om. B* 13-14 hac ... in¹] in hac quidem *B* 14 illustrat *B*
15 sit] fıt *B* 16 stanti] -te *B* : *corr.* -te *ex* -ti *E²* 17 habenti] -te *B* :
corr. -te *ex* -ti *E²* supermittantur *AE* 19 utitur *post* enim *B*

10 Fit - 19 rorans: ARIST., *Meteor.,* III, 4, 374 a 35 - b 7. Sed inseruit Bate ex
ALEX. APHROD., *ad locum,* p. 154, 24-29: lin. 11-12 *similiter - videtur* (154,
24-25); lin. 15-16 *intro-sole* (27-28); lin. 16-17 *in parte-umbram* (29).

CAPITULUM 11

DE CAUSIS COLORIS IN UNIVERSALI

Quoniam autem color talis est in iride, ut visum est, *simul palam erit et ex his de aliorum colorum phantasia,* scilicet de prasino et halurgo. *Oportet enim accipientes et intelligentes primo quidem* tamquam notum et manifestum supponere *quia* 25 *fulgidum, in nigro mixtum* scilicet, *aut per nigrum* etiam *visum* — inquam — *colorem facit puniceum* seu *punicei phantasiam, quemadmodum in sole factum, quando per fumum apparuerit; 2° autem quia visus protensus debilior fit et minor (hoc autem* est: *quod non similiter videt de longe posita et quae* 30 *videntur de prope, visu modicum perspiciente quia debilitatur); 3°* vero supponendum *quod nigrum velut negatio lucidi est et privatio. In deficiendo enim visum apparet nigrum, propter quod omnia quae longe* sunt *nigriora apparent, propterea quod non pertingit visus propter distantiam.* 35

Diligentior quidem igitur est, ait ALEXANDER, *de his theoria perspectivae propria et negotii quod de sensibus,* ut etiam ait PHILOSOPHUS.

24 prassino *codd.*   alurgo *codd.*   accipientes] supponentes *Arist.*
25 praesupponere *x*   26-27 scilicet ... inquam] et visum inquam per nigrum colorem *B*   26 visum] tamquam colorem *add. E*   27 colorem *post* puniceum *B*   29 debilior] debilitatione *B*   fit *om. x*   30 autem] quod *add. B*   31 modico *B*   32 lucidi] videndi *Alex.*   36 Diligentior] -ter *B* his *om. x*   37 et] quod *C*

22 Quoniam - 26 nigro: ARIST., *Meteor.*, III, 4, 374 b 7-10.
22 visum est: c. 10.
26 mixtum - 28 apparuerit: ALEX. APHROD., *ad locum* (4, 374 b 10-11). CAG III, 2, p. 155, 8-10. Sed lin. 27 *colorem facit puniceum* inseruit Bate ex ARIST., 374 b 11.
29 2° - minor: ARIST., *Meteor.*, III, 4, 374 b 11-12.
29 hoc autem - 33 privatio: ALEX. APHROD., *ad locum* (4, 374 b 11-13), p. 155, 11-14.
33 In - 35 visus: ARIST., *Meteor.*, III, 4, 374 b 13-15.
35 propter - 37 sensibus: ALEX. APHROD., *ad locum* (4, 374 b 15-17), p. 155, 15-17.
37 - 38 ait Philosophus: ARIST., *Meteor.*, III, 4, 374 b 15-17.

De sensibus autem et sensibilibus determinans, Philosophus
40 dicit quod, *unoquoque dupliciter dicto*, scilicet *hoc quidem actu,
hoc autem potentia, lumen,* inquit, *est actus lucidi seu diaphani
secundum quod* actu lucidum seu *diaphanum; potentia autem in
quo hoc est, et tenebra* est. Super quo dicit Commentator quod
postquam Philosophus *declaravit naturam diaphani, quod est de
45 luce quasi materia de forma, incepit definire lucem et dixit: Lux
autem est actus diaphani, etc. Id est: substantia autem lucis est
perfectio diaphani secundum quod diaphanum, aut perfectio
istius naturae communis corporibus. Et hoc est quod dixit: in potentia autem est illud in quo est hoc et obscuritas, id est: corpus
50 autem diaphanum in potentia est illud, in quo invenitur ista natura communis cum obscuritate.*

Demum dicit Philosophus: *Lumen autem est ut color lucidi,
secundum quod est actu diaphanum.* Themistius vero: *Lumen,*
inquit, *est velut color diaphani. Dixi autem velut color,* ait, *quia
55 non simpliciter colorat aerem lumen, sicut albedo nivem, sed
causa est aeri quod sit ipse visibilis, sicut colores corporibus
quod videntur causa fiunt, et producit lucidum potentia ut fit
actu.* Averroes autem: *Et lux est,* inquit, *quasi color diaphani,
etc. Id est: et lux in diaphano non terminato est quasi color in
60 diaphano terminato, cum diaphanum fuerit diaphanum in actu
a corpore lucido naturaliter, ut ignis et similia de corporibus
altissimis. Natura enim diaphaneitatis existens in corpore caelesti semper associatur illi, quod facit illam dispositionem in*

---

39 et] de *add. B*   40 scilicet *om. AE*   42 lucidum seu diaphanum *inv. B*
43 et] *om. B* : *del. E²*   Commentator *in ras. E²*] expositor *BCDA*   44 decla-
ravit] determinavit *A*   diaphani] philop *A*   48-49 in potentia] impoten-
tia *A*   49-51 corpus ... obscuritate *om. A*   50 diaphani *E*   56 sit ipse
inv. A   59 Id est *om. B*   59-60 est quasi ... terminato *om. CD, sed rest.*
D¹ᵐᵍ   61 corpore] colore *B*   ut] nisi *B*   et similia *om. B*   63 illam] ipsam *B*

---

40 unoquoque - 41 potentia: Arist., *De Sensu,* 3, 439 a 12-13.
41 lumen - 43 tenebra: Arist., *De Anima,* II, 7, 418 b 9-11.
44 declaravit - 51 obscuritate: Aver., *De Anima,* II, 69, p. 236 (lin. 13-20).
52 Lumen - 53 diaphanum: Arist., *De Anima,* II, 7, 418 b 11-12.
53 Lumen - 58 actu: Themist., *In De Anima,* lib. IV (*ad locum*), CAG V, 3,
    p. 59, 35 - 60, 2; CAG lat. I, p. 138, 40-43.
58 Et - 66 diaphani: Aver., *De Anima,* II, 69, p. 236 (lin. 21-28 et 31-33).

actu. Et ex hoc declaratur etiam, inquit, *quod colores non acqui-*
runt essendi *habitum a luce; lux enim non est nisi habitus cor-* 65
poris diaphani secundum quod diaphanum, sed non corporis
colorati simpliciter secundum quod huiusmodi seu *diaphani*
terminati. Unde necessaria non est in essendo colorem, sed in
essendo visibilem.

Dicit itaque PHILOSOPHUS quod lumen *est color perspicui se-* 70
cundum actum vel, secundum aliam litteram, *secundum acci-*
dens. THOMAS enim, hoc dictum PHILOSOPHI exponens, ait *quod*
hoc *quidem dicitur secundum quandam proportionem, eo quod*
sicut color est forma et actus corporis colorati, ita lumen est for-
ma et actus perspicui. Differt tamen quantum ad hoc quod cor- 75
pus coloratum in se ipso habet causam sui coloris, sed corpus
perspicuum non *habet lumen* nisi *ab alio. Et ideo dicit* Philosophus, inquit THOMAS, *quod lumen est color perspicui secundum*
accidens, id est per aliud, non quin lumen sit actus perspicui in
quantum huiusmodi. Verumtamen, intentioni PHILOSOPHI et eius 80
modo loquendi convenientior videtur esse littera *secundum ac-*
tum, quam *secundum accidens*; et in hoc etiam consentit ALBER-
TUS.

Quod autem lumen, ait THOMAS, *sit actus* perspicui *secundum*
aliud, manifestat Philosophus *per hoc quod, quando aliquod cor-* 85
pus ignitum, id est actu lucidum, adest perspicuo, ex praesentia
eius fit lumen in perspicuo, ex privatione vero tenebrae. Non
sic autem de colore, quia color manet in corpore colorato quo-
cumque praesente vel absente, licet non sit actu visibilis sine lu-

64 ex *om. B*   64-65 acquiruntur *A*   68 necessarium *x*   71-72 acci-
dens] actus *B*   72 enim] autem *E*   74-75 forma et actus *inv. B*
75 quod] quia *AE*   77 alio] illo *x, sed corr.* alio *E²*   78 Thomas] themistius *x*   79 sit] est *B* : fit *A*   81 esse littera *inv. B*   85 quando]
q *add. E*   86-87 ex ... perspicuo *om. A*   88 corpore] terminato vel *add. B*
89 praesente vel absente *inv. x*   visibilis] vel *B*

67 diaphani - 69 visibilem: AVER., *De Anima,* II, 67, p. 234 (lin. 106-108).
70 est - 71 actum: ARIST., *De Sensu,* 3, 439 a 18-19. Vetus transl. Cod. Bruxell.
    II 2558, f. 101ʳ.
71 secundum accidens: *Ibidem,* nova transl.
72 quod - 80 huiusmodi: S. THOMAS, *In De Sensu,* lect. 6, n. 80-81.
82 consentit Albertus: *De Sensu,* tr. II, c. 1. Ed. BORGNET, IX, p. 39 a.
84 Quod - 89 lumine: S. THOMAS, *In De Sensu,* lect. 6, n. 81.

90 *mine.* Quemadmodum autem, formale principium coloris existens, lumen non univoce quidem omnino se habet ad visibilia,
sed analogice, sic et eius materiale principium, scilicet *perspi-*
cuum, non est proprium aeris vel aquae nec alterius sic dicto-
rum corporum, sed est quaedam communis natura et virtus,
95 *quae separata quidem non est* ab illorum unoquoque tamquam
idea secundum platonicos, sed est in illis, non tamen uniformiter
seu univoce vel aequaliter, sed *in his quidem magis, in his vero*
minus.

Ad *cuius evidentiam,* ut ait Expositor, *sciendum est quod,*
00 *sicut Philosophus dicit in 2° De Anima, visibile non solum est*
color sed etiam quoddam aliud, quod ratione comprehenditur;
innominatum autem est. In genere igitur *visibilis communiter*
accepti est quidem *aliquid ut actus, aliquid vero ut potentia.*
Non autem est in hoc genere ut actus aliqua qualitas propria
5 *alicuius elementorum, sed ipsum lumen, quod est quidem primo*
in corpore caelesti, derivatur autem ad inferiora corpora; ut po-
tentia autem in hoc genere est id quod est proprium luminis sus-
ceptivum. Quod quidem in triplici genere graduum se habet.

Primus quidem gradus est *cum id, quod est luminis suscep-*
10 *tivum, est totaliter lumine repletum, quasi perfecte in actu re-*
ductum, ita quod ulterius non sit receptivum alicuius qualitatis
vel formae huius generis; quod quidem inter omnia corpora ma-
gis competit soli. Unde corpus solare non potest esse medium
in visu, ut sit recipiens et reddens formam visibilem. Proprietas
15 *autem lucendi secundum ordinem quendam descendendo, pro-*
cedit usque ad ignem, et *ulterius usque ad quaedam corpora,*
quae propter parvitatem sui luminis non possunt lucere, nisi in
nocte. Unde *non omne visibile videtur in luce, sed tantum hoc*
est verum, ait Averroes, *quod color proprius cuiuslibet visibilis*

91 quidem *om. B*   93-94 sic ... corporum *om. AE*   96 tamen] tantum *A*
97 seu] sed *A*   99 est *om. B*   1 etiam *om. B*   quoddam *om. E*   11 sit]
est *B*

92 perspicuum - 95 est: Arist., *De Sensu,* 3, 439 a 21-23.
97 in his - 98 minus: *Ibidem,* 3, 439 a 25.
99 Ad - 18 nocte: S. Thomas, *In De Sensu,* lect. 6, n. 83-84.
18 non omne - 30 luce: Aver., *De Anima,* II, 72, p. 239-40 (lin 15-19, 25-28 et
30-36).

in luce videtur et indifferenter, sive illud visibile videatur in 20
obscuro, sive non. Licet enim quaedam *in obscuro sentiantur,*
tamen proprius color uniuscuiusque eorum non sentitur tunc,
sed apud praesentiam lucis tantum, et ideo non potest aliquis
dicere quod aliquis color videtur in obscuro. Et videtur, inquit,
quod ista videntur in nocte et non in die, quia in eis est parum 25
de natura lucida; latet enim mediante luce propter paucitatem
eius, sicut hoc accidit in lucibus parvis cum fortibus; et ideo stel-
lae non apparent de die. Et natura coloris, inquit, *alia est a na-*
tura lucis et lucidi; lux enim est visibilis per se, color est visibilis
mediante luce. Videtur autem AVERROES hoc intelligere forsan 30
de luce prout est in *corpore lucido naturaliter, ut* est *ignis et si-*
milia de corporibus altissimis lucidis, secundum quod ipse prius
de his locutus est hoc modo. Sane, *magister Alexandri Sosigenes*
in 3° *De Visu dicit,* ut refert THEMISTIUS, quod in nocte lucentia
participant natura quadam ad modicum tali quali et quintum 35
corpus et ignis: hoc autem est posse fulgere et illuminare aerem
adiacentem aut corpus diaphanum. Illuminari igitur aliqualiter
ab his aerem in nocte dicit, *quando non a magis illuminante*
vincatur, et quod ab eis lumen inevidens fiat obscuratum a ful-
gidiori. In nocte igitur usque ad aliquid possunt illuminare pro- 40
pinquum sibi aerem, non ita ut et alia faciant visibilia, sed ut
ipsa dulciter appareant, quia substantia illa modica in ipsis est,
a qua est lumen. Et ignis autem ipse propinquum quidem aerem
sic illuminat, ut aliorum colores faciat visibiles, sed qui a remotis
sic se habet, *ut se ipsum solum faciat visibilem. Nunc autem in* 45
tantum sit manifestum, quia quod quidem in lumine videtur,
hoc proprie color est; hoc enim erat ipsi colori esse motivum
scilicet esse ⟨eius⟩ quod secundum actum lucidi; quod autem in

24 quod *iter. E* obscuro] tantum *add. B* 25 in¹] de *A* 27 et *iter. B*
28-29 alia ... lucis *om. AE* 32 de] cor *add. B* 33 Alexandri *Themist.*]
-der *codd.* sosugenes *B* 35 et *om. B* quintum] quantum *x* 37 Illu-
minari] -re quidem *B* 41 faciant] fiant *C* 42 dulciter *Themist.*] debiliter *codd.* modica *post* ipsis *B* 44 illuminant *A* qui] quia *x, sed del.*
quia *E²* 45 ut *om. B* 46 lumine] luce *C* 47 est *om. A* 48 eius
supplevi ex Themist.

31 corpore - 32 lucidis: AVER., *De Anima,* II, 69, p. 236 (lin. 23-25).
33 magister - 59 tenebris: THEMIST., *In De Anima,* lib. IV (ARIST., II, 7, 418 b 29 -
   419 a 11). CAG V, 3, p. 61, 22-62, 7; CAG lat. I, p. 141, 40 - 142, 35.

tenebris aut non est color, aut alio modo; ut sint duae differen-
50 *tiae hae visibilium et colorum, quia haec quidem in lumine vi-*
dentur, in tenebris autem non, alia autem in tenebris sed in lu-
mine quidem non, et merito; diaphanum enim ab hoc fit perlu-
cidum, et lumen ignis erat quaedam potentia et praesentia, ut
necessario et in die et in nocte ignis sit visibilis; lumen enim
55 *semper circa ipsum* est. *Et hoc soli colori ignis inest, scilicet*
posse illuminare propinquum aerem, reliquis autem coloribus
non adhuc, forte autem neque colori ignis in quantum ignis, sed
in quantum quadam alia natura participat: propter quod sic *vi-*
detur et in tenebris.

60 2us autem *gradus* perspicuorum *est eorum quae de se non ha-*
bent lumen in actu, sed sunt susceptiva luminis per totum. Et
huiusmodi corpora proprie dicuntur perspicua sive transparen-
tia vel diaphana; phanon enim in Graeco idem est quod visibile
seu apparens. *Et haec quidem proprietas transparendi invenitur*
65 *quidem maxime in corporibus caelestibus, praeter astrorum cor-*
pora quae occultant quod post se est; secundario autem in igne,
secundum quod est in propria sphaera, propter raritatem; 3° in
aere; 4° in aqua; 5° etiam in quibusdam terrenis corporibus,
propter abundantiam aeris vel aquae in ipsis.

70 3us autem *et infimus gradus est terrae, quae maxime distat a*
corpore caelesti, et haec minime nata est recipere de lumine,
scilicet in superficie tantum; exteriores enim partes propter
suam grossitiem interiores obumbrant, ut ad eas non perveniat
lumen.Quamvis autem in solis corporibus medii gradus pro-
75 *prie dicatur perspicuum vel diaphanum secundum nominis pro-*
prietatem, communiter tamen loquendo, potest dici perspicuum
quod est luminis susceptivum qualitercumque.

49 est color *inv. B* 50 haec] hoc *x* 50-51 videtur *x* 52-53 per lucidum *A* 53 quaedam potentia *inv. B* ut] nec *B* 54 die et in *om. x*
55 soli] solo *A* colori] corpori *B* 58 quadam] quaedam *A* 59 et]
post quod *B : del. E²* 60 perspicuarum *A* 61 lumen] lucem *B* 63 vel
diaphana] sive -no *B* 66 post] per *A* in igne *Thomas*] in genere *B : igi-*
tur *x* 68 etiam] et *B* terrenis corporibus *inv. B* 71 nata] natura *B*
72 partes enim exteriores *B* 73 grossitiem] inte *add. C* obruant *D*
74 lumen *post* eas *B* 75 dicatur perspicuum *inv. B*

60 2us - 77 qualitercumque: S. Thomas, *In De Sensu,* lect. 6, n. 85-86.

Sane, *quemadmodum et* universaliter *corporum* secundum quod huiusmodi *necesse est ultimum esse* aliquid seu extremitatem, eo quod nullum infinitum est, ita *et huius,* particularis 80 videlicet perspicui cuiuslibet. *Luminis autem natura,* ut visum est, *in indeterminato perspicuo est.* Circa quod advertendum *quod, sicut corporum quaedam terminata dicuntur, quia propriis terminis terminantur, sicut corpora terrestria, quaedam* autem *interminata, eo quod non terminantur propriis terminis* 85 *sed alienis, ita etiam et circa perspicuum. Quoddam enim est interminatum ex se ipso, quia nihil habet in se determinatum unde ipsum videatur; quoddam autem est terminatum, quia determinate habet aliquid in se ipso unde videatur secundum propriam terminationem. Perspicuum igitur indeterminatum est* 90 *susceptivum luminis, cuius* quidem *natura non est ut suscipiatur solum in extremitate, sed per totum. Manifestum autem est quod ipsius perspicui ultimum* aliquod existens necessario, quemadmodum et hoc in corpore finito, cuius est qualitas, necessarium est esse, illud profecto color est, ut patet ex accidentibus. 95 *Non enim videntur corpora colorata, nisi secundum suas extremitates per quod apparet quod color vel extremitas est corporis, vel in eius extremitate;* unde *et pythagorici colorem vocabant epiphaniam, id est superapparitionem. Non est autem extremitas corporis* in eo quod corpus, *quia tunc esset* aut *superficies, aut linea, vel punctus; est* igitur *in extremitate corporis* 00 necessario. *Oportet* quidem autem *eandem existimare naturam* eorum *quae exterius colorantur, id est* ab extra, *non per proprium* videlicet *colorem, sed ex aliqua* natura *exteriori, et eam quae interius coloratur,* ab intra scilicet, *per proprium co-* 5

80 huius] huiusmodi *B*   81-82 ut visum est *om. B*   82 indeterminato *Arist.*] determinato *codd.*   85 interminata] dicuntur *add. B.*   86 et *om. B.* 88 unde] ut *C*   88-89 determinate] terminare *AE*   89 videtur *C* 92 solum] totum *B*   93 ultimo *AE*   aliquid *D*   95 profecto] per- *x, sed corr.* pro- *E²*   est² *om. A*   98-99 vocabant epiphaniam *inv. B*   1 vel] aut *B* 2 necessario *post* igitur (*lin. 1*) *B*   estimare *B*   3 eorum *om. x*   coloratur *x*   5 scilicet *om. C, sed rest.* C²ˢᵛ

78 quemadmodum - 82 perspicuo est: Arist., *De Sensu,* 3, 439 a 25-27.
81-82 visum est: praesertim p. 115, 58 - 116, 68.
83 quod - 5 colorem: S. Thomas, *In De Sensu,* lect. 6, n. 88-90.

lorem. Huius autem necessitas a PHILOSOPHO declaratur in A n a-
l y t i c i s P o s t e r i o r i b u s.

 Videntur autem aer et aqua colorata, perspicua quidem existentia necnon et ab extra colorata nihilominus; *etenim aurora*
10 *tale* quid *est.* Et in libro D e C o l o r i b u s PHILOSOPHUS simplices colores attribuit simplicibus elementis, igni scilicet, et aeri,
et aquae. *Sed ibi quidem,* id est in unoquoque talium, quae scilicet ita colorantur ab extra, *quoniam indeterminate* seu *inde-*
terminato, videlicet secundum colorem, *accidit* sic habere, *non*
15 *eundem colorem habet* seu habere videtur *accidentibus prope*
et longe, nec aer, nec mare, nec cetera consimilia indeterminata.
In corporibus vero, quae ab intra scilicet colorem determinatum et proprium habent, *determinata est* et *coloris phantasia*
seu apparitio, *nisi continens faciat transmutationem. Manifes-*
20 *tum igitur quod* in his et in illis *idem est susceptivum coloris.*
Perspicuum ergo, secundum quod existit in corporibus, quod
quidem *in omnibus aut plus aut minus inest,* colores *facit* permutari. *Quoniam autem,* ut praemissum est, *in extremitate*
huius quoque, scilicet perspicui, *extremitas aliqua erit, eaprop-*
25 *ter utique color erit perspicui extremitas,* praesertim *in deter-*
minato corpore, fixi videlicet coloris, apparens manifestius. *Et*
ipsorum autem perspicuorum, puta aquae, et si quid aliud tale
est *quorumcumque videtur aliquis color proprius esse, secun-*
dum extremitatem similiter omnibus inest. Extremitas autem
30 huiusmodi, quia perspicui est secundum quod perspicuum, et
non secundum quod corpus, ideo in genere qualitatis est et non
quantitatis.

10 quid] quidem *x*   11 igni scilicet *inv. B*   12 id *om. B*   13 quoniam *corr.* an (?) *E²*   14 accidit sic] contingit ita se *B*   15 prope] proprie *A*   19 facit *x*   22 colores facit permutari] coloris facit participare
Arist.   24 aliqua] aqua *B*   erit] eius *x*   27 aliud] aliquid *AE*
30 perspicui] -um *x*   31 est *om. B*

6-7: ARIST., *An. Post.,* II, 14, 98 a 20-23.
8 Videntur - 10 est: ARIST., *De Sensu,* 3, 439 b 1-2.
10 simplices - 12 aquae: Ps. - ARIST., *De Coloribus,* 1, 791 a 1-4.
12 Sed - 29 inest: ARIST., *De Sensu,* 3, 439 b 3-14. — Lin. 13: indeterminate
    (439 b 3) = vetus transl. Cod. Bruxell. II 2558, f. 101ᵛ.
23 praemissum: p. 120, 96 sqq.

Porro, *siquidem corpora intrinsecus quidem superficiem habent in potentia, non autem actu, ita etiam intrinsecus non colorantur in actu sed potentia, quae reducitur ad actum facta corporis divisione;* illud enim, quod est *intrinsecum, non habet* actu *virtutem movendi visum, quod per se colori convenit. Est ergo* possibile, ut ait Philosophus, *inesse in perspicuo hoc quod* quidem et *in aere facit lumen; est autem* et possibile similiter *non* inesse perspicuo tale quid, *sed privatum esse,* tali scilicet lumine. *Quemadmodum igitur* in perspicuo *hoc,* scilicet praesentialiter habitum, est *quidem lumen, hoc vero,* scilicet privatum illo, *tenebrae* sunt, *ita et in corporibus insit album et nigrum,* qui sunt colores extremi.

CAPITULUM 12

DE CAUSA MEDIORUM COLORUM IN UNIVERSALI

Quod autem inter hos oporteat medios esse colores, quemadmodum et sensus testatur, declarat Philosophus, quasi supponendo quod, secus *invicem positis albo et nigro, ita* scilicet *quod eorum unumquodque sit invisibile, propter parvitatem* quidem impotens agere in sensum, secundum quod ostendit Philosophus in libro D e S e n s i b u s e t S e n s i b i l i b u s, illud *autem* commune, *quod ex ambobus* invisibilibus huiusmodi congregatum fuerit, *visibile sic fieri contingit. Hoc enim neque album, neque nigrum videri potest.*

Mixtorum itaque colorum generatio duobus modis fit, quorum quidem *unus* est in *apparere per alternos* colores, *quemadmo-*

35

40

45

50

55

---

33 siquidem] sicuti *CD*   intrinsecus quidem superficiem] sicut superficiem intra *B*   39 et¹ *om. B*   49 ita scilicet] videlicet sic *B*   50 invisibile] indivisibile *A*   51 quidem *om. B*   53 visibilibus *C*   57 in] per *E*

33 siquidem - 37 convenit: S. Thomas, *In De Sensu,* lect. 6, n. 93.
37 Est - 43 nigrum: Arist., *De Sensu,* 3, 439 b 14-18.
49 invicem - 55 potest: *Ibidem,* 3, 439 b 19-23.
57 unus - 66 proportione: *Ibidem,* 3, 440 a 7-15.

dum animalium pictores faciunt, alterum colorem super alterum
manifestiorem superponentes, quemadmodum quando in aqua
60 *vel in aere volunt aliquid facere apparens, et quemadmodum sol*
secundum se quidem albus videtur, per caliginem vero et fu-
mum puniceus. Multi autem et sic erunt colores, apparentes quidem *eodem modo,* quo et per commixtionem existentes veri;
proportio enim erit utique quaedam eorum, qui in superficie,
65 *ad eos qui in profundo. Quidam autem et omnino non sunt in*
proportione.

Alius vero modus generationis colorum est ille iam tactus aliqualiter, *quem* scilicet *putant quidam* fieri *solum secus invicem*
positis minimis, invisibilibus *autem* seu *immanifestis nobis*
70 *propter sensum. Sed omnino* secundum rei veritatem est ille, secundum quem omni apud omne commixtio est, seu per *com-*
misceri ex toto, sicut in eis quae de commixtione dictum est
universaliter de omnibus in libro P e r i g e n e o s. Similiter
enim et hinc *manifestum est quae sit necessitas commixtis illis,*
75 videlicet miscibilibus, *et colores* etiam *commisceri. Et haec est*
causa principalis, ait Philosophus, *quod multi sunt colores,* qui
secundum existentiam, — inquam — *non autem supernatatio*
sive superpositio, *neque* minimorum, ut dictum est, *secus invi-*
cem positio, nisi quoad apparentiam. Hi enim colores, qui se-
80 cundum apparentiam causantur, *de longe quidem* seu in uno
situ videntur unius coloris, *de prope autem* seu in alio situ,
vel non apparent vel *non videntur* eiusdem coloris. Illi vero, qui
ex vera commixtione causantur, unius et eiusdem semper modi

63 eodem] eo *x*   existentes veri] apparentes veri existentes *B*   64 enim]
vero *D* : non *CAE*   qui] quae *AE*   67 colorum] eorum *B*   tactus aliqualiter *inv. B*   70 est *om. B*   72 est *iter. CD*   73 perig′ *x*   74 com-
mixtis] -tus *A* : mixtis *C*   75 missibilibus *A*   77 supernatatio] super-
vacio *A*   78 ut] sicut *B*   78-79 secus invicem positio] iam iuxtapositio *B*
81 coloris] corporis *B*   82 vel¹ *iter. A*   videtur *D*

67 iam tactus: p. 122, 49-55.
68 quem - 73 omnibus: Arist., *De Sensu*, 3, 440 b 1-4. Sed lin. 71-72 *commisceri*
ex toto inseruit Bate ex 440 b 11.
73 Perigeneos: Arist., *De Gener.*, I, 10, 328 a 18 ad finem cap.
73 Similiter - 90 commixtis: Arist., *De Sensu*, 3, 440 b 14-23.
78 dictum est: lin. 68-69.

videntur undecumque videantur, nisi lumine vel medio variato, secundum quod visum est prius. *Multi autem erunt colores, quo-* 85 *niam multis contingit proportionibus commisceri sibi invicem commixta, et hoc quidem in numeris, hoc vero secundum abundantiam solum. Et alia eodem modo, quo quidem in secus invicem positis coloribus aut de supernatatione, contingit dicere et de commixtis.* Multos igitur est accipere colores proportione. 90

Rememorandum autem quod, secundum doctrinam PHILOSOPHI in 10° P h i l o s o p h i a e   P r i m a e, *ratio mensurae primo* et principaliter *invenitur* in quantitate discreta, scilicet *in numeris, secundario* quidem *in quantitatibus continuis, deinde* vero *transfertur etiam ad qualitates* et alia genera, *secundum quod* 95 *in eis inveniri potest excessus unius qualitatis super aliam,* non solum quantum ad extensionem, sed etiam quantum ad intensionem. Et *quia proportio est quaedam habitudo quantitatum ad invicem, ubicumque dicitur* ⟨*quantum*⟩ *et quocumque modo,* etiam *ibi potest dici proportio, primo tamen in numeris, qui* 00 *omnes sunt ad invicem commensurabiles; communicant enim omnes in prima mensura, quae est unitas. Sunt autem diversae proportiones numerorum, secundum quod diversi numeri ad invicem comparantur; alia enim est proportio trium ad duo, quae vocatur sesquialtera, et alia quatuor ad tria, quae vocatur ses-* 5 *quitertia. Quia vero quantitates continuae non resolvuntur in aliquod indivisibile, sicut numeri in unitatem, non est necessarium omnes quantitates continuas esse ad invicem commen-*

---

84 undecumque] unumquodque *CDA* : unumcumque *E*   87 in numeris *Arist.*] minimis *codd.*   vero] autem *x*   92 Philosophiae Primae *inv. B*
93 invenitur] reperitur *B*   93-94 numeris] et *add. B*   94 quidem] -dam *D*
94-95 deinde ... etiam] demum etiam transfertur *B*   95 et] ad *add. B*
97-98 sed ... intensionem *i.m. D*   intensionem] intentionem *AE, sed corr.*
-sio- *E²*   99 quantum *supplevi ex S. Thoma*   00 etiam (et *B*) ibi *inv. AE*
1 sunt *post* invicem *B*   4 enim est *inv. B*   quae] et *A*   5 sexquialtera *B* :
sesqualtera *CDA*   alia] altera *B*   5-6 sexquitertia *B*   6 Quia] Quod
AE   7 aliquod] aliud *x*   indivisibile] divisibile *AE, sed rest.* in *E²ˢᵛ*

---

85 prius: p. 121, 17-19.
91 secundum - 14 communis: S. THOMAS, *In De Sensu,* lect. 7, n. 98-99. Sed lin.
  10 *secundum - incommensurabilem* inseruit Bate ex ARIST., 439 b 30. S.
  THOMAS laudat ARIST., *Metaph.,* X (I), 1, 1052 b 18 ad finem cap.

surabiles, sed est invenire aliquas, quarum una excedit alteram
10 *secundum abundantiam quandam et defectum incommensura-*
bilem, scilicet quia *non habent* unam *commensurationem.* Quaecumque tamen quantitates continuae proportionantur ad invicem secundum proportionem numeri ad numerum, earum est
una mensura communis, licet habitudo numerorum ad numeros
15 secus invicem lateat. *Eodem itaque modo oportet haec habere*
consonantiis, quae secundum supradictas *causantur proportiones*
vocis gravis et acutae. Sicut enim in consonantiis illae sunt pro-
portionatissimae et delectabilissimae quae consistunt in nume-
ris optime commensuratis, *sicut diapason in proportione duorum*
20 *ad unum, et diapente in proportione trium ad duo,* et diatessaron
in proportione trium ad quatuor, ut prius visum est, *ita etiam*
in coloribus illi, qui consistunt in proportione numerali et praedictis modis commensurabili *proportionatissimi.* Et sicut prius
visum est, commensuratum existens delectabile est. Tales ergo
25 colores delectabilissimi sunt, velut coccineus et puniceus.

Pauci autem tales propter causam propter quam quidem et
symphoniae paucae. Qui autem non secundum numeros se habent *alii colores* non sunt delectabiles. *Vel etiam* dici potest *om-*
nes colores, tam indelectabiles quam delectabiles, *in numeris*
30 *ordinatos esse* quodammodo; *inordinatos* autem *et hos ipsos*
esse quosdam, videlicet quoniam *non puri sunt, quia non* pure
seu praecise *sunt in numero, sed* aut *secundum abundantiam*
aliquam aut defectum tales fieri contingit.

9 est] et *A*   10 quandam *om. B*   11 scilicet] sciet *B*   scilicet ... commensurationem *i.m. D*   11-12 Quicumque *CDA*   12 proportionantur ad
invicem] commensurantur ad invicem sive proportionantur *B*   15 secus]
se *B*   haec] hic *x*   16 praedictas *AE*   17 sicut enim] sic etiam *x, sed*
corr. sicut *E²*   20 in proportione] proportio *B*   dyatesseron *BAE*   22 consistit *CDA*   et *del. E²*   23 proportionationi *B*   24 ergo] igitur *B*   26 tales *om. B*   29 delectabiles quam indelectabiles *B*   32 *post* abundantiam
ras. 8-9 litt. E

15 Eodem - 16 consonantiis: Arist., *De Sensu,* 3, 439 b 30-31.
16 quae - 23 proportionatissimi: S. Thomas, *In De Sensu,* lect. 7, n. 101.
21 prius: p. 124, 4-6.
23 prius: lin. 18-19.
24 Tales - 33 fieri: Arist., *De Sensu,* 3, 439 b 33 - 440 a 6. Sed lin. 32-33 *sed ·*
defectum inseruit Bate ex 439 b 30.

CAPITULUM 13

DE CAUSIS COLORUM IRIDIS IN SPECIALI   35

Nunc ergo *ad propositum* de coloribus iridis revertentes, *dica-*
mus: quia visus remota non aeque *similiter* propinquis *videt,*
propter debilitatem, et quia nigrum negatio est et privatio visi-
bilis, idcirco ea *quae videntur a remotis, apparent nigriora et*
minora et planiora quam sint, eo quod eminentiae ipsorum, fa- 40
cientes asperitatem seu inaequalitatem, *non videantur* distincte.
Unde *quae in speculis videntur apparent nigriora quam sint, et*
nubes etiam *nigriores aspicientibus in aquam* illas *quam in ip-*
sas nubes, et hoc valde notabiliter; propter refractionem enim,
quia remotioni adicit, *pauco visu aspiciuntur. Differt autem* 45
nihil id *quod videtur permutari aut visum; utroque enim modo*
idem erit.

Adhuc etiam *oportet non latere,* ait PHILOSOPHUS, quod *hoc*
accidit: cum fuerit nubes prope solem, in ipsam quidem respi-
cientibus nubem non *apparere coloratam alio colore* quam albo; 50
in aqua autem eandem hanc intuenti colorem habere aliquem
eorum qui iridis. Palam itaque quod visus, quemadmodum quod
nigrum est *per refractionem videns, nigrius videt propter debili-*
tatem, sic et album minus album et adducit ad nigrum. Qui
quidem fortior visus, propter propinquitatem scilicet, *in puni-* 55
ceum colorem permutat; habitus autem, scilicet consequenter
appropinquans, *in viridem* seu prasinum; *qui autem adhuc de-*

36 ergo] igitur *B*   37 remota ... videt] a remotis visibilia non aequaliter
videt sicut appropinquans *B*   44 notabiliter] rationabiliter *E*   propter refractionem *iter. A*   45 remotioni] remotior *B* : remotiori *A*   pauco visu]
pauce visui *B*   46 enim *om. B*   48 Adhuc] Ad hoc *x, sed* huc *ex* hoc
corr. E²   53-54 videt ... sic] videtur sit *B*   57 viridum *D*

36 Nunc - 42 sint: ALEX. APHROD., *In Meteor.* (ARIST., III, 4, 374 b 17-20). CAG
    III, 2, p. 155, 17-24.
42 et - 60 habuit: ARIST., *Meteor.,* III, 4, 374 b 20-25. Sed lin. 50 *alio colore* et
    lin. 52-53 *quemadmodum... videt* et lin. 54 *sic* inseruit Bate ex ALEX.
    APHROD., *ad locum,* p. 155, 32 et 155, 34-156, 1.

bilior, in halurgum, id est violaceum. *Quod autem* ad *plus* est, scilicet ultra colores hos, *iam non apparet, sed in tribus* quidem,
60 *sicut et aliorum plurima,* sic *et horum finem habuit,* secundum quod et ipse Philosophus colores quosdam delectabilissimos esse dicit, proportionaliter quidem symphoniis delectabilissimis, tribus inquam, ut visum est prius, diapason videlicet ac diapente cum diatessaron. *Fiunt enim tria* quidem *omnia et ter omnino,*
65 ut ait Alexander. *Propter hoc enim, ut dicit* Philosophus *in his quae de caelo, et magnitudinum processus usque ad tres dimensiones pervenit, tamquam tribus perfectionem habentibus secundum numerum; omnia enim iam et multa sunt quae tria. Aliorum autem,* inquit, a praedictis colorum iridis *insensibilis*
70 est *permutatio; propter quod et iris tricolor apparet.*

Xanthos autem, id est color quidam citrinus, *apparet* in iride *propter secus invicem apparere* colores. *Non enim secundum refractionem visus ad solem talis videtur in ipsa color,* ut ait Alexander, quia non *tricolor* tantum *esset iris* tunc, sed est
75 *coloris xanthici phantasia. Puniceum enim iuxta viride album videtur. Signum autem huius* est quod *in nigerrima nube maxime pura fit iris; accidit autem tunc magis xanthon esse videri quod puniceum* est. *Est autem xanthos in iride color inter puniceum et viridem* apparens *colorem. Propter nigredinem*
80 *igitur eius quae in circuitu nubis, totum ipsius quod puniceum* est *apparet album; est enim ad illa,* quae nigra sunt, ap-

58 ad] adhuc *B*   60 sicut] sint *B*   habent *ex* habuit *corr. E²*   64 dyatesseron *BAE*   ter *Alex.*] in *codd., sed lectio incerta B*   65 ut¹ *om. B*
68 quae tria *inv. AE, sed del.* quae *E¹*   71 Xanthos] zankos B (*et sic lin.* 77)
quidam] quidem *B*   74 tantum esset *inv. x*   75 zanthici *B*   78 Est]
Et *BC*   xanthos] zankos *B*   80 igitur *om. C*

61 colores - 62 delectabilissimis: Arist., *De Sensu,* 3, 439 b 25 sqq.
63 prius: p. 125, 17-23.
64 Fiunt - 68 tria: Alex. Aphrod., *In Meteor.* (Arist., III, 4, 374 b 33-34). CAG III, 2, p. 156, 20-23. Alex. laudat Arist., *De Caelo,* I, 1, 268 a 9 sqq.
69 Aliorum - 70 apparet: Arist., *Meteor.,* III, 4, 374 b 35 - 375 a 1.
71 Xanthos - 72 apparere: *Ibidem,* 4, 375 a 7.
72 Non - 75 phanthasia: Alex. Aphrod., *ad locum,* p. 157, 28-30 et 32.
75 Puniceum - 82 album: Arist., *Meteor.,* III, 4, 375 a 8-14.

parens *album* quod puniceum est. *Insuper, ut ait* Alexander, *prasinus color mixtus albo, phantasiam facit xanthici coloris; propter quod et in nube nigra puniceo colore albo apparente, albo autem ex prasino facto xanthico, quae maxime extra* est 85 *peripheria iridis in valde nigra nube xantha videtur. Est autem xanthicus color propinquior nigro quam puniceus, et in intermedio prasini et punicei.*

Sed *adhuc,* et *marcescente* quidem, ait Philosophus, *iride propinquissime, cum solvatur puniceum,* videtur xanthicum; *nubes* 90 *enim alba existens, adiuncta secus viride, permutat in xanthon.* Super quo Alexander: *Sed et pereunte,* inquit, *iride, solutum quidem puniceum album videtur in nubis colorem rarum, qui erat albus ante consistentiam, qua soluta in illum redit colorem. Tunc itaque videtur color xanthicus qui extremae superficiei,* 95 *quia album nubis, mixtum prasino et positum apud ipsum, xanthon videtur. Quod autem iuxta nigrum alii colores videntur albiores, maximum* huius *est signum quod iris, facta a luna, omnes colores videtur albiores habere quam illa quae a sole; apparet enim alba valde. Fit autem hoc* ea de causa *quia in nu-* 00 *be obscura existente apparet et in nocte.* Similiter et in die caliginosa valde seu nebulosa existente, quandoque vidimus iridem solis albam, quemadmodum et irides lunae plures consimiliter vidimus coloratas. *Sicut igitur ignis super ignem, nigrum ad nigrum facit debiliter album penitus apparere album,* seu, 5

---

83 xanthici] zantici (*et sic lin. 85 et 87*) B   85 extra est *inv. D*   86 pariferia A   zantha B   87 propinquius *x*   89 marcessente *x, sed corr.* -sc- *E*ˣ
90 videtur] inquam album sive *add. B*   zanthicum (*et sic lin. 95*) B
91 xanthon] zancum B   93 rarum] ἐπανιόν *Alex.*   95 qui] quasi *ex* qui *corr. E²*   96 positum] ad *add. B*   97 videtur zankon B   videntur] apparent B   98 huius] huiusmodi B   00 hoc] haec CDA   1 apparet et] apparente B   2 seu] vel A   3 albam] et *add. B*   irides lunae *inv. B*
4 ignem] sic *add. E²ᵇᵛ*

---

82 Insuper - 88 punicei: Alex. Aphrod., *In Meteor.* (Arist., III, 4, 375 a 12-14). CAG III, 2, p. 158, 7-13.
89 adhuc - 91 xanthon: Arist., *Meteor.,* III, 4, 375 a 14-17.
92 Sed - 99 sole: Alex. Aphrod., *ad locum* (4, 375 a 14-18), p. 158, 13-18 et 20-22.
00 apparet - 1 nocte, 4 Sicut - 5 album: Arist., *Meteor.,* III, 4, 375 a 17-21

ut ait ALEXANDER, *duplicato igitur nigro circa emphasim, debi-*
lius album magis album videtur. Erat autem puniceum debiliter
album; albius igitur videbitur. Similiter autem et aliorum unus-
quisque colorum iridis albior videtur; propter quod etiam et
10 *tota.*

Quod autem colorum differentium iuxtapositio frequenter
phantasiam alterius facit coloris, palam est, scilicet *haec passio,*
in floribus. In texturis enim et variaturis valde differunt secun-
dum phantasiam alii secus alios positi colores, velut et purpu-
15 *rei in albis aut nigris lanis.* Non enim idem videtur, inquit
ALEXANDER, *purpureum iuxtapositum albo et nigro aut alicui alii*
colori; propter quod et purpurae non eaedem omnibus con-
gruunt coloribus. Sed et in claritate talia posita non similia vi-
dentur; sunt autem in ipsa tales aut tales. Vocata igitur, inquit
20 ALEXANDER, *paonica* [vel *pavonica*] *a colore vestimenta in con*
versionibus ad claritatem multimodorum colorum phantasias
emittunt; propter claritatem enim aliqualem magis alteras fa-
cere phantasias colorum, propter quod et variatores aiunt pec-
care operantes ad lucernam saepe circa flores et decipi, acci-
25 *pientes alios pro aliis.*

Quod autem praedictos iridis colores pictores maxime imitari
et parare non possunt, ait ALEXANDER, *et quod puniceus color*
propinquior est albo quam prasinus et halurgus, ex his notum
est. Naturalis quidem enim puniceus color cinnabari et dracon-
30 *tion, qui ex sanguine animalis fit; puniceus color ex cupholitho,*

6 ut *om.* D   8 igitur] ergo E   11 colorum] corporum B   12 scilicet
haec] hoc scilicet *x, sed corr.* haec *E*²   14 positos A   15 albis aut nigris]
album et aut nigrum B   17 colori] corpori B   20 vel pavonica] seu pa-
nonica B : *i.m.* D   22 alteras facere] altas B   23 variationes D   26 maxime *om.* B   29 cinnabari *scripsi*] kina- *codd.*   30 qui] quae B   cupholitho *scripsi*] kufolitho (-cho B : -to A) *codd.*

6 duplicato - 12 palam est: ALEX. APHROD., *In Meteor.* (ARIST., III, 4, 375 a
  20-23). CAG III, 2 p. 158, 23-28.
12 haec - 15 lanis: ARIST., *Meteor.,* III, 4, 375 a 22-26.
15 Non - 23 colorum: ALEX. APHROD., *ad locum* (4, 375 a 23-28), p. 158, 30-159, 2.
  Sed lin. 19 *sunt-tales*² inseruit Bate ex ARIST., 375a 26.
23 propter - 25 aliis: ARIST., *Meteor.,* III, 4, 375 a 26-28.
26 Quod - 64 halurgo: ALEX. APHROD., *ad locum* (4, 375 a 30-b 15), p. 161, 1 -
  162, 17.

id est levi lapide, et ex purpureo mixtis, qui multum deficit a
naturalibus. Puniceus autem et halurgus naturales quidem chry-
socolla et ostreorum sanguis existens et hoc purpurae maris, ar-
tificialia autem imparata seu *imparabilia, prasinus quidem ex*
cyano, id est fusco, et ochro, id est vitellino; halurgus autem ex 35
cyano et puniceo; contrafulgente igitur cyano ochro quidem pra-
sinus efficitur, puniceo autem halurgon. Et in his autem mul-
tum artificialia a naturalibus deficiunt. Et quod quidem picto-
res maxime hos non possunt imitari colores, notum ex his est.

Quod autem puniceus propinquior sit albo quam prasinus et 40
halurgus, ex paratione ipsorum palam est. *Puniceus quidem*
enim ex cupholitho efficitur, quod est album, prasinus autem
ex ochro, quod est debile album; obscuratum enim lumen pri-
mo permutatur in hunc colorem, quare magis prope albo puni-
ceus est *quam prasinus; propter quod merito ubi amplius illu-* 45
stratur lumen a sole nubi nigrae existenti, in *puniceum vide-*
tur permutari, *prasinus autem in quo minus. Iterum autem pra-*
sinum halurgo colore *propinquius* est ipsi *albo, siquidem huic*
ex ochro generatio est, *halurgo autem ex puniceo. Commune*
enim cyanus ipsis est. *Magis autem album* est *ochron quam pu-* 50
niceum. Declarat autem hoc et *hebetatum lumen et ad nihil ad*
ochron permutatum; quare merito iterum in iride secundum or-
dinem habet prasinus color, ultimum autem halurgus, tamquam
iam appropinquans nigro, quod est negatio albi maxime visibi-
lis et privatio. Testificabitur autem praedictis et hoc: quando 55
enim, ad solem aut aliud aliquid fulgens respicientes, clauseri-
mus oculos, observantibus nobis videtur secundum rectum vi-

---

31 ex *om. AE*   32 Puniceus] πράσινον *Alex.*   naturalis *B*   32-33 chry-
socolla *scripsi*] kriso- *B* : khriso- *x*   33 existens] puniceus autem et alur-
gus *add. B*   34 prasinus] primas *B*   35 cyano *scripsi*] kyano *BCAE* : kia-
no *D* (*et sic lin. 36*)   est¹] ex *add. E*   ochro *scripsi*] okhro *codd.* (*et sic
deinceps*)   36 puniceo] punce *C*   37 alurgo *B*   38 quidem] -dam *B*
39 hos *post* imitari *B*   est *post* notum *B*   41 paratione *Alex.*] operatione
codd.   ipsorum] illorum *AE*   quidem] quod *B*   42 cupholitho *scripsi*]
kufolitho (-co *B* : -to *C*) *codd.*   44 hunc] non *B*   46 nube nigra existente *B*   51 hebetatum (ebe- *CDE*)] ebetarum *B*   nihil] et *add. x*   52 ochron
scripsi] okhron *BAE* : okhrum *CD*   secundum ordinem *om. B*   54 propin-
quans *AE*   57 videtur ... visum *Alex.*] visum ... videtur *codd.*

sum primo quidem fulgidum secundum colorem, deinde permu-
tatur in puniceum, deinde in *prasinum, deinde purpureum, post*
60 *quem in nigrum colorem decidens exterminatur. Motu enim*
ab albo manente in visu paulatim exterminato, semper in pro-
pinquius resolutio fit; quare autem in puniceum primo quam
in prasinum: propinquius enim hoc albo; similiter et in prasino
et halurgo.

65   Sane, quod hi colores iridis in nube secundum existentiam
fixi non sunt realiter, sed apparent ex refractione radiorum luminarium quaedam ipsorum phantasiae, palam est ex praemissis, eo scilicet quod in eodem loco permanentes non apparent
aspicientibus diversis a situ variato, sed quemadmodum in spe-
70 culo simulacrum obiecti visibilis, respectu diversorum situum,
a locis diversis refractum apparet visui, realem existentiam utique non habens in speculo, secundum quod visum est prius. Ad
visum autem non pervenit aliqua refractionis emphasis, ut dictum est, nisi a loco speculari ubi angulus incidentiae aequalis
75 est angulo reflexionis, aut a situ quodam, eidem habitudini proportionaliter se habente.

CAPITULUM 14

DE FIGURATIONE PARHELIORUM SECUNDUM PRAEMISSA

    Contingit itaque, consimiliter ob dictam causam, apparere par-
80 helios in eadem a sole distantia qua et halo. Unde et in ipsa
circumferentia halo frequenter apparent, unus scilicet a dextris

---

58 primo quidem *inv. B*   58-59 deinde ... deinde[1]] demum ... demum *B*
permutatur] -tum *Alex.*   59 deinde[2]] in *add. E*   59-60 post quem] postquam *A*   61 in[1] *om. A*   exterminat *B*   61-62 propinquis *DAE*   62 puniceum primo] puniceo *B*   63 propinquis *x, sed corr.* -quius *E*[2]   66 radiorum luminarium *inv. B*   71 locis diversis *inv. B*   74 est *om. DA*   75 re-
flexionis] refractionis *x*   78 pareliorum *codd.* (*et sic deinceps*)   81 dextro *B*

72 prius: p. 77, 79 sqq.
73 - 74 dictum est: p. 106, 39 sqq.

et alter a sinistris, in aequidistantia quidem elevationis solis aut
lunae super horizonta — propter quod a Graecis vocati sunt
parhelii ab aequidistantia — obscuri quidem qui lunae propter
splendoris seu luminis debilitatem, solis vero albi valde seu ar- 85
gentei, splendidi in tantum quod interdum opinatur vulgus tres
apparere soles, quasi per tenuem translucentes nubeculam, aut
forsan duos, cum ab altera parte dumtaxat idonea fuerit nubes
et disposita sufficienter.

Materiam quidem autem sive subiectum emphaseos huius- 90
modi *quam maxime regularem* oportet esse nubem, et spissio-
rem etiam seu densiorem quam quae halo simplicis aut iridis,
ac magis aquosam; *propter quod apparet alba* et *magis aquae
signum* est seu pluviae, et *color* etiam *solis albus* est, ut ait Philosophus, a quo et haec refractio causatur; *regularitas enim spe-* 95
culi ac idonea densitas *unum faciunt emphaseos colorem.* Quoniam igitur *a spissa existente caligine, et nondum quidem exi-*
stente aqua, prope autem aquam, fit ad visum *refractio simul*
totius fulgidi, puta solis, quia *simul incidit ad* illam *caliginem,*
ideo *colorem* album, non variatum quidem, *apparere facit,* in- 00
quit Philosophus, *sicut ab aere polito refractum propter spissi-*
tudinem modo speculari.

In alio quidem autem situ aequalis distantiae praedictae, sive
sursum sive deorsum, non apparet haec passio, eo quod sic *in*
latere tantum distare contingit *speculum, ut neque sol dissolvat* 5
ipsum, *visus quoque multus simul veniat* ad speculum, secundum quod ait Philosophus, hoc est quod de visibilitate speculi

82 alter] scilicet *add. A*   85 seu¹] sui *C*   92 aut] autem *B*   93 ac]
aut *AE*   94 solis] solor *x, sed corr.* solis *E²*   96 ac] aut *E*   faciunt] facit *C*   6 ad speculum *iter. B*

83 a Graecis - 84 aequidistantia: Cfr Seneca, *Quaest. Naturales,* lib. I, c. 11,
   p. 29, 25-30, 1: Graeci parelia appellant, quia in propinquo fere a sole vi-
   suntur, aut quia accedunt ad aliquam similitudinem solis.
91 quam - 93 alba: Arist., *Meteor.,* III, 6, 377 b 15-16.
93 magis - 94 albus: *Ibidem.* III, 6, 377 b 24 et 22-23.
95 regularitas - 96 colorem: *Ibidem,* III, 6, 377 b 17.
97 a spissa - 1 spissitudinem: *Ibidem,* III, 6, 377 b 19-20, 18-19, 21-22.
 4 in - 6 veniat: *Ibidem,* III, 6, 378 a 3-5.

multum simul veniat ad visum; quae quidem ambo neque in alio
situ eiusdem distantiae neque maioris neque minoris contin-
10 gunt, ut ait ipse. Etenim, secundum quod sensibiliter experimur
et acceptum est etiam in astrologicis tamquam principium
quoddam, in aequali quidem appropinquatione ad solem existentium, quae circulo altitudinis eius seu eius azimuth quanto
propinquiora fuerint, tanto magis sub viribus consistunt radio-
15 rum solis, respectu nostrae quidem habitabilis, ac per hoc ab eis
vincuntur magis; et ideo magis habet ibi *sol dissolvere consistentiam* illam materiae parheliorum, ut dicit PHILOSOPHUS.

Et iterum, postquam huiusmodi passionis subiectum seu materia *bene operose* se *habet ad generationem aquae,* ut ait PHI-
20 LOSOPHUS, et color etiam ipsius hoc attestatur, necesse est huiusmodi nubis rorationes seu guttas aquosiores existere ac, per hoc
tendentes deorsum et a vento quidem ibi non impeditas, distil-
lando perpendiculariter descendere continue, tamquam in figura
subtilium quorundam speculorum columnarium. Et ideo quibus
25 apparere potest refractio super longitudinem huiusmodi speculorum, tamquam in unum speculum congregatorum *propter
deinceps,* illis utique non solum color aliqualis apparet, sicut
accidit a parvissimis et quasi indivisibilibus speculis, ut ait PHI-
LOSOPHUS de halo et iride, verum etiam aliqualiter tota simul fi-
30 gura solis aut lunae, secundum quod in perspectiva demonstrari
convenit, et per experientiam comprobatur. Et hoc est quod intendit PHILOSOPHUS per *simul totius* fulgidi *refractionem.* Talis
autem refractio aliunde quam a simili elevatione cum lumina-
ribus non contingit, ubi radii quidem huiusmodi speculis inci-

12 solem] solum *AE, sed corr.* solis E^2 12-13 existentiam E   13 azij-
mut B : azimich DA   15 quidem *om. x*   20 hoc] hic CDA   21 rora-
tionem D   seu] sive B   24 columpmarium B (*et sic lin. 37*)   27 aliqualis apparet] quidem apparet aliqualis B   29 et] de *add.* E   30 prospec-
tiva A

8 quae quidem - 9 contingunt: ARIST., *Meteor.,* III, 6, 377 b 39 - 378 a 11.
16 sol - consistentiam: *Ibidem,* III, 6, 377 b 31-32.
19 bene - aquae: *Ibidem,* III, 6, 377 b 25-26.
26 in unum - 27 deinceps: *Ibidem,* III, 3, 373 a 20-21.
27 sicut - 28 speculis: *Ibidem,* III, 2, 372 a 34 - b 5.
32 simul - refractionem: *Ibidem,* III, 6, 377 b 18.

dentes quasi orthogonios respectu visus vel horizontis et coae- 35
quales faciunt angulos collaterales. Ibidem enim super divisi-
bilem columnarium speculorum longitudinem fit refractio; alibi
vero circumquaque super minimam et quasi indivisibilem speculi partem respectu visus nostri, quapropter in illis locis omnibus apparet solum ille color halo, quem PHILOSOPHUS determinat 40
ibi debentem apparere.

Colorum igitur phantasias alterari accidit, *aut propter visus
debilitatem,* aut *propter misceri* coloribus speculorum, ut dictum est prius. Et ex his declarat quidem PHILOSOPHUS causari
colorum emphases, quae in iride et consimilibus apparent. *Nihil* 45
autem differt, inquit, *quod videtur permutari aut visum* seu aspicientem; *utroque enim modo erit idem.* Unde *humidos habentibus oculos manifestius iris circa lucernas apparet, secundum
plurimum hieme* et *australibus existentibus* ventis; *horum enim,*
inquit, *visus cito refringitur propter debilitatem,* aut a modicis 50
patitur refractionibus sentiendo.

CAPITULUM 15

DE DIVERSIFICATIONE SIMULACRORUM IN SPECULIS DIVERSIS
ET IN IRIDE SIMILITER EX CAUSA PRAEMISSA

Rursus, propter praemissam quidem causam est quod in 55
speculo concavo simulacrum rei visae vel obiecti perversum

35 orthogonios *scripsi*] -genios *B* : -gonicos *x* vel] alias respectu *x, sed corr.*
vel *C¹E²* et *del. Eˣ* 36 Ibidem] Ideo *AE* 37 longitudinem] longiorem *B*
38 quasi (super *A*) indivisibilem *inv. B* 44 quidem] -dam *B* 45 iride]
yridet *C* consimilibus] in similibus *B* 49 enim *om. AE* 54 ex] et *D*
55 est *om. A*

39 in illis - 40 halo: ARIST., *Meteor.,* III, 3, 373 a 19-26.
42 Colorum - 43 speculorum: *Ibidem,* III, 2, 372 b 7-8.
44 prius: c. 10 sqq.
45 Nihil - 47 idem: ARIST., *Meteor.,* III, 4, 374 b 22-24.
47 humidos - 50 debilitatem: *Ibidem,* III, 4, 374 a 22, 19-21 et 22-23.

apparet sive subversum, superior videlicet eius pars inferior et
econverso. Adhuc, et in aere situatum apparet inter speculum et
aspicientem, cum a speculo fuerit eius distantia maior semidia-
60 metro sphaerae, concavitati speculi debitae.

Simili quoque de causa accidit quod, radiis luminosi corporis
per foramen minus ipso transeuntibus in longinquum, ultra concursum videlicet duarum linearum seu intersectionem earum,
corpus illud ac latera foraminis contingentium per imaginatio-
65 nem, si quidem aliud corpus aliquod, puta digitus aut aliud
quodcumque, moveatur in directo foraminis illius, foris vel intus, dum tamen citra concursum seu intersectionem dictarum
linearum, apparebit umbra illius ultra sectionem dictam ad
partem moveri contrariam motui corporis illius. Et secundum
70 aliam quandam dispositionem accidit duas umbras unius obiecti
sibi invicem obviare. Nam sicut in speculo concavo ultra centrum eius cancellatio fit linearum radialium et permutatio ad
situs oppositos, sic et in exemplo proposito ultra sectionem accidit illarum contingentium linearum; et ideo necesse est mo-
75 tum illum taliter permutatum apparere. Similiter et a speculo
in speculum secunda reflexio permutationem quandam causat
in positione partium idoli ad oppositas seu contrarias partes
laterales.

Non lateat autem nos quod vapor seu nubes, in qua fit iris et
80 halo ceteraeque consimiles emphases, alterius naturae specularis et modi seu diaphaneitatis alterius est, praesertim quoad
quaedam, quam sint ea quae simpliciter et omnino continua
sunt et plana, lenia seu polita, porositate seu poris omnimodis
et inaequalitate carentia et discontinuitate, de quibus ALHAZEN
85 in sua Perspectiva determinat. Vapor enim seu nubes

---

57 inferior *om. B*   59 cum] tamen *A*   63 intersecationem earumdem *B*
64-66 contingentium ... foraminis *om. B*   72 eius] illius *C*   73 opposi-
tes *D*   ultra] universaliter *B*   sectionem] autem *add. x, sed del.* autem *E²*
76 reflexio] in *add. AE, sed del.* in *E²*   79 et] seu *B*   81 diaphaneitatis
alterius *inv. B*   82 omnino] omnia *A*   83 levia *x*   84 et²] seu *x*   con-
tinuitate *A*

84 de quibus...: ALHAZEN, *Optica,* lib. IV-VI.

huiusmodi, sicuti praemissum est, non est ex partibus omnino
continuatis ad invicem, ut sunt partes aeris et caelestis corporis
et aquae similiter et vitri seu aliorum lapidum transparentium,
sed est ex rorationibus indivisibilium guttularum ad invicem
contiguatarum, seu minimorum aggregatione corpusculorum 90
specularium constituta. Aliam igitur seu differentem a ceteris
in diaphaneitate dispositionem habet, praesertim cum etiam
vapor seu nubes huiuscemodi non omnino planam aliquam
simpliciter habeat superficiem, licet quoad quid imaginari possit in ea superficies plana, secundum quod supponit ALHAZEN in 95
fine suae P e r s p e c t i v a e. Quare nihil prohibet in locis determinatis et partibus quibusdam ipsius nubis, ut praemissum
est, radium luminaris quoad aliquid aliter incidere quodammodo quam in diaphanis, de quibus ALHAZEN determinat, et sic
alios ac diversos in positione saltem colores quosdam efficere, 00
seu ipsam lucem aliter et aliter misceri coloribus; insuper, et
quandam fractionem et refractionem seu conversionem et reflexionem sub determinatis et certis angulis causare, praeter
simpliciores — inquam — alios reflexionis aut fractionis modos,
de quibus tractat ALHAZEN. 5

Palam itaque quod praeter simplices reflexionis modos hos,
nihil prohibet alios quosdam etiam esse magis compositos, quos
ad sensum experimur circa generationem iridis et halo cetera-
rumque consimilium impressionum. Secundum hos enim radius
luminaris, ad nubem incessu recto perveniens, eidem aliquan- 10
tulum immergitur quasi quibusdam gradibus, differentes ibidem
colores apparentes efficiens, usquequo nubis ipsius introrsum
obstante resistentia debilitatus, continue quidem a situ determinato retrorsum et inferius ad visum nostrum convertitur. Et
nihilominus etiam in partem aliam, secundum doctrinam ALHA- 15

86 sicuti] sicut B   est² om. CAE, sed rest. E²⁸ᵛ   88 seu] et B   92 habet
ex h// E²] huiusmodi BCDA   94 habet D   licet om. A   95-96 in fine
iter. A   98 aliter] aliqualiter D   2 et¹] seu B   4 refractionis aut reflexionis B   6 itaque] igitur A   7 etiam om. B   8 generationis (?) B
10-11 aliqualiter B   12 efficientes B

86 praemissum est: p. 106, 18-19 et 30-36.
95 supponit...: ALHAZEN, Optica, lib. VII, c. 7, n. 55, p. 282.

ZEN in 7° suae P e r s p e c t i v a e, reflexionem aliam facit obli-
quando sursum, a nostro scilicet conspectu longius elongatus.
A rariori namque sive subtiliori diaphano procedens in gros-
sius, ab incessu recto reflectitur versus perpendicularem, super
20 huiusmodi grossioris et densioris diaphani superficiem imaginatam, ubi praefatus incidit radius ipsi nubi. Sic ergo versus
profundum nubis intendens introrsum, visibus nostris apparere
non potest, nisi cum huic incessui demum resistente seu obstante nubis opacitate profunda, simul cum ea quae contigui
25 seu consequentis exterius aeris hinc obtenebrati caligine, praecipue tamen et singulariter a concavitate superficiei nubis, cuius
ipsa terminus est exterior, praedictus radius una cum suis coloribus regulariter secundo reflectitur versus eam quae ad luminaris hemisphaerium tendit partem, in qua situm etiam habet
30 angularem ad nostrum aspectum reflectendi, secundum quod
in prima contingit iride suo modo.

Haec itaque secunda seu exterior iris est quae propter per-
mutationes reflexionum alternatarum econtrario colores in situ
permutatos habet necessario respectu primae iridis, prout con-
35 cludi potest ex doctrina ALHAZEN, sive quidem imaginatae superficiei planae vicem teneat resistentia seu obstaculum in profundo nubis, a quo fit reflexio, sive convexae, aut etiam concavae.
A concava namque superficie sola simplici reflexione facta respectu visus nostri, citra centrum concavitatis illius positi, non
40 permutatur situs partium reflexi visibilis, licet maior appareat
earum quantitas in tali situ. Sic autem et visus noster seu oculus
se habet ad concavam superficiem nubis cuiuscumque, consequenter — inquam — concavitati mediae regionis aeris incur-
vatam, sive quidem interius, sive exterius in superficie nubis.
45 Huius autem secundae seu exterioris iridis proprium oportet
esse locum non in superficie nubis, aeri scilicet continua seu
contigua, quia si sic, tunc, secundum ALHAZEN, rectus incessus
radiorum ab intima profunditate nubis ad superficiem eius per-

19 recto] nostro C   20 et] seu B   22 intendens] incidens x   25 hinc
obtenebrati] habent obtenebrari B   caliginem A   32-33 permutationem AE
33 econtraria C   35 ex] de x   39 posita B   41 et om. A   seu] et B
43 aeres C   44-45 in superficie ... exterioris iter. B   45 seu] sive B
46 aeri] iter. B : aeris C   47 tunc om. C   48 ab] ad A

veniens, mox in diaphanum subtilius intrans, reflectitur a per-
pendiculari, prout dictum est, imaginata, semperque magis ac 50
magis hoc modo recedit a visu nostro. Oportet ergo quod ali-
quantulum interius in nube sit locus eius, ubi quidem sufficiens
est opacitas ad reflexionem iridis concausandam.

Insuper, sciendum quod iris haec secunda non plus 11 gradibus a prima distat, cuius profecto duplum semidiameter halo 55
continet, secundum quod experti sumus; iridis vero primae semidiameter modo consimili non plus quam duplum semidiame-
tri halo continet. Et haec — inquam — est proportio distantiae
et quantitatis inter illas; quare numquam ad meridianum circulum iris prima pervenire potest, sed vix ad mediam distan- 60
tiam inter meridianum et oriens aut occidens, videlicet ad alti-
tudinem 45 graduum vix aut 44 inter horizontem et zenith ca-
pitum in meridiano.

Notandum autem quod, si vapor aut nubes idonee se habeat
usque prope visum nostrum adhuc et usque ad superficiem ter- 65
rae, secundum rectam quidem reflexionis lineam a situ principalis iridis remotiori, per totum utique vaporem seu nubem apparebit iris, eo quod lux, admixtos habens colores iridis, per
hanc lineam radialem extenditur directe usque ad visum nostrum. Et hinc est quod usque super terram et quandoque iuxta 70
nos apparent quasi cornua quaedam iridis, et praesertim ibi
magis quam superius, eo quod ibidem a parte posteriori vaporis
maior quam superius est opacitas, quae reflexionem causat.

Atvero, quia reflexionis multiplicatio debilitat et obscuriorem
utique reddit iridem, eapropter ait PHILOSOPHUS *tres non adhuc* 75
fieri neque plures irides, quia in *secunda fit obscurior, ut* et
iterum *refractio valde debilis fiat et impotens sit ad solem per-*
tingere. Loquitur autem ibi PHILOSOPHUS communi modo loquen-

---

49 a] aut B   50 praedictum DAE   imaginato E   54 11] enim CDA
55 profecto] perfectio x   56-57 semidiameter] -tri A   57-58 semidia-
metri] -ter BCDA   61 oriens] oridens C   62 cenich CDA : cenith E
65 ad *post* usque¹ A   67 remotiori] remotum B   74 Ac vero B   obscu-
riorem] obstulorem A   77 sit] fit D

50 dictum est: p. 137, 18-21.
75 tres - 77 pertingere: ARIST., *Meteor.*, III, 4, 375 b 12-15.

tium ac si refractio radii visualis extramittendo fieret super
80 nubem et hinc usque ad solem, cum econverso tamen se habeat
rei veritas, modo nihilominus demonstrandi non mutato. Et
quidem a sole duplex causari potest iris, non autem immediate
quidem ambae, secundum quod ALEXANDER immerito seu irratio-
nabiliter imponit PHILOSOPHO tamquam hoc asserenti, sed prima
85 quidem per immediatam reflexionem, secunda vero per media-
tam seu plures medias, ut visum est. Quocirca, si tertiam apparere contingat, etsi rarissime, quia dicit ALEXANDER quandoque
visam esse, non potest hoc accidere nisi cum inter solem et primam iridem radium solarem non impediens densa nubes ita
90 prope consisteret inter solis radium et locum iridis utriusque
sequentis, quod nequaquam ex claritate seu radio solari minus
idoneus et indispositus fiat opacitatis locus ubi reflexio causari
possit ac debeat, siquidem virtus ex debilitatione consequente
non defecerit, nec impotens fuerit, ut ait PHILOSOPHUS; tunc enim
95 tertia forsitan iris apparere poterit qualitercumque, sed obscura
quidem valde, colores etiam habens econtrario positos iridi secundae propter eandem causam qua et secunda respectu primae.
Et forte non totalis apparere potest, sed partes eius quae superficiei terrae sunt propinquiores; ibi namque facilius quam ali-
00 bi contingit vaporum interpositio magna seu multiplex, necnon
et ceterae conditiones quae ad apparitionem tertiae iridis requiruntur.

Verum, quamvis proportionaliter quodammodo conversioni
radiorum iridis primae versus aspectum nostrum, in halo qui-
5 dem secundum oppositum seu contrarium situm contingat esse

79 super] supra CDE   80 tamen] quidem x   81 nihilominus ... mutato]
demonstrandi nihilominus permutato nequaquam B   86 tertiam] fortassis
add. B   88 visam (-a C) esse inv. B   92 fiat om. B   95 forsitan om. B
96 iridis C   98-99 superficiei] super ei B   1 apparitionem post iridis B
4 primo B

82 immediate - 84 asserenti: ALEX. APHROD., In Meteor. (ARIST., III, 4, 375 b
    12-15). CAG III, 2, p. 159, 15-16.
86 visum est: p. 136, 15 sqq.
87 quia - 88 esse: ALEX. APHROD., In Meteor. (ARIST., III, 4, 375 b 12). CAG III, 2,
    p. 159, 6-7.
93 siquidem - 94 fuerit: vide p. 138, 76-77.

refractionem seu reflexionem unam seu primam, tamen secunda seu tertia fortassis non apparet nobis. A prima namque si
fiat reflexio, posterius utique revertitur a visu nostro, descen-
dens versus partem a claritate solis illuminatam aut lunae;
quapropter, caliginis idoneae nequaquam obvians repulsioni 10
seu obstaculo, convenientem efficere nequit reflexionem tertiam
aut secundam.

Sane, quod iris exterior non immediate causatur a sole, prima scilicet refractione, sed mediante primae seu interioris iridis
refractione, sicut visum est, signum huius est colorum in situ 15
transpositio; adhuc et quia sola per se numquam apparet iris exterior, neque tota neque pars eius aliqua, sicuti de prima contingit, sed proportionaliter apparente simul interiori, secundum
quantitatem et situm convenientem semper. Etenim ambae, si
pariter immediate causarentur a sole, par esset causa colorum 20
in situ; adhuc et exteriorem iridem aut portionem eius aliquam
nihil prohiberet apparere sine proportionaliter apparente simul
iride interiori seu eius portione.

Ceterum, in eodem subiecto speculari profunditatem habente convenientem, et consimiliter in superficiebus oppositis con- 25
vexitatem extrinsecus, unius quidem rei visae duo simul apparent simulacra, secundum contrariam utique dispositionem se
habentia, tam in situ seu ordine partium suarum, quam in locis apparentiae respectu eiusdem aspicientis ac rei specularis:
propter convexitatem enim superficiei specularis propinquio- 30
rem aspicienti redditur erectum, similiter obiectae rei simulacrum apparens ultra locum speculi, propter concavitatem autem interiorem alterius oppositae superficiei convexae. Quamobrem, quemadmodum et huic etiam exemplo consimiliter secundae causatur iridis refractio simul et figuratio, sicut prius 35

17 tota neque pars] partes B   sicut B   18 apparente simul *inv.* B   20 coloris A   22 prohibet C   sine *scripsi*] sive *codd.*   23 eius] etiam B   portionem CDA   25 convenientem] et erectam *add.* B   28 seu] et B : in
add. A   30 propter ... specularis *om.* A   31 erectum ... rei *om.* B
32-33 autem] aut C   33 alterius] a'cus B   33-34 Quamobrem] alias
add. D   34 quemadmodum] *om.* B : modum *add.* AE, *sed del.* modum E[2]

15 visum est: p. 136, 15 sqq.
35 prius: p. 137, 32 sqq.

tactum est, redditur aliud simulacrum contrariae dispositionis,
tam in situ seu ordine partium quam in apparente loco simulacri alterius, conveniente quidem visus distantia non neglecta,
secundum quam nihilominus in huiusmodi speculo plura duo-
40 bus etiam unius obiecti simulacra simul apparere possibile est.

Non lateat itaque quod admirabiles quandoque contingunt apparentiae simulacrorum et multiplices ex huiusmodi dispositionibus rerum specularium et speculantium in tantum quod, si per
eandem refractionis lineam radialem huiusmodi simulacra duo
45 praedicta reflectantur, per quam et convenienter situatus aspi-
ciat ea considerans oculus distincta quodammodo, licet obscu-
re, secundum contrarias autem dispositiones et situationes prae-
missas in eodem loco simul et non simul, sed in diversis locis
apparebunt, alterum quidem a propinquiori convexitate speculi
50 refractum remotius, alterum autem a remotiori concavitate praedicta propinquius apparens, et hoc — inquam — secundum
phantasiam aspicientis, prout imaginatio quasi ad libitum va-
riatur.

Notandum interea quod ex huiusmodi simulacrorum et ima-
55 ginum apparitione tali, demonstrative concludi potest efficacius
quam superius, quod simulacra seu imagines huiusmodi nec
in speculis ipsis nec in aliis extra videntis organum sitibus et
locis, in quibus apparent impressa, realiter et sine deceptione,
seu veraciter, ibidem existunt secundum quod apparent; quia
60 si veraciter ibi existerent, nequaquam imago remotior existens
ab oculo videntis, inter ipsum oculum et propinquiorem sibimet imaginem, tamquam ipsam quodammodo cooperiens, apparere posset, cum respectu eiusdem simul propinquiorem et non
propinquiorem esse oporteret, quod est impossibile. Verum, ipsa
65 species obiecti visibilis, reflexa quidem seu agens et apparens
mediante reflexione, non sine reflexionis ipsius accidentibus et

37 seu *om. B*   partium] suarum *add. B*   37-38 apparente ... alterius] locis apparentiae vel in loco apparente alterius simulacri *B*   39 nihilominus
post speculo *B*   40 etiam] et *B*   45-46 aspicit *x*   51 hoc] haec *B*
59 ibidem existunt] ibi existere *B*   60 si] variatio *add. B*   61 ab] ob *C*
65 obiecti] oculi *C*

56 superius: p. 131, 65 sqq.

modis apparitionum ad interius penetrat organi visus, actionem
et figurationem ei secundum hoc imprimens prout magis possibile est. Quapropter omnium illorum similitudines quaedam et
affectiones, quanto perfectius et completius ac distinctius fieri 70
possibile est, impressae repraesentantur, et per consequens a potentia sensitiva sic se habere iudicantur. Multipliciter quidem
enim et mirabiliter utique, tam in diaphanis quam in specula-
ribus multifariis, diversiformes contingit fractiones et reflexiones huiusmodi radiorum fieri et apparere, secundum quod et 75
sensus docet experimentantes.

Quod autem in nube praesertim rorida multiplex causari possit fractio et refractio, rationabiliter declarat PHILOSOPHUS ex eo
quod illi debiliter et non acute videnti, de quo prius dictum est,
per refractionem in aere etiam non consistente, idolum eidem 80
apparebat propriae figurae; propter passibilitatem enim debilis
visus eius a modica patiebatur refractione et insensibili quidem
apud visum, naturaliter quidem et bene se habentem. Tantae
nempe debilitatis ac tenuitatis erat illius visus *ex infirmitate,*
ut ait PHILOSOPHUS, *ut speculum* ei *fieret et propinquus aer, et* 85
non posset repellere, sicut qui longe et spissus fractiones quidem
causat et refractiones respectu visus bene se habentis. *Propter*
quod quidem *et summitates,* inquit, *retractae videntur in mari,*
et maiores magnitudines omnium, cum euri flaverint, et quae in
caliginibus etiam, *velut sol et astra orientia et occumbentia ma-* 90
gis quam in medio caeli existentia. Attamen, possibile est utique tantam esse caliginis densitatem aut dispositionem aliam,
quod appareant minora. Propter medii quidem enim diversitatem et caliginis, tam in densitate quam raritate, aut luminosi-

---

67 apparitionum *scripsi*] -nem *codd.*   68 magis] maxime *B*   70 fieri
om. B   73 in² *om. CDE*   74 diversiformes] uniformes *B*   et] refractiones vel *add. B*   77 multiplex] -pliciter *x*   80 etiam] et *x*   eidem] ei *C* :
idem *AE*   81 possibilitatem *D*   83 apud ... quidem *om. A*   84 ac] et *CA*
85 et¹] *om. B* : *del. E²*   87 causat] eant *CDA* : causant *E*   refractiones]
quidem *add. B*   88 retractae] refractae *E²*   90 orientia] orientalia *C*
91 caeli *om. C*   94 densitate quam raritate] raritate quam in densitate *B*

79 prius: p. 98, 30-35 et 100, 65-70.
83 Tantae - 91 existentia: ARIST., *Meteor.,* III, 4, 373 b 7-13.

95 tate, aut obscuritate, aut figura medii, aut distantia visibilis.
diversificari necesse est visibilium apparentiam, non solum in
magnitudine sed in situ etiam, ac in reliquis sensationibus communibus, eo quod multimode proveniant exinde tam fractionum
quam refractionum variationes, prout uniuscuiusque congruit
00 idoneitati. Postquam igitur *lumen semper repercutitur,* ut ait
Philosophus, necesse est, tam in aere quam in nube praesertim
idonea, multiplices et plurimas semper fieri refractiones, quamvis non omnes nobis appareant manifeste, sed illae tantum
quae visum nostrum sufficiunt immutare.
5   Obscuriores vero apparent utique colores exterioris iridis
propter actionis debilitationem, ob maiorem distantiae longin-
quitatem, ex plurium quidem refractionum continuatione re-
sultantem. Secundum hanc enim viam a sole minus distat iris
interior, ut ait Philosophus, quam exterior, quae tamen in recta
10 linea secundum visum nostrum propinquior apparet soli. *Lon-*
gius enim protensus visus sicut quod longius videt, et quod hoc
eodem modo, ut ait Philosophus; *visus autem protensus debilior*
fit. In deficiendo quidem igitur *visum* aut actionem rei visae
apparet obscuritas et *nigrum; propter quod quae longe omnia*
15 *nigriora* et obscuriora *apparent, propterea quod non pertingit*
visus, aut econverso visum non attingunt illa. *Propter hanc ita-*
que *causam apparent quae longe minora,* inquit Philosophus, *et*
planiora, et quae in speculis, et nubes obscuriores aspicientibus
in aquam quam in ipsas nubes, et hoc valde notabiliter. Propter
20 *refractionem enim,* inquit, *pauco visu aspiciuntur,* aut debilius
agit visibile in medium et in visum. *Differt autem nihil quod vi-*
detur permutari aut visum, utroque enim modo idem.

---

98 quod] multitudo *add. B*   00 igitur] ergo *B*   1 praesertim] tam *add. B*
2-3 quamvis] quam *B*   3 apparent *B*   5 exteriores *A*   6 debilitatio-
nem] debilitatem *C, sed corr.* -tionem *C²*   7 continuationem *CDA*
10 apparet] esse *add. B*   11 videt *Arist.*] videtur *codd.*   hoc] hic *Arist.*
12 ut *om. B*   16 visum non *iter. B*   18-19 obscuriores ... nubes *om. B*
19 in¹ *om. A*   21 autem] enim *x*

00 lumen-repercutitur: Arist., *De Anima,* II, 8, 419 b 29.
10 Longius - 12 modo: Arist., *Meteor.,* III, 4, 375 a 32-34.
12 visus - 22 idem: *Ibidem,* III, 4, 374 b 11-12, 13-15, 18-24.

CAPITULUM 16

QUOD SECUNDUM LINEAS PERPENDICULARES IN ORGANO VI-
SUS FIGURATUR SPECIES VISIBILIS AB OBIECTO PRINCIPALITER   25
MOVENTE VISUM

Ad principale quidem igitur propositum revertendo, manifestum est quod, cum brevissima sit distantia quae secundum lineas perpendiculares, necesse est actionem quae secundum eas,
illa fortiorem esse quae secundum fractas lineas fit aut reflexas,   30
et per consequens impressionem causare fortiorem. Quapropter
concludit ALHAZEN quod imago sive figura obiecti in organo visus, quod ipse probat esse glacialem humorem in oculo, secundum verticationem linearum perpendicularium distincte figuratur. Impressiones enim, quae ab oculo per lineas non perpen-   35
diculares, sed obliquas seu fractas, ad superficiem perveniunt
humoris glacialis, debiles sunt neque frangi possunt ad centrum
organi, in quo virtus viget visiva. Quod ipse pulchro declarat
exemplo. Nam nihil ita distincte per visum iudicamus ut illud
super quod revolvitur axis radialis; vocat autem axem hunc   40
lineam rectam, a centro humoris glacialis imaginatam protendi
per medium super centrum foraminis uveae scilicet tunicae sive
pupillae usque ad rem visam. Et quod propinquius huic axi fuerit, manifestius videtur. Demonstrat igitur ALHAZEN quod in humore glaciali quoquo modo figuratur idolum rei visae, ut dic-   45
tum est, secundum verticationem linearum perpendicularium

25 ab] in *x*   principaliter] spiritualiter *B*   30 illam *A*   aut] autem refractas sive *B*   32 sive] seu *B*   36 proveniunt *C*   37 neque] nec *B*
39 exemplo] signo *B*   40 autem *om. B*   hunc] hanc *B*   42 super] supra *B*   uveae scilicet] uver *x, sed corr. E²*

33 quod - oculo: ALHAZEN, *Optica,* lib. I, c. 5, n. 16, p. 8.
33 secundum - 40 radialis: *Ibidem,* lib. I, c. 5, n. 15 et 18, p. 8-10 et lib. II, c. 1,
      n. 8-9, p. 29-30.
40 vocat - 43 visam: *Ibidem,* lib. II, c. 1, n. 1, p. 24.
45 - 46 dictum est: lin. 31 sqq.

ab obiecto ad superficiem glacialis imaginatam; solum enim
secundum has imprimi potest forma quae sensum moveat, et
non secundum alias. Quodcumque igitur visibile visui oppo-
50 natur, in humore glaciali figura describitur, quae illi assimilatur. Et hinc est quod dicit Avicenna dubitantibus *quomodo forma
unius montis aut totius mundi in parvissimo instrumento describi possit. Scientia* enim, inquit, *quod corpora possunt dividi
in infinitum excusat nos ab hoc labore.* Unde *mundus in parvo*
55 *speculo describitur et in pupilla, et dividitur quod ibi describitur
secundum divisiones illius,* quamvis divisiones in parvulo sint
mınores illis quae in magno. Adhuc etiam, ut ait [Averroes et]
Alhazen, *in hoc humore* glaciali *est aliqua diaphaneitas et aliqua spissitudo, et ob hoc assimilatur glaciei.* Propter diaphanei-
60 tatem ergo eius *recipit formas, et pertranseunt in eo.* et propter
spissitudinem eius *prohibet formas ab* omnimodo *transitu, et*
sic *figuntur* et figurantur *formae in eius superficie et corpore.
Ex ordinatione* itaque *partium formae in superficie* glacialis *et
in toto suo corpore, erit sensus ex ordinatione partium operantis.*

65 ## CAPITULUM 17

OBIECTIO CONTRA PRAEDICTA ET OBIECTORUM SOLUTIO, CUM
DETERMINATIONE PERFECTIONIS ACTUS SENSITIVI

Huic autem sententiae videbitur forte contrariari Philosophus
cum suis expositoribus. Reprobatur enim Democritus, in libro
70 D e S e n s u e t S e n s a t o, quia idoli apparitionem in pupillam putavit esse visionem.

48 quae] secundum *add. B*   50-51 assimulatur *A*   52 pervıssimo *A*
53 possit] posset *AE, sed corr.* possit *E²*   61 omnimodo] *del.* modo *E²*
62 finguntur *B*

51 quomodo - 56 illius: Avicenna, *De Anima,* pars V, c. 8, f. 28ᵛᵃ.
58 in hoc - 64 operantis: Alhazen, *Optica,* lib. I, c. 5, n. 25, p. 15.
69 Reprobatur - 71 visionem· Arist., *De Sensu,* 2, 438 a 6-12.

Item, THEMISTIUS et alii affirmant quod *pupilla neque deal-batur* neque alio colore coloratur, quare nec idolum ad simili-tudinem obiecti in ipsam figurari poterit.

Amplius, a PHILOSOPHO et ab omnibus suis expositoribus dic- 75 tum est, 2° D e A n i m a, quod sensus neque alteratur neque pa-titur in recipiendo speciem obiecti, sed perficitur utique passio-nem evadendo.

Ad haec igitur dicendum est quod, sicut testatur ALHAZEN, *membrum sentiens, scilicet* humor *glacialis, formam lucis et co-* 80 *loris* dupliciter *recipit,* videlicet *in quantum sentiens et in quan-tum diaphanum.* Reprobat ergo PHILOSOPHUS DEMOCRITUM, quia putabat visionem consistere in sola idoli apparitione; secun-dum hanc enim rationem speculum haberet visum. Vult igitur PHILOSOPHUS quod haec receptio idoli non sufficit, nisi cum hoc 85 existat receptio sensitiva; et hoc magis explanabitur infra.

Rursus, huiusmodi quidem apparitio in oculo, tamquam idoli in speculo, non est impressio realiter existens ibidem ubi sic apparet, sed est reflexio quaedam existens in alio vidente, scili-cet oculum in quo apparet idolum, secundum quod prius deter- 90 minatum est de apparitione simulacri in speculo. Unde PHILOSO-PHUS, in praedicto loco: *Democritus,* inquit, *non bene putavit ipsum videre* seu visionem *esse illam apparitionem; hoc enim accidit quoniam oculus lenis est, et est non in illo sed in vidente:* haec *passio enim reflexio est. Sed omnino de apparentibus,* in- 95 quit, *et de refractione nondum ipsi* Democrito *manifestum erat,*

74 ipsa *E*   79 Ad haec] Adhuc *CAE*   igitur] ergo *B*   est *om. B*   sicut] secundum quod *B*   83-84 secundum] Sed *A*   85 hoc] haec *CDA* 90-91 determinatum] declaratum *B*   91 de] in *B*   92 putat *B*   93 ap-parentiam *B*   hoc] haec *B*   94 quoniam] quando *E*   lenis] levis *x* 96 ipsi Democrito] Democrito ipsum *B*

72 pupilla - dealbatur: THEMIST., *In De Anima,* lib. IV (ARIST., II, 12, 424 b 14). CAG V, 3, p. 79,33; CAG lat. I, p. 183, 91.
76 sensus - 78 evadendo: ARIST., *De Anima,* II, 5, 417 b 2-7.
80 membrum - 82 diaphanum: ALHAZEN, *Optica,* lib. I, c. 5, n. 30, p. 17.
82 Reprobat - 83 apparitione: Vide supra lin. 69-71 et infra lin. 92-99.
86 infra: c. 18.
90 prius: p. 141, 54 sqq. Vide etiam p. 77, 79 sqq. et 131, 65 sqq.
92 Democritus - 99 idola: ARIST., *De Sensu,* 2, 438 a 5-12.

ut videtur. Incongruum autem et non supervenire ipsi dubitare,
quare solus oculus videt, nullum autem aliorum in quibus ap-
parent idola.

00 Iterum, qualiter pupilla dealbatur et qualiter non, tactum est
supra aliqualiter. Unde et ALHAZEN aliquando dicit visum non
tingi sive non colorari, et similiter diaphanum, alteratione quidem fixa et coloratione sensibili, sicut obiecta quae sunt corpora
terminata et densa; aliquando vero dicit visum colorari, sed hoc
5 est spiritualiter, ut satis dictum est. Et hinc dicit commentator
AVERROES quod *videns, quando comprenhendit colorem, efficitur*
quasi coloratum quoquo modo. Et causa in hoc est, quia sentiens
recipit sensibile et assimilatur ei. Visus itaque recipit colorem
quem recipit corpus extra animam; differenter autem, quia *re-*
10 *ceptio sentientis est* spiritualis, *non materialis, et receptio cor-*
poris extra animam est materialis.

Quocirca denuo considerandum est qualiter sensus, qui secundum actum, est alteratio quaedam et passio et qualiter non,
sed perfectio et *additio in idipsum.* In sensu enim, cum sit virtus
15 organica, est duo considerare: organi scilicet conditionem et virtutis ut, verbi gratia, in visu organi conditio talis est quod propter communicationem, quam necesse est ipsum habere cum
obiecto simul et medio, quatenus actio activi non sit in quodlibet, sed in passum dispositum et proportionale, secundum quod
20 cetera diaphana patiuntur a colorum actione, sic et pupillam seu
visus instrumentum ab obiecto pati et alterari suo modo, ut dictum est, inconveniens esse non videtur. Hoc enim PHILOSOPHUS
testatur, in libro D e C a u s a M o t u s A n i m a l i u m di-

97 superveniri *BCD*   00 Iterum] Item *A*   qualiter²] quare *A*   1 ali-
quando] aliqualiter *D*   2-4 et similiter ... colorari *om. B*   8 itaque *Aver.*]
itaquod *B* : ita quod *x*   9 recipit] habet *B*   10 sentiens *D*   13 alteratio quaedam *inv. B*   14 idipsum] ipsum *B*   22 inconveniens] *corr.*
conveniens *E²*   non *om. x*

1 supra: c. 3-5.
1 visum - 4 densa: ALHAZEN, *Optica,* lib. I, c. 5, n. 28-30, p. 17-18.
5 dictum est: c. 3-8, praesertim p. 81, 95 sqq. et 90, 19 sqq.
6 videns - 11 materialis: AVER., *De Anima,* II, 138, p. 340 (lin. 35-41).
14 perfectio - idipsum: ARIST., *De Anima,* II, 5, 417 b 6-7.
21-22 dictum est: c. 4.

cens quod *sensus statim sunt alterationes quaedam existentes.*
Et iterum, 2° D e A n i m a, dicit quod *videns est tamquam* 25
coloratum. Unde et abeuntibus sensibilibus, insunt sensus et
phantasiae quibus sentimus, secundum quod in libro D e S o m-
n o et alibi plerisque locis satis declaratum est. Virtutis vero
visivae conditio talis est respectu visibilium, qualis universaliter
totius virtutis sensitivae respectu sensibilium. Concludit autem 30
PHILOSOPHUS quod *sensus* est *species sensibilium* et quod anima
sensitiva est quodammodo omnia *sensibilia quae sunt,* scilicet
potentia propinqua actui seu habitu, quemadmodum *habens*
scientiam et non utens actu neque considerans dicitur sciens.
Virtus ergo visiva est habitus quidem omnium visibilium, vir- 35
tualiter in se continens omnium visibilium rationes; et universaliter omnis sensus sensibilium ratio est et similitudo quaedam.
Quapropter in visum agens visibile quodlibet, quia habitualem
quandam sui similitudinem in illo reperit, *non transmutat* eum
ex habitu, quem prius habuit, ut dicit THEMISTIUS, *sed quem ha-* 40
bet, perficit et confirmat in operando.

Ut igitur ad omne dicatur, oportet actum sentiendi quandam
simplicem esse perfectionem, in materia quidem quae movetur
seu alteratur, habentem esse specificum formaliter et per se, totum simul et indivisibiliter, secundum rationem — inquam — 45
et considerationem formae seu perfectioni propriam et per se,

25 dicit] dicens *AE*   28 et] vigilia *add. B*   plurisque *C*   declaratum est
inv. B   29 qualis] est *add. B*   30 totius *om. B*   31 quod^2 *om. B*
32 quae sunt *Arist.*] quaedam *BCA* : quadam *DE*   33 seu] sive *B*   35 qui-
dem] -dam *x*   38 in ... quodlibet] visibile agens in visum *B*   39 repe-
riet *C*   43 quidem *om. B*   44 seu] et *A*   habente *B*   specificum] spe-
cu^{tum} *B*   46 perfectionem *B*

24 sensus - existentes: ARIST., *De Motu Animal.,* 7, 701 b 17-18.
25 videns - 27 sentimus: ARIST., *De Anima,* III, 2, 425 b 22-25.
27 secundum quod...: ARIST., *De Insomniis,* 2, 459 b 4 sqq. Vide supra. c. 4.
31 sensus - sensibilium: ARIST., *De Anima,* III, 8, 432 a 2-3.
31 anima - 32 sunt: *Ibidem,* III, 8, 431 b 20-23.
33 potentia - 34 sciens: *Ibidem,* II, 5, 417 a 24 - b 7.
37 omnis - quaedam: vide supra p. 79, 30-36.
39 non - 41 operando: THEMIST., *In De Anima,* lib. III (ARIST., II, 6, 418 a 6).
CAG V, 3, p. 57, 9-10; CAG lat. I, p. 132, 27-28.

non obstante profecto partium successione sive fluxu continuo,
materialitatem illius necessario concomitante. Hoc etenim ex
multis apparet esse possibile, sicuti, verbi gratia, videmus in
50 speculo simulacrum formaliter unum et idem apparere simul
totum, moto quidem speculo successive, similiter et eandem speciem iridis et formam in nube, cuius partes moventur continue;
quinimmo, sicut unus et idem simul totus formaliter est solis
radius illuminans et calefaciens nos continue, licet materiales
55 eius partes inter ipsum et nos intermediae, quae sunt sphaerae
lunaris et igneae et aereae, successive moveantur etiam in contrarium, seu continue fluant, aut etiam in qualitatibus alteren-
tur. Palam itaque quod, etsi actum sentiendi motus aut alteratio
concomitetur necessario, nihil tamen prohibet eius perfectionem
60 esse non motum aliquem, sed quoddam simul totum ens et ma-
nens idem formaliter in esse perfecto post receptam a principio
sensus passionem ab agente sensibili, secundum quod pati dicitur
aliquid cum de potentia perducitur ad actum, et perficitur quod
prius erat imperfectum. Et quidem in sensiteriis, eo quod obiectis
65 et mediis in materia communicant, nihil prohibet materialem
alterationem et passionem realem fieri. Verum, nisi propter
inexistentem in eis animae potentiam sensitivam alius etiam
inesset modus patiendi receptionem specierum sensibilium, ad
perfectionem videlicet cognitionis actualis, non esset profecto
70 differentia neque diversitas inter actum sensitivae potentiae, seu
operationes animati, et actionem seu passionem inanimatae potentiae seu actus eiusdem, nec relinqueretur etiam via probandi
formalem actum animae differentem ab alio quolibet actu materialis formae, quod est impossibile. Diversarum enim essen-
75 tiarum diversas oportet esse actiones, ut scribit COMMENTATOR,

47 profecto] perfectio *CDA*   sive] seu *B*   49 sicut *B*   50-51 simul totum *inv. BD*   51 et] in *add. AE*   52 partes] fo (?) *add. B*   56 lunaris]
luminaris *x*   igneae] simul *add. B*   58 aut] autem *B*   59 concomiten-
tur *AE*   60 esse non *inv. B*   quoddam] quidem *B*   69 esset profecto]
esse perfectio *CDA*   70 neque] nec *B*   71 operationis animatae *x*   seu]
et *B*   73 animae] et *add. B*   75 esse actiones *inv. BD*

62 pati - 64 imperfectum: ARIST., *De Anima,* II, 5, 417 b 2-7.
74 Diversarum - 75 actiones: AVER., *Metaph.,* IX, 7, f. 231 H

9° Metaphysicae. Cognitivae quidem autem actiones animae seu operationes quae secundum eius potentias, passivae profecto sunt naturae seu habitualis, et sic in potentia quadam seu imperfectione, donec ac si per impedientis remotionem aut per additionem in idipsum, ulterius perfectionem recipiant ope- 80 randi. Hoc ergo modo dicit PHILOSOPHUS sensum nec motum esse nec alterationem nec passionem nisi aequivoce, quia non est ibi corruptio, sed perfectio et additio in idipsum, ut dicit THEMISTIUS, immo ipsemet PHILOSOPHUS. Et hoc est consonum dicto ALHAZEN, qui humorem glacialem dupliciter quidem receptivum dicit, sci- 85 licet *in quantum sentiens et in quantum diaphanum*. Sic ergo pati dicitur sensus et non pati, secundum diversas rationes.

CAPITULUM 18

QUALITER FIGURATIO SPECIEI SENSIBILIS IN SENSITIVO SE HABET AD ACTUM SENTIENDI 90

Consequenter autem perscrutandum qualiter ad invicem se habeant sensitivae cognitionis perfectio actualis, et alteratio quae fit in instrumentis eius, et passio, cum figurarum impressione quae fit in eis.

Licet igitur sensus secundum actum proprie et per se non sit 95 alteratio, ut probatur 7° Physicorum, cum sit perfectio, ut

77 potentias] -iam *AE*   78 profecto] perfectio *CDA*   79 seu *om. A*   si *del. E²*   80 additiones *A*   82 nisi] nec *AE*   89 sensitivo] senterio *D* : sensitorio *C*   92 sensitivae] sensibile *B*

81 sensum - 82 aequivoce: ARIST., *De Anima,* II, 5, 417 a 21- b 16, III, 7, 431 a 4-7. Cfr PHILOPONUS, *In III De Anima,* c. 7 (ARIST., 7, 431 a 4-6). Ed. De Corte, p. 65, 28: talis transmutatio non est motus, neque alteratio, neque passio.
82 quia - 83 idipsum: Cfr THEMIST., *In De Anima,* lib. III (ARIST., II, 5, 417 b 2-7). CAG V, 3, p. 55, 33 sqq.; CAG lat. I, p. 129, 67 sqq.
85 humorem - 86 diaphanum: ALHAZEN, *Optica,* lib. I, c. 5, n. 30, p. 17.
95 sensus - 96 alteratio: ARIST., *Physic.,* VII, 2, 244 b 25 - 245 a 21.

visum est, necessario tamen exigit motum seu alterationem et
praeexigit, sicut mutatio motum, cum omne quod mutatum est
prius mutabatur, prout hoc demonstratum est 6° P h y s i c o-
00 r u m. Quod autem sine alteratione reali in sensiteriis facta,
sensus non sit in actuali perfectione, huius signum est quod de
die stellas fixas videre non possumus. Nisi enim a fortiori lumine instrumentum visus alteratum impressionem fortiorem
pateretur, nequaquam visui nostro lumen stellarum esset obscu-
5 ratum; ex parte namque medii non est resistentia, transitum
impediens luminis quod a stellis; unde experimentatores dicunt
quod in fundo putei stans in die videre potest stellas. Et huiusmodi simile de visione stellae Veneris frequenter experimur;
interdum enim cum de die videri potest, stanti in umbra eviden-
10 tius apparet. Universaliter autem experimur quod fortior lux
impressa visui, ipsum alterando sic disponit quod debilis lucis
impressio, a fortiori victae, non sentitur a vidente.

Item, quod arguit ALHAZEN, in 2°: Si absque organi alteratione
omnimoda colores in instanti comprehenderet visus, diversae
15 tincturae in trocho designatae circumgyrato viderentur distincte,
et non unus tantum appareret color, quasi ex commixtione omnium generatus, sicut etiam apparet in rota revoluta, diversis

97-98 exigit ... praeexigit] alterationem praeexigit seu motum coexigit B
97 motum] -tu A   00 sensiteriis] -tivis E   4-5 obscuratum] et add. C
6 quod del. E²   7 fundo putei] puteo profundo x : post fundo add. puit B
stellas videre potest B   7-8 huiusmodi] huius x   8 frequenter] in visu
add. B   9 stanti] statim x   11 impressa visui inv. B   13 Item] secundum add. B   15 troco B   circumfigurato AE   16 unius A   apparet D

97 visum est: p.147, 12 sqq.
98 omne - 99 mutabatur: ARIST., Physic., VI, 6, 237 a 17 - b 19.
  6 unde - 7 stellas: Cfr ARIST., De Gen. Animal., V, 1, 780 b 21-22; PLINIUS, Naturalis Historia, lib. II, c. 14 (ed. Ian-Mayhoff, vol. I (1906), p. 145, 12-15);
  ROGERUS BACON, Opus Maius, P.V. (Perspectiva), pars II, dist. I c. 1 (ed. Bridges, II, p. 84); De Multipl. Specierum, P. II, c.2 (ed. cit., II, p. 464); ALBER-
  TUS MAGNUS, Quaest. super De Animalibus, lib. XIX, q. 6, ad 2 (Editio Coloniensis, XII, p. 305, 50-55); Io. PECHAM, Perspectiva Communis, P. I, c. 1,
  concl. 8, f. 3ʳ.
13 Si - 18 colorata: ALHAZEN, Optica, lib. II, c. 2, n. 20, p. 36-37.

coloribus distincte colorata. Ad hanc quoque conclusionem valent ea quae inducta sunt supra, ad alterationes sensuum et passiones comprobandas. 20

Praeterea, sensus de obiecto non iudicat nisi per speciem receptam, seu per similitudinem speciei receptae ad obiectum. Quemadmodum igitur similitudo visibilis impressa est instrumento visus, sic sensus visus de ipso iudicare potest, et non aliter. Nisi ergo species seu similitudo ordinationem haberet et 25 figuram in sensiterio, nequaquam de obiecti partibus sic ordinatis vel sic, sive figuratis sive coloratis diversimode, iudicare posset visus secundum certitudinem et distincte.

Miror autem de quibusdam expositoribus ARISTOTELIS, et de famosis, dicentibus non solum contra rationes superius tactas, 30 sed contra intentionem PHILOSOPHI, quam ipsimet exposuerunt contra se ipsos. Dixerunt enim, ut supra dictum est in parte, quod nihil prohibet formas intentionales, cum sine materia recipiantur in sensibus, contrarias simul recipi in eodem indivisibili, et ita subiectum esse idem numero, ratione diversum 35 propter intentiones receptas. Hanc autem solutionem ponit PHILOSOPHUS tamquam insufficientem et reprobat, 2° D e A n i m a, in hunc modum: *Idem, inquit, et indivisibile* ens *potentia* habere *contraria* possibile *est; secundum esse autem non, sed in operari divisibile est* necessario, quia actus dividit et distinguit. *Et im-* 40 *possibile est,* inquit, *album et nigrum esse simul, quare neque species pati ipsorum, si huiusmodi est sensus et intelligentia.*

18 quoque] ergo *x*   22 seu] sive *B*   23-24 instrumento] organo *B*
25 seu] sive *B*   et] seu *A*   26 sensiterio] -tivo *B, et in ras.* E²   27 sive²] seu *B*   coloratus *A*   29 de² *om. B*   33-34 reperiantur *C*   35 esse idem *inv. B*   diversis *B*   36 autem] enim *B*   37 reprobat] in *add. B*
38 in hunc modum *om. A*   et *om. x*   39 sed in] secundum *E*   operari] operatione *A*   41 esse simul *inv. B*   42 pati] par *B*

19 supra: c. 4 et p. 147, 12 sqq.
32 supra: p. 73, 64 sqq.
35 et ita - 36 receptas: Cfr S. THOMAS, *In De Anima,* lib. III, lect. 3, n. 607.
38 Idem - 40 divisibile est: ARIST., *De Anima,* III, 2, 427 a 6-7.
40 actus - distinguit: ARIST., *Metaph.,* VII (Z), 13, 1039 a 7.
40 Et - 42 intelligentia: ARIST., *De Anima,* III, 2, 427 a 7-9.

Quidam igitur expositor virtutem praemissarum non perpen-
sans ad conclusionem, dicit quod Philosophus per hoc innuere
45 vult quod neque sensus neque intellectus tales formas recipit
seu patitur, exponens 'si' pro 'non', cum potius 'si' pro 'quia'
intendat Philosophus, secundum quod expresse concludit ratio
Philosophi. Non enim est inconveniens idem subiectum numero
in potentia esse album et nigrum secundum eandem partem, sed
50 actu non. Sensus autem species recipit et intellectus, quia *lapis
in anima non recipitur, sed species* lapidis; quare cum distinctio sit per species et actus, idem concludit Philosophus de speciebus albedinis et nigredinis quod de ipsa albedine et nigredine.
Unde Themistius. in C o m m e n t o: *Actuari simul secundum
55 ambo contraria impossibile* est; *igitur neque species suscipi simul contrarias possibile est, si tale sensus et intellectus. ut sus-
cipiant species sensibilium aut intelligibilium.* Averroes autem
sic: *Pati a contrariis insimul, secundum quod unum indivisibile,
impossibile.* Et infra: *An igitur possibile est ut ista virtus iudicans
60 contraria simul sit eadem in subiecto et indivisibilis, sed per
intentiones quas recipit est divisibilis, ita quod per hoc dissol-
vetur quaestio ?* Et infra: *Non est possibile ut idem sit indivisibile subiecto et recipiens contraria simul nisi in potentia, non
in actu, verbi gratia, quod idem corpus possibile est dici esse
65 calidum et frigidum insimul potentia, actu autem non, nisi secundum quod est divisibile, scilicet quia quaedam pars eius est
calida et quaedam frigida.* Et infra: *Quapropter necesse est ut
ista virtus non recipiat formas sensibilium contrarias, si ista*

43 virtute A   praemissorum AE   43-44 pensans B : perpensionem A
46 potius] ponimus CDA   56 tale] est add. E²ˢᵛ   59 ut ista] quod illa B
61-62 dissolvitur B   65 insimul] in add. B   66 quod om. B   pars eius
inv. B   67 Et] frigida add. D   ut] quod B

43 Quidam - 46 'non': S. Thomas, *In De Sensu*, lect. 19, n. 291. Vide supra,
    p. 73, 64 sqq.
50 Sensus - 51 species: Arist., *De Anima*, III, 8, 431 b 28 - 432 a 3.
54 Actuari - 57 intelligibilium: Themist., *In De Anima*. lib. V (Arist., III, 2,
    427 a 6-9). CAG V, 3, p. 86, 14 et 16-18; CAG lat. I, p. 198, 63 et 65-67.
58 Pati - 62 quaestio: Aver., *De Anima*, II, 147, p. 353 (lin. 24-29).
62 Non - 67 frigida: *Ibidem*, II, 148, p. 354 (lin. 12-17).
67 Quapropter - 70 essentia: *Ibidem*, II. 148, p. 355 (lin. 20-23).

virtus eadem, scilicet sensitiva, talis est, scilicet unica in subiecto et plures in essentia sive substantia. Et quod PHILOSOPHUS dixit: *si* 70 *sentire et intelligere sint talia,* exponit AVERROES: *quia intelligere in hac intentione simile est ad sentire, scilicet quia utraque est virtus recipiens et iudicans.* Item, super 7ᵐ P h i l o s o p h i a e P r i m a e: *Non congregantur,* inquit, *in anima duae formae contrariae insimul, sicut non congregantur extra animam, quo-* 75 *niam esse alterius est corruptio reliqui, et corruptio alterius est generatio reliqui.* Unde et in libro D e S e n s u e t S e n s a t o, PHILOSOPHUS, consimilem tractans materiam versus finem, dicit quod *quemadmodum in rebus ipsis contingit, sic et in anima.*

Adhuc, ratio contrarietatis a formarum dependet ratione, non 80 a materia per se, cum proprium contrariorum sit in materia convenire; propter quod distinctio a forma dependet. Quomodo igitur sic propriam vocem ignoraverunt dicentes formas inten- tionales non contrariari inter se, quia sine materia recipiuntur, ut visum est, penes quam ratio generis sumi potest, in quo con- 85 veniant secundum rationem contrariorum?

Amplius, concesso et posito quod huiusmodi formae simul et secundum eandem partem in organo recipiantur, adhuc nihil prodesse posset hoc ad iudicandum de diversitate sensibilium multiplici, neque de partium distinctione, neque de figurarum 90 discretione. Visus enim de visibili non iudicat nisi per speciem quam habet. Si igitur in organo visus litterae nigrae species et albedinis pergameni simul essent, numquam distingueret vi- sus albedinem unius partis a nigredine alterius, et litterarum or-

---

69 scilicet ... scilicet] talis est scilicet sensitiva *B*   70 essentia sive sub- stantia *inv. B*   dixit] quod *add. B*   75 insimul] simul *C*   sicut] sic *CDA* 77 et *om. B*   78 consimilem *om. A*   79 in ... contingit] contingit fieri in rebus ipsis *B*   84 recipiuntur] immo in materia recipiuntur *add. B* 85 sumi] non *add. B*   88 reperiantur *C*   90 multiplici *post* de (*lin. 89*) *B* 92 nigrae] in genere *B*   94 ad nigredinem *B*

---

70 si - 71 talia: ARIST., *De Anima,* III, 2, 427 a 9.
71 quia - 73 iudicans: AVER., *De Anima,* II, 148, p. 355 (lin. 23-25).
74 Non - 77 reliqui: AVER., *Metaph.,* VII, 23, f. 173 H-I.
79 quemadmodum - anima: ARIST., *De Sensu,* 7, 449 a 13-14.
80 ratio - 82 dependet: ARIST., *Metaph.,* X(I), 9, 1058 a 36 - b 21.
85 visum est: p. 152, 33-34.

95 dinem et figuram: hanc quidem a dextris et illam a sinistris,
et hanc etiam supra, illam vero subtus, et non econtrario.

Quapropter, ut ad omne dicatur, necesse est imaginem visorum cum distinctione partium in organo visus imprimi, ut docet ALHAZEN et AVICENNA, in suo 6°, 4ª parte, capitulo 3°, ex in-
00 tentione quidem, de sensitivis interioribus. Et consimiliter PHI-
LOSOPHUS hoc concludit quatenus de sensibilibus communibus
sensus iudicare possit sicut de propriis, cum ambo per se sensibilia sint, et non tantum de quinque communibus, sed et de
omnibus quae reduci possunt ad illa, ut sunt illae 22 intentio-
5 nes particulares de quibus ALHAZEN determinat in 2°. Unde, super 2° D e A n i m a , THEMISTIUS: *In communibus vero sensi-*
bilibus, quando sentit magnitudinem visus, infit sibi magnitu-
dinis character, et motus autem similiter, et figurae. Hinc etiam
PHILOSOPHUS, in libro D e M e m o r i a , dicit quod *oportet ⟨in-*
10 *telligere⟩ talem aliquam factam per sensum in anima et in par-*
te corporis habente ipsam, velut picturam quandam passionem,
cuius habitum dicimus esse memoriam; factus enim motus im-
primit velut figuram quandam sensibilis, sicut sigillantes anu-
lis. Item, ALHAZEN etiam declarat in 2° quod formae visibilium
15 in memoria figurantur, ac etiam in imaginatione.

Palam igitur ex his est quod sine figurali impressione visus
in actu esse non potest, et universaliter neque sensus in actu

---

95 figurarum *x*   dextro *B*   2 posset *A*   3 et² *om. AE*   5-6 Unde super 2° *om. AE*   7 magnitudinem] ingratitudinem *A*   8 figura *C*   9 in
libro *iter. B*   9-10 intelligere *supplevi ex Arist.*   10 in anima *post* factam *B*   11 quandam passionem *Arist.*] *inv. codd.*   12-13 cuius ... quandam *om. AE*   13-14 anulis *Arist.*] -lum *codd.*   14 forma *B*   15 etiam
om. x   16 ex his est *om. B*   visus *post* actu¹ (*lin.* 17) *B*

---

97 necesse - 98 imprimi: ALHAZEN, *Optica,* lib. I, c. 5, n. 15 et 18, p. 8-10; lib. II,
   c. 1, n. 8-9, p. 29-30; AVICENNA, f. 19ᵛᵃ: Iudicemus ergo...
 1 de sensibilibus - 3 sint: ARIST., *De Anima,* III, 2, 426 b 12-15.
 4 illae 22...: ALHAZEN, *Optica,* lib. II, c. 2, n. 15, p. 34.
 6 In - 8 figurae: THEMIST., *In De Anima,* lib. V (ARIST., III, 1, 425 a 22 - b 4).
   CAG V, 3, p. 82, 18-20; CAG lat. I, p. 188, 94 - 189, 96.
 9 oportet - 13 anulis: ARIST., *De Memoria,* 1, 450 a 27-32.
 14 formae - 15 imaginatione: ALHAZEN, *Optica,* lib. II, c 1, n. 10-11, p. 31.

sine alteratione. Et secundum hoc dicit Philosophus sensus alterationes esse sive passiones; praecise tamen loquendo, ipsa
sensus perfectio alteratio non est neque passio proprie dicta, 20
ut ab eodem Philosopho probatur. Hinc etenim, in libro D e
C a u s a M o t u s A n i m a l i u m , ait quod *phantasia quidem et intelligentia habent rerum virtutem; aliquo namque
modo species intellecta calidi aut frigidi aut delectabilis aut tri-
stabilis talis existit, qualis quidem et rerum unaquaeque.*   25

CAPITULUM 19

DE PERFECTIONE SENSUS IN ACTU ⟨ET⟩ UBI HABET COMPLERI

Qualis vero sit perfectio sensus et ubi fit, pro parte quidem
ad nostrum propositum spectante, nunc investigemus. Probat
enim Alhazen quod perfectio visus in oculis non completur, 30
quia, cum duo sint oculi, visibile unum semper duplex appareret, si per species in oculis receptas solum iudicaret visus. Quapropter concludit quod *duae formae, quae perveniunt in duobus
oculis ab uno visibili, quando* per nervos opticos *pervenerint
ad nervum communem,* ubi ipse ponit ultimum sentiens, in an- 35
teriori scilicet parte cerebri, *concurrunt, et superponitur una alii,
et efficitur una forma*; et ibi dicit compleri visionem, ubi simi-

20 sensus *om. A*   passo *B*   23 aliquo] alio *DA*   24 aut³ *om. A*   25 exi-
stit] extat *E*   unaquaque *A*   27 *ante* De *add.* Capitulum *DAE*   et *supplevi
ex Tabula*   28 vero sit] fit *C*   30 perfectio visus *inv. B*   31-32 apparet
CDA   32 oculo *B*   34 obticos *x*   35 ubi] ut *x*   36 supponitur *BA*
37 et efficitur] respicitur *AE, sed rest.* et *E²ᵉᵛ*   ibi dicit *inv. B*

18 sensus - 19 passiones: Arist., *De Anima,* II, 4, 415 b 24; 5, 416 b 33-35; 11,
    424 a 1.
19 ipsa - 20 dicta: Arist., *De Anima,* II, 5, 417 b 2-7.
22 phantasia - 25 unaquaeque: Arist., *De Motu Animal.,* 7, 701 b 18-22.
30 perfectio - 35 communem: Alhazen, *Optica,* lib. I, c. 5, n. 27, p. 16.
35 ubi ipse - 36 cerebri: *Ibidem,* lib. I, c. 5, n. 26, p. 16.
36 concurrunt - 37 forma: *Ibidem,* lib. I, c. 5, n. 27, p. 16.
37 ubi - 38 communis: Avicenna, *De Anima,* pars I, c. 5, f. 5ʳᵇ: Virium au-
    tem...; pars III, c. 8, f. 16ʳᵇ: Primum autem...

liter Avicenna organum dicit esse sensus communis.

Quod vero unus communis sit nervus concavus, qui ad duos
40 oculos sive pupillas duas bifurcatus dirigatur a cerebro, ut spiritus visibilis possit penetrare per eum, hoc certificari tali signo
dicit Galenus, 4ª particula D e M o r b o e t A c c i d e n t e, quia
si unus oculus claudatur, alterius pupilla videbitur dilatari;
spiritus enim qui ad utrasque ferebatur, totus ad apertum
45 *oculum derivatur.* Qualiter autem fiat duarum concursus formarum in unam, et qualiter non fiat aliquando, pulcherrime
demonstrat Alhazen in 3°. Nam quandoque visibile aliquod uno
modo positionis et eodem centrum utriusque humoris glacialis
seu pupillae respicit, semper apparet unum visibile unum; quan-
50 do vero non, non unum sed duplex apparet, quia secundum talem situm non possunt duae formae, quae in oculis, in unam
concurrere in nervo communi, secundum quod ipse demonstrat.
Unde deceptus est Avicenna [6° N a t u r a l i u m, 8° capitulo 3ªᵉ
partis] in assignando causam huius ex contorsione nervorum, si-
55 ve ex concussione spiritus, aut aliis modis frivolis quos ponit. Et
hoc etiam experimento potest comprobari. Si enim, in aere ante
faciem uno erecto digito, et per ipsum dirigendo visum, ulterius
aspiciamus attente unum visibile determinatum, puta candelae
flammam, aut lumen diei per foramen in pariete, visibile qui-
60 dem apparebit unum, sed digitus duplex vel econverso. Quod si
contorsio nervorum aut spiritus concussio aut consimilia essent
causa duplicis apparitionis, tunc illud visibile determinatum duplex appareret quemadmodum digitus. Aut si non est contorsio

38 organum *post* esse B   40 sive] seu B   bifurcatas C   41-42 tali signo
dicit] dicit tali si ergo B   42 galienus *codd. et sic deinceps*   4ª] 4 DE :
quatuor A   45 dirivatur BCDA   49 seu] sive B   53-54 6° ... partis]
i.m. C¹D¹ : *om.* AE   61 aut²] et D   similia B   63 apparet C   quem-
admodum] et *add.* CD

43 si - 45 derivatur: Galenus, *De Symptomatum Causis,* lib. I, c. 2. Ed.Kühn,
    VII, p. 89.
45 Qualiter - 52 demonstrat: Alhazen, *Optica,* lib. III, c. 2, praesertim n. 9-14,
    p. 80-85. Vide etiam lib. I, c. 5, n. 27, p. 16.
54 in assignando - 55 ponit: Avicenna, *De Anima,* pars III, c. 8, f. 16ᵛª: Ista
    fundamenta...
63 contorsio - 64 Avicenna: vide lin. 54-55.

neque alia quae ponit AVICENNA, tunc neque digitus duplex appareret sicut nec illud visibile, aut econverso, aut similiter utrum- 65
que. Demonstrationes itaque ALHAZEN ex parte conveniunt veritati. Unde dicit quod, *cum fuerit oppilatio in hoc nervo communi, destruetur visio, et cum oppilatio destruitur, revertitur
visio; et ars medicinalis hoc testatur.*

Si ergo per sensum ultimum intendit ALHAZEN sensum com- 70
munem, secundum quod et multis visum est famosis organum
sensus communis ibidem collocari, tunc per actionem sensus
communis perfectio completur visionis. Unde *virtus,* inquit, *sensitiva quae est in anteriori parte cerebri,* scilicet *ultimus sensus et sentiens ultimum, comprehendit sensibilia; visus autem* 75
non est nisi quoddam instrumentum istius virtutis. Et AVER-
ROES [in libro D e S e n s u]: *Sensus,* inquit, *communis videt formam mediante oculo.* Item, libro suo D e S o m n o loquens
de caeco et surdo, dicit quod *carent instrumentis per quae sensus communis cognoscit sensibilia.* 80

Amplius, 2° D e A n i m a, probat PHILOSOPHUS quod sensus quo
video non est alius subiecto a sensu quo me videre sentio, et
universaliter sensus quo sentio et quo me sentire sentio alius
non est nisi ratione, alioquin unius sensibilis essent duo sensus et cum hoc processus esset in infinitum; quae utraque tam- 85
quam impossibilia refutat. Sensus autem quo sentire me sentio
sensus communis dicitur; et quia de obiectis omnium sensuum
communiter iudicat, ab ipso tamquam a principali et formalio-
ri perfectio dependet sensus cuiuslibet ac complementum.

64 duplex appareret *inv. A*   67 oppilatio] compilatio *D*   70 intendat *B*
76 istius (illius *B*) virtutis *inv. A*   77 in ... Sensu] libro de sensu *i.m.*
C^1D^1 : *om. AE*   80 cognoscit] videt *Aver.*   84 unius] minus *CD*
85 esset *post* infinitum *AE*   87 dicitur *post* sentio *B*

67 cum - 69 testatur: ALHAZEN, *Optica,* lib. I, c. 5, n. 27, p. 16.
73 virtus - 76 virtutis: *Ibidem,* lib. I, c. 5, n. 26, p. 16.
77 Sensus - 78 oculo: AVER., *De Sensu et Sensato,* p. 41 (lin. 15).
79 carent - 80 sensibilia: AVER., *De Somno,* p. 81-82 (lin. 23-24).
81 sensus - 86 refutat: ARIST., *De Anima,* III, 2, 425 b 12-17.

90   CAPITULUM 20

QUOD IN PRINCIPALI SENSUS COMMUNIS ORGANO SPECIES
PROPRIAE SENSIBILIUM SECUNDUM DISTINCTIONEM PROPRIAM
                      NON RECIPIUNTUR

Quoniam vero alia quodammodo potentia concluditur esse qua
95 iudicatur convenientia sensibilium inter se et differentia, quam
sit illa quae solum de uno iudicare potest sensibili — visus enim
de dulci iudicare non potest — idcirco, non obstante identitate
sensus communis cum particulari sensu quolibet, concludit
Philosophus etiam distinctionem eius a quolibet illorum. Cum
00 igitur sit idem cum eis et alius quoquo modo, necesse est potentiarum distinctionem per organa distingui, postquam materialis
potentia sine organo nec esse potest nec operari. Hoc autem aliter esse non potest quam secundum quod Philosophus declarat
per exemplum de puncto a quo plures lineae extrahuntur, qua-
5 tenus principale sensus communis sensiterium, tamquam radix
existens, virtutem suam in organa sensuum particularium ex-
tendat et influat tamquam in ramos eius; et econverso, a particularibus sensiteriis in principale sive radicale quidam sit concursus.
10 Ut ergo complementum perfectionis sensus nobis plenius innotescat, inquirendum est qualiter sensus communis de sensibilibus singulis iudicet; adhuc et quid sit organum eius; necnon
et quae sint operationes eius et passiones. Opinati quidem enim
sunt quamplures quod, quemadmodum organum sensus parti-

91 *ante* Quod *add.* Capitulum *DAE*   94-95 qua iudicatur] quae iudicat *x*
2 nec esse (ipse *C*) potest] esse non potest *B* : nec potest esse *AE*   3 quam]
nisi *B*   5 sensiterium] -tivum *x*   6 organo *x*   8 sensiteriis] -tivis *x*
in] est *x*   sive] seu *B*   quidam] -dem *AE*   sit] sic *x*   10 nobis *om. B*
11-12 sensibilibus] sensibus *B* : *post* singulis *A*   12 quid *scripsi*] quod
codd.   13 quidem enim] enim *B* : *inv. A*

94 alia - 96 sensibili: Arist., *De Anima*, III, 2, 426 b 8-22.
4 exemplum - extrahuntur: *Ibidem*, III, 2, 427 a 10-14.

cularis ab obiecto patitur, sic et sensiterium sensus communis 15
proprium ulterius immutatur a sensu particulari in ipsum agente, quatenus obiectum sit agens tantum et non patiens, sensus
autem particularis non tantum patiens sed et agens in commune sensiterium, sensus vero communis passum tantum et non
agens, secundum quod et COMMENTATOR innuere videtur 2° D e 20
A n i m a . Et ut ad unum dicatur, sicut sensus particularis, speciem sensibilis recipiendo, de obiecto iudicat sensibili proprio,
sic et huiusmodi speciebus multiplicatis ulterius a sensiteriis
particularium sensuum usque in principale sensus communis
sensiterium et receptis in ipso, opinantur sensum communem de 25
omnibus sensibilibus et singulis iudicare potentem, eodem modo
penitus quo visus de proprio potest obiecto iudicare.

Videamus igitur si possibilia sunt haec, praesertim cum unius
sensibilis duo sensus esse non possunt, secundum quod PHILOSO-
PHUM probare meminimus. 30

Rursus, postquam sensus communis cum particularibus sensibus identitatem continet, ita quod particularia sensiteria eius
sunt instrumenta, ut dictum est, per quae — inquam — iudicare
quidem potest de sensibilibus omnibus, superfluum esset receptionem specierum iudicativam duplicari, cum per unam suffi- 35
cienter expleri possit eius iudicium.

Amplius, si species sensibilium in principali sensus communis
sensiterio reciperentur, unus posset esse sensus omnium sensibilium. Sed tunc, arguit THEMISTIUS, *siquidem unus sensus, unum*
utique alicubi et sensitivum esset; hoc autem difficile. Sensiti- 40
vum autem potentia est quod quidem sensibile, non omnia au-

15 sensiterium] sensitivum *ex* sensit//ium E^2 16 ulterius *om. B*   22 iudicat sensibili] *inv. B* : *post* iudicat *add.* de E^2 23 multip^{cls} B   sensiteriis]
-tivis *x*   25 sensiterium] -tivum *x*   opinantur *om. B*   28 haec *om. C*
32 sensiteria] sensitiva *ex* sensit/ia E^2 35 iudicativam] individuam B   du-
plicari] multiplicari C   36 posset B   eius iudicium *inv. B*   38 sentiterio]
sensitivo *ex* sensit//io E^2 41 quod] quodammodo B   omnia autem *inv. A*

17 obiectum - 20 agens: AVER., *De Anima,* II, 140, p. 343 (lin. 14-18).
30 meminimus: p. 158, 84-86.
33 dictum est: p. 158, 73-89.
39 siquidem - 45 contingente: THEMIST., *In De Anima,* lib. V (ARIST., III, 1, 425
b 5-11). CAG V, 3, p. 83, 5-9; CAG lat. I, p. 190, 22-27.

tem potentia sunt *ad esse quodlibet, sed ad colores quod sine
colore, ad sonum autem quod sine sono.* Non enim contingens
natum est agere in contingens sive quodlibet in quodlibet, *neque*
45 *pati contingens* quodlibet *a* quolibet *contingente.*

Adhuc, si in uno organo species quorumlibet sensibilium recipi possent, superflua utique esset pluralitas aliorum organorum.

Praeterea, sicut PHILOSOPHUS concludit unum esse iudicans in-
50 divisum et non separatum, quod discernit album a dulci alterum
esse, sic et illud idem concludit esse iudicans diversitatem inter
album et nigrum, ac etiam comparationem discernens inter magis album et minus. Iudicans enim aliqua duo simul, nisi unum
sit et idem, non potest de comparatione illorum ad invicem iudi-
55 care. Unde, cum sensus mensura sit quaedam sensibilium, ut
scribitur 10° P h i l o s o p h i a e P r i m a e, secundum quod sensibilia per sensum cognoscuntur sicut mensuratum per mensuram — est enim sensus ratio quaedam, sive media proportio sensibilium omnium, qua iudicari possunt sensibilia et commensu-
60 rari ad invicem — si quidem, inquam, hic sensus principaliter
iudicans diversas colorum species in diversis reciperet partibus
sensiterii principalis, quemadmodum de pupilla declaratum est
prius, iam illud principale iudicans esset dispertitum in iudican-
do, nec haberet mensuram unam, secundum quam comparabi-
65 lia ad invicem necesse habent commensurari. Virtus quidem
enim omnis sensitiva sine organo nihil potest. Hinc itaque concludit ALHAZEN, in 2°, quod comprehensio distinctionis colorum
ad invicem et consimilitudinis eorum non est per solum visum,

44 sive] neque *B* : seu *AE*   quodlibet[1]] quid- *x*   47 superflue A   50 et
om. B   52 comparationem] operationem *x*   53 album *post* minus *B*
56 Philosophiae Primae *inv. B*   quod] haec *in ras. E*   60 inquam *post*
sensus *B*   61 recipiet *C*

49 concludit - 51 alterum esse: ARIST., *De Anima*, III, 2, 426 b 12-23.
51 sic - 52 nigrum: *Ibidem*, III, 2, 426 b 8-12.
55 sensus - sensibilium: ARIST., *Metaph.*, X(I), 1, 1053 a 31-32.
58 est enim - 60 invicem: ARIST., *De Anima*, III, 2, 426 a 27 -b 8.
63 prius: p. 155, 97 sqq. et c. 16.
67 comprehensio - 74 visu: ALHAZEN, *Optica*, lib. II, c. 1, n. 10, p. 30.

quia *consimilitudo,* inquit, *duarum formarum est convenientia*
earum in aliquo: non ergo comprehendetur duarum formarum 70
similitudo, nisi ex comparatione unius ad alteram, et ex compre-
hensione illius in quo sunt similes. Et similiter distinctio, inquit,
coloris a colore *non* est *ipse sensus coloris,* sed *est distinctio*
colorationis, quae est in visu. Comparationes enim huiusmodi
nequaquam iudicari possunt sine uno quodam mensurante sive 75
iudicante uno et eodem penitus, non diversificato mensuris diversis, quibus illa comparabilia ad invicem comparentur. Quamdiu namque diversis iudiciis et mensuris iudicantur, comparari
non possunt ad invicem, quousque in unam et eandem mensuram conveniant, seu in unum concurrant iudicans idem penitus 80
et non diversum.

Hinc autem concursus et convenientia, cum in principali sensus communis organo esse possit, nequaquam aliud habebit organum proprium; unius enim sensibilis non sunt sensus plures,
nec aliquid superfluum facit natura. Unde dictum illud PHILO- 85
SOPHI: *Neque utique separatis contingit discernere quod alterum*
sit dulce ab albo, sed oportet aliquo uno manifesta esse exponens, COMMENTATOR dicit quod *necesse est ut sint comprehensa ab*
eodem per duo instrumenta; et nisi hoc esset, non poterit iudi-
care hoc esse aliud ab hoc. Si enim esset possibile iudicare haec 90
duo esse diversa per duas virtutes, quarum utraque singulariter
comprehendit alterum illorum duorum, tunc necesse esset,
quando ego sentirem hoc esse dulce et tu illud esse album, et
ego non sensi quod tu sensisti neque tu quod ego, ut ego com-
prehendam sensibile meum aliud a tuo, licet non sentiam tuum, 95

70 aliqua *A*   71 ex¹] compositione alias *add. AE*   72 distinctio inquit
inv. B   74 colorationis] coloris *D*   75 sive] seu *B*   80 seu] sive *CDE*
concurrunt *x, sed corr.* -rant *E²*   81 diversis *BE, sed corr.* -sum *E²*
82 Hinc] Hic *CAE*   convenientia] -tis *B*   85 dictum *post* Philosophi *B*
87 aliquo] modo *add. E*   manifestum *B*   89 eodem] non *add. E²ˢᵛ*   posset *B*   90 hoc¹] *corr.* haec *B¹*   esse ... haec *om. B*   91 singulariter] simpliciter *B*   93 ego *om. B*

84 unius - plures: ARIST., *De Anima,* III, 1, 425 a 19-20.
86 Neque - 87 esse: *Ibidem,* III, 2, 426 b 17-19.
88 necesse - 4 virtus: AVER., *De Anima,* II, 146, p. 350-51 (lin. 34-51 et 53-56).

et ut tu comprehenderes tuum esse aliud a meo, licet nullo modo
comprehendas meum; et hoc est manifeste impossibile. Sed
quemadmodum necesse est ut idem homo dicat hoc esse aliud
ab hoc, sic necesse est ut virtus qua iudicat dulce esse aliud ab
00 *albo, sit eadem virtus; ita enim est hoc de individuis sicut de*
membris sensus, cum sint etiam plura numero. Quapropter
necesse est ut, sicut ille qui dicit hoc esse aliud ab hoc, est idem
homo, sic illud quod sentit et intelligit hoc esse aliud ab hoc, est
eadem virtus. in fine igitur concludit Philosophus quod indivi-
5 sibile oportet esse hoc sentiens et in tempore indivisibili iudicare.

Quod autem sensus communis per species sensibilium, prout
in particularibus sensiteriis receptae sunt, suum exercet iudicium de obiectis, et quod illae species nequaquam in principali
10 organo sensus communis recipiuntur, eo quidem modo quo in
particularibus sensiteriis, experimento etiam convinci potest. Ut
enim dictum est supra, erecto sursum digito directe inter visum
et lumen candelae aut foramen aliquod per quod lux videatur,
iudicio sensus communis duplicatum apparet alterum sensibi-
15 lium illorum et alterum simplum; sensu vero tactus convenienter
adhibito, iam simplum iudicatur esse illud idem quod duplicatum apparet per visum. Igitur, si omnes huiusmodi species in
principale sensus communis sensiterium singillatim transferren-
tur, non magis esset in hoc tactus quam visus iudicio creden-
20 dum, sicut econtrario nec magis visui quam tactui decepto, cum
per cancellationem digitorum unum tangibile sentiendo duplex
esse iudicatur. Et universaliter non haberet sensus communis
aliquid per quod huiusmodi sensibile posset unum iudicare,

96 et ut] unde et *B* esse *om. x* 97 et] sed *B* 98 ut] quod *B* 99 sic]
etiam *add. B* esse aliud *inv. x* 00 est] et *x* : in *add. Aver.* sicut] et
add. C 5 tempore indivisibili] *inv. B* : hoc *add. AE* 8 in *iter. A* sen-
siteriis] -tivis *E²* sint *A* 11 sensiteriis] -tivis *E²* etiam *post* particularibus *B* 12 directe *om. B* 15 convenienter] -tis *B* 16 iudicatur esse
inv. B

4 indivisibile - 5 iudicare: Arist., *De Anima*, III, 2, 426 b 29.
12 supra: p. 157, 56 sqq.
20 cum - 22 iudicatur: Arist., *Metaph.*, IV (Γ), 6, 1011 a 33-34; *De Insomniis*,
2, 460 b 20-21. Vide Bonitz, *Index*, p. 165 a 31-33.

sed duplex semper aut triplex, secundum distinctionem specierum. Unum ergo iudicante illud sensibile sensu communi, me- 25
lius disposito sensui sive digniori consentiendo, necesse est species illas in unum aliquod concurrere non divisum neque distinctum singillatim per species numero diversas. Hoc autem est
in sensus communis sensiterio principali. Duplicatum igitur iudicans illud obiectum unicum, necessario facit hoc per sensum 30
particularem tamquam per instrumentum suum, cui tamen in
hoc articulo non credit tamquam minus convenienter disposito,
sed convenientius disposito consentit sensui et quantum ad hoc
digniori. Manifestum itaque quod sensibilium species organo
sensus communis principali, eo modo quo particularibus sensi- 35
teriis, nequaquam imprimuntur.

CAPITULUM 21

QUALITER SENSUS COMMUNIS DE SENSIBILIBUS PROPRIIS
IUDICIUM AGIT

Quoniam igitur in principali sensiterio sensus communis 40
diversae species colorum in diversis partibus organi recipi non
possunt, ut iam visum est, nec etiam in eadem parte, ut probat PHILOSOPHUS, secundum quod et supra visum est sufficienter ac declaratum universaliter, manifestum est quod nec aliorum sensibilium species in ipso recipiuntur. Eadem enim ratio 45
est de aliis sensibilibus respectu sensus communis, quae et de

26 sive] seu B   29 sensiterio] -tivo E²   30 unicum] et add. B   31 cui
tamen] certum x, sed rest. cui E²ˢᵛ   33 quantum] quam A   34 sensibi-
lium] sensitivum B   35-36 sensiteriis] -tivis E²   36 nequaquam om. x
38 ante Qualiter add. Capitulum DAE   42 etiam om. B   44 ac] et B
45 sensibilium species inv. C

42 visum est: p. 161, 60 sqq.
43 visum est: p. 162, 82 sqq.

coloribus. Unde THEMISTIUS: *Iudicans autem convenit impassibile esse ab eo quod iudicatur.* Et ad hoc etiam declarandum, comparat PHILOSOPHUS principale sensus communis organum punc-
50 to in quo quidem partes esse non possunt, ut unitas iudicantis et mensurae identitas per hoc certius significetur, sic inquiens: *Secundum quod quidem igitur indivisibilis* est, sensus scilicet ille, *unum discernens est et simul,* illud videlicet quod iudicatur; *secundum vero quod divisibile* quiddam, *bis utitur eodem*
55 *signo,* hoc est secundum quod duo diiudicat iudicia. Unde subdit: *In quantum quidem igitur pro duobus utitur termino, duo iudicat, et separata sunt ut et separato; in quantum vero unum, uno et simul.*

Super quo dicit COMMENTATOR sic: *Secundum igitur quod ista*
60 *virtus est duo et plures per sensus qui copulantur cum ea, quemadmodum punctus est duo et plures per extrema linearum exeuntium ab eo, est divisibilis ad patiendum in sensibus diversis; et secundum quod est una, iudicat res diversas unico iudicio.* Et quasi opinatur Philosophus, ait COMMENTATOR, *quod virtus*
65 *primi sentientis melius est ut dicatur esse una* in *forma et multa instrumentis copulatis cum ea, quam dicere ipsam esse unam subiecto et multam secundum formas quae describuntur in ea. Illud enim esse dignius est ei secundum quod est iudicans, istud autem secundum quod est recipiens. Sed tamen, cum non*
70 *posuerimus illic eandem intentionem propter formam, non possemus aliquid invenire propter quod iudicet diversa esse diver-*

50 possent *D* 51 sic inquiens *inv. B* 53 illud videlicet *inv. C, sed exp.* illud *C¹* 55 secundum *om. B* diiudicat] iudicat *x* 56 igitur] ergo *B* termino] uno *in ras. E²* 57 separata] sepe rata *A* 60 cum] per *AE* ea] eam *E* 61 linearum] existentium *add. B, sed del. B¹* : existentium alias *add. x, sed del. E²* 66-67 instrumentis ... multam *iter. B* 68 est² *om. AE* 69 est *om. B* 70 non] nisi *x, sed corr.* non *in ras. E²* 71 propter] per *Aver.* iudicat *B*

47 Iudicans - 48 iudicatur: THEMIST., *In De Anima,* lib. IV (ARIST., II, 12, 424 b 3-18). CAG V, 3, p. 79, 37; CAG lat. I, p. 183, 94-95.
52 Secundum - 58 simul: ARIST., *De Anima,* III, 2, 427 a 11-14.
59 Secundum - 62 diversis: AVER., *De Anima,* II, 149, p. 356 (lin. 21-25).
63 et secundum - 77 illud: *Ibidem,* II, 149, p. 357 (lin. 43-60).

sa; iudicium enim dignius est attribui isti potentiae secundum quod est actus quam secundum quod est potentia, quemadmodum motio eius passiva a sensibus dignior est ei attribui secundum quod est recipiens. Est igitur apud ipsum ut videtur 75 *recipiens secundum sensus, et agens secundum iudicium; recipere enim aliquid est aliud a iudicare illud.*

THEMISTIUS vero in hunc modum: *Sed illud utique rationabilius exis†imabit assimilari potentiam sensitivam magis centro circuli ad quod omnes ex circumferentia lineae terminantur.* 80 Et infra: *Qua quidem igitur una et indivisibilis, unum est quod iudicat et simul; qua autem* instrumentorum *diversorum terminus est, multae fiunt una, quare multa iudicare separata non prohibetur et una esse; est enim simul et una et multae.*

Adhuc, quod semel diximus, non ipsa albatur neque nigre- 85 *scit simul aut infrigidatur et calefit — hoc enim inconveniens erat — sed nuntiat quidem unumquodque sensitivum proprias differentias; incorporea autem existens ratione et in spiritu fundata primo sensitivo, ex quo sensitiva omnia sicut ex fonte exspirantur, et in quem omnes concurrunt quae a sensibus nun-* 90 *tiationes, non ipsa patiens contraria, sed speculans contraria iudicat et pronuntiat album a nigro alterum esse, et album a dulci. Iudicare autem simul contraria non erat inconveniens sicut neque discernere simul disceptantes contra se invicem, sed pati simul contraria* inconveniens est. 95

Palam igitur ex omnibus his, ait THEMISTIUS, *quod neque visus primus est in pupilla, neque auditus primus in auribus, neque*

---

72 isti potentiae *iter. A*   76 recipiens *post* ipsum *B*   77 a *om. B*
80 circumstantia *C*   81 Et infra *om. B*   Qua] quae *E²*   igitur *om. B*   et]
est *x*   82 qua] quae *AE*   instrumentorum diversorum *inv. B*   83 quare]
quarum *B*   non] habetur *add. B*   84 uno *E²*   enim] omnia *A*   85 se-
mel] πολλάκις *Themist.*   86 simul *om. A*   aut] autem *B*   et] aut *A*   ca-
lescit *AE*   87 quidem unumquodque *inv. B*   88 existens ratione *inv. A*
89 sensitiva] -bilia *B*   sicut] tamquam *B*   90 sensibus] -bilibus *Themist.*
94 disceptationes *C*   96 omnibus his *inv. D*

---

78 Sed - 80 terminantur: THEMIST., *In De Anima,* lib. V (ARIST., III, 2. 427 a
    10-14). CAG V, 3, p. 86, 18-20; CAG lat. I, p. 198, 68-70.
81 Qua - 10 ordinatur: *Ibidem.* CAG V, 3, p. 86, 25-87, 15; CAG lat. I, p. 198,
    76-200, 4.

gustus in lingua, sed visus primus et gustus et odoratus et tactus
in spiritu primo sensitivo existunt. Et quando dicimus quinque
00 *esse omnes sensus, quinque esse dicimus sensitiva, et quinque*
esse spiritus sensitivos, ex fonte uno per organa derivatos; sen-
sum autem proprie et primo existentem unum his utentem et
locum quidem nuntiorum habere quinque sensus, principis au-
tem aut regis unum. Sicut enim ibi multi quidem nuntiantes,
5 *unus autem qui iudicat, sic et hic multa quidem nuntiativa or-*
gana, unum autem quod de omnibus pronuntiat. Hoc igitur sen-
timus et quia videmus visu et quia audimus auditu; quo enim
differentias actuum, hoc et actus ipsos sentimus. Non igitur visu
iudicamus visum, ut paulo ante videbatur, sed uno qui ad unum-
10 *quodque sensibilium ordinatur.* Usque huc quidem THEMISTIUS.

Unde PHILOSOPHUS etiam et AVERROES dicunt *quod ultimum*
sentiens in tactu non est in carne, neque in visu in oculo. ALHA-
ZEN quoque vult quod non completur visio, *quousque forma* visibilis per concavum nervum et communem *ad ultimum perve-*
15 *niat sentiens,* sive ad sensum communem. *Et est,* inquit, *extensio*
formae in corpore sentienti extenso in concavo nervi ad ultimum
sentiens, sicut extensio sensus tactus et sensus doloris ad ulti-
mum sentiens; sensus autem tactus et sensus doloris non exten-
duntur a membris, nisi in filis nervorum et in spiritu extenso
20 *secundum illa fila.* Spiritus quidem enim natura, ut ait PHILOSO-
PHUS, libro D e M o t i b u s A n i m a l i u m, et levis est et gravis, *et sine violentia pulsiva* est *et tractiva et correpta,* brevia-
bilis et augibilis; et, ut ad unum dicatur, propter subtilitatem
suam ita facile receptibilis cuiuslibet alterationis sive impres-
25 sionis, quod ad passiones virtutum sensitivarum et operationes

---

1 sensitivos] -vi *Themist.*   2 unum] in *Themist.*   4 aut *om. AE*   enim
om. B   7 quia¹] quod *E²*   videmus visu *inv. B*   quia²] quod *E²*   8 hoc]
hic *x*   igitur] ergo *x*   10 huc] hic *A*   11 etiam *om. A*   12 in² *om. B*
in³ *om. B*   in⁴] id est *E*   17-18 sicut ... sentiens *om. A*   17-18 ad ... doloris *om. B*   21 libro] in *B*   21-22 gravis] est *add. B*   22 tractiva]
tractam (?) *B*   corrupta *C*   24 facilis *AE*

11 quod - 12 oculo: AVER., *De Anima,* II, 146, p. 350 (lin. 24-25), super ARIST.,
  III, 2, 426 b 15-16.
13 quousque - 20 fila: ALHAZEN, *Optica,* lib. II, c. 1, n. 5, p. 26.
20 Spiritus - 23 augibilis: ARIST., *De Motu Animal.,* 10, 703 a 20-24.

earum non potest magis idoneum aliquod esse corpus.

Quod quidem igitur unusquisque sensus subiecti sibi sensibilis differentias discernit, ut album et nigrum visus, et consimiliter alii, hoc habet a virtute sensus communis, praesertim cum sensus particulares etiam instrumenta sint ipsius communis sen- 30 sus, ut visum est supra. Unde nec particularis vocatus est hic sensus ac si per se proprius, puta sextus aliquis, sed communis.

CAPITULUM 22

QUOD PERFECTIO SENSUS PARTICULARIS A SENSU COMMUNI COMPLEMENTUM RECIPIT   35

Ex his itaque patet quod perfectio sensus in actu a virtute sensus communis recipit complementum, secundum quod primi sensitivi vis activa super passivam convertitur particularium sensuum receptionem, iudicans de receptis. Huius quoque signum apparet ad sensum. Ad unum enim sensibile conversus attente, 40 interdum non sentit aliud sibi praesens ad quod principale sentiens non attendit; constat tamen quod activo praesente sensibili et organo sensus passivo satis approximato, impossibile est non agere neque pati. Ex sola ergo impressione sive receptione speciei sensibilis in organo sensus particularis, non fit sensus in 45 actu neque completur eius perfectio, sed oportet cum hoc virtutem activam primi sentientis ad illam converti.

Verum, quia haec virtus materialis est in spiritu fundata praecipue tamquam in propria materia, per quam a sensu principali ad singula sensitiva continuatur, ideo necesse est quod, se- 50

30 communis sensus *inv.* B   32 proprius] prius A   34 *ante* Quod *add.* Capitulum *x*   a] ca C   communis A   37-38 primi sensitivi] prima sensitiva A : prima sensitivi E   41 sibi] si CDA   43-44 impossibile ... pati *om.* A   44 receptione seu impressione B   49 propria] prima C   50 ideo] idcirco C

31 supra: p. 158, 73 sqq.; 160, 32-33; 164, 29-31.

cundum diversas huiusmodi spiritus dispositiones, singulorum
sensuum operatio diversimode varietur. Quapropter, virtute sensitiva singulariter operante et fortiter uno organo, debilitatur
spiritus in alio, et quasi neglectus a suo regimine redditur quo-
55 quo modo minus idoneus et quodammodo non ideoneus in illo
ad operationes perfectae sensationis; ubi enim fortius laborat
virtus, ibi spiritus magis confluunt et congregantur. Ab aliis
igitur partibus retracto spiritu, concidunt in illis viae eius et con-
trahuntur, sicque virtus transire non potens libere nec conve-
60 nienti modo concurrere in partibus illis, vel operari non sufficit, vel quasi languide operatur. Et hinc accidit quod una virtus
materialis, scilicet sensitiva, aliam retrahit ab operatione.
    Palam itaque quod, virtute primi sentientis particularium sen-
suum passioni adiuncta, perficitur sensus in actu, et non ante.

65   CAPITULUM 23

    QUALITER EX PRAEMISSIS CONCLUDITUR SENSUM ET ANIMAM
      SENSITIVAM ESSE QUODAMMODO OMNIA SENSIBILIA

    Postquam igitur sensus communis, qui diversis respectibus
quandoque primum sentiens quandoque ultimum vocatur, co-
70 gnitivus est omnium qualitatum sensibilium et iudicativus, non
per receptionem specierum sensibilium in organo proprio, ut
visum est, necessario concluditur sibi hoc inesse a vi formae,
omnium qualitatum sensibilium cognitionem virtualiter in se
continentis; non enim est alius modus quo id facere possit quam
75 sua virtute activa, quae est a forma. Et hoc est illud quod Au-

54 quasi] quia x   54-55 quoquo ... et om. x   58 igitur] ergo B   re-
tracto] refractio CDA : refracto E   58-59 contrahunt x   59 potest AE
60 vel] nec A : in ras. quia E²   61 quasi] quia x   62 scilicet om. D
64 ante] ente AE   69 vocatur] -tus x   69-70 cognitivus] cognitio A :
cognitius E   74 posset A   75 illud] id B

72 visum est: c. 20.

GUSTINUS vult dicere cum ait animam de rebus corporalibus imagines accipere *factas in semetipsa de semetipsa,* et quod anima a corporalibus non patitur sed agit in ea, secundum quod et multi arguunt nobilius a viliori pati non debere. Virtus enim iudicans superexcellere debet potentiam iudicabilium, iuxta quod et te- 80 stimonium ANAXAGORAE PHILOSOPHUS multum commendavit.

Quoniam vero haec virtus non ita simpliciter est activa, quod per se in actum ⟨reduci⟩ possit operandi, nisi in aliis sensiteriis virtutibus passivis compatiatur quoquo modo — si enim virtuti visivae quae passiva est, haec virtus iudicans eadem non 85 esset quodammodo, ut visum est, nequaquam de visibilibus iudicare posset, et consimiliter neque de aliis sensibilibus, nisi sensibus singulis eadem esset quoquo modo — eapropter bene potest concludere PHILOSOPHUS totam virtutem sensitivam esse habitum quendam, omnium sensibilium species in se virtualiter 90 sive potentia quadam continentem, non quidem potentiam passivam simpliciter neque similiter actum. Et hinc etiam convenientissime concludit ipsam sensitivam animam actum esse primum, adhuc et sensum ipsum esse mediam quandam rationem sensibilium, cum eorum excellentiae corrumpant illum. 95

77 a] in C   79 viliori] minori *x*   81 recommendavit *B*   82 vero] autem *B*   83 reduci *supplevi*   posset *B*   83-84 sensitivis *in ras. E²*   85 haec *om. B*   90 quendam] quaedam *AE*   91 sive] seu *B*   quadam] quaedam *AE*   continente *BCA*   92 similiter] simpliciter *B*   94 sensum] secundum *C*

76 animam - 77 semetipsa²: AUGUSTINUS, *De Trinitate,* X, c. 5, n. 7, in fine. PL 42, 977.
77 anima - 78 ea: AUGUSTINUS, *De Musica,* VI, c. 5, n. 10. PL 32, 1169.
79 Virtus - 80 iudicabilium: Cfr AUGUSTINUS, *De Libero Arbitrio,* II, c. 12, n. 34. PL 32, 1259.
80 testimonium - 81 commendavit: ARIST., *Physic.,* VIII, 5, 256 b 24-27; *De Anima,* III, 4, 429 a 18-19.
86 visum est: c. 19.
89 totam - 92 actum: ARIST., *De Anima,* III, 8, 431 b 20-28.
93 ipsam - primum: *Ibidem,* II, 1, 412 a 27 et b 5.
94 sensum - 95 illum: *Ibidem,* III, 2, 426 a 27 - b 8.

CAPITULUM 24

DE ORGANO SENSUS COMMUNIS PRINCIPALI

Reliquum vero circa sensum inquirendum erat de organo sensus communis proprio et principali; necnon et qualis alteratio 00 possibilis est in ipso; similiter et quae passiones eius.

Ad hoc ergo declarandum, recolligamus dicta PHILOSOPHI. Primo quidem ex libro D e R e s p i r a t i o n e, ubi dicit quod *propriorum sensiteriorum unum aliquod commune est sensiterium, in quod eos qui secundum actum sensus necessarium* est *obviare* 5 sive occurrere. Probat autem hoc esse cor existens quasi *medium anterioris et posterioris,* superioris et inferioris, dextri et sinistri. *Duos enim,* inquit, sensus, *gustum* scilicet *et tactum, manifeste tendentes videmus* ad cor; *quare et alios necessarium in hoc* tendere, cum hi duo *nihil* se extendant *ad eum qui sursum* 10 *locum.*

Adhuc, rationem etiam adducit hanc: quod *in omnibus possibilibus naturam videmus facientem* quod opportunius est. *In medio autem* animalis, *utroque principio existente,* sensitivo scilicet et nutritivo, *maxime perficitur opus utriusque; medii* 15 enim *regio* est *regio principantis.*

Amplius, non secundum diversas particulas est animal vivum et animal, sed secundum eandem; animalis enim vivere sentire est, et sensus est vita eius. Cor autem est quod primo generatur

99 alteratio] altera *C*   3 sensiteriorum] -tivorum *B, et in ras. E*² sensiterium] -tivum *in ras. E*²   5 sive] seu *B*   6 anteriorum et posteriorum *B* 7 gustum ... tactum] gustus ... tactus *C* : tactum et gustum *B* : *om. A*   8 in] ad *AE*   9 intendere *B*   11 Ad hoc etiam rationem *B*

2 propriorum - 6 inferioris: ARIST., *De Iuventute,* 1, 467 b 28-30 et 33.
7 Duos - 10 locum: *Ibidem,* 3, 469 a 12-16.
11 in omnibus - 15 principantis: *Ibidem,* 4, 469 a 28-31 et 33- b 1.
16 non - 17 eandem: *Ibidem,* 1, 467 b 8-22.
17 animalis - 18 eius: Cfr ARIST., *Eth. Nic.,* IX, 9, 1170 a 16-19.
18 Cor - 20 proportionale: ARIST., *De Iuventute,* 3, 468 b 28-31.

et vivit primo in animalibus sanguinem habentibus, et in exsanguinibus proportionale; ergo et principium sensus in ipso 20
erit.

Item, *melius* est *unum* habere *principium ubi contingit, quam
plura; medius autem locorum aptissime* se habet ad hoc. Unde
Philosophus concludit, plerisque locis, principale sensiterium
sensus communis cor esse, ut patet libro D e S o m n o et libro 25
D e P a r t i b u s A n i m a l i u m 2° et 3°, et alibi.

Porro, ad principale sensiterium necesse est continuari omnes
particulas sensitivas, si in unum iudicativum debent convenire.
Quod autem cerebrum *nullam habet continuitatem ad sensitivas particulas, palam quidem* est *et per visum,* ut scribit Philo- 30
sophus, 2° D e P a r t i b u s A n i m a l i u m, addens etiam quod
neque continuarum partium est in se ipso. Igitur, si aut cor aut
cerebrum rationabile est esse principale sensiterium, cerebrum
autem esse non potest, relinquitur quod sit in corde.

Rursum, *nullius sensuum causa* sive principium esse potest 35
quod insensibile ei ipsum est, sicut et *superfluorum unumquoa-
que;* cerebrum autem *quod nullum faciat* sensum neque *sensum tactus, sicut neque sanguis, neque superfluum in animalibus,* in eodem libro testatur Philosophus, subiungens quod aliqui *non invenientes propter quam causam quidam sensuum in* 40
capite animalibus sunt, hoc autem videntes secundum appa-

19-20 exsanguinibus *scripsi*] exangwinibus *B* : exanguibus *x*   22 est *om. A*
ubi] ut *x*   24 plurisque *C*   sensiterium] -tivum *in ras. E*²   25 patet]
in *add. BE*   Somno] et vigilia *add. B*   27 sensiterium] -tivum *in ras. E*²
29 nullum *D*   32 Igitur] ergo *D*   33 sensiterium] -tivum *in ras. E*²
35 sive] seu *B*   37 facit *C*   39 in *om. C*   40 quidam] -dem *BD*

20 principium - 21 erit: Arist., *De Iuventute,* 3, 469 a 17-18; 4, 469 b 3-6.
22 melius - 23 plura: Arist., *De Part. Animal.,* III, 4, 665 b 14-15.
23 medius - aptissime: *Ibidem,* III, 4, 666 a 14-15.
24 principale - 25 esse: Arist., *De Somno,* 2, 455 b 34 - 456 a 6; *De Iuventute,*
     3, 469 a 5-12; *De Part. Animal.,* II, 10, 656 a 28; III, 3, 665 a 11-13; *De Gen.
     Animal.,* II, 6, 743 b 25-26; V, 2, 781 a 20-23.
29 Quod - 32 partium: Arist., *De Part. Animal.,* II, 7, 652 b 2-4 et 1.
35 nullius - 36 unumquodque: *Ibidem,* II, 10, 656 a 23-24.
37 quod - 38 animalibus: *Ibidem,* II, 7, 652 b 4-6.
40 non - 49 sunt: *Ibidem,* II, 10, 656 a 24-33.

rentiam quasi *praeexistens pro aliis partibus,* similiter *ex syl-*
logismo ad invicem combinant, quatenus omnium sensuum ibi
sit sensiterium principale. *Quod quidem igitur,* ait, *principium*
45 *sensuum est qui circa cor locus, determinatum est in his quae*
de sensu, et quia duo quidem manifeste tendentes ad cor sunt,
qui tangibilium et qui gustabilium, trium autem, inquit, *qui qui-*
dem odoratus medius, auditus autem et visus maxime in capite
propter sensiteriorum naturam sunt. Et huius causam subdit ibi.
50 Cautus tamen, ne continuata haec sensiteria cerebro diceret,
subinfert quod *ex oculis quidem feruntur pori in eas quae circa*
cerebrum venas. Iterum autem ex auribus eo modo porus in
quod posterius pertingit. Est autem, inquit, *exsangue nullum sen-*
siterium; neque etiam est *sanguis, sed* est *aliquid eorum quae*
55 *ex sanguine. Propter quod quidem nihil in sanguinem habenti-*
bus exsangue sensitivum est, *neque ipse sanguis* similiter *quia*
non est *pars animalis* completa.

Ut igitur ad omne dicatur, ex illo loco insinuat PHILOSOPHUS
qualiter illa sensiteria cerebro non continuata, per quasdam
60 venosas particulas cordi, in quo principium sensus est, continuantur. Etenim, secundum quod ait 2° D e P a r t i b u s A n i -
m a l i u m, *calidum* quidem activum, scilicet *quod* est *in corde,*
est et principium maxime simul passivum, et cito facit sensum,
permutato et patiente aliquid eo quod circa cerebrum sanguine.

---

42 partibus *Arist.*] sensibus *codd.*   43 ad invicem *om.x*   quatenus] quia *D*
44 sensiterium] -tivum *in ras. E²*   45 qui] quae *D*   49 sensiteriorum]
-tivorum *in ras. E²*   sunt *om. B*   50 sensiteria] -tiva *in ras. E²*   53 exangue *codd.*   53-54 nullum sensiterium *inv. B*   56 exangue *codd.*   neque]
nec *A*   59 sensiteria] -tiva *in ras. E²*   60 venosas] venenosas *BA*
60-61 continuatur *C*   61-69 Etenim ... mortes *post* tangit (*lin. 83) B, sed*
corr. hoc modo : ... tangit ¶ Istud sequens punctum debet continue poni ante
paragraphum praecedens scilicet praeterea ad tale signum Φ. Etenim ... *Etiam*
ante Praeterea (*lin. 70) ponit signum* Φ   62 est *post* corde *x*   63 est et ...
passivum] simul et maxime passivum est principium *x*   64 sanguine]
-nem *B*

51 ex oculis - 57 completa: ARIST., *De Part. Animal.,* II, 10, 656 b 16-22.
62 calidum - 64 sanguine: *Ibidem,* II, 7, 653 b 5-8.

Et ideo *humectatum et desiccatum magis* quam convenit, simi- 65
literque calefactum aut infrigidatum, *non faciet proprium opus,*
quod videlicet est calorem cordis temperare, *sed aut non infri-*
gidabit, aut coagulabit, ut infirmitates et dementias faciat et
mortes.

Praeterea, si per ultimum sentiens, quod in anteriori parte 70
cerebri dicit esse ALHAZEN, primum sentiens intelligat, sive principale sensus communis organum, ipsa sua ratio contra se ipsum concludit. Probat enim quod in illa parte duae visibilium
formae a duobus oculis concurrunt in unam simili modo figuratam et distinctam, quo et obiectum visibile quod est extra. 75
Sufficienter autem declaratum est supra, quod in sensiterio primi sentientis et iudicantis species sensibilium et formae nequaquam figurantur neque distinguuntur, et universaliter nec recipiuntur; quare primum sensiterium illa pars cerebri esse non
potest. Unde AVICENNA: *Virtus visibilis,* inquit, *est extra sensum* 80
communem, quamvis emanet ab eo. Volo autem dicere, ait, *quod*
virtus visibilis videt et non audit nec olfacit; virtus autem sen-
sus communis videt et audit et olfacit et tangit.

Amplius, appetitivum in animali et sensitivum idem subiecto
sunt, licet ratione differant, ut patet in 3° D e A n i m a . In 85
quo igitur principium appetitivum, in eodem et sensus principium. Appetitivum autem principium est ipsum principium motivum, ut patet ibidem, capitulo D e M o v e n t e . Quaprop-

65 humectantem et desiccantem *B*   65-66 similiter *AE*   67 videlicet est
inv. B   76 sensiterio] -tivo *in ras. E²*   79 sensiterium] -tivum *in ras. E²*
80 visibilis] visiva *B*   inquit] non *in ras. E²*   82 visibilis] visiva *B*   nec]
vel *AE*   82-83 virtus² ... olfacit *om. A*   83 vidit *D*   84 appetitivum
scripsi] appetibilibus *B* : appetitum *x*   85 in *om. B*   86 quo] hoc *B*
88 Movente] mote *DA* : motu *E*

65 humectatum - 69 mortes: ARIST., *De Part. Animal.,* II, 7, 653 b 3-5.
70 quod - 71 esse: ALHAZEN, *Optica,* lib. I, c. 5, n. 26, p. 16.
73 Probat - 75 extra: *Ibidem,* lib. I, c. 5, n. 27, p. 16.
76 supra: c. 20.
80 Virtus - 83 tangit: AVICENNA, *De Anima,* pars III, c. 8, f. 16ʳᵇ.
84 appetitivum - 85 differant: ARIST., *De Anima,* III, 7, 431 a 13-14.
87 Appetitivum - motivum: ARIST., *De Anima,* III, 10.
88 Quapropter - 96 motum: *Ibidem,* III, 10, 433 b 21-27.

ter organum harum virtutum tale concludit esse quod *princi-*
90 *pium et finis* subiecto *idem* in ipso sint, *sicut glingisinus* sive
cardo in quo *gibbosum* quidem sit *et concavum,* quorum *hoc*
quidem finis, illud vero principium, ut *aliud quidem quiescat,*
aliud vero moveatur; ratione quidem altera entia, magnitudine
vero inseparabilia, quatenus pulsio et tractio per ipsa fieri pos-
95 sit convenienter, *propter quod sicut in circulo manere aliquid*
oportet, et hinc incipere motum, quemadmodum et de corde in
libro De Motibus Animalium perfectius declaratur.
Hinc itaque est quod in corde vigere dicitur virtus irascibilis
et concupiscibilis, quae quidem nihil aliud est quam appetiti-
00 vum principium per quod persecutio fit aut fuga.

CAPITULUM 25

QUALITER SENSATIONES PARTICULARIUM SENSUUM AD PRIN-
CIPALE SENSITERIUM SENSUS COMMUNIS PERVENIUNT

Quoniam *igitur principium motus* animalis est *persequibile*
5 *et fugibile quod in operabilibus — fugibile autem et tristabile*
est, *persequibile vero delectabile —* omnemque delectationem
sensualem atque tristitiam *frigiditas consequitur et caliditas,*
necesse est alterari cor ab huiusmodi qualitatibus in quantum
principale est organum appetitivae et motivae virtutis, quam-
10 vis secundum quod se habet in ratione principii sensitivi, non
sit necessarium in ipso distincte recipi species contrariorum,
eo quidem modo quo particularia sensiteria recipiunt species

---

89 harum] talium *B*   92 vero] sit *add. x*   94-95 posset *A*   00 perse-
cutio] pro- *corr. E²*   3 sensiterium *scripsi (vide Tabulam)*] sensitivum *codd.*
4 prosequibile *B*   5 et tristabile] tristibile *x*   6 prosequibile *B*   8 est
om. A   12 sensiteria] -tiva *B, et in ras. E²*

96 de corde...: ARIST., *De Motu Animal.,* 10, 703 a 4-29.
99 quae - 00 fuga: *Ibidem,* 8, 701 b 33-34.
4 igitur- 7 caliditas: *Ibidem,* 8, 701 b 33 - 702 a 1.

sensibilium; immo sufficit quod huiusmodi receptio in suis
fiat instrumentis in quae sua virtus extenditur, ut dictum est
supra. Hoc enim est quod intendere videtur PHILOSOPHUS, 3° D e 15
Partibus Animalium, dicens quod *motus delectabi-
lium et tristium et totaliter omnis sensus* a corde *incipientes videntur et ad ipsum* etiam *terminari.* Et hoc forsan est etiam
idipsum quod intendunt platonici dicentes quod, cum *duae sint
vires animae principales, una* scilicet ratiocinativa seu *delibe-* 20
rativa, quae et principalior et optima est, *alia* vero *quae ad ap-
petendum quid impellit* et *vigor iracundiae dicitur et item quae
cupit,* haec, inquiunt, secunda principalium, in corde sedem
habet.

Quamvis igitur non omnino sub propria ratione sensationes 25
particularium sensuum agant in primum sentiens, ratione tamen delectationis vel tristitiae sensum in actu concomitantis,
quae necessario *cum caliditate quadam* est *et frigiditate,* sicut
patet libro D e M o t i b u s A n i m a l i u m, nihil prohibet
alterationem pervenire ad cor, et hoc modo primum sentiens 30
pati a sensationibus atque alterari. Et hoc forte intendit COM-
MENTATOR, cum dicit primum sentiens pati a sensu. Aut forsan
intendit illud quod prius tactum est in parte, scilicet quod sensus in actu non est, quamvis a sensibili organum patiatur proprium, nisi et virtus primi sentientis, prout illi sufficienter 35
immissa, passioni sensus eiusdem compatiatur. Et haec quidem

---

14 fiat *post* receptio *B*   quae] qua *B*   15 enim est *inv. B*   Philosophus]
in *add. B*   17 omnis] omnes *x*   18 hoc *om. x*   22 quid *Chalc.*] quidem *codd.*   23 cupit] capit *AE*   28 et] aut *x*   29 patet] in *add. B*
33 tactum est prius *AE*   34 organum] -no *x, sed corr.* -num *E²*   34-35 pro-
prium] proprio *corr. E²*   35 illi] illa *E*

15 supra: c. 22.
16 motus - 18 terminari: ARIST., *De Part. Animal.,* III, 4, 666 a 11-13.
19 duae - 22 impellit: CHALCIDIUS, *In Tim.,* c. 228, p. 230 a.
22 vigor - 23 cupit: *Ibidem,* c. 227, p. 230 a.
23 haec - 24 habet: *Ibidem,* c. 230, p. 230 b.
28 cum - frigiditate: ARIST., *De Motu Animal.,* 8, 702 a 1.
32 primum - sensu: AVER., *De Anima,* II, 140, p. 343 (lin. 17-18).
33 prius: p. 170, 82-84.

magis sonare videntur verba Commentatoris sic dicentis: *Et
actio quidem sensibilis extra animam in movendo sentiens, et
actio sensus qui est in sentiente, scilicet qualitas qua sentiens*
40 *qualificatur in movendo etiam virtutem visionis, est eadem actio, licet modus esse sensibilis extra animam differat a modo
sui esse in sentiente; verbi gratia, quod sonus qui est in actu
extra animam ita movet instrumentum auditus, sicut auditus
qui est in actu movet virtutem auditus. Et similiter dispositio*
45 *coloris in movendo videntem est sicut dispositio qualitatis, quae
provenit in vidente a colore in movendo virtutem visibilem.*
Et infra dicit quod universaliter *sensus movent virtutes, sicut
sensibilia quae sunt extra animam, movent sensus.* Aut intendit equidem quod virtus sensitiva non est in exterioribus et ma-
50 nifestis partibus sensiteriorum particularium, sed intus magis
et in profundo, ut quod virtus auditiva non est in auribus, sed
magis in profundo tympani auditus iuxta cerebrum, quemadmodum et de virtute visiva demonstrat Alhazen quod non est in
oculis sed in concursu nervi communis iuxta cerebrum, in quem
55 duo nervi optici ab oculis directi terminantur. Et consimiliter
de reliquis sensibus. Unde Philosophus, in libro De Sensu:
Non enim in ultimo oculi anima, inquit, *aut animae sensitivum est, sed* magis *interius.* Aut demum intendit quod primum
sentiens patitur a sensu secundum actum, licet non eo modo
60 per omnia quo sensus patitur ab obiecto; sufficit enim quod aliqualis fiat immutatio circa principium sensus, quantumcumque

38-39 et actio ... sentiens *om. B*   39 qui] quac *AE* : (*om. B*)   sentiente
Aver.] faciente *x* : (*om. B*)   40 caleficatur *C* : qualeficatur *DAE, sed corr.*
quali- *E²*   42 sentientem *C*   43-44 sicut ... auditus *om. E*   47 universaliter sensus *inv. B*   movet *B*   50 sensiteriorum] -tivorum *BC, et in ras.*
E²   53 et *om. x*   54 concursu] cursu *AE, sed rest.* con- *E²*   55 duo
om. D   obtici *codd.*   57 inquit *om. B*   58 est *post* anima (*lin. 57*) *x*
interius] est *add. B*   59 eo] eodem *B*   60 obiecto] oculo *x*   60-61 aliqualis fiat] fiat aliqualis et *B*

37 Et - 46 visibilem: Aver., *De Anima*, II, 138, p. 340-341 (lin. 51-61).
47 sensus - 48 sensus: *Ibidem*, II, 139, p. 342 (lin. 25-26).
53 de virtute - 55 terminantur: Alhazen, *Optica*, lib. II, c. 1, n. 1, p. 25; c. 2,
n. 16, p. 34-35 et alibi. Vide supra, c. 19.
57 Non - 58 interius: Arist., *De Sensu*, 2, 438 b 8-10.

sit modica, seu ex qualitatibus diversis commixta seu congre-
gata. Sicut enim in gubernaculo modica facta permutatio ad
magnam sufficit prorae transpositionem, ut scribitur libro D e
M o t i b u s   A n i m a l i u m , sic est de primo sentiente re   65
spectu particularium sensiteriorum. Nihil ergo prohibet ad primum sentiens motum a sensu secundum actum pervenire, dum
tamen in ipso non fiat illa specierum receptio quae superius est
reprobata. Hoc ergo modo planum est dictum COMMENTATORIS,
et salvatur ab omni inconveniente necnon et ab omni contra-   70
dictione.

CAPITULUM 26

DE PARTICULARI QUODAM COMPLETORIO SENSUS COMMUNIS
ORGANO PRAESERTIM IN HOMINE

Consideratis ergo his quae secundum PHILOSOPHUM de sensu   75
communi dicta sunt, manifestum est quod eadem virtus sensitiva quae in corde est, principaliter a corde fluit, et extenditur in
singula sensiteria, et ibi operatur secundum sensiteriorum naturam et proprietatem, et perficit singulas operationes sentiendi,
quae sine illis instrumentis nequaquam distincte perficere pos-   80
set. Unde, quemadmodum carpentario, praeter manum, quae
organum organorum est, necessaria sunt instrumenta diversa,
quorum hoc quidem idoneum est ad dolandum et non ad per-

62 seu ... seu] sive ... sive *B*   63 Sicut] sic *x, sed corr.* sicut *E²*   64 scri-
bitur] in *add. E*   66 sensiteriorum] -tivorum *BE²*   68 ipsa *A*   superius
est *inv. B*   70 inconvenienti *B*   73 completorio quodam particulari *B*
75 ergo] igitur *B*   75-76 sensu communi *inv. B*   77 est *post* quae *B*
principaliter] est *add. B*   81 carpentaria *AE, sed corr.* -rio *E²*   83 ad²
om. B

63 Sicut - 64 transpositionem: ARIST., *De Motu Animal.*, 7, 701 b 26-27.
68 superius: c. 20.
81 manum - 82 organorum: ARIST., *De Anima.*, III, 8, 432 a 1-2.

forandum ut dolabra, illud vero ad perforandum et non ad do-
85 landum ut terebrum — sola enim manu non posset hoc facere —
sic et virtuti sensitivae. Quamquam enim unum habeat organum principale, illud tamen per se sine aliis sensiteriis diversas operationes sentiendi nequaquam explere potest, licet in se
virtutem sentiendi originaliter contineat irradicatam, cum di-
90 stincte seu determinate quidem in se recipere species sensibilium
nequeat, sed confuse quodammodo propter ipsius non ad haec
sola determinatam dispositionem, sed ad alia principaliora profecto magis necessariam habitudinem naturalem. Nam, ut declaratum est in libro D e R e s p i r a t i o n e, in hoc organo in
95 quo principium sensitivae animae et nutritivae consistit, necesse
est principium et originem caliditatis naturalis et ipsius animae
tamquam ignitas particulas salvari, si debet vita constare; 2° autem D e P a r t i b u s A n i m a l i u m, scribitur quod *motus
caliditatis sensitivam aufert operationem,* quare necessarium est
00 propria instrumenta sentiendi a corde distare, et quanto alicui
operationi sentiendi magis nociva est caliditas, tanto instrumentum eius magis a corde distare oportet, ac magis appropinquare
membro frigidiori. Et hinc est quod Philosophus concludit visum
necessario consistere circa cerebrum, quia coloris comprehensio
5 fieri non potest sine instrumento diaphano et servativo aliqualiter quale est humidum aqueum; *cerebrum autem* est *frigidis-
sima partium quae in corpore.*

Item, sensus visus perspicacissimus sensuum est. Quanto au-

84 et *om. x*   85 ut *iter. B*   terebrum] cerebrum *A*   hoc facere *post* manu *B*   86 enim unum *inv. DA*   87 sine] a *add. B*   sensiteriis] -ivis *x*
88 explere] complere *B*   91 haec] hoc *B*   92 determinata *E*   99 sensitivam *iter. A*   2 magis¹ *om. B*   oportet *om. B*   4 coloris] -um *in ras. E²*
6 quale] qualiter *A*   7 quae] est *add. x*

94 in hoc - 95 consistit: Arist., *De Iuventute,* 3, 469 a 5-6.
95 necesse - 97 constare: *Ibidem,* 4, 469 b 6-20.
98 motus - 99 operationem: Arist., *De Part. Animal.,* II, 10, 656 b 5-6.
3 visum - 6 aqueum: *Ibidem,* II, 10, 656 a 37 - b 2.
6 cerebrum - 7 corpore: Arist., *De Part. Animal.,* II, 7, 652 a 27-28. Vide etiam
De Sensu, 2, 438 b 29-30; *De Somno,* 3, 457 b 29-30.
8 Quanto - 10 sensus: Arist., *De Part. Animal.,* II, 2, 648 a 3-4; 4, 650 b 18-23;
10, 656 b 3-4.

tem sanguis frigidior est, subtilior et purior, tanto aptior est ad
perspicacitatem sensus. Universaliter autem *sanguis, qui in ve-* 10
nis subtilibus continetur circa cerebum in miringa, subtilior est
et purior. Visus igitur convenienter ibi situatus est propter naturam sensiterii, et non quia principium sensus in cerebro sit.
Simili quoque modo, auditus situatus est circa locum vacuitatis
cuiusdam, in qua aer contentus resonare facit quodammodo 15
tympanum virtutis auditivae. cum a sono patitur auditus.

Licet ergo instrumenta sentiendi propinquiora sint cerebro
quam cordi, non tamen concludi potest ex hoc quod sensus principium in cerebro sit, ut visum est, quia propter alias causas est
illa remotio instrumentorum sensus a corde, secundum quod 20
iam patuit. Quantacumque sit autem elongatio instrumentorum
a principaliori parte agentis principalis, semper tamen actio in-
strumenti actioni attribuitur agentis principalis. Propter quod
dictum est supra quod sensus communis per oculum videt colorem; et consimiliter cetera sensibilia per sensus particulares 25
cognoscit, secundum quod aedificator aedificare dicitur, non instrumenta eius. Unde Avicenna dicit quod *sensus communis est*
virtus quae vere sentit.

Quoniam igitur ad perfectionem sensus in actu et complementum duo sunt necessaria, licet non eodem modo, virtus sci- 30
licet sensus communis tamquam agens principale seu formale
principium, ut visum est, et organum sensus particularis tam-

---

12 convenienter ibi *inv. B*   13 sensiterii] -ivi *in ras. E²*   14 situatus]
locatus *B* : alias locatus *add. CD* : locatus *add. AE*   18 ex hoc *post* tamen *B*   21 iam *om. A*   sit autem *inv. B*   23 attribuetur *x*   25 similiter sensibilia cetera *B*   26 aedificare] -cans *B*   29-30 complemento *A*

10 sanguis - 12 purior: S. Thomas, *In De Sensu* (Arist., 5, 444 a 10-12), lect. 13,
    n. 185: sanguis, qui circa cerebrum continetur in quibusdam subtilibus
    venis, est de facili infrigidabilis. Vide etiam Arist., *De Part. Animal.*, II,
    7, 652 b 30-33; *De Somno*, 3, 458 a 7-8.
14 auditus - 16 auditus: Cfr Arist., *De Part. Animal.*, II, 10, 656 b 13-16.
19 visum est: c. 24.
21 iam patuit: p. 179, 98 sqq.
24 supra: p. 158, 77 sqq.
27 sensus - 28 sentit: Avicenna, *De Anima*, pars IV, c. 1, f. 17ᵛᵃ: Cuiusmodi...
32 visum est: c. 22.

quam instrumentum necessarium, hinc dicitur aliquando quod
operatio sensus communis per sensus particulares perficitur,
35 quia sine instrumentis operationem sentiendi complere non potest. Et hoc est quod dicit AVERROES, in libro D e S o m n o, sic:
Dicamus igitur quod iam declaratum est, quod sensus communis
est in corde, et quod cerebrum est unum instrumentorum com-
plentium hanc actionem secundum temperamentum existens in
40 *eo.* Intendit autem per temperamentum id quod iam dictum est,
quia per frigiditatem suam temperatur caliditas sensiteriorum
quae sunt circa ipsum. Est igitur advertendum quod, licet secundum rationem naturalis originis principale sensiterium sensus
communis in corde sit, quia tamen eius operatio diiudicativa
45 maxime circa cerebum apparet in homine, rationabiliter quoddam etiam organum eius dici potest illud, in quo eius operatio
principalis magis manifestatur. *Non* enim *oportet,* ait AVICENNA,
6° N a t u r a l i u m, in fine, *ut in membro, quod est principium*
alicuius virtutis, sint principales actiones ipsius virtutis, et ut
50 illud membrum *sit instrumentum actionum ipsius virtutis.* Circa cerebrum autem apparet maxime principalis actio sensus
communis, praesertim propter sensus in capite existentes, per
quos plurimae rerum species et differentiae multimode nobis
annuntiantur.
55 Praeterea, ex dictis prius manifestum est quod, licet ad sensus
communis principale sensiterium simpliciter et primarium non
perveniat receptio specierum sensibilium sub determinatis et

35 operationem] operam *B* complere] perficere *B* 37 igitur ... commu-
nis] iam igitur quod sensus communis ut declaratum est *B* 41 sensiterio-
rum] -tivorum *in ras. E²* 43 principale sensiterium *inv. B* 44 eius]
post operatio *B* : *om. AE* iudicativa *B* 46 etiam *om. B* 47 magis *om. x*
48 6° ... fine] in fine 6ᵗⁱ Naturalium *B* 49-50 et ut ... virtutis *om. AE*
52 propter] p *B* 54 annuntiantur (ad- *CAE*)] primo metaphysicae *add. B* :
libro de sensu et primo metaphysicae *add. i.m. D* 56 principale sensite-
rium] *inv. B* : est *add. DAE, sed del.* est *E²* 57 specierum sensibilium *inv. B*

37 Dicamus - 40 eo: AVER., *De Somno,* p. 84-85.
40 dictum est: p. 174, 65 sqq. et 179, 94 sqq.
47 Non - 50 virtutis: AVICENNA, *De Anima,* pars V, c. 8, f. 28ʳᵇ: Quapropter...
52 sensus - 54 annuntiantur: Cfr ARIST., *Metaph.,* I (A), 1, 980 a 26-27.
55 prius: c. 20.

propriis rationibus, absque receptione tamen huiusmodi operatio sive actio sensus communis et iudicium nequaquam compleri potest. Rationabile igitur est illam partem corporis, in qua 60
convenientius executioni sensus communis haec fieri possunt
et principalius, organum esse principale sensus communis quoad
executionem et complementum seu perfectionem distinctivam
seu diiudicativam actionis eius convenienter explendam. Secundum vero hanc viam ponit AVICENNA circa cerebrum instrumen- 65
tum sensus communis, quia ibidem *quasdam suas perficit actio-*
nes, sicut est *imaginatio* et quaedam aliae. Oportet enim cor
esse talis conditionis, ut visum est, quod, licet in ipso principium sentiendi existat quasi confuso quidem et indeterminato
sive indistincto modo, non tamen in ipso compleri distincte pos- 70
sunt actiones sentiendi propter multum motum caliditatis inten-
sae quae in eo est; quapropter, si post absentiam sensibilium de
dispositione ipsorum iudicare debet sensus communis, necesse
est ut habeat instrumentum in quo non sit tantae caliditatis
motus quod impressionem *motus facti a sensu secundum actum* 75
facto repellat, aut non admittat seu impediat, sed in quo tale
sit temperamentum quod sensationum impressiones et ima-
ginum seu phantasmatum quasi picturas quasdam sive simulacra facile recipiat, et sine conturbatione retineat, et quiete con-
servet. *Quemadmodum* enim *in humido, si vehementer movea-* 80
tur, quandoque nullum apparet idolum, quandoque autem ap-

59 sive] seu *B*   59-60 compleri] expleri *B*   61-62 haec ... communis
om. BA   63 seu] et *B*   64 iudicativam *B*   65 vero hanc] hanc igitur *B*   Avicenna] ultimo capitulo 6to naturalium *add. i.m. D*   cerebrum]
centrum *D*   67 imaginatio] imago *x, sed corr.* imaginatio *E²*   68 esse talis *inv. A*   70 sive] seu *B*   compleri distincte *inv. B*   71 multum *om. B*
73 dispositione ipsorum] eorum dispositione *B*   73-74 necesse est ut]
oportet quod *B*   76 repellat] retineat *in ras. E²*   admittat] dimittat *AE*
79 recipiat *om. B*   perturbatione *B*   79-80 conservat *CA*

65 ponit - 67 aliae: AVICENNA, *De Anima*, pars V, c. 8, f. 28rb: Redibimus...
68 visum est: p. 179, 86 sqq.
75 motus - 76 facto: ARIST., *De Anima*, III, 3, 429 a 1-2. Vide etiam *De Insom-*
    niis, 1, 459 a 17-18.
80 Quemadmodum - 83 exterminantur: ARIST., *De Insomniis*, 3, 461 a 14-16 et
    18-20 (Transl. nova, ed. Drossaart Lulofs, p. 21, 17-19 et p. 23, 1-3).

paret quidem, sed *distortum,* sic et in sensiteriis motus simulacrorum si vehementer fiant exterminantur, ut ait Philosophus,
libro D e   S o m n o. *Unde et his qui in multo sunt motu aut*
85 *propter passionem aut propter aetatem, non fit memoria, tam-*
quam utique in aquam fluentem incidente motu et sigillo, ut
scribitur in libro D e   M e m o r i a.

Adhuc, scientia quae est cognitio speculativa, et prudentia
quae est ratio practica, non exercentur actu per animam nisi
90 post quietationem turbationum et residentiam corporalium motionum, ut habetur 7° P h y s i c o r u m. Sedatis igitur motibus, et
quiescente seu residente iudicativa potentia, universaliter omnis
cognitio discretior est, ac iudicium rectius, ut sic universaliter
cognitio quies animae *sit et rectitudo,* ut ait Philosophus et suus
95 Commentator. Ad hoc autem valet frigiditas caliditati contraria,
in subtili quidem materia et pura, quae in humano corpore nus-
quam nisi circa cerebrum existere potest. *Sensibilior enim et*
magis intellectivus est subtilior sanguis et frigidior, ut ait Philosophus, 2° D e   P a r t i b u s   A n i m a l i u m.

00   Hac ergo de causa, sedes iudiciaria sensus communis circa
cerebrum est; principale tamen originaliter in corde est sensiterium, licet in ipso cognitionis iudicium expleri non possit
propter aliam utique magis necessariam vitae causam et salva-
tionis eius, ut postea declarabitur. Ex hoc autem sensiterio prin-
5 cipali procedens et fluens eadem virtus sensitiva seu emanans,
organo quidem eius quasi protenso convenienter in partem sub-
tilioris materiae ac magis quietae, sedem habet ibidem iudicii
cognitivi, virtute quidem hac eadem sive potentia principali sen-

---

82 sensiteriis] -tivis *in ras. E²*   84 aut *om. x*   87 in *om. CD*   90 qui-
tationem *C*   turbationum] -nem *AE, sed corr.* -num *E²*   91 igitur] ergo *BA*
93 iudicia *B*   ut] et *A*   sic] sit *B*   95 Ad hoc] Adhuc *B*   97 cerebrum]
membrum *A*   1 est in corde *AE*   1-2 sensiterium] -tivum *in ras. E²*
2 possit] potest *B* : posset *A*   6 convenienter *om. B*   8 sive] seu *B*

---

84 Unde - 86 sigillo: Arist., *De Memoria,* 1, 450 a 32 - b 3.
88 scientia - 90 motionum: Arist., *Physica,* VII, 3, 247 b 23-24.
91 Sedatis - 94 rectitudo: *Ibidem,* VII, 3, 247 b 27-30; Aver., *Physica.* VII, 20,
   f. 323 B.
97 Sensibilior - 98 frigidior: Arist., *De Part. Animal.,* II, 2, 648 a 3-4.

sus communis ad principium a quo incepit, vice versa tamquam
ad terminum revertente.   10

CAPITULUM 27

QUOD IMAGINATIO SEU PHANTASIA SENSUS COMMUNIS PASSIO EST

Phantasia quidem autem seu imaginatio *sensus communis
passio est,* ut ait Philosophus; illius enim virtutis solius est pas- 15
sio, cuius est iudicare compositionem dulcis cum albo et nego-
tiari cum speciebus sensibilium genere diversorum. *Phantasia
autem,* inquit Philosophus, *est motus factus a sensu secundum
actum facto* non quidem ab uno sed a quolibet sensuum; unde
per phantasiam non solum de sensibili unius generis imagina-   20
mur, sed de obiectis sensuum omnium. Universaliter itaque *impressio sensus et vestigium est phantasia,* ut dicit Themistius.
   Quoniam igitur ex diversis speciebus sensibilium genere diversorum unum simul componere iudicium propria passio est
virtutis sensitivae communis, siquidem apud praesentiam sen-   25
sibilium, *motu facto a sensu secundum actum,* res ita se habet,
absentia sensibilium non potest esse causa alicuius effectus in
sentiente positiva. Quapropter impressio sensus quae remanet
in instrumentis sensus communis, abeuntibus sensibilibus, ad
eandem virtutem pertinet, ad quam praesentibus sensibilibus   30
pertinebat. Unde Themistius: *Si igitur eadem cera et suscipere*

9 incipit B   28 remanet] manet B   31 Si] Sicut *Themist.*   igitur *om.* B

14 sensus - 15 est[1]: Arist., *De Memoria,* 1, 450 a 10-11. Cfr S. Thomas, *In De
   Memoria,* lect. 2, n. 319.
17 Phantasia - 19 facto: Arist., *De Anima,* III, 3, 429 a 1-2. Vide etiam *De Insomniis,* 1, 459 a 17-18.
21 impressio - 22 phantasia: Themist., *In De Anima,* lib. V (Arist., III, 3, 428 b
   2-10). CAG V, 3, p. 91, 16-17; CAG lat. I, p. 209, 81-82.
26 motu - actum: vide lin. 18-19.
31 Si - 40 phantasticam: Themist., *In De Anima,* lib. V (Arist., III, 3, 428 b 11-
   14). CAG V, 3, p. 92, 34-40; CAG lat. I, p. 211, 40 - 212, 47.

*impressionem nata est et servare, et secundum hoc quidem quod
suscipit, alteram utique quis potentiam dicet ipsam consideran-
di secundum quam est assimilabilis et facile formabilis a sculp-*
35 *tura, secundum quod autem servat, alteram rursum,* potentiam
scilicet, *tenendi secundum quam firmioris naturae et magis
mansivae existit; hoc ipsum est et de anima pronuntiare, quia
secundum quidem quod movetur a sensibilibus sensitivam habet potentiam, secundum quod autem servare potest sensibilia,*
40 *phantasticam.*

Amplius, eiusdem partis sensitivae passio est somnium cuius
est somnus, ut declarat Philosophus in libro D e   S o m n o.
Somnus autem sensus communis passio est, secundum quod patet ibidem. Somnium vero est impressio sive *motus* factus *a sen-*
45 *su secundum actum,* prout Philosophus in eodem libro sufficienter manifestat. Cum igitur phantasia nihil aliud sit quam talis
impressio sive motus, necessario sensus communis passio est.
Unde Avicenna: *Formae quae sunt in sensu communi, et sensus
communis et imaginatio sunt quasi una virtus, et quasi non di-*
50 *versificantur in subiecto.*

32 nata] natura *B*   est *om. x, sed rest. E²ˢᵛ*   et² *del. E²*   33 dicit *AE*
34-35 sculptura] scriptura *A*   35 quod autem *inv. B*   rursum (-us *CD*)
potentiam *inv. A*   37 anima] alia *B*   39 secundum quod *inv. B*   41 som-
nium] somnum *CDA*   43 secundum quod patet] ut declarat *B*   44 Som-
nium] Somnum *AE, sed corr.* -nium *E²*   sive motus factus] facta *B*   45 Phi-
losophus] Aristotiles *B*   46 quam] quod *C*   49 quasi *post* diversificantur *B*

41 eiusdem - 42 somnus: Arist., *De Insomniis,* 1, 459 a 12-14.
43 Somnus - est: Arist., *De Somno,* 2, 455 a 25-26.
44 Somnium - 45 actum: Arist., *De Insomniis,* 1, 459 a 17-21 (Transl. nova ed.
   Drossaart Lulofs, p. 9, 5-10).
48 Formae - 50 subiecto: Avicenna, *De Anima,* pars IV, c. 1, f. 17ᵛᵃ.

CAPITULUM 28

QUOD OMNES INTERIORES VIRTUTES ET POTENTIAE SENSITI-
VAE SENSUI COMMUNI SUBIECTO SUNT EAEDEM

Cum igitur phantasia seu imaginatio, quod idem est, passio
sensus communis sit, et passio non nisi in suo subiecto esse pos-   55
sit, non habebit phantasia locum alium quam sensus communis.
Amplius, probat PHILOSOPHUS quod memoria passio est *primi sensitivi per se,* eiusdem scilicet *cuius et phantasia.* Unde memorabile et phantasma non differre dicit nisi ratione; et hoc ex intentione declarat et cum sufficientia in libro D e   M e m o r i a.   60
Eundem ergo locum habebit memoria simul cum sensu communi ac etiam cum phantasia, secundum quod ex dictis PHILO-
SOPHI trahere possumus, et ex rationibus suis.

Attamen AVERROES *diversa* videtur *loca in capite* his virtutibus
assignare, *quia diversarum sunt actionum.* Item *notum esse* dicit   65
sensui, cum anterior pars cerebri laeditur, necesse est laedi imaginationem, *et remanet cogitatio et rememoratio secundum
suum modum; et cum medium fuerit laesum, laedetur cogitatio;
et cum posterius,* memoratio. Adhuc et AVICENNA, 1° C a n o n i s
M e d i c i n a l i u m, quinque virtutes sensitivas interiores assi-   70
gnare conatur, anteriorem cerebri ventriculum sensui communi
deputans et phantasiae, quae licet *apud medicos,* inquit, *una
sint virtus, apud certificantes* tamen *ex philosophis duae virtutes
sunt;* nam *harum duarum* illa *quae recipiens est, alia est a cu-*

---

51 Capitulum 28] 26 *i.m. D*   53 eaedam] eodem *A*   54 Igitur cum imaginatio seu phantasia *x*   55 suo *om. AE*   59 phantasma] -tasia *C*
65 diversorum *A*   67 rememoratio] memoria *B*   69 rememoratio *DAE*
70-71 assignare] videtur et *add. B*   73 sint] sunt *A*

57 primi - 58 se: ARIST., *De Memoria,* 1, 450 a 14.
58 cuius et phantasia: *Ibidem,* 1, 450 a 23.
64 diversa - 69 memoratio: AVER., *De Memoria,* p. 57-58 (lin. 45-46 et 51-55).
70 quinque - 80 memorativam: AVICENNA, *Canon,* lib. I, fen 1, doctr. 6, c. 5. Ed.
    1556, p. 50 F-51 C.

75 *stodiente.* Medio autem ventriculo imaginativam attribuit, quam
aliquando cogitativam vocari asserit, aliquando aestimativam.
Posteriori vero cerebri ventriculo duas similiter virtutes assi-
gnat: unam scilicet quae se habeat tamquam thesaurus aestimativae, sicut phantasticam se habere dicit ad sensum communem,
80 aliam vero et quintam memorativam.

Horum autem sermonum virtute diligenter pensata, palam
est ipsos nihil concludere de necessitate; non enim talis neque
tantae sunt diversitatis actiones harum virtutum, quod earum
quaelibet organum sibi proprium singulatim requirat. *Natura*
85 *enim lingua utitur in duo opera, in gusium* videlicet *et locutionem.* Quod si quaelibet diversitas actionum potentiarum sensitivarum, quas Philosophus magis proprie vocat passiones, diversitatem requireret organorum, necessaria esset memorativae et
reminiscitivae diversitas organorum. *Non enim idem sunt,* in-
90 quit Philosophus, *memorativi et reminiscitivi: sed ut frequenter
memorabiliores quidem* sunt *qui tardi; reminiscibiliores autem*
sunt *qui veloces et bene discentes;* nec tamen attribuuntur virtutibus his organa diversa.

Praeterea, nihil prohibet laedi aut impediri dispositionem il-
95 lam, quae causa velocitatis est in illis qui magis reminiscitivi
sunt, quatenus tarditate aliqua plus acquisita memorabiliores
fiant ac minus reminiscitivi, aut econverso de laesione dispositionis quae maioris memorabilitatis est. Necessitatem ergo nullam facit obiectio ex laesionibus actionum inducta. Unde, sicut
00 in eodem subiecto nihil prohibet diversas esse proprias passiones, ut in triangulo habere tres ⟨angulos aequales duobus

75 imaginativam] -tionem *A* : -tioni *E*   80 memorativam] memoriam *B*
82 tales *C*   84 sigillatim *B*   85 enim] etenim *B*   88 requiret *B*
88-89 necessaria ... organorum *om. BAE*   90 memorari et reminisci *B*
91 memorabiles *C*   Reminiscentesbiliores *B*   92 sunt qui *inv. B*   tamen]
non *B*   99 obiectio] obiecto *CD*   actionum] -nem *B* : -nis *D*   inductam
CDA   00 diversas esse *inv. B*   1 *post* tres *codd. add. signum lacunam,
ut mihi videtur, indicans*   1-2 angulos ... rectis *supplevi. Vide* Bonitz,
Index, 770 b 17-30

84 Natura - 85 locutionem: Arist., *De Anima,* II, 8, 420 b 17-18.
89 Non - 92 discentes: Arist., *De Memoria,* 1, 449 b 6-8.

rectis), et similiter quod quaelibet eius duo latera simul iuncta
reliquo sunt longiora tertio, sic in eodem organo sensus communis phantasma sive species secundum diversas rationes aut
secundum diversa esse consideratum, diversarum est causa pas- 5
sionum, secundum quod satis declarat PHILOSOPHUS, libro D e
M e m o r i a, dicens quod, *sicut in tabula pictum animal et ani-*
mal est et imago, et unum et idem ipsum est ambo, esse tamen
non idem amborum, quia *est considerare* ipsum, *et sicut animal*
pictum *et sicut imaginem,* illius scilicet cui proprie assimilatur, 10
sic et quod in nobis phantasma oportet suscipere et ipsum ali-
quid secundum se esse et alterius phantasma: secundum se ip-
sum namque consideratum *phantasma est,* obiecti scilicet absolute considerati vel tamquam praesentis; *in quantum vero alte-*
rius, ut imago et memorabile, rei scilicet praeteritae, et non 15
praesentis per se seu in quantum praesens. Cum igitur unum et
idem subiecto sit phantasma et memorabile, ratione tamen differens sive secundum esse sic consideratum vel sic, manifestum
est actiones harum virtutum sive potentias subiecto non esse
distinctas secundum diversos cerebri ventriculos, sed ratione 20
solum et non subiecto. Unde idem AVERROES, in eodem libello,
phantasiam appellans conservationem, dicit quod *rememoratio*
est conservatio abscisa; conservatio autem est rememoratio con-
tinua. Et subiungens dicit: *Ista igitur virtus est una secundum*
subiectum, et duae secundum modum.   25
   Idem quoque iudicium est de aestimatione cum phantasia.
Virtus namque componens et dividens eadem subiecto est cum
apprehendente, licet secundum esse et ratione differant: species
etenim phantasmatis secundum se considerata phantasma est;

---

2 eius duo] duo sua *B*   simul iuncta *om. x*   3 sunt ... tertio] 3° sint
longiora *B*   sic] sicut *D*   5 diversa] -sis *B*   6 Philosophus] in *add. B*
7-8 animal] pictum *add. E²⁸ᵛ*   8 et²] ut *x*   10 scilicet *om. B*   11 phantasma oportet (oporet *C*) *inv. A*   16 seu] sive *B*   19 sive] seu *B*   subiecto *om. AE*   24 subiungens dicit] subiungit dicens *B*   igitur] autem *B*
26 iudicium est *inv. B*   28 ratione] secundum rationem *B*   29 etenim]
autem *A*

---

7 sicut - 15 memorabile: ARIST., *De Memoria,* 1, 450 b 20-27.
22 rememoratio - 25 modum: AVER., *De Memoria,* p. 49 (lin. 22-24).

30 in quantum vero conveniens vel inconveniens, sive amicum vel
inimicum aestimabile est. Et hoc satis declarat PHILOSOPHUS, in
libro D e S o m n o, per hoc *quod in passionibus existentes fa-*
cile decipimur circa sensus. Quapropter AVICENNA, 6° N a t u r a-
l i u m, 4ᵃᵉ partis 1° capitulo, dicit sic: *Videtur autem quod virtus*
35 *aestimativa sit virtus cogitativa et imaginativa et memorialis,*
et quod ipsa est diiudicans. Sed per se ipsam est diiudicans; per
motus vero suos et actiones suas est imaginativa et memorialis.
    Item, quod ex laesionibus arguere conantur AVERROES et
AVICENNA, nequaquam concludere potest id quod intendunt, pec-
40 cantes secundum insufficiens, sive secundum non causam ut
causam, aut etiam aliis modis. Narrare namque quod ex corruptione actus memorandi iudicandum est laesionem esse in posteriori ventriculo cerebri, et consimiliter de cogitatione in medio,
et de imaginatione in anteriori, secundum quod facit AVICENNA,
45 3° C a n o n i s, capitulo D e L a e s i o n i b u s S e n s u s, non
sufficit ad concludendum necessario huiusmodi laesionum causas aliter se habere non posse. Omnibus enim his virtutibus
subiecto eisdem existentibus, nihil prohibet laesionum illarum
causas aliter assignari, secundum quod et PHILOSOPHUS innuit in
50 libro D e M e m o r i a, dicens quod *his qui in multo sunt motu*
sive propter aetatem, sive propter passionem, non fit memoria,
tamquam utique in aquam fluentem incidente motu et sigillo.
Aliis quidem memoria non fit *propter frigida esse,* quibus *prop-*
ter duritiam non infit impressio; similiter autem et multum ve-
55 *locibus aut tardis,* quia *his quidem non* fit impressio, illis *vero*
phantasma in anima non manet. Unde et AVICENNA, praedicto

30 vel²] aut *B*   34 1° capitulo *inv. B*   35 memoralis *x (et sic lin. 37)*
38 Item] Iterum *CD*   41 aut etiam] et *B*   ex] est *CDA*   43 similiter *A*
45 3°] primo *E*   capitulo- Sensus] *i.m. D* : *om. AE*   50 sunt motu *inv. x*
51 passionum *A*   54 duritiem *B*   infit] fit *E*   autem et] aut *x*

32 quod - 33 sensus: ARIST., *De Insomniis,* 2, 460 b 34. Transl. nova, ed. Dros-
    saart Lulofs, p. 17, 12-13.
34 Videtur - 37 memorialis: AVICENNA, *De Anima,* pars IV, c. 1 in fine, f. 17ᵛᵇ.
41 ex - 44 anteriori: AVICENNA, *Canon,* lib. III, fen 1, tr. 4, c. 7. Ed. 1556, p. 371 C.
50 his - 54 impressio: ARIST., *De Memoria,* 1, 450 a 32- b 4.
54 similiter - 56 manet: *Ibidem,* 1, 450 b 8-11.

libro, capitulis D e   C o r r u p t i o n e   M e m o r i a e   et   I m a -
g i n a t i o n i s,   dicit quod *oblivio et corruptio memoriae se-*
cundum plurimum non accidit nisi a frigiditate et humiditate,
corruptio vero imaginationis secundum plurimum a caliditate. 60
Secundum diversas autem harum qualitatum discrasias simplicium seu compositarum, adhuc et cum materia extranea aut
sine ipsa, diversificantur huiusmodi laesionum dispositiones,
nunc quantum ad impressionis receptionem, nunc quantum ad
eius retentionem in eodem membro, ut sic vel in actione imagi- 65
nandi sit laesio, vel in actione memorandi. Laesiones ergo diversarum virtutum loca ipsarum in capite diversa non concludunt.
Hoc itaque perpendens forsan GALENUS, libro I n t e r i o r u m
3°, de distinctione ventriculorum cerebri et de his virtutibus aliqua tangendo sic ait: *Tractatus autem curationis non prodest* 70
nobis in hac re; sufficit enim nobis ut sciamus quod locus infir-
mus corporis non sit alius nisi cerebrum, et quia materia mor-
bum faciens sunt humores grossi aut viscosi in cerebro coadunati.
Quod si notum esset sensui quod imaginatione laesa pars
cerebri laeditur anterior, rememoratione vero laesa posterior, 75
et non econverso, deceptus fuisset ille bonus medicus dicens
quod in hac re tractatus curationis nobis nihil prodest. Anteriori
enim parti laesae prodest emplastrum sibi applicatum, quod in
posteriori appositum laesionem anterioris curare non posset. Per
sensum igitur probare non possumus id quod AVERROES sensui 80
notum esse narrat. Ad illud vero quod arguit AVICENNA de distinctione virtutis custodientis sive conservantis a recipiente,

---

57 libro] et *add. B*   60 vero *om. x*   62 seu] sive *B*   compositorum *C*
64 impressionis ... quantum ad *om. E*   66 ergo] igitur *CDA*   66-67 di-
versarum] -sas *AE*   70 tangenᵃ *B*   74 quod] quia *B*   78 prodesset *B*
81 illud] id *B*   vero *om. AE*

---

58 oblivio - 59 humiditate: AVICENNA, *Canon,* lib. III, fen 1, tr. 4,c. 12. Ed. 1556,
    p. 373 B.
60 corruptio - caliditate: *Ibidem,* c. 14, in fine. Ed. 1556, p. 374 D.
70 Tractatus - 73 coadunati: GALENUS, *De Locis Affectis,* lib. III, c. 9. Ed. Kühn,
    VIII, p. 175.
80 id quod - 81 narrat: vide supra, p. 186, 65-69.
81 illud - 82 recipiente: vide supra, p. 186, 69-80.

satis dictum est prius a Themistio per exemplum de cera, quae
formam sigilli non solum recipit sed etiam retinet et conservat,
85 secundum quod etiam prius dictum est de dispositione organi
visivi. Unde Galenus, D e I u v a m e n t i s M e m b r o r u m
7°: *Et in hoc fuit excusatio*, inquit, *a multiplicatione instrumentorum secundum numerum utilitatum et operationum, quia
multae operationes et utilitates fiunt per unum instrumentum.*
90 *Et in hoc est*, inquit, *sollicitudo creatoris benedicti, quoniam
multotiens ponit unum instrumentum utile ad multas operationes.* Et hoc similiter in multis ad sensum experimur. Unde et
Philosophus, in libro D e M u n d o: *Per unius*, inquit, *organi
formam magni artifices multas et varias perficiunt actiones.* Nec
95 obstat Avicennae replicatio qua probare nititur, 6° N a t u r a -
l i u m, ultimae partis capitulo 6°, quod virtus retinens apprehensiva non est, alioquin quidquid in thesauro memoriae con-
servaretur actu cognosceretur, ac si speciem cognoscibilis inesse
virtuti apprehensivae idem sit quod actu apprehendere. Sed non
00 est ita: quemadmodum enim scientiam habere non est idem
quod actu considerare, sic neque speciem habere sensibilis idem
est semper quod actu sentire. Multis namque speciebus sensibilium in sensu receptis simul et conservatis, nihil prohibet impedimentum advenire ab una specie sensum movente fortius et
5 actum principaliter obtinente. Quapropter reliquarum specierum
actus victi et debiliores effecti in actum completum, qui secundus vocatur, consurgere non possunt. sed in primum qui est
habitus sive actus impeditus et occultatus.

83 est *om. x, sed rest.* E²ˢᵛ   84 et] ac B   85 prius] *post* dictum est B :
om. A   87 inquit *om.* B   92 ad sensum *om.* E   95 qua] quae A
00 est idem *inv.* CD   2 sentire] scire C   5 optinente B

83 prius: p. 184, 31-40.
85 prius: p. 145, 58-64 et c. 17.
87 Et - 89 instrumentum: Galenus, *De Usu Partium*, lib. VIII, c. 7. Ed. Kühn,
   III, p. 656.
90 Et - 91 operationes: *Ibidem*. Ed. Kühn, III, p. 652.
93 Per - 94 actiones: Ps. - Arist., *De Mundo*, 6, 398 b 14-16. Transl. anonyma,
   CPMA, *Arist. Lat.*, XI 1.2, p. 42, 23 - 43, 1.
96 virtus - 99 apprehendere: Avicenna, *De Anima*, pars V, c. 6, f. 26ʳᵇ⁻ᵛᵃ: Dice-
   mus ergo...

Ex his igitur palam esse potest advertenti quod, non obstan-
tibus inductis obiectionibus, nihil prohibere videtur quin om- 10
nes illae virtutes, quae scilicet interiores vocantur sensitivae,
cum sensu communi eaedem sint subiecto, licet ratione differant, prout concludere videntur dicta PHILOSOPHI et rationes.
Compositio namque et divisio inter sensibilia praesentia, et
praeterita memorabilia, et imaginabilia absentia, ad unam sub- 15
iecto virtutem reducuntur necessario omnium horum cogniti-
vam, diversificabilem quidem secundum esse. Sic etenim omnes
illae virtutes passiones sunt.

CAPITULUM 29

QUALITER SECUNDUM AVERROEM CEREBRUM SERVIT CORDI, 20
ET OMNES VIRTUTES ETIAM QUAE IN CEREBRO LOCANTUR,
CORDI SERVIUNT

His itaque pertractatis in hunc modum, pervenit ad nos liber
AVERROIS, qui C o l l i g e t intitulatur, de universalibus quidem
scientiae medicinalis tractans, in quo quia consonam dictis no- 25
stris praemissis reperimus sententiam, sermones eius, prout ibi
iacent, hic ponemus.

Ait igitur in 2° eiusdem libri *quod quatuor sunt sensus: visus,*
auditus, gustus et odoratus. Et manifestum est quod cerebrum
non est creatum nisi propter ipsos, et proprie propter visum, au- 30
ditum, et odoratum, et *gustum. Et quilibet istorum habet instru-*
mentum proprium, scilicet visus oculum, auditus aures, odora-
tus nares, gustus linguam. Sed de instrumento proprio tactus est
dubium, quia Galenus dicit quod nervus, qui oritur a cerebro,

---

11 scilicet *om. B*   12 sint subiecto *inv. x*   14 praesentia] principalia *B*
18 illae virtutes *inv. B*   21 etiam] et *x*   22 cordi serviunt *inv. B*
25 quo] quidem *add. B*   26 eius *om. B*   27 ponamus *B*   28 igitur]
ergo *x*   30 visum] et *add. x*   31 et[1] *om. A*   quilibet] quodlibet *AE*

28 quod *ad pag.* 196, 45 cordi: AVER., *Colliget,* lib. II, c. 11, f. 24 A - 25 A.

35 *est proprium instrumentum istius sensus, et est dator virtutum*
aliis membris; et Aristoteles dicit quod instrumentum est caro.
Et hoc sequitur opinionem quam habent de cerebro, quia Gale-
nus dicit quod in eo sunt quinque sensus, et dicit quod est prin-
ceps istius operationis, hoc est quia facit eam per se sine alicuius
40 *necessitate. Et Aristoteles dicit quod dominium suum est parti-*
culare, quia est in hac operatione servitor dominationi cordis,
posito quod sensus sint in eo quinque, vel quatuor. Et hoc volu-
mus hic *speculari.*

Dicimus igitur, inquit AVERROES, *quod manifestum est ex ana-*
45 *tomia quod multae arteriae a corde mittuntur ad cerebrum, et*
fortes; et omnes anatomici, et Galenus cum eis, hoc confiten-
tur. Et ex hoc prima est probatio quod indiget cerebrum in hac
operatione corde. Sed si res, qua cerebrum [a corde] *iuvatur*
propter cor per calorem istum, quem ei transmittit, est virtus nu-
50 *tritiva qua cerebrum nutritur, ergo cor de necessitate esset ser-*
vitor cerebri in hac parte, ideo quia nutritur et virtus nutritiva
non est data in animalibus nisi propter sensum et virtutem sen-
sibilem. Sed res qua iuvatur cerebrum a corde per istum calorem
quem ei transmittit, est quinque sensus; ergo virtus sensibilis
55 *primo et principaliter est in corde. Et ista virtus est sensus com-*
munis, cuius esse est probatum in libro De Anima. Sed Galenus
dicit quod haec virtus est in cerebro, et Aristoteles dicit quod in
corde.

Et si tu quaeris unde apparet quod cor dator sit caloris cere-
60 *bro mensurati in quantitate et qualitate, et secundum quod con-*
venit unicuique sensui ex sensibus cerebri, respondemus quod

---

35 istius] illius *B* virtutum] -tis *x* 36 caro] cor *in ras. E*² 37 hoc]
hic *x* prosequitur (?) *E*² habet *B* 39 istius] huius *B* hoc est *om. B*
40 dominium suum *inv. B* 42 sint] sunt *CD* : sit *A* 44 manifestum
Aver.] inquantum *codd.* 44-45 anathomia (ano- *D*) *codd.* 45 quod *om. x*
46 fortes] id est praecipui *add. B* anothomici *D* 46-47 profitentur *AE*
47 quod *Aver.*] propter quam *B* : propter quid quia *x* 48 a corde] *post*
transmittit (*lin. 49*) *B. Versimiliter est glossa diversis locis inserta.* 49 propter cor per] per *B* : propter *x, sed posuit* cor *post* necessitate (*lin. 50*)
50 cor] cum *E* 51 nutritur] nutrimentum *Aver.* 52 nisi] ad *add. B*
53 a corde] propter *vel* per cor *Aver.* 55 ista] illa *B* 59 tu quaeris]
quaeras *B* coloris *DA* 60 qualitate et quantitate *B* et secundum quod
convenit *Aver.*] sed et quod venit *B* : sed quod venit *x*

ex *ratione debita est quod non cum omni calore fit quilibet sen-*
sus, quia calor cum quo operatur virtus nutritiva, non est ille
calor cum quo operatur virtus sensibilis. Et hoc apparet in dor-
miente et vigilante, quia nos videmus quod operatio virtutis nu- 65
tritivae est fortior cum nos dormimus, et tunc non est sensus in
actu; ergo calor cum quo operatur virtus sensibilis non est in
sensibus actu cum homo dormit. Et hoc apparet, ⟨quia⟩ quando
homo dormit tenendo oculos apertos, non videt. Et si non esset
verum *quod revertitur calor, in quo est virtus visiva, per ner-* 70
vum opticum ad partes intrinsecas visus, non esset privatus. Et
scias quod una et eadem virtus non potest inveniri in potentia et
in actu simul et semel. Ergo, postquam manifestum est quod vir-
tus visibilis vadit cum spiritu visibili, et spiritus visibilis cum
calore naturali, quando dormit homo non est in oculo virtus vi- 75
sibilis in actu; quia si esset in actu, videret in actu, et non est
ita; ergo calor naturalis, qui vivificat virtutem sensibilem visibilem, *non est calor virtutis nutritivae, quia dormiens nutri-*
tur et non videt. Et quando scies ubi revertitur et unde transmit-
titur, tunc scies de necessitate locum virtutis sensus communis. 80
Mihi autem videtur, inquit, *prima fronte, quod a corde trans-*
mittitur, et ad illud revertitur. Et propter hoc sunt calidiores par-
tes extrinsecae, quando homo vigilat; et operatio virtutis nutri-
tivae est fortior cum homo dormit, et corpus est frigidum defo-
ris. Et nemo debet dicere quod ortus istius caloris, cum quo 85
stant sensus et vigilia, generetur primo in cerebro, quia cere-
brum est membrum frigidum et nervi membra frigida, et in
maiori parte eorum non apparet manifeste spiritus; ergo in-
credibile est ut calefaciant corpus.

Et adhuc, de ratione apparet quod calor qui est in materia ani- 90
mae nutritivae, et calor qui est in materia animae sensibilis, vel
instrumentum, est unum loco subiecti vel unum in situ, et non
est duo loca subiecti, neque etiam *in duobus membris diversis*
etiam duo, quia anima nutritiva quae est in embryone, est pa-

---

63 quia] et D   65 nos *om. B*   68 homo dormit *inv. A*   quia *supplevi*
ex Aver.   69 apertos] est (?) *add. E²⁸ᵛ*   72 posset B   73-74 virtus] spiritus D   75 calore] colore A   76 quia] quod AE   videretur B   77 ca-
lor] color A   81 videtur inquit *inv. B*   89 ut *om. A*   91 animae sensibilis *inv. x*   93 subiecti] -to x

95 *rata recipere animam sensibilem et stat cum ea loco formae et*
finis, et nutritiva stat ei loco materiae; quapropter fuit receptio
in illo loco de necessitate, qui praeparatus est recipere. Et ma-
nifestum est quod anima non est parata recipere nisi in loco sui
subiecti et sui situs, qui est calor naturalis; ergo receptio ani-
00 *mae ad formam sensibilem est de necessitate in hoc loco.* Et
ideo res unita ab his duabus est unum loco subiecti vel situs,
quamvis non sit unum in aliquo duorum modorum, scilicet
unum simpliciter, hoc est unum numero et unum definitione.
Et haec est, inquit, *nobilis sententia quam dedimus. Et post-*
5 *quam ita est, et etiam apparet quod calor, cum quo reguntur*
sensus, est calor cordis; ergo virtus quae regit sensum commu-
nem est ibi, et cerebrum est serviens isti virtuti; ipsum autem
cor est princeps istius virtutis veraciter, quia dominatur super
his in hac perfecta dominatione. Et nos, inquit, *potuissemus*
10 *probasse has res magis per viam demonstrativam, sed nostra*
intentio est abbreviare.

Et postquam declaratum est, inquit, *quod cerebrum est ser-*
viens cordis, dando ei virtutes sensibiles per modum quo came-
rarius dat regi ut impleat voluntates suas, quamvis rex det ei
15 *virtutem illam per quam agit,* necesse est deinceps scire quae
est via per quam servit cerebrum cordi, quia declarabitur etiam
via per quam servit hepar cordi, hoc est quia praeparat ei suum
nutrimentum.

Dicimus igitur, ait, *quod non in qualibet mensura* sive tem-
20 peramento *caloris completur operatio cuiuslibet sensus. Et hoc*
apparet in sensibus, quia non indigent forti calore, quia fortis
calor prohibet eos apprehendere sensata extrinseca et impedit
eos, sicut videmus quod homines, qui distemperati sunt forti
calore in cerebris eorum, in aegritudinibus acutis credunt vi-
25 *dere et audire ea quae non sunt. Et maxime apparet hoc in sen-*

95 recipere] recipe *B*   ea] eo *A*   97 praeparatus] paratus *x*   98 in
om. B   99 sui situs *inv. AE*   1 unita ... duabus *Aver.*] unica ... duobus
codd.   vel] et *x*   3 hoc est] idest *B*   4 haec est] est ut haec ut *B, sed*
del. primum ut *B¹*   5 et] ita *add. B*   12 quod cerebrum *om. B*   13 cordi *x*   14 det] dat *B*   15 per] propter *Aver.*   agit *om. B*   16 per] p
add. E   declarabitur etiam] declaratur etiam *AE* : iam declarata est *Aver.*
19 sive] seu *B*   21 quia¹] quod *B*   calore] -ri *A*

su tactus, quia fuit intentio in eo apprehendere quatuor quali-
tates, et fuit impossibile ut esset instrumentum illius vacuum
ex eis, id est privatum illis, *quia ipsum est complexionatum ex*
eis. Unde fuit factum in fine temperantiae, ut habeat sensum
fortiorem. 30

   Et propter haec omnia, quia cor est in fine caloris, fuit ordi-
natum contra ipsum ex opposito cerebrum ad temperandum
calorem suum, ut possit apprehendere sensus perfecte. Nec fuit
possibile ponere hanc frigiditatem eandem in corde a principio
creationis, quia essent diminutae operationes nutrimenti dimi- 35
nutione manifesta. Et dum voluit natura facere has duas opera-
tiones in animalibus perfectis in ultimitate perfectionis, fuit
positum cerebrum contra cor. Sed animalia quae dicuntur spon-
gia marina, et multa animalia brutorum non videntur indigere
cerebro, et specialiter nervo magno qui oritur a cerebro. Et prop- 40
terea, si incideretur aliqua pars illius animalis, posset vivere et
nutriri et crescere donec rediret ad id quod erat. Et propter hoc
videbis multa animalia quae vivunt, cum sint incisa usque ad
medium sui. Et hoc est servitium, quod dixit Aristoteles, et sui
sequaces, quod cerebrum servit cordi. 45

   Praeterea, dicit AVERROES, in eodem 2° libro, quod *virtutes ce-*
rebri, scilicet imaginativa et cogitativa et reminiscibilis et con-
servativa, quamvis non sint eis membra seu instrumenta, ipsa
tamen habent loca propria in cerebro, in quibus manifestantur
earum operationes. Et propterea de his dicendum est. Et dicimus 50
quod virtus imaginativa stat in prora cerebri, seu in eius parte
priori; *et est illa quae retinet figuram rei postquam separata*
est a sensu communi. Sed cogitativa plus manifestatur in ca-
mera media; et per hanc virtutem cogitat homo in rebus quibus
pertinet cogitatio vel intentio vel *electio, quousque apprehendit* 55
quod convenientius est. Et propter hoc non invenitur haec vir-

26 intentio *post* eo *x*   28 illis] simul *AE*   31 haec] hoc *CD*   33 colorem *A*   36 facere has *inv. AE*   37 ultimitate *Aver.*] utilitate *codd.*
41 incidetur *DA*   possit *A*   42 crescere *Aver.*] sentire *codd.*   47 et[1]
om. B   48 sunt *x*   50 eorum *BA*   54 cogitat homo *inv. x*   55 vel[2]]
seu *B* : et *Aver.*

46 virtutes *ad pag.* 198, 12 Anatomiae: AVER., *Colliget*, lib. II, c. 20, f. 30 F- 31 A.

*tus nisi in homine; et animali bruto concessa fuit aestimativa
loco istius. Et locus virtutis reminiscibilis et conservativae est
puppis, sive posterior pars capitis. Et inter conservativam et*
60 *reminiscibilem non est differentia, nisi quia conservativa est
conservatio continua, et reminiscentia est conservatio intercep-
ta* seu interrupta. *Et differentia, quae est inter reminiscibilem et
conservativam et imaginativam, est quia imaginativa praestat
aliis figuram rei sensatae, postquam privata est a sensibus; et*
65 *virtus conservativa et reminiscibilis non sunt nisi ad conservandum aut faciendum reverti apprehensionem illius figurae. Et
ex hoc apparet quod sunt magis spirituales quam imaginativa.*

Et non est, inquit, *oblivioni tradendum quod, quamvis camerae cerebri sint membra* cerebri *in quibus complentur operatio-*
70 *nes istarum virtutum, tamen non inveniuntur in radice nisi in
corde, et quod ista loca non sunt his* virtutibus *nisi instrumenta, in quibus manifestantur earum operationes. Et sicut virtus
visibilis dicitur esse in humore cristallino, quamvis sit in corde
vel cerebro, sic sunt istae virtutes. Et iuvamentum istorum lo-*
75 *corum istis virtutibus est ad temperandum eas secundum modum, qui dictus est in Iuvamento Cerebri ad alias apprehensiones. Et hoc declarabitur per viam qua declaratum est illud: hoc
est quia istae virtutes non laborant nisi cum calore intrinseco,
et calor intrinsecus non advenit eis nisi a corde mensurato* seu a
80 calore temperato; *ergo virtus dativa et mensurativa de necessitate est in corde; ergo radix istarum virtutum est cor.*

Item, quia operatio virtutis *imaginativae non est nisi in signum quod remansit ex sensatis in sensu, sicut declaratum est
in libro De Anima, et ibi dictum est quod locus et radix habi-*

---

57 et] in *add. x*   extimativa *DAE*   58 locus] loco *CA*   59 pars capitis
inv. B   61 reminiscentia] -scitiva *C* : -scibilis *Aver.*   intercepta] recepta *AE*
64 et] quia *add. B*   70 non *om. A*   73 esse *post* humore *A*   74-75 lo-
corum] loco *x, sed corr.* locorum *E²*   75 temperandum *Aver.*] reparandum
codd.   79-80 a corde ... temperato] cum calore mensurato *Aver.*   81 er-
go] Erga *C*   82 in *om. AE*   83 declaratum est *inv. et posuit post* Anima *B*

---

76 in Iuvamento Cerebri: *Colliget,* lib. II, c. 11. Vide supra, p. 195, 20 sqq. In
cod. Parisino BN lat. 6949, f. 12va, hoc capitulum intitulatur: *De iuvamento
cerebri.*

tationis sensus communis est cor, ergo locus habitationis virtutis 85
imaginativae est in corde necessario.

*Et iterum, quia imaginativa est quae movet animal mediante
motiva voluntaria, et manifestum est quod motiva voluntaria
est in corde, ergo et imaginativa est in corde. Et in loco, in quo
est imaginativa, de necessitate est cogitativa, quia cogitativa* 90
*non est nisi compositio rerum imaginatarum et dissolutio ea-
rum. Et in loco, in quo est cogitativa, de necessitate est reminiscibilis et conservativa, propterea quia propter ipsam sunt in-
ventae. Et non est necessarium,* inquit, *in videndo aegritudines
istarum virtutum in aegritudinibus istarum camerarum cerebri,* 95
*ut iudicetur per hoc quod istae virtutes sint in cerebro solum;
sicut non est dicendum in videndo virtutem visibilem aegram,
quando aegrotat humor cristallinus, quod virtus visibilis principalis non sit nisi in cristallino. Et tu vides iterum quod aegro-
tant istae virtutes apprehensivae propter aegritudinem diaphrag-* 00
*matis, nec tamen fuit aliquis qui crederet quod istae virtutes ap-
prehensivae essent in diaphragmate. Et propterea, quia non fuerunt ordinatae istae camerae cerebri nisi propter istas virtutes,
fuit ordinata earum complexio ad faciendum illud quod convenit istis virtutibus. Et propterea non manifestatur ista virtus* 5
*primo nisi in duabus cameris prorae cerebri, et ab ea vadunt
ad duas cameras, quae sunt in parte posteriori, per meatum qui
est in utraque. Et sunt corpora posita in illo meatu quae aperiuntur, quando necesse est ut aperiantur ad intrandum calorem intrinsecus in illis,* et ad conservandum eundem et mensu- 10
randum sive temperandum; *et postea clauditur, sicut dictum
est in Libro Anatomiae,* hoc est in 1° dicti libri, ubi sic ait:
Caput *interius habet concavitates coniungentes se ad invicem,
et nominantur cellulae cerebri. Et sunt duae existentes in parte*

86 in corde *post* necessario B   87-89 Et ... corde² *om.* B   87 animal]
als A   91 dissolutio earum] earum divisio vel dissolutio B   93 propter]
per *x*   96 solum *om.* C   4 complecio B   illud] id B   6 prorae] pro
re A : proprie *Aver.*   ea] hac B   8-9 aperiuntur ... aperiantur] quando necesse est aperire aperiutur B   9 quando] quandoque C   11 sive] seu B
14 sunt *om. x*

13 Caput - 18 aperiendum: Aver., *Colliget,* lib. I, c. 16, f. 9 G-H.

15 *anteriori cerebri, et una in medio, et altera in posteriori. Et pro-*
pe coniunctionem harum cellularum, scilicet partis unius cum
altera, sunt corpora formata formis talibus, ut sint convenientes
in aliquo tempore ad claudendum vel ad aperiendum.

In 3° quoque eiusdem libri sic ait: *Et dicimus quod, quamvis*
20 *princeps communis virtutis sensibilis in corde sit, ut dictum est,*
non tamen completur eius operatio manifeste nisi in cerebro et
nucha et nervo. Et propterea quia *haec membra, quae dicta sunt,*
frigidae sunt complexionis et substantiae humidae, et sunt pas-
sibilia, nec est eorum dominatio sicut dominatio cordis, fit
25 *quod maior pars accidentium, quae adveniunt operationibus sen-*
sibilibus, sunt a parte cerebri et nuchae et nervi. Sed cordi non
potest accidere aegritudo, propter quam proveniat privatio ha-
rum virtutum, eo quod mors antecedit, quamvis non sit impos-
sibile ut accidat ipsis a corde aliqua debilitas et diminutio. Et
30 *ostendit hoc quod, si incidatur una ex magnis arteriis alicui ex*
membris, diminuitur sensibilitas illius membri. Et adhuc vide-
mus quod privatur sensus et motus, quando homo *syncopizat.*
Et etiam fit magnus tremor, quando homo multum timet. Et nos
non facimus demonstrationem istius sicut facit Galenus de in-
35 *cisione nervi, quamvis declaratum sit quod cor habeat inventio-*
nem in operationibus harum virtutum. Et nos adducimus pro-
bationem a loco essendi et non essendi pro melioratione pro-
bationis. Et quia ita est, dixerunt medici quod causae adventus
accidentium super has virtutes sunt a cerebro et nucha et ner-
40 *vo. Et tamen cum tu curas ista membra, cave,* inquit, *ne oblivi-*
scaris cordis, sicut dictum est in Libro Sanitatis.

---

15 altera] alia *Aver.*   18 ad² *om. B*   21 eius operatio *inv. B*   22 nuca
B, et sic lin. 26 *et* 39   24 fit] sit *D*   25 advenit *B*   27 perveniat *x*
30 quod *om. B*   32 privantur motus et sensus *B*   sincopizat *codd.*
33-36 Et nos ... virtutum *iter. B*   35 nervi] et *add. D*   37 essendi¹
om. AE

19 Et - 41 Sanitatis: AVER., *Colliget*, lib. III, c. 31, f. 47 I-L.
41 Libro Sanitatis = *Colliget*, lib. II.

CAPITULUM 30

DISSOLUTIO DUBII CIRCA FIGURATIONEM IDOLORUM IN ORGANO PHANTASIAE

His igitur hic insertis, ad praecedentia revertamur. Dubitant 45
enim aliqui, cum phantasmata sint figurationes et picturae quaedam seu idola, quomodo multa et quasi infinita simul esse possunt in organo phantasiae.

Attendendum itaque ad hoc est primo quidem quod divisibilitas in infinitum, etiam parvulorum corporum, ad huius dubii 50
solutionem manu ducit, ut ait Avicenna de humore glaciali sive
de pupilla, in qua mundi hemisphaerium describi potest.

Item, nihil prohibet plures lineas diversas ac diversimode pro-
tractas esse simul in eodem corpore, secundum quarum consi-
derationes diversas diversitas potest figurarum iudicari, ut acci- 55
dit de figuris nubium aliquando, quae ab hoc quidem hominibus assimilantur, ab illo autem centauris aut aliis animalibus;
et de macula similiter quae est in luna, secundum quod ab alio
quidem sic, ab alio vero sic consideratur.

Iterum, impressiones quae prius factae sunt, non est necesse 60
semper ab illis deleri penitus quae postmodum adveniunt. Opinandum enim est quod sic in humore glaciali aut in spiritu visi-
vo, species contrariorum visibilium convenienter ordinari possunt a latere praeter hoc quod alteram corrumpat altera, cum
virtus contrariorum in his taliter sit confracta quod quasi non 65
activa sunt ad corruptionem, nisi propter excellentiam unius in
fortitudine aut multiplicatione penitus vincatur alia propter debilitatem eius, et exterminetur. Sicut etiam de impressionibus

45 hic] sic *x*   49 Attendum *B*   ad] in *AE*   quod] quia *AE*   50 huius]
hoc *B* : cuius *C* : /uius *E, sed in ras.* h *E*²   52 mundi *om. E*   emisperium
codd.   54 secundum] sed *A*   56 hoc] loco *add. E*²ˢᵛ   58 est *om. B*
alio] aliquo *AE*   62 sic] sicut *BE*²   64 altera ... alteram *A*

49 divisibilitas - 52 potest: Avicenna, *De Anima*, pars V, c. 8, f. 28ᵛᵃ.
55 accidit - 57 centauris: Cfr Arist., *De Insomniis*, 3, 461 b 19-20.

specierum in diversis virtutibus ad sensum possumus experiri,
70 sic et ipsas posse convenienter ordinari in profundo nihil prohibere videtur. Potest autem hoc accidere secundum hunc modum,
ut si visus quidem primo videat colorem nigrum in corvo, quo
abeunte remaneat species eius impressa sufficienter, deinde videat columbam albam; constat tunc quod hae species versus
75 profundum tendunt, aut in longum visivi spiritus. Itaque sicut
corvo et columba simul visis species eorum iuxta se invicem in
organo visus ordinantur, sic et columba post corvum visa nihil
prohibet speciem nigredinis prius impressam a specie albedinis
post adveniente non exterminari, sed eo modo se habere secun-
80 dum hunc ordinem, sicut species diversorum visibilium simul
visorum se habent suo modo. Sicut autem exemplificatum est de
speciebus his, sic intelligendum est de aliis, tam communium
sensibilium quam propriorum.

   Cum igitur huius causa sit spiritualitas organi et eius elonga-
85 tio a natura contrariorum se invicem corrumpentium, ac etiam
consimilis natura specierum in ipso contentarum, rationabile
est organo phantasiae proprietatem huiusmodi multo fortius
attribuendam esse. Ipsam enim phantasiam, et quantum ad subiectum et quantum ad operationes, necessarium est magis esse
90 spiritualem ultra ceteras virtutes sensitivas, propter eius principalitatem et perfectionem digniorem. Potissime vero necessarium est in homine organum eius sincerissimae spiritualitatis
esse inter omnes partes corporum generabilium, et maxime con-
fractas habere contrariarum virtutes qualitatum, adhuc et pro-
95 portionem simillimam neutralitati corporum caelestium, ut convenientius uniri possit intellectivae virtuti, tamquam immedia-
tissimum eius instrumentum.

71 autem hoc *inv. B*   73 remaneat] maneat *B* : remanet *E*   75 ten-
dant *AE*   76 species eorum *inv. B*   80 diversorum] duorum *B*   81 se
om. B   82-83 communium sensibilium *inv. B*   86 ipsa *A*   87 proprietatem huiusmodi (huius *C*) *inv. B*   89 magis esse *inv. B*   90 virtutes *om. x*
90-91 principalitatem] dignitatem *B*   92 in homine *post* vero *B*   95 cor-
porum] -ris *B*   96 posset *A*

CAPITULUM 31

QUALITER ET IN QUIBUS ANIMALIBUS PRINCIPATUM OBTINET
COR SUPRA CEREBRUM, ET QUALITER ET IN QUIBUS EST   00
E CONVERSO

Quoniam igitur ultra sensus principium in homine est aliud
principalius et nobilius, ad quod sensitivae potentiae instrumen-
taliter ordinantur, obsequium ipsi debentes naturaliter, non irrationabile videtur principaliorem ceteris esse partem illam, in 5
qua virtutes sensitivae illas exercent operationes quibus supre-
ma virtus continuari potest immediatius, et convenientius uniri.
Talis autem pars est quae circa cerebrum, ut visum est supra.
Superior namque pars humani corporis ita se habet respectu inferiorum propter frigiditatis temperamentum sive convenien- 10
tiam, adhuc et propter puritatem et subtilitatem spiritualem,
cum *caliditatis motus* sinceritatem cognitionis impediat et *sensitivam auferat operationem,* ut ait PHILOSOPHUS. Unde, licet
principium sensus communis et origo sit in corde simul cum
nutritivo principio et motivo, executionem tamen, ut visum est, 15
et complementum virtutis sensitivae communis ad organum fri-
gidius corde magisque quietum pertinere necesse est, in homine
praesertim cui prae ceteris animalibus magis conveniens est
perspicacitas et puritas sentiendi.
Quod autem circa cerebrum in homine quoddam sit princi- 20
pium sensitivae communis, huius signum est quod AVICENNA,
1ˮ C a n o n i s , et GALENUS, D e M e m b r o r u m I u v a m e n-
t i s , quoddam principium nervorum sensivorum circa cere-

99 optinet *B*   2 igitur] autem *B*   8 autem] enim *B*   10 sive] seu *AE,
sed corr.* sive *E²*   12 caliditatis] caliditas *AE* : et *add. E²ˢᵛ*   impediant *E*
20 cerebrum] membrum *D*   quoddam *om. B*   22 Galenus] 7° *add. B*

8 supra: c. 26.
12 caliditatis - 13 operationem: ARIST., *De Part. Animal.,* II, 10, 656 b 5-6.
15 visum est: p. 181, 42 sqq.
23 quoddam - 26 tactum: AVICENNA, *Canon,* lib. I, fen 1, doctr. 5, c. 2. Ed. 1556,
p. 39 C- 40 A; GALENUS, *De Usu Partium,* lib. VIII, c. 3 et 6. Ed. Kühn, III,
p. 623-24 et p. 639-40.

brum per anatomiam expertam distinguunt, non solum illorum
25 quae ad visum, auditum et olfactum, sed et eorum utique quae
ad gustum spectant et tactum. Itaque, quamquam sentire commune sit homini et brutis, in homine tamen naturali rationi sentiendi nihil prohibet superadditum aliquid esse ultra id quod est
in brutis. Sensus namque in brutis propter salutem sunt corporis
30 et vitae materialis tantum, in homine vero ad aliam vitam ordinantur, genere quidem illi aequivocam, et absque comparatione
nobiliorem materiali. Unde AVERROES in 2° sui C o l l e c t o r i i
seu C o l l i g e t : *Virtus*, inquit, *rationalis est magis spiritualis
quam imaginativa, quia perfectio virtutis rationalis est appre-*
35 *hensio rerum universalium. Et quia res, inquit, universales, quae*
sunt apprehensiones virtutis rationalis, habent particularia, ne-
cesse est in homine reperire virtutem, quae apprehendat essen-
tiam illorum particularium contentorum sub universalibus, et
virtutem aliam recordantem ista particularia, quae sunt com-
40 *prehensa a virtute propria eorum apprehensioni. Et ideo, quia*
ista virtus apprehensiva particularium non apprehendit ea nisi
ab habitudinibus imaginatis, fuerunt de necessitate tres virtutes,
scilicet aestimativa quae apprehendit essentiam particularium,
et reminiscibilis impressionis aestimativae, et imaginativa a qua
45 *apprehendit aestimativa suam impressionem, sicut servientes*
virtuti rationali, ideo quia serviens praeparat serviendo cui ser-
vit ea quae sunt necessaria sibi, aut studet in aliqua rerum ap-
propriatarum servito. Et manifestum est, inquit, quod virtus
imaginativa praeparat virtuti rationali ea quae non sunt appre-
50 *hensa, sicut est manifestum quod duae apprehensiones, scilicet*
aestimativa et conservativa, appropriantur virtutis rationalis ap-
prehensioni. Et quando removentur res universales a virtute ra-
tionali, et virtus reminiscibilis facit recordari essentiae particu-

24 distingunt *BCDA* illorum] eorum *B* 25 eorum utique] utique eorum
B : eorum *A* 28 est *om. B* 30 ad] al. *A* vitam *om. B* 32 materiali *om. x* 37 reperiri *x* quae] quo *B* apprehendit *B* 42 imaginatis]
imaginis *B* 43 apprehendit] -dat *B* essentiam *Aver.*] rem tantum *codd.*
45 apprehendunt aestimata *x* sicuti *C* 47 aliquarum *B*

33 Virtus - 59 rationali: AVER., *Colliget*, lib. II, c. 7, f. 17 G-K.

laris, et cognoscit illam virtus aestimativa, et tunc invenit virtus imaginativa habitudinem illius essentiae particularis quae re- 55 *cordata est a reminiscibili et cogitata ab aestimativa. Et quando imaginativa invenitur super suam habitudinem, tunc virtus rationalis reducet ad se illud quod erat privatum ab ea. Ergo istae tres,* inquit, *virtutes ex hac parte sunt ministrantes virtuti rationali* quae est principalis. Et *cum quieverit,* inquit, *res super lo-* 60 *cum suum positum in hac arte, tunc erit manifestum quod omnia membra non sunt inventa nisi propter has virtutes, et istae virtutes propter suas actiones. Ergo non est inventum in corpore membrum aliquod nisi propter aliquam* operationem *actionum istarum virtutum aut passionum earum.* 65

Quapropter, etsi in constitutione quidem vitae sensitivae principalior pars in animali sit cor et non caput, cum ea quae in capite sunt, ad salutem cordis principaliter ordinata sint, in constitutione tamen vitae intellectivae econtrario se habere necesse est, ita scilicet quod illud principium sensus et principalitas illa, 70 quae ratione naturalis generationis et originis est in corde, ad executionem eius ordinetur in capite actioni intellectus obsecutivam, ubi sensus principalitas ratione dignitatis maior est, necnon et quoddam sensus principium, licet alterius rationis; ibidem enim convenientioris dispositionis existens et propinquioris 75 actioni intellectus, principalitatem obtinet necessario ceteris imperandi sensitivis virtutibus, secundum finis ordinem et eorum quae ad finem.

Et hoc est quod intendit CHALCIDIUS sic dicens: *Quod si et ratio his quae videntur, et quae videntur rationi testimonium invi-* 80 *cem praebent, utroque genere sincerae fidei verum esse dogma Platonis probatur, quod animae vis principalis in cerebri locata*

54-55 et cognoscit ... particularis *om. E*   57 super] supra *B*   58 redicit *A* illud] id *x*   60 quievit *AE*   super] supra *B*   61 arte] arce *E*   68 sint] sunt *B*   70 ita *om. D*   illa *om. x*   72 eius ordinetur] generetur eius *A* 74 principium] habet *add. B*   75-76 propinquioris actioni] -ri -nis *B* : -ri -ni *D*   76 optinet *BA*   79 Quod si et *Chalc.*] quod et si *codd.* (et *B^{sv}*) 80 et quae videntur *om. D*   rationi] inquit sincere rei *B*

---

60 Et - 65 earum: AVER., *Colliget,* lib. II, c. 8, f. 17 M.
79 Quod si - 88 capite: CHALCIDIUS, *In Tim.,* c. 229-230, p. 230.

sit sede. Illud vero aliud principale, quod secundae dignitatis
esse praediximus, non rationabilis animantis sed idipsum ani-
85 *mantis; commune* vero *ut animalis, in corde ac medietate,* ut
probat Philosophus, *ut vero rationabilis animantis, in cerebro.*
Unde et cetera quidem animalia uno utuntur principali quod
in corde est. At vero homo duobus, uno in corde, altero in capite.
Hinc itaque Themistius, dicta prosequens Platonis in T i m a e o,
90 qualiter dii *immortale principium animae accipientes, mortale*
corpus ipsi circumaptaverunt, aliam quandam speciem animae
ipsi coaedificantes mortalem, inquit, *diras et necessarias passio-*
nes habentem in se ipsa, scilicet delectationes et tristitias sen-
suales. *Propter* quarum, inquit, impuritatem *verentes inquinare*
95 *quod divinum, quia non omnis necessitas, sine illo habitat quod*
mortale, divisionem et terminum capitis et pectoris collum in-
termedium ponentes ut sit seorsum, in pectore et in vocato
thorace genus inhabitans animae quod *mortale.*

Experientia quidem autem hoc ipsum comprobare videtur.
00 Omnes quippe corporeae passiones quae rationis usum impediunt, non nisi in capite proveniunt, ut phrenesis, oblivio, et
aliae desipientiae, quarum materia principalis licet quandoque
iuxta phrenas, seu in metaphrenon aut circa cor contineatur,
numquam tamen alienationem inducunt, nisi postquam mala
5 qualitas aut fumositas seu evaporatio perniciosa ad caput per-
venerit, aut de materia illa pars aliqua ad cerebrum rapiatur.
Tunc enim organum morbo impeditum officium suum iuxta
naturam suam implere non potest, nec intellectus actioni convenienter obtemperare. Unde et Galenus, 5ª particula I n t e-

83 sede] cede *A*   84 rationalis *AE*   86 rationalis *A*   cerebro] cebro *A*
88 est *om. x*   At] Ac *B*   89 thymeo *codd., sed corr.* thimeo *E²*   90 reci-
pientes *x*   92 mortalem *Themist.*] -les *codd.*   diras *Themist.*] *compendio*
differentias *codd.*   94 inquit *om. E*   96 mortale *Themist.*] immortale
BCDE : om. A   99 autem *om. x*   00 usum] visum *C*   1 perveniunt *B*
et] ac *A*   2 licet quandoque *inv. B*   3 iuxta] circa *B*   4 inducit *B*
5 aut] vel *B*   seu] sive *C*   8 naturam] materiam *D*   intellectus actioni
inv. x

89 dicta - 98 mortale: Themist., *In De Anima,* lib. VI (Arist., III, 5, 430 a 25).
CAG V, 3, p. 106, 16-27; CAG lat. I, p. 239, 3-240, 15. = Plato, *Tim.,* 69 C-E.
9 - 14: Galenus, *De Locis Affectis,* lib. V, c. 2. Ed. Kühn, VIII, p. 304.

r i o r u m, ait se vidisse milites quosdam *calida* passos *aposte-* 10
mata in corde, et quosdam similiter *in corde vulnera*, et aliquos
talium *vidit tota die vivere, quosdam etiam per totam noctem,*
sed tamen hi *qui hoc passi sunt, sensus et rationem, donec*
vitam habuerunt, minime perdiderunt.

CAPITULUM 32   15

QUALITER SECUNDUM OPINIONEM PLATONIS CEREBRUM
SUPRA COR PRINCIPATUM HABET

Hinc itaque non ab re dictum esse videtur id quod refert APU-
LEIUS de dogmate PLATONIS, qui, *cum tres partes animae dicat*
esse, rationabilem, id est mentis optimam portionem, hanc ait 20
capitis arcem tenere; irascentiam vero procul a ratione ad
domicilium cordis deductam esse obsequique eam et in loco
respondere sapientiae seu parere; *cupidinem atque appetitus,*
postremam mentis portionem, infernas ac imas *sedes tenere, ut*
popinas quasdam et latrinarum latebras, diversoria nequitiae 25
atque luxuriae; relegatam vero idcirco longius a sapientia hanc
partem videri, ne importuna vicinitas et rationem consumptam
desuper cunctorum saluti in ipsa cogitationum utilitate turbaret.
Totum vero hominem in capite vultuque esse, nam prudentiam
sensusque omnes non alias quam illa parte corporis teneri. 30
Cetera enim membra ancillari et subservire capiti, cibos et alia
subministrare, vectare etiam sublime possit ut dominum atque

10 mulites C   11 corde²] passos *add. B*   aliquos] quosdam C   18 esse
videtur *inv. B*   18-19 apuleus *BDAE*   20 esse *om. A*   22 deductivam
CDA   obsequi A   23 seu] aut A   pavere B   24 infernas] infimas B
ac imas] abdominis *Apul.*   sedes tenere *inv. B*   26 relegatum B   27 con-
sumptam] consulturam *Apul.*   28 cognitionum C   29 prudentia A
30 illa] alia A   teneri] contineri *Apul.*   31 enim] vero *AE*   subvenire *x*
31-32 cibos ... possit *om. B*

19 cum tres - 38 tenent: APULEIUS, *De Platone et eius Dogmate,* lib. I, c XIII-
XIV. Ed P. Thomas, p. 97, 2-23.

rectorem providentia eius a periculis vindicari. Sed machina-
menta, quibus ad sentiendas diiudicandasque qualitates sensus
35 *instructi sunt, ibidem erga regiam capitis constituta esse in con-*
spectu rationis, ut intelligendi ac persentiscendi veritas adiuve-
tur. Sensus vero ipsi ad ea, quae sunt sensibilia, apte composita
natura intelligentiam cognatam tenent.

Et quidem in T i m a e o scribet ipsemet PLATO quod a *princi-*
40 *pio figuram capitis divinae potestates, quibus informandi cor-*
poris erat concreditum officium, ex mundi figura mutuatae, te-
retem globosamque pinxerunt, eidemque duos circuitus vene-
randae divinitatis innexuerunt, opinionem scilicet et intellectum
aut oculos duos. *Est autem caput,* inquit, *praeter ceterum corpus*
45 *honoratius, et optimati quadam eminentia, cui reliqua membra*
dominanti parent atque obsequuntur, iure meritoque subiecta,
ne sine sede humilis in imo plane iacens, asperas cum move-
retur terrenarum lacunarum offensiones proclivitatis et item
declivitatis incurreret, maxime cui esset necesse cuncta motuum
50 *genera experiri. Hac igitur de causa, vehiculo corporis utpote*
arx sustinetur. Addita est crurum quoque et brachiorum porri-
gibilis et flexuosa substantia, ut tenendi, omittendi, progrediendi,
resistendique usus ex arbitrio praesto foret, eminente capitis
divino gestamine. Priores quoque corporis partes meliores po-
55 *sterioribus iudicans, in homine primo omnium e regione certa*
capitis personam subdidit vultus, eamque appellatur facies, ei-
demque instrumenta quae adminicularentur providis animae

35 regimina *E*   36 rationis] regionis *AE*   ut] nec *CD*   persentiendi *B*
41 mutuatae] *om. B* : *corr.* -ta *E²*   41-42 teretem] *corr.* spericam *E²*
42 globosam *B*   43 innexuerunt] convexe invexerunt *B* : innexerunt
AE   44 Est] Et *CDE, sed corr.* Est *E²*   45 optimali *AE*   46 obse-
cuntur *B*   47 in *om. B*   48 lacunarum *Plato*] latimarum *B* : lacrimarum *x*
49 motuum] motu non *B*   51 sustineretur *E*   crurum *Plato*] crurium
BCAE : currium *D*   52 ut] nec *x, sed corr.* ut *E²*   tenendi] tendi *B*
55 iudicans *iter. B*   e] et *B*   certa] circa *BC*   56 eaque *E*   56-57 eidem *x*   57 instrumenta quae] instrumentaque *CD*

39 principio - 62 sunt: PLATO, *Tim.*, 44 D- 45 B (Chalcidii transl., § 19, p. 173-
174); lin. 43: *opinionem scilicet et intellectum* et lin. 61: *virtuti* sunt glos-
sae interlineares in cod. Leidensi Univ. BPL 64, f. 50ᵛ.

motibus assignavit. E quibus primi luciferi oculorum orbes co-
ruscant. Duae sunt, opinor, virtutes ignis: altera quidem *edax*
et peremptoria, altera vero *mulcebris innoxio lumine. Huic igi-* 60
tur virtuti *ex qua lux diem invehens panditur, domesticum et*
familiare corpus oculorum divinae potestates commentae sunt.
Solis enim *et oculorum cognationem scit ab ineunte aetate com-*
munis omnium anticipatio, ait Chalcidius. *Quippe sol mundi*
oculus appellatur ab omnibus. Propter quod ipse Plato, *in Po-* 65
litia, solem quidem simulacrum esse ait invisibilis Dei, oculum
vero simulacrum *solis et solstitiale quiddam, ut sit eminens sol*
intelligibili mundo, huic similis insensili globus iste ignitus lu-
cifer, cuius simulacrum id lumen est quo illustratur visus ani-
malium, id est oculus. 70

Et *certe hominis membra sequuntur ordinationem mundani*
corporis. Unde Hermes , in libro D e N a t u r a D e o r u m:
Aeternitatis, inquit, *dominus Deus primus est; secundus est*
mundus; homo tertius est. Effector mundi Deus est, *et eorum,*
quae insunt, omnium, et gubernator. *Quod totum suscipiens* 75
homo ipse *curam propriae diligentiae suae efficit, ut ex hac ho-*
minis divina compositione mundus alter *dictus* ipse *videatur;*
Dei namque *duae sunt imagines: mundus et homo.* Hinc etiam
Philosophus, 8° P h y s i c o r u m: Vocatus est, inquit, homo minor mundus. *Quare si mundus animaque mundi huius sunt or-* 80
dinis, ait Chalcidius, *ut summitas quidem sit dimensa caelesti-*
bus, his quae subiecta sunt divinis potestatibus quae appellantur
angeli et daemones, intra vero terrestribus, et imperant quidem
caelestia, exsequuntur vero angelicae potestates; reguntur porro

58-59 coruscantur *D*   60 Huic] Hinc *E*   61 diem] divine *x*   62 con-
iunctae *BAE*   63 ab ineunte] abeunte *B*   66 solem] sol *D*   ait] dicit *B*
67 solstitiale *Chalc.*] solare *codd.*   68 insensili *Chalc.*] insensibili *codd.*
69 id] illud *B*   74 tertius est *inv. AE*   80 huius] huiusmodi *B*   82 sub-
iecta] substantia *x*   84 execuntur *x, sed corr.* exequuntur *E²*

63 Solis - 70 oculus: Chalcidius, *In Tim.*, c. 245, p. 233 b.
71 certe - 72 corporis: *Ibidem,* c. 230, p. 230 b.
73 Aeternitatis - 77 videatur: Hermes Trismegistus, *Asclepius,* c. 10. Ed. Nock,
   p. 308, 7-15.
78 Dei - homo: *Ibidem,* c. 10, p. 308, 21.
79 Vocatus - 80 mundus: Cfr Arist., *Physic.,* VIII, 2, 252 b 26-27
80 Quare - 22 sentiendo: Chalcidius, *In Tim.,* c. 230-232, p. 230-231.

85 *terrena, prima summum locum obtinentia, secunda medietatem,*
ea vero quae subiecta sunt, imum. Consequenter etiam in na-
tura hominis est quiddam regale; est aliud quoque in medio
positum; est tertium in imo. Summum quod imperat, medium
quod agit, tertium quod regitur et administratur. Imperat igitur
90 *anima; exsequitur vigor eius in pectore constitutus; reguntur et*
dispensantur cetera pubetenus et infra.

    Atque hanc ordinationem eandem invenimus etiam in libris
Politiae, in quibus, cum ea iustitia quaereretur, qua homines ad-
versum se utuntur, haec porro tunc convalescit, cum potestates
95 *animae opificia sua recognoscunt nec aliena appetunt, ex unius*
hominis ingenio ad illustrae civitatis et populi confugit exem-
plum, et de gentium iustitia disputat ipse Plato. *Principales qui-*
dem urbis illius viros, ut prudentissimos sapientissimosque, edi-
tiores urbis locos habitare iussit. Post hos militarem atque in
00 *armis positam iuventutem, quibus subiecit sellularios atque vul-*
gares, ut et illi quidem ut sapientes praecepta dent, militares
agant atque exsequantur; vulgares vero competens et utile prae-
beant ministerium. Sic animam quoque ordinatam videmus:
rationabilem quidem eius partem, ut sapientissimum principem,
5 *partem obtinentem tamquam totius corporis capitolium; vigo-*
rem vero qui est iracundiae similis, ut militarem iuventutem,
in cordis castris manentem; vulgare et sellularium, quod est cu-
piditas seu libido, inferioribus abditum occultatumque natura.

    Cum igitur horum, inquit, *omnium consensus talis erit et*
10 *quasi quaedam conspiratio, ut quod oportet praecipere, recte*
officium suum compleat, et huic pareat quod est dignitatis se-
cundae, postremum vero atque ultimum morem gerat meliori-
bus; tunc non solum hominum vita, sed etiam civitatum et gen-
tium erit laudabilis et adprime beata. Ex quibus ostendit Plato
15 *veram hominis proprietatem,* inquit CHALCIDIUS, *in capite con-*
sistere, cuius species sit mundi formae simillima et germana su-

---

85 obtinentia] tenen* *B*   86 quae] sint *add. A*   imum] minime *vel ali-*
quid simile B   87 quoddam *D*   88 quod *Chalc.*] quidem *codd.*
89 aminlstratur *B*   93 qua] quae *A*   94 haec] hic *x*   97 disputans *x*
98-99 editiores (-ris *A*)] editores *B* : altiores *corr. E*²   00 iuventutum *B*
cellularios *AE, et sic lin.* 7   7-8 cuspiditas *A*   8 additum *x*   12 gerat]
generat *B*   13 etiam] et *B*   14 apprime *B*

stentetur anima viviſicantis animae corpus universae rei, cuius-
que cuncta cognitionis rerum instrumenta sensus videlicet ad-
iuncta sint, quo quae aguntur extra indicia vicinorum sensuum
mens assequatur. At vero, perfectae hominis instructioni sunt 20
sensus admodum necessarii, quia initium et quasi quaedam in-
telligendi sapiendique semina sunt in sentiendo.

Sane, Philosophus etiam in 7° Politicorum : *Eas,* inquit,
quae divinis appropriantur habitationes et principalissima anti-
quorum convivia, in tali quidem esse loco *congruit, qui appa-* 25
rentiam habeat ad virtutis positionem sufficienter, et ad vicinas
partes civitatis eminenter. In libro autem D e M o t i b u s
A n i m a l i u m ait quod *existimandum est constare animal*
quemadmodum civitatem bene legibus rectam Ex quo concludit
consequenter quod *nihil opus est in unoquoque* membro anima- 30
lis *esse animam, sed in quodam principio corporis existente;*
alia quidem vivere eo quod adnata sunt. Sed inter alia animalia
eminentioris perfectionis est homo, et divinitatis particeps magis. Non obstante igitur ratione principii quod in corde est, ut
visum est prius, conveniens erat principium quod principalius in 35
homine, eminentiorem partem corporis inhabitandam sibi principaliter appropriare, praesertim cum iudicium sensui communi
attributum multo perfectius suppleri possit a virtute intellectiva
in potentiis quae circa cerebrum, ut inferius magis apparebit,
quam a virtute quae ex corde quidem emanat, licet alterius ex- 40
istat illa rationis.

Manifestum itaque ex his est qualiter in homine sensus com-

17-18 cuiuscumque *E*   18 rerum instrumenta *inv. B*   19 indicia] mediᵃ
B, sed corr. indicia *B¹* : iudicia *x*   20 Ac vero *B*   22 semina] scientia *x*
23 Philosophus etiam *inv. B*   in *om. B*   26 habebat *A* : habe/// *E, sed in*
ras. ant *E²*   27 eminentis *B*   28 aestimandum *x*   29 bene *om. B*
30-31 animal *AE*   31 principio corporis *inv. C*   35 inconveniens *A*
41 illa *om. B*   42 est *om. AE*

23 Eas - 27 eminenter: Arist., *Polit.,* VII, 12, 1331 a 24-30. Transl. Moerb., ed.
     Susemihl, p. 291, 10 - 292, 5.
28 existimandum - 29 rectam: Arist., *De Motu Animal.,* 10, 703 a 29-30.
30 nihil - 32 sunt: *Ibidem,* 10, 703 a 36- b 1.
32 Sed - 33 magis: Arist., *De Part. Animal.,* II, 10, 656 a 7-8.
35 prius: c. 26 et p. 204, 66 sqq.

munis et phantasia organum habent in capite, sicut et perspicacissimus sensuum sensus visus, qui, quoniam spiritualior est
45 aliis, et multas ac multimodas rerum differentias nobis annuntiat, a Philosopho dicitur *maxime sensus et* in Graeco *nomen
accepit a lumine,* ut ait, *quia sine lumine non est videre.*

Adhuc, quoniam a visibilibus, postquam abierunt, plures im-
manent species et phantasmata quam ab aliis sensibilibus, id-
50 circo etiam phantasiae nomen in Graeco derivatum est a lumine et a visu. *In Graeco* enim *phos idem est quod lux, et inde* derivatur *phanos, quod est illuminatio vel apparitio, et* inde *phantasia;* ac in Latino similiter phantasia visio vocatur propter
convenientiam.

55 Rursum, sicut visus sic et phantasia multarum operationum
causa est, ut ait Philosophus, etiam in homine cum velatum fuerit lumen intellectus *passione, aut aegritudine, aut somno,* aut
etiam mala dispositione quadam a nativitate; remoto igitur
huiusmodi velamento, non operabitur phantasia per se et prin-
60 cipaliter, sed ut instrumentum intellectus sibi uniti ac illumi-
nantis ipsam. Sic enim lumine intellectus species intelligibilium
in phantasmatibus intelliguntur. Unde vis sensitiva in sui su-
premo participat aliquid de vi intellectiva in homine, in quo
sensus intellectui copulatur. Ex quo relinquitur quod inter sen-
65 sitivas virtutes superior et principalior dignitate phantasia consistit: intellectus quippe sibi continuatur immediatius et unitur
convenientius quam ceteris, propter maiorem eius spiritualita-
tem inter omnes virtutes sensitivas; propter quod illuminatum

43 habet *x*   45 et ... multimodas] ac multas multimodasque *B*   45-46 de-
nuntiat *AE*   46 maxime] esse maximum *x*   47 quia] quasi *A*   48 abie·
rint *CD*   49 ab *om. x, sed rest. E²⁸ᵛ*   51 visu] lumine *D*   53 phanta
sia] phantasma *B*   58 nativitate *scripsi*] ntitate *B* : vacuitate *x*   igitur]
ergo *B*   59 huiusmodi *om. A*   61 ipsum *x*   63 participet *x, sed corr.*
-pat *E²*   64 intellectui] -tivi *CDA*   68 illuminati *A*

45 multas - annuntiat: Arist., *Metaph.*, I(A), 1, 980 a 26-27.
46 maxime - 47 videre: Arist., *De Anima*, III, 3, 429 a 3-4.
51 In - 52 phantasia: S. Thomas, *In De Anima*, lib. III, lect. 6, n. 668.
55 phantasia - 57 somno: Arist., *De Anima*, III, 3, 429 a 5-8.
68 illuminatum...: Arist., *Eth. Nic.*, VI, 12, 1143 b 5.

taliter sensum hunc vocat Philosophvs intellectum, 6° E t h i c o-
r u m. 　　　　　　　　　　　　　　　　　　　　　　　　　　　70

Haec igitur de sensu dicta sint ad praesens, ut a lumine sensibili sumentes exordium, deinde per lumen quod in visu et
consequenter, secundum quod ad nostrum spectat intentum,
per lumen quod in visione phantasiae, quae interdum intellectus
vocatur, ascendere conantes, ad intellectualis luminis cognitio- 75
nem convenientius attingamus.

SEQUITUR SECUNDA PARS

69 hunc *om. B*　　71 igitur] ergo *B*　　sunt *AE*　　ut *om. AE*　　lumine sensibili *inv. B*　　73 quod *om. B*　　77 Sequitur ... pars] *om. B* : Explicit prima
pars et incipit secunda *A*

APPENDICE

La liste des annotations qu'on va lire est reprise d'un article que nous avons publié dans *Tijdschrift voor Philosophie*, 18 (1956), p. 439-456: *Marginalia van Nicolaus van Cusa in Bate-codex 271 en andere codices van de Koninklijke Bibliotheek te Brussel.*

ANNOTATIONS DE NICOLAS DE CUSE
DANS LE MS BRUXELLES, BIBLIOTHÈQUE ROYALE, 271

L'ancien *codex* de Val-Saint-Martin, contenant le *Speculum* d'Henri Bate, et maintenant conservé à Bruxelles, *Bibliothèque Royale*, 271, présente des annotations à une cinquantaine d'endroits. Il s'agit de notes marginales, de signes divers relevant quelque passage et de quatre gloses interlinéaires. Les notes, d'une écriture courante parfois difficile à déchiffrer, ainsi que les signes, sont de la main de Nicolas de Cuse.

Il y a quelques années déjà, dans son importante étude *Ein Proklos-Fund und seine Bedeutung*, R. Klibansky avait montré par des comparaisons de textes comment Nicolas de Cuse introduisait dans ses propres écrits le fruit de ses lectures [1]. Il annotait le *codex* qu'il était en train de lire: des passages sont marqués d'un trait [2] ou d'un astérisque; des mains caractéristiques indiquent un mot important; certaines remarques, parfois empruntées littéralement au texte, figurent dans la marge. Or très souvent ces annotations «von Cusanus geschrieben, um Gedanken, die ihm wichtig waren, einprägsam hervorzuheben», se retrouvent dans leur teneur presque littérale dans ses propres ouvrages [3]. C'est le cas d'une note marginale au texte du *Speculum*, note qui a rapport à une des idées centrales de la philosophie de Nicolas de Cuse. Celui-ci cite explicitement le *Speculum* dans son *Apologia doctae ignorantiae:* les dernières lignes du 21ᵉ chapitre de la VIᵉ Partie (f. 108ᵛᵃ), où précisément se trouve l'annotation susdite.

[1] *Sitzungsberichte d. Heidelberger Akademie d. Wissensch., Philos.-hist. Kl.*, 1928-/29, Abh. 5. Heidelberg, 1929. Voir surtout p. 25 svv et 34-36.

[2] Dans le ms. *Bruxelles, Bibliothèque Royale*, 3819-20 (f. 9ʳ et 14ʳ), nous avons rencontré des signes d'indication travaillés de grotesques: deux profils de barbus dont l'un passe la langue et l'autre est pourvu d'un nez phénoménal. Voir ci-dessous, p. 219, n° 21 et la planche III.

[3] R. Klibansky, *Ein Proklos-Fund...*, p. 35, n. 1.

Bate	Cusanus	Cusanus
Speculum, VI, 21	Glose dans le *Speculum*	*Apologia* [4]
Non obliviscendum autem est divinum illud mirabile, qualiter videlicet in substantiis intellectualibus indivisibiliter in unum distincte conveniunt et inconfuse pluralitas et unitas numeralis	nota convenire pluralitatem et unitatem in intellectualibus	Fuit aliquando Henricus de Mechlinia, ut scribit in *Speculo divinorum,* ad hoc ductus, ut in intellectualibus conspiceret unitatis et pluralitatis coincidentiam, de qua plurimum admiratur.

Il suffira de parcourir la liste des annotations pour se rendre compte que les passages du *Speculum* qui ont suscité l'intérêt du cardinal, cadrent très bien avec sa pensée imprégnée de platonisme. Mentionnons en particulier la démonstration de Bate selon laquelle l'homme est capable d'une certaine intuition des substances immatérielles (fol. 5-6), où pas moins de dix annotations marginales manifestent un vif intérêt de la part du Cusan. Platon est très en faveur et le glossateur prend un malin plaisir à souligner d'une remarque les passages où Aristote est un peu malmené: *non semper concludit aristoteles* (f. 33ra); *nota aristotelem sepe sibi videri contradicere* (f. 104ra); *nota quomodo secundum themixtium aristoteles ad corticem reprehendere nititur platonem* (f. 123ra).

Son attention a été également frappée en rencontrant les noms d'Albert le Grand et de Thomas d'Aquin. Bate avait confronté leurs opinions concernant les raisons de la différence numérique des intellects humains et l'annotateur le souligne en écrivant en marge les noms *thomas* et *albertus* (f. 106rb). Significative également est la note: *nota quomodo obviat hic doctor iste Al-*

---

[4] Nicolaus de Cusa, *Apologia doctae ignorantiae* ed. R. Klibansky (Opera omnia iussu et auctoritate Academiae litterarum Heidelbergensis ad codicum fidem edita. Vol. II), Lipsiae, 1932, p. 15, 17-19. Pour autant que nous sachions, c'est R. Levy qui, le premier, a appelé l'attention sur la citation du *Speculum* dans l'*Apologia* (*The Astrological Works of Abraham ibn Ezra,* Baltimore, 1927, p. 30, n. 1). P. Kibre en a tiré la conclusion, quelque peu prématurée il est vrai, que le Cusan conservait dans sa bibliothèque un exemplaire du *Speculum* (*The Library of Pico della Mirandola,* New-York, 1936, p. 96).

berto (f. 8ʳᵇ), ce qui nous fait penser spontanément à la querelle entre les Albertistes et les Thomistes. En effet, Nicolas de Cuse n'a-t-il pas suivi à Cologne, en 1425, les leçons d'Heymeric Van de Velde, chef de file des Albertistes colonais, avec lequel il était encore par la suite en relation d'amitié ? Nous savons d'autre part qu'Heymeric connaissait le *Speculum* de son compatriote (il le cite dans son écrit polémique de 1423-26: *Problemata inter Albertum Magnum et S. Thomam* [5]); dès lors ne faudrait-il pas admettre que Nicolas de Cuse a lui-même connu le *Speculum* par l'entremise d'Heymeric ?

Enfin, une comparaison de l'écriture en marge du *Speculum* avec d'autres annotations dont l'authenticité est indubitable, montre sans doute possible, que les *marginalia* du *Speculum* sont de la plume de Nicolas de Cuse [6].

1) p. 60,96 (f. 5ᵛᵃ). Prooemium, c. 2:
   Glose interlinéaire *scilicet thomas* au-dessus du mot *expositor*.

2) p. 60,97 (f. 5ᵛᵃ). Prooemium, c. 2:
   in fine noni
   libri metaphysice

3) p. 61,18 (f. 5ᵛᵇ). Prooemium, c. 2:
   Responsio ad questionem An
   separata possumus intelligere

[5] G. Meersseman, *Geschichte des Albertismus. Heft II: Die ersten Kölner Kontroversen* (Dissertationes historicae, V). Roma, 1935, p. 61 et 63.

[6] On trouve des reproductions photographiques de notes marginales dues à Nicolas de Cuse dans *Parmenides nec non Procli commentarium in Parmenidem* ed. R. Klibansky et C. Labowsky (Corpus Philosophorum Medii Aevi. Corpus Platonicum. Plato latinus. Vol. III). Londinii, 1953, en face de la p. 104, et dans *Nicolai de Cusa De Pace Fidei* ed. R. Klibansky et H. Bascour (Mediaeval and Renaissance Studies, Supplement III). Londinii, 1956, en face de la p. xxxix. Nous avons eu l'occasion de soumettre à la compétence du professeur Klibansky les photocopies des *marginalia* du ms. Bruxelles, 271. Lui aussi les attribua sans hésitation à Nicolas de Cuse. Nous tenons à remercier particulièrement M. Klibansky pour l'obligeance avec laquelle il s'est intéressé à notre travail. Qu'on veuille comparer notre liste d'annotations avec celle publiée par R. Klibansky dans l'ouvrage cité ci-dessus, *Parmenides...*, p. 103-106.

aliqua Cuius prima ratio
est in auctoritate aristotelis ex
9no *metaphysice*

4) p. 61,24 (f. 5vb). Prooemium. c. 2:
   2^a *ratio ad idem*

5) p. 62,50 (f. 5vb). Prooemium, c. 2:
   3^a *ratio*

6) p. 63,66 (f. 6ra). Prooemium, c. 2:
   4^a *ratio thome*
   ad idem

7) p. 63,72 (f. 6ra). Prooemium, c. 2:
   Glose interlinéaire *ille expositor* au-dessus du mot *in-quit.*

8) p. 63,86 (f. 6ra). Prooemium, c. 2:
   concordia thome
   cum peripateticis

9) p. 64,89 (f. 6ra). Prooemium, c. 2:
   Main indiquant les mots *sententia socratis...*

10) p. 64,89 (f. 6ra). Prooemium, c. 2:
   Astérisque [7] à côté de *scribit plato...*

11) p. 64,98 (f. 6rb). Prooemium, c. 2:
   Glose interlinéaire *corporis* au-dessus du mot *ipsius.*

12) p. 64,98 (f. 6rb). Prooemium, c. 2:
   Glose interlinéaire *corpore* au-dessus du mot *eo.*

13) p. 65,19 (f. 6rb). Prooemium, c. 2:
   nota

14) p. 65,23 (f. 6rb). Prooemium, c. 2:
   Alia ratio quod separata possunt
   comprehendi in hac vita

---

[7] Nous appelons «astérisque» un trait vertical dont le sommet est flanqué de deux points: ·|·.

15) p. 65,28 (f. 6rb). Prooemium, c. 2:
    Si queritur an possunt intelligi quo ad questionem
    quid vel quia tantum dicitur quod quo ad
    quid sunt licet imperfecte et non sincere
    Si queritur et *dicitur quod* sont soulignés.

16) p. 80,62 (f. 8rb). Pars I, c. 3:
    nota quomodo obviat hic
    doctor iste Alberto

17) p. 81,77 (f. 8va). Pars I, c. 3:
    nota

18) p. 82,16 (f. 8vb). Pars I, c. 3:
    nota

19) p. 88,75 (f. 9va). Pars I, c. 4:
    Tout ce passage est marqué d'un trait ondulé et d'un as-
    térisque.

20) p. 89,79 (f. 9va). Pars I, c. 4:
    nota
    L'encre est ici beaucoup plus noire; il est donc probable
    que la note n'a pas été ajoutée en même temps que les au-
    tres.

21) Fol. 31va. Pars II, c. 10:

    Corruptibilis autem est necessario intellectus iste propter
    fantasie corruptibilitatem sine qua me-
    morari non contingit nec reminisci corrupto enim
    mortali et simul corrumpitur que ad ipsum colli-
    35 gatio eius quod immortale ut ait Themixtius
    Palam igitur ex hiis est quare post mortem non
    memoramur proprie loquendo nec reminiscimur
    Et si post amotionem corporis corruptibilis
    nobis adveniat illud corpus semper apprehensum
    40 quod grammaticus antoeydes appellat non tamen univoca
    videtur esse memoria que in illo corpore et in isto.

    Ce passage est relevé par un trait orné d'un dessin drô-
    latique: le profile d'un barbu. Note marginale à côté de
    la ligne 37: *post mortem non memoramur* (Planche III).

22) Fol. 33ra. Pars II, c. 15:

Et si
diceretur ulterius quod verba sua videntur hoc sonare et
10 non est credendum ut dicit commentator quod aliquid
dixerit sine probatione Tunc respondere possemus quod neque omnes sue probationes de necessitate concludunt neque similiter rebus conveniunt
sensatis undiquaque omniquaque concludit enim in 2° libro
15 de celo per suos probationes quod spera stellarum fixarum prima est et quod non habet plures vero
motus uno quidem simplici et uniformi Cuius
contrarium astronomi ad sensum invenerunt per ob-
servationes in pluribus annis cum omni cau-
20 tela certificatas.

Les lignes 10 à 18 sont marquées d'un trait. En face de
la ligne 13, une main accompagnée de la note:
non semper concludit
aristoteles

23) Fol. 33rb. Pars II, c. 15:

Similiter et inhabitatur
55 terra ultra yslandia quasi sub polo septem-
trionali vocata gronelandia secundum quod vulgatum
apud nos est.

Un trait relève les lignes 55-56. Devant la ligne 56: *nota.*

24) Fol. 33va. Pars II, c. 15.

Similiter et Averrois 3° de anima
de aristotele loquens opinandum est inquit quod natura
fecit hunc hominem ut esset regula in natura
40 et ut ostenderet ultimam perfectionem in materiis
Idcirco nequaquam estimandum est intentionem eiusdem
intellectu nostro hanc in uno loco fuisse cuius
contrarium de necessitate in alio loco concluditur ex dictis
eius Declarandum est enim inferius quod sibi ipsi
45 contradiceret philosophus si diceret et sine passivo intellectu
nichil intelligeret et hic diceret vel dicere inten-
deret quod per intellectum nostrum nichil intelligere possumus nisi illa tantum que a fantasmatibus sensibilium
abstrahi possunt aut ipsorum sensibilium quiditates...

Les lignes 37 à 47 sont marquées d'un trait.

25) Fol. 35va. Pars II, c. 18:

> Avicenna sic inquiens debes autem scire
> quod in nostro puro intellectu non est multitudo
> ullo modo nec ordo formarum ipse enim
> est principium omnis forme emanantis ab
> 20 eo in animam quatenus quidem intelligibilia anima
> Sic intellectus quodammodo sicut sensibilia est
> sensus seu anima sensitiva prout concludit
> philosophus naturam et rationem potentiarum anime ex ra-
> tionibus
> obiectorum aliter enim de illis cognitionem
> 25 habere non potest ut patet ex premissis.

Les lignes 16 à 22 sont marquées d'un trait.

26) Fol. 36ra. Pars II, c. 19:

> Et intendit per aliquid aliud for-
> mas ymaginatas humanas et intendit
> 20 per formare per intellectum receptionem que est in intellectu
> materiali Et universaliter ista intentio apparuit a re-
> motis animam esse immortalem scilicet intellectum spe-
> culativum unde philosophus dixit inquit commentator quod
> universalia sunt neque generabilia neque corruptibilia et
> 25 quod sunt existentia extra mentem et est sermo verus

Les lignes 18 à 24 sont marquées d'un trait.

27) Fol. 67rb. Pars IV, c. 15:

> Unde non solum
> de substantia inquit ostendit ratio non fieri speciem
> 45 sed de omnibus similiter primis communis est ratio
> ut quantitate et aliis cathegoriis compositum
> scilicet esse solum id quod fit non enim fit quale
> seu qualitas sed quale lignum...

Astérisque et note marginale en face de la ligne 46:
probat quantitatem non fieri et materiam per se ex-
tensam

28) Fol. 67vb. Pars IV, c. 15:

26   Eadem quoque ratione materia
fit actu extensa simpliciter ex potentia tali secundum
se et essentiam suam alioquin numquam posset esse actu extensa...

Ce passage, qui a trait à la seconde moitié de la note
précédente, est marqué d'une ligne.

29) Fol. 68ra. Pars IV, c. 16:

           (Insinuat Averroes)
10 quantum continuum similiter nichil aliud quam ipsum
continuum seu extensum quod utique falsum est sicut
post apparebit. differunt enim sicut subiectum et
propria passio quia ratio quantitatis continue est mensura-
bilitas continui seu extensi quod est eius subiectum...
27   et materia prima simili ratione
potentia divisibile sive potentia extensum aliquid
est necessario...

Un trait relève les lignes 10 à 14. Astérisque devant la
ligne 28.

30) Fol. 68rb. Pars IV, c. 16:

           Et est necesse inquit (Averroes)
ut materia sit dimensio in potentia quoniam cum abstule-
10 ris a materia ultimum et figuratum nichil remanebit in ea
nisi dimensio non determinata...
23   Et propter hanc similitudinem
estimavit plato locum esse materiam.

Note marginale à la ligne 8: *nota*.
Note marginale à la ligne 23: *plato estimat locum materiam.*

31) Fol. 68vb. Pars IV, c. 17:

(Manifestum est quod) affirmantes eam (materiam)
secundum quod huiusmodi esse locum seu vacuum aut
horum alicui similem eo quidem modo quo hec
50 nichil aliud esse dicuntur quam spatia seu dimensiones separate a passionibus sensibilibus

extense quidem tamquam simplicia corpora
a materia sensibili abstracta necessario concludunt
materiam non punctualem esse aut indivisibilem
55 secundum se sed utique de natura divisibilium ex-
tensorum.

Note marginale aux lignes 50-51: *materia divisibilis et
extensa.*

32) Fol. 69va. Pars IV, c. 19:

Igitur secundum quod in primo de generatione
20 declarat philosophus impossibile est materiam
que potentia corporeum est et magnitudo actu
incorpoream esse et sine magnitudine et sic ex ea generari corpus...

Note marginale aux lignes 21-22: *materia potentia cor-
porea actu magnitudo.*

33) Fol. 84ra. Pars V, c. 3:

6 Et ideo declaratum est in prima philosophia
quod nulla est forma liberata a potentia simpliciter
nisi prima forma que nichil intelligit extra se.

Astérisque.

34) Fol. 99ra. Pars VI, c. 8:

27 Et ideo declaratum est inquit in prima philosophia
quod nulla est forma liberata a potentia nisi prima
forma que nichil intelligit extra se...
42   et ideo scire inquit
de anima necessarium est in sciendo primam philosophiam.

Astérisque aux lignes 27-29 et à la ligne 43.

35) Fol. 99rb. Pars VI, c. 8:

Ex hiis ergo dictis avicenne apparet
differentias numerales in humanis intellectibus
causari ex quibusdam spiritualibus seu immateria-
25 libus dispositionibus et proprietatibus que de genere
sunt accidentium.

Astérisque à la ligne 22. Note marginale aux lignes 23-24: *unde causatur differentia intellectuum in hominibus.*

36) Fol. 100ra. Pars VI, c. 9:

30   Ex hoc ergo sciendi modo
qui ad omnes particulares scientias communiter in logica
traditus est a philosopho palam est quod logicalia
sequendo principia et secundum ea procedendo quidditas individuorum seu...

Astérisque à la ligne 30. Voir note suivante

37) Fol. 100rb. Pars VI, c. 9:

22 Unde et 7° metaphysice de quidditate substantie sensibilis pro
maiori parte logice determinat expresse.

Note marginale à la ligne 22: *nota aristotelem logice pro-cedere in 7° metaphysice.*

38) Fol. 101rb. Pars VI, c. 11 (titre):

Qualiter in entibus que secundum se entia
dicuntur seu per se possibile est ordinem esse participandi
aliud a se et per consequens magis et minus et qualiter
non etc.

Note marginale: *nota hec omnia hic et infra.*

39) Fol. 104va. Pars VI, c. 14:

(quod) large seu famose videlicet secundum
facultatem logicam de proprietatibus substantie loquatur
philosophus in libro predicamentorum satis patet ex eo quod
ibidem ait universalia scilicet species et genera substantias di-
5 ci logice loquendo quod utique 7° metaphysice
ex intentione reprobat realiter et philosophice declarando similiter et substantie necnon et quantitati
nichil contrarium esse dicit libro predicamentorum loquendo
logice realius tamen philosophice loquendo in primo
10 phisicorum quandam in substantia contrarietatis naturam
seu rationem concludit et in 5° similiter contrarietatem
in quantitate ponit expresse necnon et alibi.

Tout ce passage est marqué d'un trait.

Note marginale en face des lignes 1-2:
nota aristotelem sepe sibi
videri contradicere.

40) Fol. 106ʳᵃ. Pars VI, c. 17:

25   ad sermonem principalem
Unde quidem exivimus revertendo palam
est quod nichil prohibere videtur etiam in humanis
intellectibus non quidem in universali formaliter
logica specie differentibus sed comitantibus ea-
30 dem ipsam speciei communitatem tante seu talis
quodammodo fore latitudinis et continentie non
solum quidem per materie seu quantitatis eius divisibilitatem
sed etiam per ordinum quorundam seu gra-
duum aut respectuum proprietatem distig-
35 wibilis existentis quod non est inconveniens sub huiusmodi specie specialissima plures numero differentes
intellectus humanos contineri secundum varios quidem
et plures modos in eis seu inter se distinc-
tos aut ordines et virtutes.

Les lignes 26 à 31 sont marquées d'un trait. Note marginale aux lignes 26-27: *nota.*

41) Fol. 106ʳᵇ. Pars VI, c. 18:

                                               Thomas
quidem ergo hanc tractans materiam dicit quod
non quelibet formarum diversitas facit di-
20 versitatem secundum speciem...
30   In animabus
autem remanent commensurationes hee corporibus etiam corruptis Albertus vero dicit intellectus hominum multos esse secundum quod horum vel
illorum sunt.

Note marginale à la ligne 17: *tho* (= thomas).
Astérisque à la ligne 32.
Note marginale à la ligne 34: *albertus.*

42) Fol. 108ᵛᵃ. Pars VI, c. 21:

                                          Non
35 obliviscendum autem est divinum illud mira-

bile qualiter videlicet in substantiis intellectualibus
indivisibiliter in unum distincte conveniunt
et inconfuse pluralitas et unitas numeralis.

Ce passage est marqué d'un trait.
Note marginale: *nota convenire*
pluralitatem et
unitatem in
intellectualibus

43) Fol. 111vb. Pars VII, c. 1:

Quem-
25 admodum enim in 2° phisicorum declaratum
est sicut ars naturam imitatur sic econverso arti proportionatur natura quippe opus nature opus
intellectus est et artis cuiusdam.

Astérisque aux lignes 24-26.

44) Fol. 116vb. Pars VII, c. 8:

Rursus cum non sit platonis opinio ge-
50 nera et differentias esse quasdam ydeas...

Astérisque.

45) Fol. 118va. Pars VII, c. 11:

20 ymmo platonis est doctrina prout ipsemet confitetur philosophus quod per participationem
huiusmodi specierum separatarum hec sensibilia sunt
entia...
37 Unde et participare a platonicis vocatur
posthabere.

Un trait relève les lignes 20-23.
Note marginale aux lignes 37-38: *quid participare.*

46) Fol. 123ra. Pars VII, c. 17:

unde themixtius
super primum de anima post commemoratos platonis in thymeo sermones quosdam sic
10 inquit que quidem ergo ait thimeus hec sunt et
hiis conatur aristoteles contradicere idem faci-

ens ac si aliquis poeticis fallaciis contradiceret non accedens ad naturam ut enim ait
plato inquit hiis qui secundum apparens recipiunt
15 poeticas fabulas nichil utique derisi-
bilius sicut neque hiis qui occultum in ipsis intellectum querunt nichil divinius.

Tout ce passage est marqué d'un trait.
Note marginale à la hauteur de la ligne 7:

> *nota quomodo secundum*
> *themixtium*
> *aristoteles ad corticem*
> *reprehendere nititur*
> *platonem*

TABLES

TABLE BIBLIOGRAPHIQUE

I. *Manuscrits*

AVERBODE, *Abbaye, 15/F-1:* xxx.
BARCELONE, *Ripoll 109:* xvii.
BRUGES, *Bibl. de la Ville, 478:* cii.
BRUXELLES, *Bibl. Royale, 152-154:* lxiv.
—— *225-26:* lxiv, lxv.
—— *271:* xxv, xxxii, xlvii-lvi, lxxxiii-cix, 214 sqq.
—— *3819-20:* 215.
—— *7500:* xl-xlvi, lxxxiii-cix.
—— *8242-43:* xlv.
—— *II 1020:* 52.
—— *II 2558:* ci, 98, 116.
LEYDE, *Université, BPL 64:* xxi, cii, 64, 207.
LIÈGE, *Université, 349:* lxiv.
LOUVAIN, *Archives de la Ville, 4239:* liv.
MONTPELLIER, *Faculté de Médecine, 18:* cii.
OXFORD, *Merton College, 275:* cii, 73.
PARIS, *Mazarine, 4184:* xxxiii, xxxiv.
—— *Bibl. Nationale, lat. 6458:* ci.
—— *lat. 6949:* cii, 197.
—— *lat. 6950:* cii.
—— *lat. 7052:* cii.
—— *lat. 14.724:* xxxv, ci.
—— *lat. 14.767:* xxxiv.
—— *lat. 14.768:* xxxiii.
—— *lat. 15.460:* cii.
—— *lat. 16.097:* ci.
—— *lat. 16.156:* lix.
SAINT-OMER, *Bibl. Municipale, 587:* xxv, lvi-lxiii, lxxxiii-cix.
—— *588:* xxv, lxiii-lxx, lxxxiii-cix.
—— *589:* lxiv.
—— *590:* lxiv.
TOLÈDE, *Bibl. Cat., 47-12:* xxi.
—— *95-13:* ci.
VATICAN, *Barberini lat. 3108:* lxxvi.
—— *Chigi C.VIII.218:* xxxvii, xxxix, lxxiv-lxxv, lxxix-lxxxii.
—— *Ottoboni lat. 1602:* xxxix, lxxvi-lxxvii, lxxix, lxxxii.

—— *Urbin. lat. 470*: lxxvi.
—— *lat. 2191*: xxxvii, xxxix, lxxi-lxxiv, lxxix-cix.
—— *lat. 3436*: xxxvi.
—— *lat. 3954*: lxxi.
—— *lat. 3959*: lxxi.
—— *lat. 3966*: xxxvii.
Vienne, *Nationalbibliothek, Ser. nov. 12.694*: xxxi.

II. *Imprimés*

Abréviations employées dans cette table

Analectes HEB	:	Analectes pour servir à l'histoire ecclésiastique de la Belgique, Louvain.
Archives HDLMA	:	Archives d'Histoire Doctrinale et Littéraire du Moyen Age, Paris.
BGPM	:	Beiträge zur Geschichte der Philosophie (und Theologie) des Mittelalters, Münster.
CAG	:	Commentaria in Aristotelem Graeca, Berolini.
CAG lat.	:	Corpus Latinum Commentariorum in Aristotelem Graecorum, Louvain.
CCAA	:	Corpus Commentariorum Averrois in Aristotelem, Cambridge/Mass.
CSEL	:	Corpus Scriptorum Ecclesiasticorum Latinorum, Vindobonae.
MGH AA	:	Monumenta Germaniae Historica. Auctores Antiquissimi,Berolini.
PG	:	Patrologia Graeca, ed. J.P. Migne, Parisiis.
PL	:	Patrologia Latina, ed. J.P. Migne, Parisiis.

[Adam Pulchrae Mulieris], *Liber de Intelligentiis*, éd. Cl. Baeumker, *Witelo...* (1908).

[Aegidius Romanus], *Expositio domini Egidii Romani super libros de Anima cum textu. De materia celi contra Averroim. De intellectu possibili. De gradibus formarum.* Venetiis, 1500.

—— *Egidio Romano. De plurificatione intellectus possibilis* a cura di H. B. Barracco. Roma, 1957.

[Albertus Magnus], *B. Alberti Magni ... opera omnia,* cura ac labore Augusti Borgnet. Parisiis, 1890-1899.

—— *Sancti doctoris Ecclesiae Alberti Magni ... Opera omnia ... edenda ...* curavit Institutum Alberti Magni Coloniense Bernhardo Geyer Praeside. Monasterii Westfalorum, 1951 sqq. (=Editio Coloniensis).

Albumasar, *De magnis coniunctionibus, annorum revolutionibus ac eorum profectionibus, octo continens tractatus.* Venetiis, 1515

[ALEXANDER APHRODISIENSIS], *Alexandri in Aristotelis Meteorologicorum libros commentaria,* ed. M. HAYDUCK (CAG, vol. III, pars II). Berolini, 1899.

Algemene Geschiedenis der Nederlanden, onder redactie van J.A. VAN HOUTTE, J. E. NIERMEYER, J. PRESSER, J. ROMEIN, H. VAN WERVEKE, 12 vol. Utrecht-Antwerpen etc., 1949-1958.

[ALHAZEN],*Opticae Thesaurus. Alhazeni Arabis libri septem, nunc primum editi. Eiusdem liber de Crepusculis et Nubium ascensionibus. Item Vitellonis Thuringopoloni libri X.* Omnes instaurati ... a F. RISNERO. Basileae, 1572.

ANDREAS, Val., *Bibliotheca Belgica.* 1ᵉ éd., Lovanii, 1623; 2ᵉ éd. ibid., 1643.

Annales Gandenses, translated from the Latin with Introduction and Notes by H. JOHNSTONE. London, etc., 1951.

[APULEIUS], *Apulei Madaurensis opera quae supersunt. Vol. III. De philosophia libri,* ed. P. THOMAS (Bibl. Teubneriana). Lipsiae, 1907.

[ARISTOTELES], *Aristoteles graece, ex recensione Bekkeri. Ed. Academia regia Borussica.* Berolini, 1831. Paginae et lineae citantur secundum hanc editionem.

— *Aristotelis de Insomniis et De Divinatione per Somnum.* A New Edition of the Greek text with the Latin Translation by H.J. DROSSAART LULOFS (Philosophia antiqua, vol. II). Leiden, 1947.

— *Aristotelis Politicorum libri octo cum vetusta translatione Guilelmi de Moerbeke* rec. F. SUSEMIHL. Lipsiae, 1872.

— *Aristoteles latinus. Codices descripsit Georgius Lacombe, in societatem operis adsumpsit A. Birkenmajer, M. Dulong, Act. Franceschini. Pars prior* (Union Académique Internationale. Corpus Philosophorum Medii Aevi). Roma, 1939.

PS-ARISTOTELES, *De mundo,* recensuit W.L. LORIMER (Corpus Philosophorum Medii Aevi. Aristoteles Latinus, XI 1.2). Roma, 1951.

[AUGUSTINUS], *Opera omnia.* PL, tt. 32-46.

— *Sancti Aurelii Augustini De Civitate Dei* (Corpus Christianorum. Ser. latina, vol. 47-48). Turnholti, 1955.

[AVERROES], *Aristotelis opera cum Averrois commentaria.* Venetiis, 1562-1574. Folia citantur secundum hanc editionem.

— *Averrois Cordubensis Commentarium Magnum in Aristotelis De Anima libros,* rec. F. St. CRAWFORD (CCAA. Versionum latinarum vol. VI, 1). Cambridge Mass., 1953. Paginae et lineae secundum hanc editionem citantur.

— *Averrois Cordubensis Compendia Librorum Aristotelis qui Parva Naturalia vocantur,* rec. A.L. SHIELDS adiuvante H. BLUMBERG (CCAA. Versionum Latinarum vol. VII). Cambridge Mass., 1949. Paginae et lineae secundum hanc editionem citantur.

[AVICENNA], *Avicenne perhypatetici philosophi ac medicorum facile primi opera in lucem redacta.* Venetiis, 1508. Folia citantur secundum hanc editionem.

— *Avicennae medicorum Arabum principis, liber Canonis de medicinis cordialibus et cantica iam olim quidem a Gerardo Carmonensi ex Arabico sermone in Latinum conversa.* Basileae, 1556.

BAEUMKER Cl., *Witelo, ein Philosoph und Naturforscher des XIII. Jahrhunderts* (BGPM Bd. III, 2). Münster, 1908.

BANDINIUS A. M., *Catalogus codicum mss. graec. lat. et ital. Bibliothecae Mediceae Laurentianae,* 8 vol. Florentiae, 1764-78.

[BEDA], *Opera.* PL tt. 90-95.

Ps.-BEDA, *Sententiae sive axiomata philosophica ex Aristotele et aliis praestantibus collecta.* PL t. 90, 965-1090.

BEER R., *Handschriftenschätze Spaniens.* Wien, 1894.

BERKELBACH VAN DER SPRENKEL J. W., *Regesten van oorkonden betreffende de bisschoppen van Utrecht uit de jaren 1301-1340* (Werken uitgegeven door het Historisch Genootschap [gevestigd te Utrecht]. Derde serie, n° 66). Utrecht, 1937.

[BERLIÈRE U.], *Inventaire des obituaires belges - Collégiales et maisons religieuses* (Académie Royale de Belgique, Commission Royale d'Histoire). Bruxelles, 1899.

BIDEZ J., DRACHMANN A. B., *Emploi des signes critiques. Disposition de l'apparat dans les éditions savantes de textes grecs et latins.* Ed. nouvelle par A. DELATTE et A. SEVERYNS (Union académique internationale). Bruxelles-Paris, 1938.

BIRKENMAJER A., *Henri Bate de Malines, astronome et philosophe du XIIIe siècle* dans *La Pologne au Congrès International de Bruxelles,* p. 1-11. Cracovie, 1924. — Tirage à part, Cracovie, 1923.

——— *Neues zu dem Briefe der Pariser Artistenfakultät über den Tod des Hl. Thomas von Aquin* dans *Xenia Thomistica,* vol. III, p. 57-72. Roma, 1925.

——— *Recension de R. KLIBANSKY, Ein Proklos-Fund...* (1929) dans *Philos. Jahrb.,* 43 (1930), p. 238-244.

BLED O., *Les origines de la bibliothèque de Saint-Omer et ses deux premiers conservateurs* dans *Mémoires de la Société des Antiquaires de la Morinie,* XXXI (1912-13), p. 195-232.

BOEREN P.C., *Rond het Florarium Temporum* dans *Publications de la Société hist. et archéol. dans le Limbourg,* 85 (1949), p. 29-60.

[BOETHIUS], *Opera,* PL, tt. 63-64.

——— *In librum de Interpretatione editio secunda* dans *Anicii Manlii Severini Boetii Commentarii in Librum Aristotelis* ΠΕΡΙ ΕΡΜΗΝΕΙΑΣ rec. C. MEISER (Bibl. Teubneriana). Vol. II, Lipsiae, 1880.

——— *Anicii Manlii Severini Boethii Philosophiae Consolatio* ed. L. BIELER (Corpus Christianorum. Series latina, XCIV). Turnholti, 1957.

BOETIUS DACUS, *De summo bono,* éd. M. GRABMANN, *Die Opuscula...* (1931).

BONITZ H., *Index Aristotelicus.* Berolini, 1870.

BOUTEMY A., *La version parisienne du poème de Simon Chèvre d'Or sur la guerre de Troie (Ms. lat. 8430)* dans *Scriptorium,* 1 (1946-47), p. 267-288.

BRADLEY R., *Backgrounds of the Title Speculum in Mediaeval Literature* dans *Speculum,* XXIX (1954), p. 100-115.

BRIQUET C.M., *Les filigranes. Dictionnaire historique des marques du Papier dès leur apparition vers 1282 jusqu'en 1600*, 4 vol., 2ᵉ éd. Leipzig, 1923.

[CAESAR], *C. Iuli Caesaris commentarii* ed. A. KLOTZ. Vol. III. *Commentarii Belli Alexandrini. Belli Africi. Belli Hispaniensis* (Bibl. Teubneriana). Lipsiae, 1927.

—— *César. Guerre des Gaules*. Texte établi et traduit par L.-A. CONSTANS (Collection des Universités de France), 4ᵉ éd. Paris, 1947.

CALORI-CESIS F., *Giovanni Pico della Mirandola, detto la Fenice degli Ingegni, cenni biografici*. Mirandola, 1897.

CARPENTIER P., *Glossarium novum ad Scriptores medii aevi*, 4 vol. Parisiis, 1766.

Catalogue général des manuscrits des bibliothèques publiques des départements, 4 vol. Paris, 1849-1872.

Catonis Disticha dans *Poetae latini minores* rec. et emend. A. BAEHRENS (Bibl. Teubneriana). Vol. III. Lipsiae, 1881.

[CHALCIDIUS], *Chalcidii Timaeus ex Platonis dialogo translatus et in eundem commentarius* dans *Fragmenta Philosophorum Graecorum*, collegit F. MULLACHUS, vol. II, p. 147-258. Parisiis, 1867.

CHENU M.-D., *Introduction à l'étude de Saint Thomas d'Aquin* (Université de Montréal. Publications de l'Institut d'Études Médiévales, XI). Montréal et Paris, 1950.

Corpus Hermeticum. Texte établi par A.D. NOCK et traduit par A.-J. FESTUGIÈRE, 2 vol. (Collection des Universités de France). Paris, 1945.

CURTIUS E.R., *Europäische Literatur und Lateinisches Mittelalter*. Bern, 1948.

DAGUILLON J., *Ulrich de Strasbourg O.P. La «Summa de Bono». Livre I. Introduction et Édition critique* (Bibliothèque thomiste, XII). Paris, 1930.

D'ALVERNY M.-Th., *Un témoin muet des luttes doctrinales du XIIIᵉ siècle* dans *Archives HDLMA*, 17 (1949), p. 223-248.

DE JONGHE D'ARDOYE e.a., *Armorial belge du bibliophile*, 3 vol. Bruxelles, 1930.

DELESCLUSE A., *Pierre de Saint-Trond* dans *Biographie Nationale publiée par l'Académie royale des sciences, des lettres et des beaux-arts de Belgique*, vol. 17, col. 470-471. Bruxelles, 1903.

DELHAYE Ph., *Le Microcosmus de Godefroy de Saint-Victor. Étude théologique* (Mém. et travaux publ. par les prof. des Fac. cath. de Lille, fasc. LVII). Lille-Gembloux, 1951.

DE MARNEFFE E., *Tableau chronologique des dignitaires du chapitre de Saint-Lambert à Liège* dans *Analectes HEB*, XXV (1895), p. 433-485, XXVI (1896), p. 318-425 et XXXI (1905), p. 109-166.

DE MONTFAUCON B., *Bibliotheca bibliothecarum manuscriptorum nova*, 2 vol. Parisiis, 1739.

DE STOPPELAAR J.H., *Het papier in de Nederlanden gedurende de Middeleeuwen, inzonderheid in Zeeland*. Middelburg, 1869.

DE THEUX DE MONTJARDIN J., *Le chapitre de Saint-Lambert à Liége*, 4 vol. Bruxelles, 1871-72.

DE WULF M., *Henri Bate de Malines* dans *Bulletins de l'Académie Royale de Belgique. Classe des Lettres*, ... 1909, p. 465-481.

—— *Histoire de la philosophie en Belgique*. Bruxelles, 1910.

—— *Histoire de la philosophie médiévale*, 6ᵉ éd., 3 vol. Louvain, 1934, 1936, 1947.

[Ps.-DIONYSIUS], *Opera*. PG, tt. 3-4.

—— *Dionysiaca. Recueil donnant l'ensemble des traductions latines des ouvrages attribués à Denys de l'Areopage et synopse...*, 2 vol. (ed. Ph. CHEVALLIER cum sociis. Brugis et Parisiis, 1937-48).

DONDAINE A., *Un catalogue de dissensions doctrinales entre les Maîtres Parisiens de la fin du XIIIᵉ siècle* dans *Recherches de Théologie ancienne et médiévale*, 10 (1938), p. 374-394.

DOREZ L., *Latino Latini et la Bibliothèque capitulaire de Viterbe* dans *Revue des bibliothèques*. 2 (1892), p. 377-391.

DU PÉAGE P.D., *Ex Libris de Flandre et d'Artois*, 2 vol. (Texte-Album). Lille, 1934.

EUCLIDES, *Elementa*, edidit et latine interpretatus est I.L. HEIBERG (Bibl. Teubneriana), 5 vol. Leipzig, 1883-1888.

[EUSTRATIUS], *Eustratii et Michaelis et anonyma in Ethica Nicomachea commentaria*, ed. G. HEYLBUT (CAG, vol. XX). Berolini, 1892.

Flandria Nostra. Ons land en ons volk, zijn standen en beroepen door de tijden heen onder redactie van J.L. BROECKX, C. DE CLERCQ, J. DHONDT, M. A. NAUWELAERTS, 4 vol. parus. Antwerpen etc., 1957-59.

Fragmenta Philosophorum Graecorum, collegit... F.G.A. MULLACH, 3 vol. Parisiis, 1860, 1867, 1881.

FRANKLIN A., *Les anciennes bibliothèques de Paris*, 3 vol. Paris, 1867-1873.

[GALENUS], *Claudii Galeni opera omnia*, 20 vol. Editionem curavit C.G. KÜHN (Medicorum graecorum opera quae exstant). Lipsiae, 1821-1833.

Gallia Christiana... opera et studio Domni Dionysii SAMMARTHANI. Parisiis, 1716 sqq.

GILSON E., *La philosophie au moyen âge*, 2ᵉ éd. revue et augmentée. Paris, 1947.

GOOVAERTS L., *Écrivains, artistes et savants de l'ordre de Prémontré. Dictionnaire Bio-Bibliographique*, 2 vol. Bruxelles, 1899-1902.

GOTTLIEB T., *Ueber mittelalterliche Bibliotheken*. Leipzig, 1890.

GRABMANN M., *Mittelalterliches Geistesleben*, 3 vol. München, 1926-1936-1956.

—— *Die Opuscula De summo bono sive De vita philosophi und De sompnis des Boetius von Dacien* dans *Archives HLDMA*, 6 (1931),p. 287-317. Reproduit dans *Mittelalterliches Geistesleben*, II (1936), p. 200-224.

—— *Eine für Examinazwecke abgefasste Quaestionensammlung der Pariser Artistenfakultät aus der ersten Hälfte des XIII. Jahrhunderts* dans *Rev. Néoscolastique de Philosophie*, 36 (1934), p. 211-229. Reproduit dans *Mittelalterliches Geistesleben*, II (1936), p. 183-199.

—— *Die Aristoteleskommentare des Heinrich von Brüssel* (Sitzungsber. der Bayer. Akad. der Wissensch. Philos.-hist. Abt., 1943, Heft 10). München, 1944.

GRANDJEAN M., *Bibliothèque de l'Université de Liége. Catalogue des manuscrits*. Liége, 1875.

GREGORIUS MAGNUS, *Opera*. PL tt. 75-79.

[GUALTERUS DE BRUGIS], *Quaestiones Disputatae du B. Gauthier de Bruges* (Texte inédit) par E. LONGPRÉ (Les Philosophes Belges, t. X). Louvain, 1928.

HAMMER J. et FRIEDMANN H., *Status Imperii Iudaici* dans *Scriptorium,* 1 (1946-47), p. 50-65.

HEIBERG J.L., *Beiträge zur Geschichte Georg Valla's und seiner Bibliothek* (Beihefte zum Centralblatt für Bibliothekwesen, XVI). Leipzig, 1896.

[HENRICUS BATE], *Henri Bate de Malines. Speculum Divinorum et Quorundam Naturalium* (Étude critique et texte inédit) par G. WALLERAND (Les Philosophes Belges, XI, 1: Étude bio-bibliographique, epistola ad Guidonem Hannoniae, Tabula, Iª et IIª pars). Louvain, 1931.

—— *Speculum Divinorum et quorundam Naturalium. Pars VI (De numerabilitate intellectus humani)*. Inleiding en tekstuitgave door E. VAN DE VYVER (Proefschrift ter verkrijging van de graad van doctor in de wijsbegeerte aan het Hoger Instituut voor Wijsbegeerte te Leuven). Dendermonde, 1953 (dactylographie).

[HENRICUS GANDAVENSIS], *Magistri Henrici a Gandavo, Doctoris acutissimi et celeberrimi, Archidiaconi Tornacensis, Aurea Quodlibeta,* hac postrema editione commentariis doctissimis illustrata M. Vitalis ZUCCOLII Patavini, 2 vol. Venetiis, 1608.

[HERMES TRISMEGISTUS], *Asclepius* dans *Corpus Hermeticum* éd. A.D. NOCK, vol. II, p. 257-401. Paris, 1945.

[S. HIERONYMUS], *Opera*. PL tt. 22-30.

HOCEDEZ E., *Richard de Middleton. Sa vie, ses œuvres, sa doctrine* (Spicilegium sacrum Lovaniense. Études et documents, VII). Louvain, 1925.

[IOHANNES PECHAM], *Io. Archiepiscopi Cantuariensis Perspectiva communis* per L. GAURICUM Neapolitanum emendata. S.l.n.d.

[IOHANNES PHILOPONUS], *Le commentaire de Jean Philopon sur le Troisième Livre du «Traité de l'Ame» d'Aristote,* éd. M. DE CORTE (Bibliothèque de la Faculté de Philosophie et Lettres de l'Université de Liège, fasc. LXV). Liège et Paris, 1934. Ouvrage corrigé par A. MANSION, *Le texte du «De intellectu» de Philopon...* (1947).

[IOHANNES SCOTUS ERIGENA], *Opera*. PL, t. 122.

[ISIDORUS HISPAL.], *Opera*. PL, tt. 81-84.

—— *Isidori Hispalensis episcopi Etymologiarum sive Originum libri XX,* recognovit... W.M. LINDSAY, 2 vol. (Scriptorum Classicorum Bibliotheca Oxoniensis). Oxonii, s.d.

KEELER L.W., *Sancti Thomae Aquinatis tractatus de unitate intellectus contra Averroistas*. Editio critica. (Textus et documenta. Series philosophica, 12). Romae, 1946.

KIBRE P., *The Library of Pico della Mirandola*. New York, 1936.

KLIBANSKY R., *Ein Proklos-Fund und seine Bedeutung*. (Sitzungsber. d. Heidel-

berg. Akad. d. Wissensch., Philos.-hist. Kl., 1928-29, Abhandl. 5). Heidelberg. 1929.
—— Plato's Parmenides in the Middle Ages and the Renaissance. A Chapter
in the History of Platonic Studies dans Mediaeval and Renaissance Stu-
dies, 1 (1943), p. 281-330.
KOCH J., Recension de G. WALLERAND, Henri Bate de Malines. Speculum...
(1931) dans Philosophisches Jahrbuch, 46 (1933), p. 115-118.
LEHMANN P., Mittelalterliche Büchertitel (Sitzungsber. der Bayer. Akad. der
Wissensch. Philos-hist. Kl., 1948, Heft 4 et 1953, Heft, 3). München,
1949 et 1953.
LEJEUNE J., La principauté de Liège. Liège, 1948.
LEVY R., The Astrological Works of Abraham Ibn Ezra (The Johns Hopkins
Studies in Romance Literature and Languages, vol. VIII). Baltimore,
1927.
LINDEMANS, J., Oude geslachten uit het Land van Aalst. II. Het geslacht Bae-
ten dans Het Land van Aalst, 2 (1950), p. 201-207.
[MAIMONIDES], Rabi Mossei Aegyptii Dux seu Director dubitantium aut per-
plexorum, in treis Libros divisus, et summa accuratione Reverendi pa-
tris Augustini IUSTINIANI ordinis Praedicatorii Nebiensium Episcopi re-
cognitus. Parisiis, 1520.
MANDONNET P., Gilles de Lessines et son «Tractatus de Crepusculis» dans Rev.
Néoscolastique de Philosophie, 22 (1920), p. 190-194.
MANSION A., Le texte du «De intellectu» de Philopon corrigé à l'aide de la
collation de Monseigneur Pelzer, dans Mélanges Auguste Pelzer, p.
325-346. Louvain, 1947.
MAZZATINTI G., La biblioteca dei Rei d'Aragona in Napoli. Rocca S. Cascia-
no, 1897.
MEERSSEMAN G., Les origines parisiennes de l'Albertisme colonais dans Archi-
ves HDLMA, 7 (1932), p. 121-142.
—— Geschichte des Albertismus. Heft II: Die ersten Kölner Kontroversen
(Dissertationes historicae, V). Roma, 1935.
MERCATI G., Codici Latini Pico Grimani Pio e di altra Bibliotheca ignota del
secolo XVI esistenti nell'Ottoboniana e I Codici Greci Pio di Modena
con una digressione per la storia dei codici di S. Pietro in Vaticano
(Studi e Testi, 75). Città del Vaticano, 1938.
MICHAEL EPHESIUS, vide: Eustratius.
MOGENET J., Autolycus de Pitane. Histoire du texte, suivie de l'édition criti-
que des traités «de la sphère en mouvement» et «des levers et couchers» (Université de Louvain, Recueil de travaux d'histoire et de philologie, 3° sér., fasc. 97) Louvain, 1950.
MÜNTZ E. et FABRE P., La Bibliothèque du Vatican au XV° siècle d'après des
documents inédits (Bibl. des Écoles françaises d'Athènes et de Rome,
fasc. 48). Paris, 1887.
NARDI B., Sigieri di Brabante nel pensiero del Rinascimento Italiano. Roma,
1945.
[NICOLAUS DE CUSA], Opera omnia iussu et auctoritate Academiae litterarum

Heidelbergensis ad codicum fidem edita. Vol. II, *Apologia doctae ignorantiae,* ed. R. Klibansky. Lipsiae, 1932.

—— *Nicolai de Cusa De Pace Fidei cum epistola ad Ioannem de Segobia,* edd... R. Klibansky et H. Bascour (Mediaeval and Renaissance Studies, Supplement III). Londinii, 1956.

Niermeyer J.F., *Het Sticht Utrecht en het graafschap Holland in de dertiende eeuw* dans *Algemene Geschiedenis der Nederlanden,* II (1950), p. 269-305.

Orbaan J.A.F., *Bescheiden in Italie omtrent Nederlandsche kunstenaars en geleerden. Dl. I. Rome. Vaticaansche Bibliotheek* (Rijks Geschiedkundige Publicatien. Kleine Serie; 10). 's-Gravenhage, 1911.

P. Ovidius Naso, ex iterata R. Merkelii recognitione. Vol. II: *Metamorphoses cum emendationis summario* (Bibl. Teubneriana). Lipsiae, 1905.

Paquot J.N., *Mémoires pour servir à l'histoire littéraire des dix-sept provinces des Pays-Bas, de la principauté de Liége et de quelques contrés voisines,* 18 vol. Louvain, 1763-1770.

Piot Ch., *Rapport à Mr le ministre de l'intérieur sur les tableaux enlevés à la Belgique en 1794 et restitués en 1815.* Bruxelles, 1883.

Pistorius J., *Germanicorum scriptorum qui rerum a Germanis per multas aetates gestarum historias vel annales posteris reliquerunt,* 2 vol. Francofurti, 1583-1584.

[Plato], Paginae citantur secundum Stephanum. Parisiis, 1578.

—— *Timaeus Chalcidio interprete,* vide: Chalcidius.

—— *Phédon.* Texte établi et traduit par L. Robin (Collection des Universités de France. *Platon. Œuvres complètes,* tom. IV, 1). Paris, 1949.

—— *Timée- Critias.* Texte établi et traduit par A. Rivaud (Collection des Universités de France. *Platon. Œuvres complètes,* tom. X). Paris, 1949.

—— *Phaedo interprete Henrico Aristippo,* edidit et praefatione instruxit L. Minio-Paluello adiuvante H.J. Drossaart Lulofs. (Corpus Platonicum Medii Aevi. Plato Latinus, vol. II). Londinii, 1950.

—— *Parmenides... nec non Procli commentarium in Parmenidem pars ultima adhuc inedita interprete Guillelmo de Moerbeka,* edd ... R. Klibansky et C. Labowsky (Corpus Platonicum Medii Aevi. Plato Latinus, vol. III). Londinii, 1953.

[Plinius], *C. Plini Secundi Naturalis Historiae libri XXXVII,* post L. Iani obitum recognovit et scripturae discrepantia adiecta edidit C. Mayhoff (Bibl. Teubneriana), 6 vol. Lipsiae, 1892-1909.

[Plotinus], *Plotini Opera,* ed. P. Henry et H.-R. Schwyzer, 2 vol. parus: I. *Vita Plotini et Enneades I-III;* II. *Enneades IV-V* (Museum Lessianum. Series philosophica, XXXIII-XXXIV). Bruxelles-Paris, 1951-1959.

Polain M. L., *Catalogue des livres imprimés au quinzième siècle des bibliothèques de Belgique,* 4 vol. Bruxelles, 1932.

[Proclus], *The Elements of Theology.* A revised Text with Translation, Introduction and Commentary by E. R. Dodds. Oxford, 1933.

—— *Procli Elementatio theologica translata a Guilelmo de Moerbeke (tex-*

tus ineditus), éd. C. Vansteenkiste, dans *Tijdschrift voor Philosophie*, 13 (1951), p. 263-302 et 491-531.

[Ptolemaeus], *L'optique de Claude Ptolémée dans la version latine d'après l'arabe de l'émir Eugène de Sicile*. Édition critique et exégétique par A. Lejeune (Univ. de Louvain. Recueil de travaux d'histoire et de philologie, 4ᵉ Série, Fasc. 8). Louvain, 1956.

Reusens E., *Promotions de la Faculté des Arts de l'Université de Louvain (1428-1797)* dans *Analectes HEB*, I(1864) sqq.

—— *Documents relatifs au monastère dit le Trône-de-Notre-Dame, à Grobbendonck et au prieuré du Val-Saint-Martin à Louvain* dans *Analectes HEB*, XII-XIII (1875-1876), p. 441-471 et 71-107.

—— *Documents relatifs à l'histoire de l'Université de Louvain (1425-1797)* dans *Analectes HEB*, XVII-XXX (1881-1903).

—— *Éléments de paléographie*. Louvain, 1899.

[Rogerus Baco], *The «Opus Majus» of Roger Bacon*, ed. J. H. Bridges, 2 vol. Oxford, 1897. Le traité *De Multiplicatione Specierum* se lit dans vol. II, p. 405 sqq.

Sanderus A., *Bibliotheca belgica manuscripta*, 2 vol. Insulis, 1641-1643.

Schoengen M., *Monasticon Batavum* (Verhandelingen der Nederlandsche Akad. van Wetenschappen. Afd. Letterkunde. Nieuwe reeks, dl. XLV), 3 vol. Amsterdam, 1941-1942.

[Seneca], *L. Annaei Senecae opera quae supersunt* (Bibl. Teubneriana). Vol. II. *Naturalium quaestionum libros VIII* ed. A. Gercke. Lipsiae, 1907.

Vol. III. *Ad Lucilium epistularum moralium quae supersunt*, iterum ed. supplementum Quirinianum adiecit O. Hense. Lipsiae, 1914.

Simon Aurea Capra (Ps.-Hildebertus), *Versus de excidio Trojae*. PL 171, 1447-1453.

Stornajolo C., *Bibliothecae Apostolicae Vaticanae codices manu scripti recensiti... Codices Urbinates latini*, 3 vol. Roma, 1902-1912-1921.

Teeuwen P., *Dionysius de Karthuizer en de philosophisch-theologische stroomingen aan de Keulsche Universiteit* (Historische Bibliotheek van Godsdienstwetenschappen). Brussel-Nijmegen, 1938.

[Themistius], *Themistii in libros Aristotelis De Anima paraphrasis*, ed. R. Heinze (CAG, vol. V, pars III). Berolini, 1899.

—— *Thémistius. Commentaire sur le Traité de l'Âme d'Aristote. Traduction de Guillaume de Moerbeke*. Édition critique et étude par G. Verbeke. (CAG lat. I). Louvain-Paris, 1957.

[Thomas de Aquino], *Sancti Thomae Aquinatis Doctoris Angelici opera omnia iussu edita Leonis XIII P.M.* Romae, 1882 sqq.

—— *Opera omnia*, éd. S. E. Fretté. Parisiis, Vivès, 1871 sqq.

—— *Sancti Thomae Aquinatis in Aristotelis librum De Anima commentarium*, cura ac studio P. F. A. M. Pirotta. Editio secunda. Taurini, 1936.

—— *S. Thomae Aquinatis in Aristotelis libros De Sensu et Sensato, De Memoria et Reminiscentia commentarium* cura et studio R. M. Spiazzi. Taurini, 1949.

—— *Sancti Thomae Aquinatis in Metaphysicam Aristotelis commentaria,* cura et studio P. Fr. M.-R. CATHALA. Tertia editio stereotypa attente recognita. Taurini, 1935.

—— *Sancti Thomae Aquinatis in decem libros Ethicorum Aristotelis ad Nicomachum expositio,* cura ac studio P. Fr. A.-M. PIROTTA. Editio novissima. Taurini, 1934.

—— KEELER L., *Sancti Thomae Aquinatis tractatus de unitate intellectus contra averroistas.* Editio critica. (Textus et documenta. Series philosophica, 12). Romae, 1946.

THORNDIKE L., *A History of Magic and experimental Science during the first thirteen Centuries of our Era,* 4ᵉ éd., 2 vol. New York, 1947.

—— *Henry Bate on the occult and spiritualism* dans *Archives internationales d'histoire des sciences,* 7(1954), p. 133-140.

TIECKE J. G. J., *De Werken van Geert Groote.* Utrecht en Nijmegen, 1941.

VAN DEN GHEYN J., *Catalogue des manuscrits de la Bibliothèque Royale de Belgique.* Bruxelles, 1901 sqq.

VAN DE VYVER E., *Marginalia van Nicolaus van Cusa in Bate-codex 271 en andere codices van de Koninklijke Bibliotheek te Brussel* dans *Tijdschrift voor Philosophie,* 18(1956), p. 439-456.

—— *Une utilisation peu commune de textes de S. Thomas: Henri Bate, Speculum III, 16* dans *Recherches de Théologie anc. et méd.,* XXIII (1956), p. 122-126.

—— vide: Henricus Bate.

VAN HERREWEGHEN P., *De Leuvense bijbelvertaler Nicolaus van Winghe. Zijn leven en zijn werk,* dans *Ons geestelijk erf,* 23(1949), p. 5-38, 150-167, 268-314, 357-395.

VAN MIERLO J., *Een katalogus van handschriften in Nederlandsche bibliotheken uit 1487* dans *Ons geestelijk erf,* 2(1928), p. 275-303.

—— *De anonymi uit den kataloog van handschriften van Rooklooster* dans *Ons geestelijk erf,* 4(1930), p. 84-102 et 316-357

VAN SPILBEECK W., *De Wapenschilden der abten van Tongerloo* dans *De Vlaamsche School,* XIV (1868), p. 113-116.

—— *De abdij van Tongerloo.* Lier, 1888.

VANSTEENBERGHE E., *Le testament de Guillaume Fillastre, abbé de Saint-Bertin et évêque de Tournai* dans *Bulletin historique de la Société des Antiquaires de la Morinie,* t. XIII (1922), p. 694-728.

VAN STEENBERGHEN F., *Siger de Brabant d'après ses œuvres inédites,* 2 vol.: I. *Les œuvres inédites;* II. *Siger dans l'histoire de l'aristotélisme* (Les Philosophes Belges, XII-XIII). Louvain, 1931-1942.

VENANTIUS FORTUNATUS, *Opera omnia.* PL t. 88,

—— *Venanti Honori Clementiani Fortunati presbyteri Italici opera poetica* rec. et emend. Fr. Leo. MGH AA, IV, 1-2. Berolini, 1881-1885.

VERBEKE G., *Guillaume de Moerbeke traducteur de Proclus* dans *Rev. philos. de Louvain,* 51 (1953), p. 349-373.

VERHEYDEN P., *La reliure en Brabant* dans *Le livre, l'estampe, l'édition en*

Brabant du XVᵉ au XIXᵉ siècle. Mémorial de l'exposition d'art ancien à Bruxelles, p. 141-188. Gembloux, 1931.

Vincentius Bellovacensis, *Speculum Historiale.* Duaci, 1624.

Viollet-le-Duc E., *Dictionnaire raisonné du mobilier français, de l'époque Carlovingienne à la Renaissance,* 6 vol., Paris (1854-1875).

Wallerand G., *Henri Bate de Malines et Saint Thomas d'Aquin* dans *Rev. Néoscolastique de Philosophie,* 36 (1934), p. 387-411.

—— vide: Henricus Bate.

Wauters A., *Fillastre* dans *Biographie Nationale publiée par l'Académie royale des sciences, des lettres et des beaux-arts de Belgique,* vol. VII, col. 61-70. Bruxelles, 1883.

Zavalloni R., *Richard de Mediavilla et la controverse sur la pluralité des formes. Textes inédits et étude critique* (Philosophes médiévaux, t. II). Louvain, 1951.

TABLE ONOMASTIQUE

Caractères romains: noms des personnes.
Caractères italiques: noms des institutions et des lieux.

I. *Introduction et Appendice*

II. *Édition critique*

Anatomici: 193.
Anaxagoras: 170.
Anonymi
  aliqui: 200.
  famosi: 59.
  multi: 71, 80.
  quamplures: 74, 94, 159.
  quidam: 38, 59, 71, 73, 80, 89, 123.
  quidam errantes: 7.
Antipheron Orites: 100.
Apuleius: 39, 206.
Arabes: 52.
Aristoteles (= Philosophus): passim.
Assyrii: 51.
Astrologi: 38, 43.
Augustinus: 12, 30, 39, 169, 170.
Avenpethe: 33, 34.
Averroes (= Commentator): 9, 10, 12-14, 16, 19, 22-25, 31, 33, 34, 36, 42-44, 54, 61, 72, 75, 76, 78-83, 85, 87, 91, 93, 97, 103, 115, 117, 118, 145, 147, 149, 153, 154, 158, 160, 162, 165, 167, 176-178, 181, 186, 188-190, 192, 193, 196, 203.
Avicenna: 12, 21-25, 31, 36, 38, 45, 77, 95, 145, 155, 157, 158, 174, 180-183, 185, 186, 189, 190, 191, 200, 202.

Babylonii: 51.
Boethius: 30, 53, 62, 93.

Calippus: 43.
Chalcidius: 29, 30, 36, 39, 40, 49, 204, 208, 209.
Christus: 52.
Cicero: 39.
Commentator: cfr Averroes.
Commentatores: 31, 32.

Darius: 51.
David (rex): 52, 54.
Democritus: 83, 145, 146.
Dionysius: 55.

Euclides: 104.
Eudoxus: 43.
Eustratius: 27, 68.
Experimentatores: 151.
Expositor: cfr Thomas.
Expositor (= Alexander Aphrod.): 101.
Expositores
  Arabes: 10.
  famosi: 152.
  Graeci: 10.
  Latini: 73.
  multi: 73, 80.
  omnes: 68.
  quidam: 9, 152.

Fortuna: 53, 54.

Gades: 56.
Galenus: 24, 157, 190-193, 199, 202, 205.
Germani: 53.
Godefridus Viterbiensis: 51.
Graeci: 52, 132.
Graecia: 73.
Grammaticus: cfr Iohannes Philoponus.
Guido Hannoniae: 3, 47.

Hannonia: 3.
Henricus Bate (de Malinis): 3, 7, 47.
Henricus II (S.): 53.
Hermes Trismegistus: 30, 39, 208.
Hollandia: 3.
Homerus: 50.
Horatius: 56.

Iohannes Philoponus (= Grammaticus): 9-12, 17, 31, 33.
Israel: 52.
Iudaei: 52.
Iulius Celsus (= I. Caesar): 54.
Iulius Firmicus: 30.

Karolus Magnus: 53.
Karolus Teutonicus: 53.

TABLE DES SOURCES DU *SPECULUM*

Les chiffres en caractères romains renvoient aux citations non-littérales;
Les chiffres en italiques, aux citations littérales;
Les chiffres entre parenthèses, aux citations d'identification incertaine.
Les chiffres placés en exposant indiquent combien de fois une source est citée
à la même page.

De Partibus Animalium.
lib. I,   c. 5   .   .   .   *68.*
lib. II,   c. 2   .   .   *179, 183.*
            c. 4   .   .   .   *179.*
            c. 7   *172², 173, 174, 179,* 180.
            c. 10   172, *172², 173, 179,*
                     179², (180), *202,* 210.
lib. III,   c. 3   .   .   .   172.
            c. 4   .   .   *172², 176.*
De Motu Animalium.
            c. 7   .   .   *85, 148, 156,* 178.
            c. 8   .   .   .   *175, 175, 176.*
            c. 10 .   *167, 175, 210².*
De Generatione Animalium.
lib. II,   c. 6   .   .   .   . 172.
lib. V,   c. 1   .   .   .   (151).
            c. 2   172
Metaphysica.
lib. I(A),   c. 1   . *61,* (181), 211.
lib. II(α),   c. 1 (49), 58, *58, 59, 68.*
lib. IV(Γ),   c. 6   .   .   *78, 163.*
lib. V(Δ),   c. 26 .   .   .   (50).
lib. VII(Z), c. 7   .   .   *75,* (91).
              c. 8   .   .   *75, 76².*
              c. 8-9 .   .   .   *79.*
              c. 9   .   .   .   *75²,*
              c. 13 .   .   .   152.
lib. VIII(H), c. 1   .   .   .   48.
lib. IX(Θ),   c. 7   .   .   .   (91).
              c. 10 .   *. 60, 60, 65.*
lib. X(I),   c. 1   .   . 124, 161.
              c. 9   .   .   .   154.
lib. XII(Λ), c. 7   .   .   (58), *61².*

Ethica Nicomachea.
lib. I,   c. 10   .   .   .   *50, 55.*
           c. 11   .   .   .   *50², 54.*
lib. VI,   c. 7   .   .   .   .   *58².*
           c. 12   .   .   .   .   211.
lib. IX,   c. 9   .   .   .   (171).
lib. X,   c. 7   .   *48, 55², 56, 57.*
           c. 8   .   .   .   *57, 61.*
           c. 9   .   *50, 54, 57³, 61.*
Magna Moralia.
lib. II,   c. 8   .   .   .   *50, 54, 56.*

Politica.
lib. I,   c. 2   .   .   .   . *(56).*
            c. 5   .   .   .   .   *56.*
lib. III,   c. 16 .   .   .   .   *56.*
lib. VII,   c. 12 .   .   .   .   *210.*
Rhetorica.
lib. I,   c. 11 .   .   .   .   56.
De Bona Fortuna, c. 1 vide *Magna*
  Moralia.

Ps.-Aristoteles.
  De Coloribus.
            c. 1   .   .   .   . 86, 121.
            c. 2   .   .   .   .   . 86.
            c. 3   .   .   .   . *86², 102.*
  De Mundo.
            c. 6   .   .   .   .   . *191.*

Augustinus.
  De Civitate Dei.
lib. V,   c. 13 .   .   .   .   *56.*
lib. VII,   c. 23 .   .   .   .   (55).
lib. IX,   c. 11 .   .   .   .   (55).
  De Libero Arbitrio.
lib. II,   c. 12 .   .   .   .   (170).
  De Musica.
lib. VI,   c. 5   .   .   .   .   170.
  De Trinitate.
lib. X,   c. 5   .   .   .   .   *170.*

Averroes (Commentator).
  Physica.
lib. IV,   com. 133   .   .   .   *54.*
lib. VII,   com. 12   .   .   .   83.
            com. 20   .   .   . *183.*
  De Anima.
lib. II,   com. 67   .   .   . *116.*
            com. 67   .   *115², 118.*
            com. 72   .   .   *117.*
            com. 76   .   .   *82², 90.*
            com. 80   .   .   . *103.*
            com. 97   . *73, 82², 90, 93.*
            com. 101   .   .   .   *81.*
            com. 118   .   .   .   85.
            com. 121   .   .   .   80.
            com. 122   .   .   .   80.

TABLE DES PLANCHES

TABLE ANALYTIQUE DES MATIÈRES

MAGISTRI HENRICI BATEN
SPECULUM DIVINORUM ET
QUORUNDAM NATURALIUM